Türkiye'de Hristiyan Kadınlar
– Tarihçe

Bu kitapta, aksi belirtilmediği sürece, Kutsal Kitap alıntılarında Kutsal Kitap Yeni Çeviri kullanılmıştır. Diğer çeviriler kullanıldığında hangi çevirinin kullanıldığı dipnotta belirtilmiştir.

Copyright © 2024 Rosamund Wilkinson

Bu kitabın hiçbir kısmı yazar Rosamund Wilkinson'ın yazılı izni olmadan çoğaltılamaz.

Web Sitesi: https://christianwomenturkey.com

e-posta: christianwomenturkey@gmail.com

Bu kitabın tüm yayın hakları *Egeria Press*'e aittir.

ISBN: 978-1-7385550-1-7

Türkiye'de Hristiyan Kadınlar – Tarihçe:

MS 33'ten 2021'e Küçük Asya ve Anadolu'da Yaşayan Kadınlar Hakkında Bir Çalışma

Rosamund Wilkinson

Çeviri: Neslihan Orancı Y.

Egeria Press

'... çevremizi bu denli büyük bir tanıklar bulutu sardığına göre... Gözümüzü... İsa'ya dikelim.' (İbraniler 12:1-2)

İÇİNDEKİLER

ÖNSÖZ 7

GİRİŞ 9

1. BÖLÜM – ESKİ ANTLAŞMA'DA KADINLAR 16

2. BÖLÜM – YENİ ANTLAŞMA'DA KADINLAR 36

3. BÖLÜM – YENİ ANTLAŞMA DÖNEMİNDE KÜÇÜK ASYA'NIN HRİSTİYAN KADINLARI 76

4. BÖLÜM – İZNİK KONSİLİ ÖNCESİ HRİSTİYAN KADINLAR (MS 100 – 325) 103

5. BÖLÜM – BİZANS DÖNEMİNDE HRİSTİYAN KADINLAR (325 – 1453) 122

6. BÖLÜM – OSMANLI DÖNEMİNDE HRİSTİYAN KADINLAR (1453 – 1923) 215

7. BÖLÜM – CUMHURİYET DÖNEMİNDE HRİSTİYAN KADINLAR (1923-2021) 272

8. BÖLÜM – SON SÖZLER 286

KAYNAKÇA 289

EKLER 300

ÖNSÖZ

Türkiye'ye 1972'de tanınmış kız okullarından birinde matematik öğretmeni olarak çalışmak üzere geldim, 25 sene boyunca da Türkiye benim evim oldu. Yıllar içinde Türkiye'nin birçok yerini dolaştım, Türkçe öğrendim ve Türkiye'nin tarihi üzerinde çalışmalar yaptım. 2015'te Roma'da bulunan Anglikan Merkezi tarafından düzenlenen kadın önderlik konulu kursa katıldım. Bu deneyim sayesinde, Türkiye'nin ilk yüzyıldan bugüne değin Hristiyan kilisesinde önemli görevler almış Hristiyan kadınlara dair ne denli zengin bir geçmişe sahip olduğunu gördüm.

Hristiyan kiliselerin başlangıcı, MS 33'de, İsa Mesih'in dirilişinin ardından gerçekleşen ilk Pentikost Günü'ne dayanır. Yeni Antlaşma'da orada bulunan insanlar arasında 'Kapadokya, Pontus ve Asya İli'nde, Firikya ve Pamfilya'da,' yaşayanlar olduğu belirtilir. O dönemlerde kilisenin gelişimine tanık olmuş, bir Roma eyaleti olan Küçük Asya'da[1] bulunan bu yerler, günümüzde Türkiye sınırları içindedir. Türkiye o dönemde, Roma İmparatorluğu'nun, sonraları Bizans İmparatorluğu adıyla da anılacak olan doğu kısmında yer alıyordu. Bizans İmparatorluğu Osmanlı Türkleri tarafından fethedildi ve Osmanlı İmparatorluğu'nun bir parçası oldu. On dokuzuncu ve yirminci yüzyılda Osmanlı İmparatorluğu çöküşe uğradı, 1923'te bugünkü Türkiye Cumhuriyeti kuruldu. Tüm bu tarihsel değişimler esnasında Hristiyan kadınlar bulundukları toplumlarda kendilerine düşenleri yerine getirdiler.

Bu kitapta günümüzdeki Türkiye toprakları sınırları içinde yüzyıllar öncesinde yaşamış Hristiyan kadınlardan bazılarının hayatlarını derlemeye çalıştım. İlk kilise Yeni Antlaşma döneminde Türkiye'de kurulduğuna ve günümüzde de mevcudiyetini sürdürdüğüne göre, Türkiye'ye 'Diğer Kutsal Topraklar' da denebilir.

Kitabın her bölümünde belirli dönemde yaşamış Hristiyan kadınlara değineceğiz. Bazıları tanınmış isimler olacak, bazıları hakkındaysa elimizdeki veriler kesin değil; ancak bu kitapta her dönemden bütün kadınlara detaylıca yer vermeye girişmeyeceğiz. Kesin veriler içeren bir kilise tarihi kitabı da değil bu. Geçtiğimiz 2000 yıl içinde yaşamış Hristiyan kadınlardan bazılarının kısa özgeçmişlerini bizlerin hayatlarına hem anlam katması hem bize ilham vermesi umuduyla yazarak, onların yaşamını gün yüzüne çıkarmayı amaçlıyorum.

ROSAMUND WILKINSON

Yazmak tek başına yapılan bir iş. Ama bu kitabı yazarken beni yüreklendirerek bana destek olan herkese minnettarım. Özellikle benim harika yaşam koçuma teşekkür ediyorum! "Kitabın bitti mi?" diye soranlara teşekkür ediyorum. Kitabı yazmaya devam ederken karşılaştığım kim varsa kadınlardan söz ettiğimde beni dinlemiş olanlara teşekkür ediyorum. Önerilerini paylaşan ve herhangi bir şekilde katkı sağlayan herkese teşekkür ediyorum. Editörüme ve bu basımdaki haritaları çizen Alan Prior'a teşekkürlerimi sunuyorum. Göreceğiniz hatalar tarafıma aittir!

Bu kitabı Türkiye'nin Hristiyan kadınlarına ve Mesih'i izlediğim altmış sene boyunca beni yüreklendirmiş, örnek birer yaşam sürmüş tüm Hristiyan kadınlara ve erkeklere adıyorum. Onların yüreklendirmesi olmasaydı ben bugünkü halimde olmazdım. Bu kitabı yazarken, '…çevremizi saran büyük tanıklar bulutu'nda yer alan kadınlar hakkında, Zaferli Kilise'nin bir parçası olan, bize 'Gözlerimizi İsa'ya dikelim'[2] diyerek tezahürat yapan kadınlar hakkında yazdığımın sürekli bilincindeydim. Bu kitabı ilginç, yüreklendirici, düşündürücü ve geliştirici bulacağınıza inanıyorum. Size bu takdimimi okuma şerefini bana verdiğiniz için teşekkür ederim!

TÜRKİYE'DE HRİSTİYAN KADINLAR – TARİHÇE
GİRİŞ

Bu kitapta, bugünkü Türkiye Cumhuriyeti sınırları içinde bulunan yerlerde yaşamış ve hizmet etmiş Hristiyan kadınların hepsinin olmasa da bazılarının hikâyeleri anlatılmaktadır. Türkiye'nin kuruluşundan evvel bu topraklar Küçük Asya olarak biliniyordu. Hristiyan kilise Mesih'in MS 33'te[3] ölümünün ve dirilişinin ardından kurulduğu sırada Küçük Asya, Roma İmparatorluğu'nun bir parçasıydı.

Kilisenin elinde, Yeni Antlaşma'nın yazılmasından önce Eski Antlaşma Yazıları mevcuttu; bundan ötürü kitabın ilk bölümünde yaratılış hikâyesi, Hikmet'in[4] dişil karakter olarak kişileştirilmesi ve Peygamber Yeşaya'nın kitabında dişil tasvir kullanılması incelenecek.

İkinci bölümde, İsa Mesih'le tanışıklığı olan kadınlar ve onların kilisedeki yerlerine dair Yeni Antlaşma öğretişlerine bakılacak.

Yeni Antlaşma döneminin (ykl. 33-113) ele alındığı üçüncü bölümde, Yeni Antlaşma Kilisesi bünyesinde aktif görev alan kadınlardan söz edilecek. Kilisenin başlangıç noktası, Yeruşalim'de Yahudi bayramı esnasında yaşanan Pentikost'tur. İlk Pentikost'ta (MS ykl. 33'te), İsa Mesih'in dirilişinin ardından 'Kapadokya, Pontus, Asya İli, Firikya ve Pamfilya'dan'[5] gelenler vardı; Kilisenin Yeruşalim'de doğuşuna tanık olmuşlardı. Bu insanlar muhtemelen Yahudi'ydiler veya Yahudiliği benimsemiş olanlardı; evlerine döndüklerinde herhalde herkese Yeruşalim'de gördüklerini anlatmışlar, böylelikle müjdeyi kendi memleketleri olan ve günümüzde Türkiye'de, o dönemlerdeyse Roma eyaletleri içinde yer alan Trakya, Bitinya, Pontus, Kapadokya, Galatya, Asya İli, Likya, Pamfilya ve Kilikya civarına duyurmuşlardı. İsa Mesih'in takipçilerine ilk kez, günümüzde Türkiye'nin güneydoğusunda bulunan Antakya'da 'Hristiyan' denmişti.

Elçilerin İşleri'nde, Türkiye'nin güneydoğusunda doğmuş Elçi Pavlus'un Türkiye'yi boydan boya nasıl katettiği ve Konya (İkonium), Antalya (Attalia) ve diğer antik kentlerde nasıl kilise kurduğu konu edilir. Elçi Pavlus kadınları önder olarak ve bu kiliselerin varlığının sürmesine katkıda bulunan önemli unsur olarak kabul etmiştir. Kocası Akvila ile Küçük Asya'nın batı kıyısında bulunan, dönemin kalabalık liman kentlerinden Efes'te[6] yaşayan Priska[7] gibi kadınlarla birlikte çalışmıştır. Elçi Pavlus Galatya, Efes ve Kolose'deki kiliselere hitâben, ayrıca bireysel olarak Timoteos'a ve Filimon'a mektuplar yazmıştır. Mektuplarında özellikle Nimfa, Afiya, Lois ve Evniki'den ismen söz eder; Elçilerin İşleri'nde de Priska'dan öğretmen ve önder olarak söz edilir.

Elçi Yuhanna[8] Kutsal Kitap'ın son kitabında, Vahiy'de, günümüzde Türkiye'de bulunan yedi kiliseye[9] hitâp etmiştir. İsa'nın sevdiği öğrencisi Yuhanna[10], İsa'nın annesi Meryem'le ve muhtemelen Mecdelli Meryem'le[11] birlikte Efes'e yerleşmeye gelişiyle bilinir. İsa'nın başka bir öğrencisi, Elçi Petrus, ilk mektubunu '... Pontus, Galatya, Kapadokya, Asya İli ve Bitinya'da[12] yaşayan Hristiyanlara hitâben yazmıştır. Yeni Antlaşma döneminde Elçiler etkin biçimde öğretiyor ve bu bölgelerde kiliseler kuruyorlardı.

Elçiler[13] döneminin ardından kilise Türkiye'de büyümeye ve gelişmeye devam etti, topluluklar Elçiler'in öğretişlerine bağlı kaldılar. Polikarp'ın (ykl. 69-156) şehit edilmesinin ardından hayatta olup da Elçiler'i bizzat tanıyan insan artık kalmamış oldu.

Kilise büyümeye devam ederken, imanı uğruna şehit edilenler arasında İznik Konsili dönemi öncesinde (113-313) yaşayan Hristiyan kadınlar da oldu; günümüzde hâlâ anma günleri düzenlenen Nikomedia'da[14] yaşamış Azize Barbara ve Kalkedon'da[15] yaşamış Azize Evfemia gibi.

İmparator Konstantinos'un MS 312'de Ki Ro sembollerini görüm olarak görmesinin hemen ardından Hristiyanlara sempatisi gittikçe arttı, 311'de Hoşgörü Fermanı'nı, 313'te de Hristiyanlığı meşru din ilân ettiği Milano Fermanı'nı yürürlüğe soktu. Artık Hristiyanlar inançları uğruna zulüm görmeyeceklerdi.

MS 324 öncesinde, Bitinya'da bulunan Nikomedia[16] Roma İmparatorluğu'nun doğusunun başkentiydi. Bitinya aynı zamanda İmparator Büyük Konstantinos'un annesi Azize Helena'nın doğduğu yerdi. 324'te Konstantinos (324-337), Roma İmparatorluğu'nun imparatoru, başkenti Nikomedia'dan Bizans'a taşıdı ve adını Konstantinopolis[17] olarak değiştirdi. Konstantinopolis kiliselerle dolu, kiliselerinde özgürce tapınılan bir Hristiyan kenti haline geldi. Roma İmparatorluğu da 324'ten 1453'e değin Bizans İmparatorluğu adıyla anılmaya başlandı.

Bu yüzyıllar boyunca yaşamış birçok Hristiyan kadının yanı sıra, 4. yüzyılda Kapadokya'da yaşamış, İznik İman İkrarı'na bağlılıklarıyla bilinen Kapadokya ataları içinde annelerin ve kız kardeşlerin olduğunu da görüyoruz. Bu dönem içinde önemli kilise konsilleri Türkiye'de gerçekleşmiştir: İznik[18] Konsili (325), Konstantinopolis'te yapılan İkinci Ekümenik Konsil (381), Efes Konsili (431) ve Kalkedon Konsili (451). 1453'te Osmanlı pâdişahı Fatih Sultan Mehmet Konstantinopolis'i fethetti ve Osmanlı İmparatorluğu'nun başkenti yaptı. İmparatorluk, 1923'te

TÜRKİYE'DE HRİSTİYAN KADINLAR – TARİHÇE

Mustafa Kemal Atatürk'ün günümüzde hâlâ varlığını süren Türkiye Cumhuriyeti'ni lâik yönetim şekliyle kurmasına dek sürdü.

Hem Osmanlılar hem Cumhuriyet döneminde Hristiyanlar Türkiye topraklarında var olmuşlardır. Günümüzde Ermeni ve Rum Ortodoks olsun, Doğu ve Batı Katolik olsun, Anglikan Kilisesi[19] de dâhil bütün kiliseler Türkiye'de mevcutturlar. 60'larda başlayan Türkçe konuşan Protestan Kilise'nin kuruluş ve büyüme dönemi, Türkiye sınırları boyunca yeni kiliseler kurulmasına da yol sağlamıştır. Kilise üyeleri kısmen Müslümanlıktan Hristiyanlığa geçmiş kişilerden, kısmen de etnik Hristiyan kökenlere sahip olup da Grekçe, Süryanice, Ermenice veya diğer dillerde ibâdet etmektense Türkçe ibâdeti tercih eden erkekler ve kadınlardan oluşur.

Her dönemden günümüze, o dönem içinde yaşamış Hristiyan kadınlardan bazılarına ait kayıtlar kalmıştır. Bu kadınlardan bazıları hakkında çok az bilgi vardır, bazıları hakkındaysa kitaplar yazılmıştır. Ben bu çalışmayı, son 2000 yıl içinde Türkiye'de yaşamış Hristiyan kadınlardan bazılarını gün yüzüne çıkartmak niyetiyle kaleme aldım. Umarım ki bu yaşam hikâyeleri okurların kendi iman yolculuklarında onlara ilhâm verir ve onları yüreklendirir.

Son olarak, kitabın sonunda yer alan Son Söz bölümünde Anglikan Kilisesi'nin kadınlara kilise önderliğinde yer vermeye, kadınları diyakon, rahip ve episkopos görevlerine atamaya nasıl yöneldiğine değineceğiz. Yirmi birinci yüzyılın Türkiye Protestan Kiliselerinde kadının kilise önderliğinden söz edilmeye başlanmışken, bu bölümde anlatılanlar değişim açısından birer örnek teşkil edebilecektir.

Hristiyan İnanışın Aslî Doğası

Yazar, kitabı yazma sürecinde, tarihte yaşamış Hristiyan kadınların kendi yaşadıkları dönemde Hristiyan olmanın anlamını kavramaya gayret etmiştir. Aynı coğrafyada yaşamış olmalarına karşın her birinin Hristiyan olarak deneyimleri birbirinden farklıdır ve kendi tarihsel dönemleri açısından ele alınmaları gerekir. Yeni Antlaşma döneminin ilk Hristiyan kadınları Mesih'i Elçiler'den veya kendi edindiklerini başkalarına iletmiş olanlardan öğrenmişlerdi.

Hristiyan olmak, İsa Mesih tarafından (ve gayet tabii Baba ve Kutsal Ruh tarafından da!) tanınmış olmak demektir. Luka 6:46 ve Luka 13:2627'de, Matta'nın da yazdığı, İsa ile öğrencileri arasındaki bir konuşma yer alır:

"Niçin beni 'Ya Rab, ya Rab' diye çağırıyorsunuz da söylediklerimi yapmıyorsunuz? Bana gelen ve sözlerimi duyup uygulayan kişinin kime benzediğini size anlatayım.'[20]

İsa öğrencilerini kendisine 'Ya Rab, ya Rab' diye seslenen herkesin cennete gideceğinden emin olmaması gerektiği konusunda uyarmıştır.[21] Ardından bizi Tanrı'nın Egemenliği'ne yöneltecek ve umarız ki orada kalmamızı sağlayacak inanışa dair bazı kıstaslar bildirir:

"Bana, 'Ya Rab, ya Rab!' diye seslenen herkes Göklerin Egemenliği'ne girmeyecek. Ancak göklerdeki Babam'ın isteğini yerine getiren girecektir. O gün birçokları bana diyecek ki, 'Ya Rab, ya Rab! Biz senin adınla peygamberlik etmedik mi? Senin adınla cinler kovmadık mı? Senin adınla birçok mucize yapmadık mı?' O zaman ben de onlara açıkça, 'Sizi hiç tanımadım, uzak durun benden, ey kötülük yapanlar!' diyeceğim."[22]

Gerçekten öğrenci veya Hristiyan olan kişi, İsa'nın huzuruna gelip sözlerine kulak veren ve bunlara göre davranan kişidir. İsa Mesih ayrıca evini kayalık üzerine inşâ eden hikmetli adamla ilgili bir kıssa anlatır; kıssada, evini kum üzerine yapan adamın evi fırtına çıktığında yıkılıyordur. Mesih'e duyulan iman, bizi hayatın fırtınalarına göğüs gerebilir hale getirir ve Mesih'e daha çok benzemek üzere değişmemizi sağlar.

Bu kitapta Hristiyan olmanın anlamını yaşamlarıyla göstermiş kadınlardan söz edeceğim. Aralarında, biraz önce söz ettiğimiz, Bizans dönemi kadınları gibi toplumun Hristiyan inancını herkesin önünde icra edebilen üyeleri de vardı, Hristiyan yaşamı süren insanların takdir görmediği düşmanca bir ortamda yaşadıkları için inançları uğruna şehit olanlar da. Bu kadınlardan bazıları inançlarını, 21. yüzyılda yaşayan biz okurların beklentisi doğrultusunda birebir açıklamamış olabilirler. Fakat bu kadınlara, 'Siz Hristiyan mısınız?' diye sorsalardı herhalde, 'Tabii ki Hristiyan'ım!' derlerdi. Onlar da buna karşılık belki de bu kadınlara Hristiyanlıklarının İznik İkrarı'na göre mi, yoksa Monofizit veya Arius yanlısı olarak mı olduğunu sorarak onları daha sıkı bir sorgudan geçirmeye girişirlerdi. Soruları, beden almış Mesih'le ilgili inanışlarını –Mesih'in hem insan hem tanrı olarak iki doğası olduğuna mı inanıyor, yoksa sadece tek doğası, yani tanrı doğası olduğuna mı inanıyor diye– anlama amaçlı olurdu. 325'te İznik İnanç İkrarı'nın bildirgesinin oluşturulmasının ardından inanç ölçüsü kıstası bu olmuştu.

Hristiyan camiada her neslin Mesih'e kazandırılması gerektiği anlayışı vardır; kimsenin Hristiyan ailede doğarak Hristiyan olmasını bekleyemeyiz,

TÜRKİYE'DE HRİSTİYAN KADINLAR – TARİHÇE

kişi kendi bilgi ve deneyimlerinin harmanlanmasıyla oluşmuş inanışıyla Hristiyan olur. Bu kitapta göreceğimiz kadınların hepsi kendi imanlarını bizim şimdi 21. yüzyılda kullandığımız ifadelerin aynısıyla açıklamıyorlardı, fakat hepsi kendini Hristiyan olarak tanımlıyordu; hatta bugün aramızda olsalardı, onların benimsediği türden Hristiyanlığın bir parçası olmadığımızı görüp bizim Hristiyan oluşumuza şüpheyle bakabilirlerdi; nitekim Bizans döneminde Ortodoks Hristiyanlık uygulamaları daha yaygındı.

Bu kitaptaki kadınların hayatları hakkında araştırma yaparken benim de bir yirmi birinci yüzyıl Hristiyanı olarak sorularım oldu. Yirmi birinci yüzyılda yazılmış bir kitapta, kitabın yazarının kendi deneyimleri veya kitapta işlenen konular hakkında birçok detay verilebilir. Bu da yirmi birinci yüzyılda yazılmış bir kitap ama tarihte yaşananlarla sınırlı. O kadınların yaşamlarının detayları ve yaşamla ilgili duyguları kayıtlardan açıkça anlaşılmıyor.

Bölümlerin çoğu Hristiyan kadınların kendi yaşadıkları döneme ait özet biyografi içerir. Her biyografinin uzunluğu mevcut bilgiler ölçüsündedir. Umarım ki –kısa olsun, uzun olsun– bu özet biyografiler Hristiyan kadınların geçmişte nasıl yaşadıklarına bir fikir verir. Hepsinden önemlisi, yazarın umudu, bu kadınların yirmi birinci yüzyılda yaşayan Hristiyanların Hristiyan kilisenin tarihindeki kendi yerlerini anlamalarına ve kendi koşulları içinde Tanrı'yı onurlandıracak ve yüceltecek şekilde Hristiyan yaşamlarını sürdürmelerine yardımının dokunmasıdır.

ROSAMUND WILKINSON

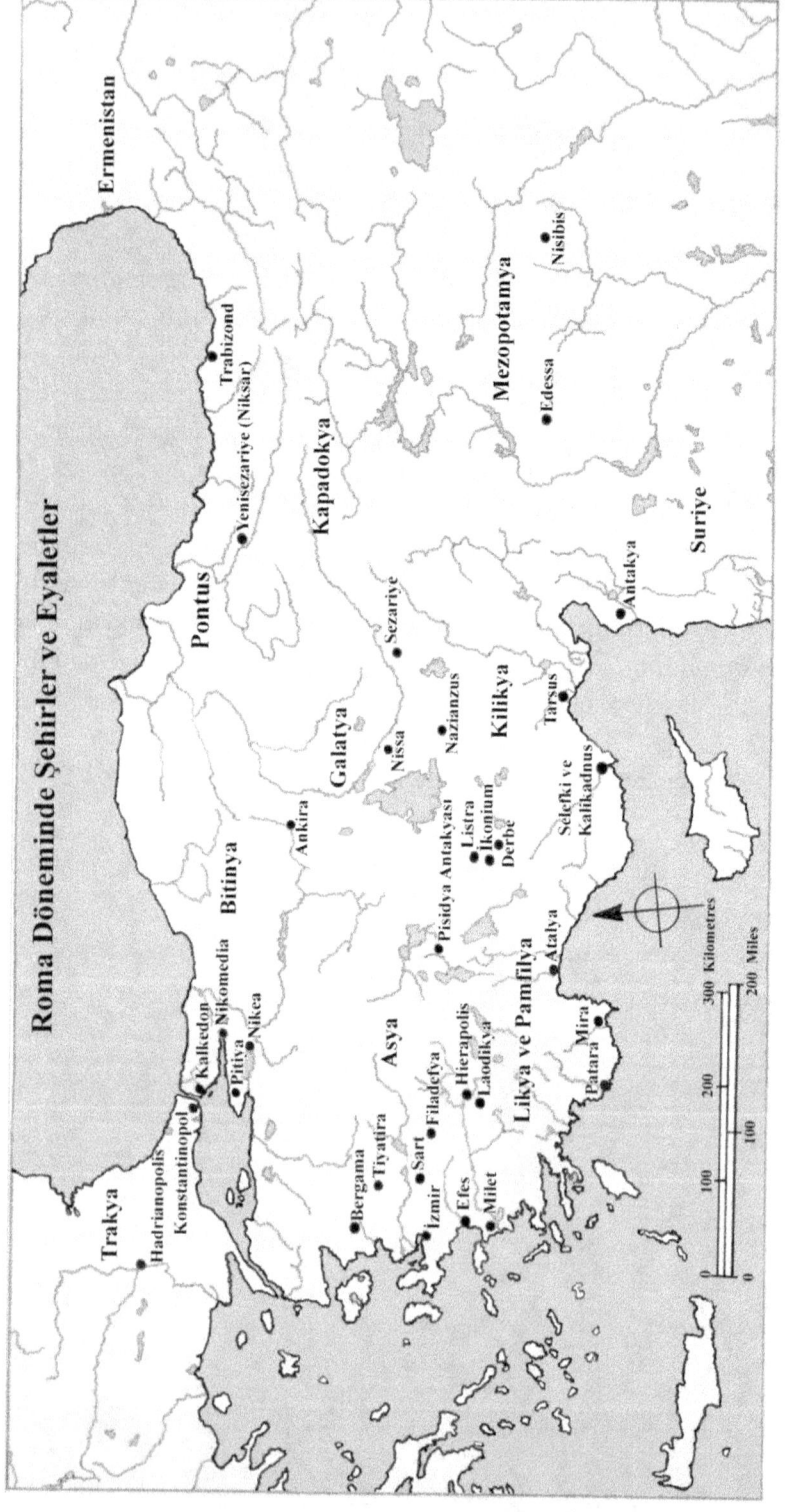

TÜRKİYE'DE HRİSTİYAN KADINLAR – TARİHÇE

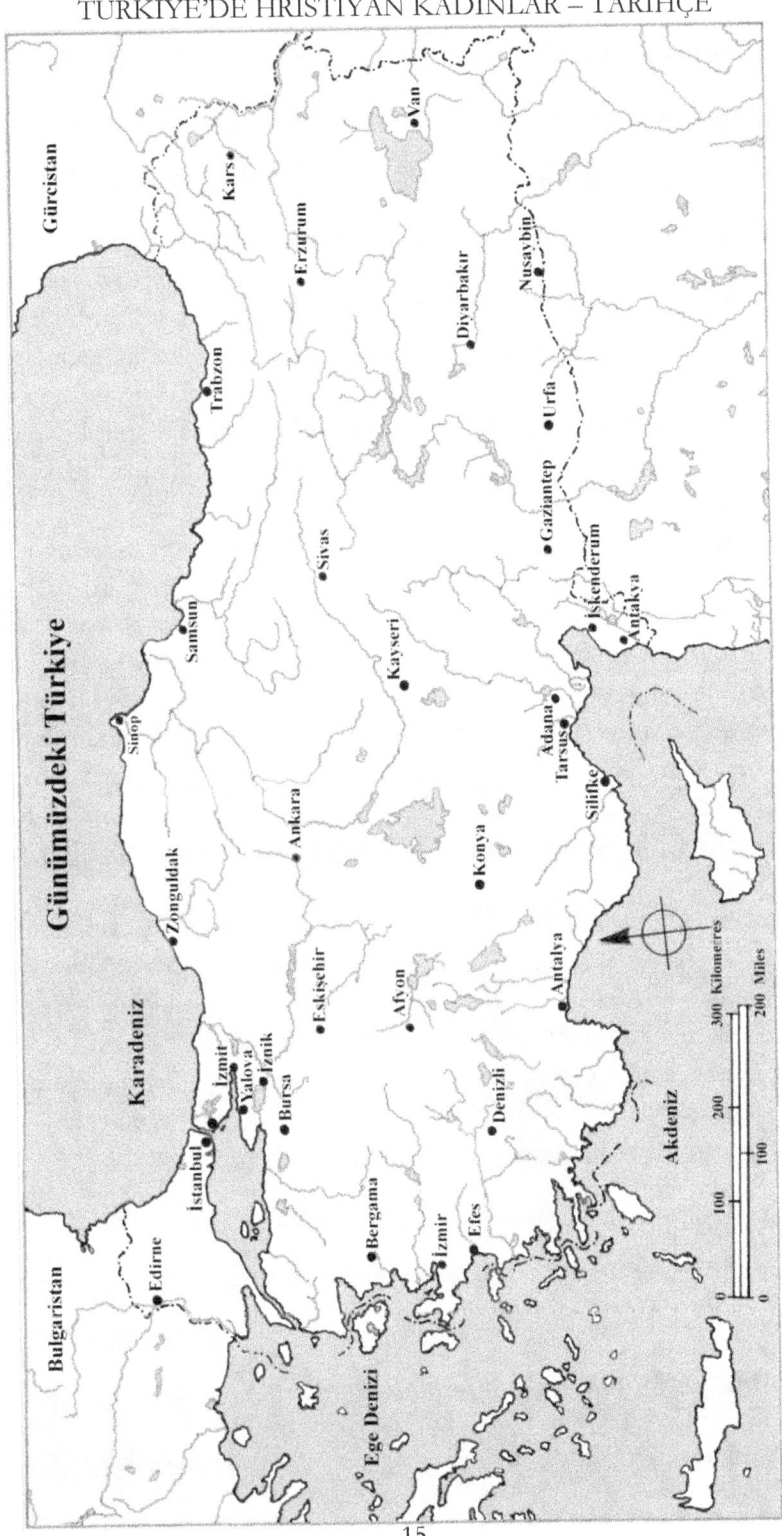

ROSAMUND WILKINSON

1. BÖLÜM – ESKİ ANTLAŞMA'DA KADINLAR

Eski Antlaşma'da adlarını iyi bildiğimiz birçok kadın vardır: İbrahim'in karısı Sara[23], Peygamber Debora[24], Kral Davut'un karısı Avigayil[25], Kral Davut'un atası Moavlı Rut[26] gibi. Yüzyıllar boyunca Hristiyan kadınlar İbrani Kutsal Yazılarında söz edilen bu kadınları örnek almış, onların kendi koşulları çerçevesinde attıkları iman adımlarıyla sürdürdükleri iyi yaşamlarından kendine ders çıkartmıştır. Yazar, bu kitaptaki kadınların da yirmi birinci yüzyıl Hristiyanları olarak günümüz Türkiyesi'nde yaşayan kadınlara birer örnek olacağı kanısındadır. Bu bölüme, Yaratılış kitabındaki yaratılma hikâyesine, ardından Özdeyişler ve Yeşaya kitaplarındaki kadın tasviri kullanımı örneklerine bakarak başlayacağız.

Kutsal Kitap yüzyıllar içinde kaleme alınmış kitapların bir derlemesidir ve iki bölüme ayrılır: İbrani Kutsal Yazılar, diğer adıyla Eski Antlaşma ile Hristiyan Kutsal Yazılar, yani Yeni Antlaşma. İbrani Kutsal Yazılar, Tanrı'nın İsrail evlatları ile ilişkisinin gelişim sürecini anlatır. Yeni Antlaşma, İbrani Kutsal Yazılarının devamı olarak, İsa Mesih'in hayatını ve ilk kiliselerin gelişim sürecini aktarır. İsa ilk yüzyılda, o dönemlerde Roma hâkimiyetinin idâresindeki Filistin topraklarında doğmuş bir Yahudi'ydi. İsa Mesih'in doğumu, ölümü, dirilişi ve göğe yükselişinin ardından Hristiyan kilisenin doğumu MS 33'te bir Pentikost'ta, bir Yahudi bayramı esnasında gerçekleşir. Kutsal Ruh'un dökülüşüyle yeni bir çağ başlar ve Kilise'ye bağlı insanlar yalnızca Orta Doğu halkıyla kısıtlı kalmaz, dünya çapında birçok kola ayrılmış bir organizasyona dönüşür. Üçlübirlik olan Tanrı'ya iman ve Mesih'e iman yoluyla kurtuluş, Hristiyan ve Kilise'ye bağlı olan insanların ayırt edici mühürleridir.

Hristiyanlar açısından, Kutsal Kitap bireyin Tanrı'yla ve Tanrı'nın dünyayla ve bu dünyada yaşayan insanlarla ilişkisini anlamak üzere temel kaynaktır. Kutsal Kitap Adem ile Havva'nın, kadın ile erkeğin yaratılışını[27] tasvir ederek başlar ve dünyanın sonunu, yeni yaratılışı ve Kilise'nin 'Mesih'in gelini'[28] olacağı 'kuzunun düğün sofrası'na[29] dâvetini tasvir ettiği Vahiy kitabıyla sona erer. Tanrı ile insanlık arasındaki bu destansı ilişkinin hikâyelerinde erkekler ile kadınlar bir arada yer alırlar.

Yaratılış; yaratılma hikâyesi

Yaratılış,[30] Kutsal Kitap'ın ilk kitabıdır, dünyanın yaratılması anlatısıyla başlar. İlk ayetlerde şöyle denir:

TÜRKİYE'DE HRİSTİYAN KADINLAR – TARİHÇE

'Başlangıçta Tanrı göğü ve yeri yarattı. Yer boştu, yeryüzü şekilleri yoktu; engin karanlıklarla kaplıydı. Tanrı'nın Ruhu suların üzerinde hareket ediyordu.'[31] Metinde Tanrı'nın ışığı ve karanlığı,[32] göğü, yeri, deniz bitkilerini, Güneş'i, Ay'ı ve yıldızları, kuşları ve deniz canlılarını, karada yaşayan canlıları ve nihâyetinde insanı[33] yaratışı[34] tasvir edilir.

Yaratılış Kitabı insanın yaratılışını şöyle özetler: 'Tanrı insanı kendi suretinde yarattı, onu Tanrı'nın suretinde yarattı. Onları erkek ve dişi olarak yarattı.'[35]

Yaratılış'ın bu kısmında İbrani şiiri biçimi kullanılarak Tanrı'nın yaratıcılığının görkemini övmek üzere tasvirler yapılmıştır. İbrani şiirinde kâfiye veya sözcük redifi yerine, benzer konu içeren fikirlerin redifi kullanılır.

Belirli bir düşünce, konu, bir sonrakinde tekrarlanır, içeriği farklı yönden zenginleştirilir, eşanlamlılarıyla süslenir. Bu şiirde; ilk dizede Tanrı'nın benzerliği tasvir edilir; ikinci dizede, bu benzerliğin bütün insanlık için geçerli olduğu belirtilerek bu fikir geliştirilir; ardından üçüncü dizede, insanın[36] erkek ve dişi[37] olarak yaratıldığını vurgulayarak anlatım kuvvetlendirilir.

Bu ayetlerde hem erkeğin hem dişinin yaratıldığı, hem de ikisinin de Tanrı'nın benzerliğinde yaratıldığı vurgulanır. Bu noktada ikisi arasında bir ayrım görülmez. İkisi de yaratılma eyleminde eşit değere sahiptir.

Yaratılış'ın ilk bölümündeki her bir yaratma safhasının sonunda anlatıcı 'Tanrı bunun iyi olduğunu gördü'[38] der. Yaratılış ikinci bölümdeki yaratılış anlatısına göre Tanrı, '…yerin toprağından adamı yaptı ve onun burnuna hayat nefesini üfledi; ve adam yaşayan can oldu.'[39] İlk adamın yaratılışının ardından anlatıcı şöyle söyler: 'Ve RAB Allah dedi: Adamın yalnız olması iyi değildir; kendisine uygun bir yardımcı yapacağım.'[40] Yaratılış ikinci bölümdeki yaratılış[41] hikâyesinde Adem ile Adem'in karısı Havva'nın yaratılması anlatılır.

Hayvanların ve ardından adamın yaratılmasından sonra anlatıcı Adem 'için uygun bir yardımcı bulunmadı'[42] yorumunu yapar. Ardından anlatıcı Adem'in uyutulmasını, kendisinin kaburga kemiğinden alınmasını ve bunun kadına bürünmesini anlatır. Adem bu kadını gördüğünde şunu beyân eder: "İşte, bu benim kemiklerimden alınmış kemik, etimden alınmış ettir. Ona 'Kadın' denilecek, çünkü o adamdan alındı."[43]

Adem kendisinin hayat arkadaşı olacak kişiyle tanışmıştır. Ona 'kadın' diyerek Adem onun, hayvanlar veya kendisi gibi topraktan değil, kendi kaburgasından yaratıldığını kabul etmiş olur. Adem ile Havva, Tanrı'nın öncesinde[44] yarattığı hiçbir canlıyla olmadığı biçimde bir bağa sahip olmuşlardır. Bu eşsiz yaratma eyleminde bir cinsin diğerinden üstün olduğuna dâir hiçbir imâ bulunmamaktadır. Hem Adem hem Havva Tanrı'nın[45] benzerliğinde yaratılmışlardır ve Tanrı[46] ikisini de kutsamıştır. Yaratılış okura yaratılışın 'nasıl' gerçekleştiğini değil, 'neden' gerçekleştiğini söyler; felsefi ve dini *raison d'être*sini, yani varoluş sebebini verir, böylelikle okur Tanrı'nın gözünden insanlığın değerini ve yaşam amacını anlayabilir. Adem ile Havva'yı, iki farklı topraktan yaratmamanın bir hikmeti var; yoksa birinin diğeri kadar kıymetli bir tozdan yaratılmadığı söylenerek veya cinsiyetlerden birinin diğerinden daha iyi bir tür topraktan yaratıldığı için daha üstün olduğu iddia edilerek diğerini reddetme gerekçesi olarak sunulabilirdi. Havva Adem'in bedeninden yaratıldığından dolayı, onun genetik ve biyolojik niteliklerini taşımaktadır. Tanrı, hayvanları yaratırken olduğu gibi toz veya toprak kullanış olsaydı, Havva Adem'in beyân ettiği gibi 'kemiklerinden kemik, etinden et'[47] değil de, diğer hayvan türlerinden biri gibi olmaz mıydı? Tanrı Havva'yı tam Adem'e uygun bir 'yardımcı' olmak üzere yaratmıştır.[48]

Eski Antlaşma'da 'yardımcı' kelimesi on dokuz[49] defa geçer ve bunların on beşi Tanrı için kullanılır. Örneğin, Kral Davut Tanrı hakkında, 'bana hep yardımcı oldun'[50] der, İsrail halkı 'RAB benden yana; benim yardımcım'[51] diyerek beyân eder. Derek ve Dianne Tidball şunu belirtmiştir:

Havva'ya Adem'in yardımcısı demek onun ilişkide daha zayıf konumdaki eş olduğu anlamını taşımaz. Kezâ kesinlikle paylaşımda onunla eşit olduğunu anlatır. Onun denkliği 'uygun'[52] sıfatıyla daha da vurgulanmıştır ki bu da Tanrı'nın yaratmak üzere olduğu türden bir yardımcıyı tasvir eder... Gerçek anlamıyla Havva Adem'e eş, tamamlayıcı, yoldaş ve ortak olacaktır.[53]

Öyleyse Havva nasıl Adem'e 'uygun yardımcı' rolünü yerine getirir? Tanrı insanı, kendi benzerliğinde, yarattıktan sonra onları kutsadı ve onlar için yarattığı dünyada yaşamayı onlara buyurdu:

- Onları kutsayarak, "Verimli olun, çoğalın" dedi, "Yeryüzünü doldurun ve denetiminize alın; denizdeki balıklara, gökteki kuşlara, yeryüzünde yaşayan bütün canlılara egemen olun.
- İşte yeryüzünde tohum veren her otu, tohumu meyvesinde bulunan her meyve ağacını size veriyorum. Bunlar size yiyecek olacak. Yabanıl hayvanlara, gökteki kuşlara, sürüngenlere –

TÜRKİYE'DE HRİSTİYAN KADINLAR – TARİHÇE

soluk alıp veren bütün hayvanlara– yiyecek olarak yeşil otları veriyorum." Ve öyle oldu.[54] Yaratılış'ın özellikle bu kısımlarında, Havva'nın birlikte geçirdikleri günlük yaşamda Adem'e 'uygun yardımcı' rolünü nasıl üstlendiğine dair tüm detayları görmüyoruz. Kadının kocasına 'yardımcı' veya 'destek'[55] oluşuna dair bir kalıp yok. Sonraki bölümlerde Havva'nın Adem'e 'tek beden'[56] olduklarındaki, çocuk sahibi olduklarındaki ve aile hayatı yaşarlarkenki destek kuvvet kimliğine dair elimizde bazı ipuçları oluyor. Kutsal Kitap içindeki sonraki kitaplarda kadınların destek oluşlarına dair örnekler görüyoruz. Yardıma dâir en belirgin örnek Naval'ın karısı Avigayil'in[57] İsrail'in kralı Davut'la antlaşma sağlaması, böylelikle kocasının ve çiftliğinin başına gelecek felâketi bertaraf etmesidir. Naval doğal sebeplerden ötürü ölür, fakat Naval'ın gayet rahatsız edici şekilde terslediği Davut'un ölümcül hiddetine mâruz kalabilecek çiftlik çalışanlarından ve ailesinden herkes hayatta kalır. Avigayil, Yahudi olsun Hristiyan olsun, onun hikâyesini duyan tüm kadınlara örnek olan bir Eski Antlaşma kadınıdır. Havva Adem'e 'uygun yardımcı' olmak üzere yaratılmıştır. Kadınların eş olarak kendi koşulları doğrultusunda benzersiz şekilde yerine getirmeye çağrıldıkları rol budur.

Adem ile Havva tarafından temsil edilmiş olan insan dünyada yaşamakla, yaratılanlar üzerinde çalışmakla, bitkiyle beslenmekle ve hayvanlara bakmakla, 'verimli olup çoğalmak'la[58] yükümlüdür. Yemeye uygun olanlarla ve yememesi gerekenlerle ilgili sınırlandırmalar getirilmiştir: Ona, "Bahçede istediğin ağacın meyvesini yiyebilirsin" diye buyurdu, "Ama iyiyle kötüyü bilme ağacından yeme. Çünkü ondan yediğin gün kesinlikle ölürsün."[59] Çatışmaya ve insanın hikâyesinde yeni, beklenmedik bir safhaya yol açacak ağacın meyvesi buydu.

Kutsal Kitap'ın ana temalarından biri, Tanrı ile Şeytan arasındaki ruhsal savaşla temsil edilmiş, dünyamızda etkin olan kötülük gücüdür. Hepimiz bu ruhsal savaşın parçasıyız. Yaratılış birinci ve ikinci bölümlerde Tanrı'nın dünyayı yaratışı ve Adem ile Havva'yla temsil edilen insanı Yaratıcıları olan Tanrı ile paydaşlık ve birlik içinde yaşamaya davet etme girişimi tasvir edilir. Adem ile Havva, nasıl yaşam süreceklerine karar verebilen bireyler olarak yaratılmışlardı; Tanrı'nın yönergelerini otomatikman yerine getiren kuklalar değil, kendi seçimlerini yapabilecek ve yapabilmiş insanlardı. Tanrı'yla paydaşlık içinde sürdürdükleri yaşamları süresince Tanrı'yla ilişkilerinin denenmeden geçirileceğini ve sınanacağını beklemiş olmalılar. İlk büyük sınanmaları Yaratılış üçüncü bölümün odak noktasıdır.

ROSAMUND WILKINSON

Yaratılış üçüncü bölüm dört ana bölüme ayrılır:
1. 1-7. ayetler, Şeytan'ın Adem ile Havva'yı ayartması
2. 8-13. ayetler, Tanrı'nın olan biteni fark etmesi
3. 14-19. ayetler, Tanrı'nın yılanı, kadını ve adamı lanetlemesi.
4. 21-24. ayetler, Tanrı'nın hayvan derisinden Adem ile Havva'yı örterek ve onları Aden bahçesinden kovarak durumu düzeltmesi.

Yaratılış'ta, Havva'nın yanına sokulan yılan (veya sürüngen), Şeytan'ın kendini antropomorfik biçimde göstermiş hâlidir. Şeytan Tanrı'nın erkeğe ve kadına Aden bahçesinde özellikle meyvesinden yememesini söylediği ağaçla ilgili buyruğunu sorgulatır. Onları Tanrı'nın söylediğini sorgulamaya yöneltir. Şeytan yasaklanmış meyveden yediklerinde öleceklerini kabul etmez, hatta iyiyi ve kötüyü bilerek Tanrı gibi olacaklarını iddia eder. Kadın ayartılan olur; meyveden biraz alır, dener ve birazını kocasına verir. Yılanın hitâbında siz[60] diyerek çoğul ifâde kullanmasının, konuşma sırasında orada Havva'nın yanı sıra Adem'in de bulunduğunu imâ ettiğini vurgulamak gerekir. İKİSİ de hemen meyveyi tatmışlardır, İKİSİ de artık çıplaktır[61]. Yaratılış metnine göre, Adem de büyük olasılıkla konuşma esnasında orada olmasına karşın Havva tarafından engellenmiş veya Yılan tarafından sınanmış görünmez.

Adem ile Havva'nın çıplak olduklarından ötürü utanç duygusu hissetmeleri yalnız birbirleriyle ilişkilerini etkilemekle kalmadı, Tanrı'yla ilişkilerini de etkiledi. Meyveyi yedikten ve çıplak olduklarından ötürü utanç duyduktan sonra Tanrı'nın huzurunda görünmek istemediler.[62]

Tanrı bu diyalogun ikinci aşamasında onlara kendilerinin çıplak olduklarını nereden bildiklerini sordu. İki olasılık vardı; ya biri onlara söylemişti ya da yasaklanmış meyveden yemişlerdi. Konuşmanın bu ikinci aşaması 'suçlama oyunu'dur; adam der ki, "Yanıma koyduğun kadın ağacın meyvesini bana verdi, ben de yedim"[63]. Kadın da, "Yılan beni aldattı, o yüzden yedim"[64] diyerek aynısını yapar. Havva'nın yanıtı doğruydu; Yılanın Tanrı'nın buyruğunu yeniden yorumladığı sözleriyle cezbedilmiş ve ayartılmıştı. Oyuna getirilmişti ama kendisi de Adem de o an neler olduğunu anlamalı ve Tanrı'nın on lara verdiği buyruğun çarpıtılmasına izin vermemeliydi. Bu hem Adem'in hem de Havva'nın sorumluluğuydu, sırf Havva'nın değil.

Adem ile Havva'nın Tanrı'nın yönergelerine itaatsizliğinden ötürü onlar da yılan da lanetlendi ve insan Tanrı'nın –insan olsun, hayvan olsun– yarattıkları arasında olmasını arzuladığı ilişkiyi ve yakınlığı kaybetti.

TÜRKİYE'DE HRİSTİYAN KADINLAR – TARİHÇE

Bu insan çiftinin Tanrı'ya itaatsizlik etmesine sebep olan yılan biçimde kişileştirilmiş Şeytan olduğundan dolayı Tanrı önce yılanı lanetledi:

> "Seninle kadını, onun soyuyla senin soyunu birbirinize düşman edeceğim. Onun soyu senin başını ezecek, sen onun topuğuna saldıracaksın."[65]

Sözü edilen kadının soyunun, Şeytan'ın gücüne öldürücü darbe indirecek olan çarmıha gerilmiş, dirilmiş Mesih olduğu anlaşılıyor. Tanrı, laneti bildirirken bile insanlığa umut vermiştir.

İkinci olarak Tanrı Havva'ya yönelir ve şunu bildirir:

> "Çocuk doğururken sana çok acı çektireceğim. Ağrı çekerek doğum yapacaksın. Kocana istek duyacaksın, seni o yönetecek."[66]

Doğum sancısı çekmek ve kocası tarafından yönetilmek Tanrı'nın asıl tasarısı değildi, Adem ile Havva'nın lütuftan yoksun kalmasının bir sonucuydu. Derek ve Dianne Tidball şunu ileri sürer: "… hiyerarşi ve baş olma unsuru ilk kez burada, düşüşün bir sonucu olarak, devreye girer, Tanrı'nın yaratılış için esas amacının bir parçası olarak değil!"[67]

Üçüncü olarak, Şeytan'ın Havva'ya yanaşmasına seyirci kalan Adem çalışma hayatının daha da zorlaştığını görmeye başlamıştır. Adem'e söylenen şudur:

> "Karının sözünü dinlediğin ve sana, meyvesini yeme dediğim ağaçtan yediğin için toprak senin yüzünden lanetlendi. Yaşam boyu emek vermeden yiyecek bulamayacaksın. Toprak sana diken ve çalı verecek, yaban otu yiyeceksin. Toprağa dönünceye dek ekmeğini alın teri dökerek kazanacaksın. Çünkü topraksın, topraktan yaratıldın ve yine toprağa döneceksin."[68]

Adem ile Havva eşit şekilde sorumlu tutulmuşlardır. Tanrı'nın son hareketi Adem ile Havva için hayvan derilerinden giysiler yapmak olur, ardından da onları Aden bahçesinden kovar, çünkü, "Adem iyiyle kötüyü bilmekle bizlerden biri gibi oldu. Artık yaşam ağacına uzanıp meyve almasına, yiyip ölümsüz olmasına izin verilmemeli."[69]

Aşağıdaki tabloda Yaratılış ikinci bölümde amaçlananların Yaratılış üçüncü bölümde neye dönüştüğü özetlenir.[70]

Yaratılış 2	Yaratılış 3

RAB Tanrı Aden bahçesine bakması, onu işlemesi için Adem'i oraya koydu. (Yar. 2:15)	Böylece RAB Tanrı, yaratılmış olduğu toprağı işlemek üzere Adem'i Aden bahçesinden çıkardı. (Yar. 3:23)
"Ama iyiyle kötüyü bilme ağacından yeme. Çünkü ondan yediğin gün kesinlikle ölürsün." (Yar. 2:17)	... Yanındaki kocasına verdi, o da yedi. (Yar. 3:6)
RAB Tanrı yerdeki hayvanların, gökteki kuşların tümünü topraktan yaratmıştı. Onlara ne ad vereceğini görmek için hepsini Adem'e getirdi. (Yar. 2:19)	Adem karısına Havva adını verdi. Çünkü o bütün insanların annesiydi. (Yar. 3:20)
... ikisi tek beden olacak. (Yar. 2:23-24)	Kocana istek duyacaksın, seni o yönetecek. (Yar. 3:16)
Adem de karısı da çıplaktılar, henüz utanç nedir bilmiyorlardı. (Yar. 2:25)	İkisinin de gözleri açıldı. Çıplak olduklarını anladılar. Bu yüzden... kendilerine önlük yaptılar. (Yar. 3:7)

Adem ile Havva'nın itaatsizliği Tanrı'nın erkek ile kadın arasında olmasını amaçladığı ilişkiyi mahvetti. Tanrı'nın yarattığı ideal durum berbat hale geldi, o kadar ki artık erkek ile kadın birbirlerini uyum içinde anlayabildiklerinde ve Tanrı'nın belirli amaçlarını fark edebildiklerinde dahi cinsiyetler arasında gerginliğin, kibrin ve hatta istismarın olduğu zamanlar oluyor. Tanrı'nın ikisi arasında görmeye niyetlendiği ilişkiden öylesine uzak bir hâl ki bu...

Adem ile Havva Aden bahçesinin, Cennet'in dışında yaşamaya başlamışlardı. İkisi de Tanrı tarafından Tanrı'nın iyiyi ve kötüyü bilme ağacından yememeleri yönündeki buyruğuna itaatsizlik etmelerinden ötürü cezalandırılmış haldeyken bile hâlâ Tanrı'nın önünde eşittiler, hâlâ ilişkileri vardı ve Havva hâlâ Adem'e 'uygun bir yardımcı'ydı. Yaratılış kitabı bize onların günlük yaşamında bunun nasıl sürdüğüne dair pek az bilgi verir. Yaratılış dördüncü ve beşinci bölümde insanlık ailesindeki doğumlar ve ölümler anlatılır, fakat ilişkileri hakkında detaylar verilmez. Belki de kutsal

TÜRKİYE'DE HRİSTİYAN KADINLAR – TARİHÇE

yazıları kaleme alanlar sonraki nesiller bir şekilde ilk ailenin hatalarını tekrarlama tuzağına düşmesinler diye bunu özellikle yapmışlardır.

Yeni Antlaşma döneminde, Elçi Pavlus şöyle der: 'Artık ne Yahudi ne Grek, ne köle ne özgür, ne erkek ne dişi ayrımı var. Hepiniz Mesih İsa'da birsiniz.'[71] Elçi müjdenin yaratılış düzenin yenileneceğini nasıl vaat ettiğini açıklar; cinsiyet farkını, sosyal konumu, eski dini beyânları ve etnik kökenleri aşan türde yeni bir eşitlik, yoldaşlık ve saygı düzenidir bu. Cennetin Mesih'e iman aracılığıyla yenilenmesidir. Bir sonraki bölümde Yeni Antlaşma'da kilise yaşamında cinsiyet hakkında neler söylendiğine daha detaylı bakacağız.

Eski Antlaşma kutsal yazıları, tarihte iz bırakmış birçok kadının hikâyesini anlatır. Kendi dönemlerinde toplumda aktif rolleri olan kadınlardır bunlar. Aralarında Sara, Hacer, Rebeka, Miryam[72], Rahav[73], Debora,[74] Hulda,[75] Rut[76], Avigayil[77], Ester[78] ve Özdeyişler'de[79] söz edilen becerikli kadınlar vardır. Bu kişiler, sonraları Küçük Asya'da yaşayan Hristiyan kadınlara örnek olmuş, dikkate şâyan Eski Antlaşma kadınlarından bazılarıdır.

Özdeyişler'deki Dişil Tasvir

Yazar, kutsal metinlerdeki gerçeği aktarmak üzere Kutsal Kitap'taki dişil tasvirin kadınlara ve kadınlığa kıymet vererek ustaca ve anlamlı biçimde kullanıldığını düşünmektedir. Özdeyişler kitabında hikmet, yani 'bilgelik' dişil tasvir kullanılarak tarif edilmiştir.[80]

Özdeyişler kitabı 'Süleyman, Davut oğlu, İsrail kralı' tarafından oğluna[81] hitâben 'bilgeliğe ve terbiyeye ulaşmak, akıllıca sözleri anlamak'[82] amacıyla yazılmıştır. Metin, okuyan herkese yönelik öğütlerdir; okurun, kurtuluş ve iyi yaşam anlamına gelen bir Yahudi kavramı olan Şalom'un somut örneği olarak refah ve esenlik içinde yaşamasına yardımı olacak öğütlerdir.

'Bilgelik' kelimesi Kutsal Kitap'ın tamamında 202 defa, Özdeyişler kitabında 46[83] defa geçer. İlk bölümde açıkça Tanrı'nın bilgeliğin kaynağı olduğu belirtilir: 'RAB korkusudur bilginin temeli. Ahmaklarsa bilgeliği ve terbiyeyi küçümser.'[84]

Devamındaki bölümlerde Bilgelik sokaklara çıkarak insanları gelip hikmet edinmeye çağıran kadın[85] olarak canlandırılır. Hikmet ayrıca ahmaklıkla karşılaştırılır ve Hikmet'i ve ona ulaştıran yolları bulmaya çalışmamayı ahmaklık veya ahmaklar olarak tanımlar. Dokuzuncu bölümde, "Bilgelik kendi evini yaptı, yedi direğini yonttu... sofrasını kurdu. Kentin en yüksek noktalarına... herkesi çağırıyor" diyerek Hikmet'in hazırlığı ve Efkaristiya daveti izlemini taşıyan, "Gelin, yiyeceklerimi yiyin, hazırladığım şaraptan için"⁸⁶ sözlerini söyleyişi anlatılır. Efkaristiya yemeği Fısıh sırasında İsa Mesih tarafından başlatılmıştır, fakat Fısıh'ta yapılanın ilk izleri Eski Antlaşma'da mevcuttur: Melkisedek İbrahim'i ekmek ve şarap ile karşılamıştır⁸⁷, sonraları Yeşaya besili yiyecekler ve yıllanmış şaraplarla bezenmiş bir sofradan söz etmiştir.⁸⁸ Ekmek ve şarabın olduğu bir ikram sunan Bilgelik kendine, Tanrı tarafından atanmış bir yaşam ve kutsama vekili olarak, aynı 'Efkaristiya kutsaması akışında'⁸⁹ yer vermiştir.

Özdeyişler'in üçüncü bölümünde bilgelikten dişil zamir kullanılarak söz edilir. (Türkçede zamirlerde dişil ve eril ayrımı görülmez, cinsiyet belirtilmeden 'o' köküyle verilir; bu sebepten ötürü Türkçe tercümeli Kutsal Kitap'ta İbranicedeki eril dişil zamir kullanım farkı kaybolur; burada söz edilen, Kutsal Kitap'ın İbranicesindeki kullanımdır.). Özdeyişler 3:12-20 hikmete hitâben yazılmış bir ilâhi gibidir; hikmeti tanımanın kıymeti, bilgeliğin 'yaratılışta mevcut olan yaşam ağacı'⁹⁰ oluşu ilan edilir. Tanrı Aden bahçesini yarattığında, orada sadece Adem ile Havva'ya meyvesinden yemeleri yasaklanan İyiyi ve Kötüyü Bilme Ağacı bulunmuyordu, meyvesinden yiyebilecekleri Yaşam Ağacı da oradaydı. Yaşam Ağacı'nı bir sonraki görüşümüz, Yeni Antlaşma'nın son kısmında, Yaşam Ağacı'nın yapraklarının uluslara şifâ verdiğinden söz edildiği yerde⁹¹ olur.

Özdeyişler'deki ilâhide Hikmet hakkında şunlar ilan edilir:

'Bilgeliğe erişene, aklı bulana ne mutlu! Gümüş kazanmaktansa onu kazanmak daha iyidir. Onun yararı altından daha çoktur. Daha değerlidir mücevherden, dileyeceğin hiçbir şey onunla kıyaslanamaz. Sağ elinde uzun ömür, sol elinde zenginlik ve onur vardır. Yolları sevinç yollarıdır, evet, bütün yolları esenliğe çıkarır. Bilgelik yaşam ağacıdır ona sarılanlara, ne mutlu ona sımsıkı tutunanlara!'⁹²

Yazar ilâhisini bir şükür duasıyla sonlandırır: 'RAB dünyanın temelini bilgelikle attı, gökleri akıllıca yerleştirdi. Bilgisiyle enginler yarıldı, bulutlar suyunu verdi.'⁹³ Özdeyişler sekizinci bölümde yaratılış ayrıca şiirsel dille ve Hikmet'in gözünden tasvir edilir.

Yaratılış'taki yaratılış anlatısında yaratılış hikâyesinde fiilen etkin olan yüce aktörlerin çoğulluğuna dair yalnız bir ifâde bulunur. Bu da yaratılış hikâyesinin duyurulduğu anda yer alır: "Kendi suretimizde, kendimize benzer insan yaratalım⁹⁴" ifâdesinin, Tanrı ile kadın Bilgelik'ten ziyade Üçlübirlik –Baba, Oğul ve Kutsal Ruh– Tanrı'yı kastettiği anlaşılabilir. Özdeyişler sekizinci bölümde Hikmet kendi kökenini zamanın başlangıcına, ta yaratılışa dayandırır; kadim kökeninin ve konumunun ve de rolünün yaratılışta bulunduğunu iddia eder. Hikmet aşikâr biçimde kendini açıklar: 'RAB yaratma işine başladığında ilk beni yarattı, dünya var olmadan önce, ta başlangıçta, öncesizlikte yerimi aldım. Enginler yokken... doğdum ben... baş mimar olarak O'nun yanındaydım. Gün be gün sevinçle dolup taştım, huzurunda hep coştum. O'nun dünyası mutluluğum, insanları sevincimdi.'[95] 'Baş mimar' olarak tercüme edilen terim ayrıca 'yapıcı' olarak da tercüme edilmiştir; Margaret Barker, Septuaginta'da kullanılan *'harmozousa'* kelimesinin 'bir aradan tutan kadın' veya 'her şeyi çekip çeviren kadın' anlamına da geldiğini söyler. 'Öyleyse Hikmet, her şeyi bir arada tutan, işlerin düzenle yürümesini sağlayan kadın figürü olarak anlaşılabilir.'[96] Hikmet Hanım, bizzat Tanrı'ya değil, Tanrı'nın niteliğine dair kişileştirmedir[97], yaratılış sürecinde bir şekilde Tanrı'nın yanında yer almış bir dişi figürdür.

Peygamber Yeşaya'nın Kitabındaki Dişil Tasvir

Dişil tasvir Peygamber Yeşaya'nın kitabının, muhtemelen kendilerini Peygamber Yeşaya'yla özdeşleştiren farklı peygamberler tarafından eklenmiş peygamberlik bölümlerinde kullanılmıştır. Yeşaya Yeruşalim'de yaşayan, Amos'un oğlu olarak tanımlanır.[98] Ardından metinde Peygamber Yeşaya'nın iki veya üç çocuğu olduğu[99] ve bir kadın peygamberle evli olduğu[100] belirtilir. Yeşaya Yahuda kralları Azarya'nın, Yotam'ın, Ahaz'ın ve Hizkiya'nın krallıkları döneminde yaşamış ve peygamberlik etmiştir.[101]

Kitapta İsrail halkına ve diğer Orta Doğu halklarına yönelik peygamberlikler ve bildirilen suçlar yer alır. Metinde hem Yeruşalim'den ve İsrail halkından bahsederken dişil tasvir kullanılır hem de kitabı kaleme alanın Tanrı'nın İsrail halkına bildirdiğine inandığı peygamberlik mesajı iletilirken dişil tasvir ve benzetmeler kullanılır.

Yeşaya kitabının altıncı bölümünde peygamberin Kral Azarya'nın ölümünün ardından tapınaktayken yaşamını değiştiren görümü, Tanrı'yı görmesi anlatılır. Yeşaya'nın Tanrı'nın bildirisini İsrail halkına iletmek üzere görevlendirildiği sırada yaşadığı çarpıcı bir deneyimdir bu. İlâhî varlığı görmesiyle birlikte kendi ifâdesinden de anlaşıldığı üzere donakalır ve, "Vay başıma! Mahvoldum' dedim, 'Çünkü dudakları kirli bir adamım... Buna karşın Kral'ı, Her Şeye Egemen RAB'bi gözlerimle gördüm.'"[102] der. Görüm anında Tanrı'nın kutsallığına dair bir farkındalık yaşar; peygamber Tanrı'dan 'İsrail'in Kutsalı' olarak söz eder. Bu ifâde Kutsal Kitap'ın bu kitabında yirmi beş defa kullanılır ve diğer kitaplar içinde yalnızca altı defa geçer.¹⁰³ 'Kutsallık', diğerlerinden ayrılmış olmak veya farklılık anlamında 'diğerleştirilmiş' olmak anlamına gelir. Yeşaya 'İsrail'in Kutsalı' ifâdesini sık kullandığı için kendisine 'kutsallık peygamberi'¹⁰⁴ denmiştir.

Yeşaya kitabında¹⁰⁵ Tanrı, Kutsal Olan, yarattıklarından öylesine üstün tutulur ki onlardan yalnızca ahlâkî mükemmellik¹⁰⁶ açısından değil, gücü, hiddeti, sevgisi, sadakati ve tüm erdemleriyle de tümüyle farklıdır.¹⁰⁷ Kutsallık O'nun ilâhî varlığının tam özüdür, bundan dolayı insanlar O'na tapınırlarken O'ndan saygıyla korkarlar. Kutsal Tanrı kendini İsrail'le¹⁰⁸ ve Davut'un eviyle özel biçimde ilişkilendirir (8:13; 11:1 vs.). Mevcut olduğu yer Siyon Dağı'dır (8:18; 11:9 vs). 'İsrail'in Kutsalı' olarak kendi halkıyla ikilemli bir denge ilişkisi sürdürmektedir. Bir yandan İsrail'in günahlarını kendisine uyararak bildirmekte, bir yandan da İsrail ile arasındaki antlaşmayı bozmak istememektedir. Yeşaya'nın oğlunun 'halkımdan geriye kalanlar geri dönecek' anlamına gelen adı, bu ikilemin canlı ifâdesidir.

Yeşaya'nın bildirisi, halkı Tanrı'yı İsrail'in Kutsalı¹⁰⁹ olarak onurlandırmaya, güvenini yalnızca O'na dayandırmaya, O'nun buyruklarına bağlı kalmaya ve peygamberlerin bildirisini kabul etmeye çağırmaya yöneliktir. İsrail'in günahı, İsrail'in Kutsalı'ndan¹¹⁰ başka ilâhlara tapınıyor olmasıdır. Yeşaya halkın küstahlığını ve ciddiyetsizliğini vurgular¹¹¹; onların tapınma ritüellerinin, anlamını yitirmiş halde ezbere yerine getirildikleri için, geçersiz olduğunu bildirir¹¹²; halk yüksek yerlerde kurban sunmakta¹¹³ ve putperestliğe dair uygulamalara katılmaktadır.¹¹⁴ Yeşaya savunmasız olanlara baskı yapılması, lükse düşkünlük ve sarhoşluk gibi sosyal adaletsizliklerden ötürü halkın suçlu olduğunu bildirir,¹¹⁵ onları İsrail'in Kutsalı'na duyulan imana yaraşır bir yaşam sürmeye çağırır.

İsrail'in o dönemde tapındığı pagan ilâhlar nispeten daha erkeksi olan 'İsrail'in Kutsalı'na kıyasla herhalde çoğunlukla daha cazip gelen dişi tanrıçalardı. Bu peygamberlik kitabının bölümlerinde yazar İsrail'in Kutsalı'nı fikren daha kabul gören, dişil bir izlenim bırakacak ve yakınlık oluşturabilecek dişil tasvir kullanarak tanımlar.

Danimarkalı Kutsal Kitap uzmanı Kirsten Nielsen, benzetme ve tasvir üzerine, benzetmenin ve tasvirin kullanımının Yeşaya'nın bildirisinin daha derin bir etkide bulunmasını sağladığını öne sürdüğü, geniş kapsamlı yazılar yazmıştır. 'Yeşaya'nın benzetmeyi yoğun kullanması'na dikkat çeker, benzetmenin oluşturulma ve geliştirilme yönteminin Yeşaya'nın boş tabloya geniş fırça darbeleri vurmasına benzediğini belirtir. Hatta şunu da ileri sürer: 'Yeşaya'nın tasvir kullanımı, bildirisini dinleyenlerin gözlerini, kulaklarını ve yüreklerini bildirdiği her şeye açabilmeleri adına her tür çabayı gösteren peygamberin tesirli olmasını sağlamıştır.'[116]

Nielsen'e göre tasvirin işlevi dinleyenleri görsel dünyaya çekmektir, çünkü görsel kullanım yorumlanma gereği yaratır ki bu da yalnızca dinleyicinin dikkatinin görsele yoğunlaşmasının etkisinden dolayı pasif dinleme halinden aktif dinleme haline geçmesiyle gerçekleşir. Tasvir kullanımı dinleyicinin hayal gücünü görseli yorumlamak üzere harekete geçirir, çünkü peygamber pek nâdiren anlamı açıklar. Nielsen'ın fark ettiği noktalardan biri de, 'tasvirin bir özelliği, yorumlamaya veya yeniden yorumlanmaya müsait oluşu ve bağlamla ilişkili oluşudur.'[117] Sayısız yoruma açık olması söz konusu değildir, ancak bağlama ve dinleyiciye bağlı olarak birden çok yorum olur. Günümüzün kutsal metinler okuru metni kendi iç sesiyle okur, metnin ilk okurları gibi tarihsel bağlamıyla okumaz. Yeşaya tasvirleri, hakkında konuşulabilecek ve ikna edici ölçüde 'güçlendirici anlam taşıyacak' şekilde kullanır. Tasvirin veya benzetmenin kullanımının 'iki yönü'nden biri 'gerçek anlamı', diğeriyse 'mecâzi veya tasvir/benzetme anlamı'dır.

Benzetme, eşsiz bir şekilde yeni bilgi iletebilir. Yepyeni veya insanın anlayışına yabancı gelen bir şeyin anlamını öyle açıklığa kavuşturur ki söz edilen şey ancak o benzetmeyle kavranabilir. Buradaki benzetme başka bir gerçekliğe ve anlatıma dair yeni bir olasılık içerir ve bu benzetmenin dünyasından herhangi bir bilgi edinmek ancak benzetmedeki yeni ve yabancı imâlar dünyasının bir parçası olduktan sonra mümkün hale gelir.[118]

Yeşaya'nın kırk altıncı ve kırk dokuzuncu bölümlerinde peygamberlik anlatımı Tanrı'nın doğasını belirtmek üzere karakteristik olarak dişil nitelikler taşır. 'Ey Yakup soyu, İsrail'in sağ kalanları, doğdunuz doğalı yüklendiğim, rahimden çıktınız çıkalı taşıdığım sizler, dinleyin beni.'[119]

Üç bölüm sonra peygamber Tanrı'nın dişil karakterini şu soruyla daha detaylandırır: 'Ama RAB, "Kadın emziktekı çocuğunu unutabilir mi?" diyor, "Rahminden çıkan çocuktan sevecenliği esirger mi? Kadın unutabilir, ama ben seni asla unutmam.'[120] Tanrı'ya dişil karakter atfedilmesi İsrail halkına nasıl hissettirmiştir? Bu kullanımı bu haliyle okumak kolaydır, ancak bunu kelimelere dökülmüş haliyle dinleyenlere oldukça etkili gelmiş olmalı.

Dişil tasvir Yeşaya altmış altıncı bölümde Yeruşalim'den ve Tanrı'nın kendi halkına duyduğu sevgiden söz edilirken şöyle kullanılır:

'Doğum sancısı çekmeden doğurdu, sancısı tutmadan bir erkek çocuk doğurdu... Ama Siyon, ağrısı tutar tutmaz çocuklarını doğurdu...

"Yeruşalim'le birlikte sevinin, onu sevenler, hepiniz onun için coşun, Yeruşalim için yas tutanlar, onunla sevinçle coşun. Öyle ki, onun avutucu memelerini emip doyasınız, kana kana içip onun yüce bolluğundan zevk alasınız." Çünkü RAB diyor ki, "Bakın... Ondan beslenecek, kucakta taşınacak, dizleri üzerinde sallanacaksınız. Çocuğunu avutan bir anne gibi avutacağım sizi, Yeruşalim'de avuntu bulacaksınız."[121]

Bu kısım doğum sancısı, doğum, rahim, emzirme, avutma, emziren anne gibi tüm kadın deneyimlerini içerir ve çocuğunu avutacağına söz veren Tanrı'nın Yeruşalim'in annesi olarak tarif edilmesiyle sona erer.

Breuggeman bu kısım üzerine yazdığı yorumunda,[122] vaat edilen iyi hali duyurmak amacıyla doğum tasvirinin nasıl kullanıldığını belirtir. Bir 'ânilik' (9. ayet) söz konusudur ve metin Yahve tarafından sağlanmakta olan radikal ve âni bir yeniliğe işaret eden doğum ifâdeleriyle bezelidir. Doğum tasviri iki defa geçer ve 'doğurmak' fiili beş defa kullanılır. Yenilik de tam bir sürpriz içerdiğinden ve yeniliğin kendi doğasından ötürü coşkun sevinç[123] uyandıran bir şeydir. Breuggeman yorumuna, sevinç duymanın doğum benzetmesiyle karmaşık bir bağı olduğunu söyleyerek devam eder. Sevinç ile yas arasında, doğum ile kısırlığın ilişkili olduğu bir tezatlık vardır. Sevinç, yeni doğmuş Yeruşalim'in emzirileceğinden, doyurulacağından ve avutulacağından[124] kaynaklıdır. Breuggeman tasvirin Yahve'nin yeni doğurduğu bebeğini emdiren, doyuran ve avutan doğum yapmış anneyi anlattığını açıklar. Breuggeman Yahve tasvirinin İsrail'i çocuğunu avutan anne gibi avutmasının, tam da ihtiyaç duyulan bir dönemde (yani sürgün sonrasında) yakınlığın yaşanacağına dair bir benzetme olduğunu öne sürer. Yeşaya'nın peygamberlikleri, önceki bölümlerde görülen yargı ve cezalandırılmadan tümüyle farklı, muazzam bir doğum ve avutulmaya yönelir. Neredeyse bizzat Yahve bile kendini yeniden bulmuş gibidir.

Gibson[125] okuru uyarır:

Tanrı kendini asla anne haliyle olduğu kadar baba haliyle göstermemiştir (ki bu da pek azdır); fakat Eski Antlaşma bundan daha iyi bir şey yapar. Tanrı'nın, kendi topluluğunu rahminde taşıması, doğurması, taşıması, kucağında oynatması, diğer sayfalarda epeyce belirgin olan kadın karşıtı önyargıyı, belki farkında bile olmadan, içeriden yıkmaktadır. Eğer teologlar bizim Eski Antlaşma'daki Tanrı'yı anneye benzer bir baba oluşuna dair açıklamamızı düzeltmek için Eski Antlaşma'daki

TÜRKİYE'DE HRİSTİYAN KADINLAR – TARİHÇE

Tanrı'yı tüm o şefkatli baba tasvirleriyle anlatmayı sahiden istiyorlarsa, bu kısımlar teologların dikkatlerini göründüğünden daha çok çekmiş olmalı.

Yeşaya'nın son bölümünde Tanrı kendi halkına sevgisini ve bağışlamasını dişil tasvirle ifâde eder, daha önceki bölümlerdeyse dişil tasviri onlara sevgisinden uzaklaştıklarını hatırlatmak üzere kullanır. Ellinci bölümde Yahve İsrail'e şöyle söyler:

'RAB şöyle diyor: "Boşadığım annenizin boşanma belgesi nerede? Hangi alacaklıma sattım sizi? Suçlarınız yüzünden satıldınız, anneniz isyanlarınız yüzünden dışlandı.'[126]

İsrail hem boşanmış annenin çocuğu hem de boşanmış kadın olarak gösterilir. Bu iki grup da babanın veya kocanın himâyesi olmadan oldukça korunmasız kalır, dolayısıyla ağır bir reddedilme olmuştur. Birkaç bölüm sonrasında Yeşaya Yahve'nin İsrail'in kocası olduğunu belirtir: 'Çünkü kocan, seni yaratandır... 'Bir an için seni terk ettim, ama büyük sevecenlikle geri getireceğim.'[127]

Peki, mağdur eş İsrail unutup 'kocasına' geri dönebilir mi? Kocasıyla veya karısıyla barışma tasviri bunun devamında yeniden kullanılır:

'Artık sana "Terk edilmiş", ülkene "Virane" denmeyecek; bunun yerine sana "Sevdiğim", ülkene "Evli" denecek. Çünkü RAB seni seviyor, ülken de evli sayılacak. Bir delikanlı bir kızla nasıl evlenirse, oğulların da seninle öyle evlenecek. Güvey gelinle nasıl sevinirse, Tanrın da seninle öyle sevinecek.'[128]

Brcuggcman[129] 'boşanma ve dul kalmışlık tasvirinin, çorak ve verimsiz ülkeyi ifâde eden bir tarım terimine dönüştürülmüş' olduğuna işaret eder. Toprak (ve kadın olan eş) yeniden ürün vermek üzere verimli hale gelmektedir. 'Evli' sözcüğüyle tercüme edilmiş terimin verimlilik ilahı Baal ile aynı kökten geldiğini belirtir; 'evli' olan ülke, 'baallanmış' ülkedir. Evlilik ve tarım tasviri arasındaki bağlantı, antlaşmaya dayalı bağlılığın ilişki yönünün ülkenin antlaşmaya sadakatiyle kendini gösterdiğini anlatır. Breuggeman 'evli' ve 'sevinme' tasvirinin, İsrail'in deneyimlediği sürgünün izleri olan terk edilmişlik, ıssızlık, yas, utanç ve umutsuzluk duygusuna çarpıcı bir tezat olduğunu vurgular.

Yeşaya metnine âşinâlıktan dolayı Yeşaya'nın dişil tasvir kullanımına duyarsız kalmak işten değil. Mezmurlar ve Yasa'nın Tekrarı'nda da birkaç dişil tasviri mevcuttur ama Peygamber Yeşaya'nın kitabında daha geniş kapsamlı kullanılmıştır. Robert Atter[130] burada etkili bir iletişime nasıl yer verildiğini fark etmiştir:

'...tasvirin etkili olması, kısmen iyi bilinir oluşuna, belki de tipik bir örnek oluşuna, kısmen de bağlamdaki yerine ve çoğunlukla birkaç satır boyunca geliştirilerek ve detaylandırılarak belirgin hale getirilmesine veya bağlantılı tasvirlerle güçlendirilmesine bağlıdır.'

Aramızda neredeyse üç bin yıl uzaklık varken asıl dinleyicilerin Yeşaya'nın bildirisini nasıl algıladıklarını bilmek imkânsızdır, yine de kitap yüzyıllar boyunca okurlarına teselli ve cesaret vermiştir. Yeşaya'nın asıl hedef kitlesi Yahve'yle aralarında antlaşmaya dayalı bir ilişki bulunan, putperestlik ayartısı kıskacında insanlardı. Kadınlar da büyük olasılıkla günlük dini hayatın bir parçası olma fırsatından yoksun olma kıskacındaydılar. Ben de, Hadley'nin öne sürdüğü gibi, dişil tasvir kullanımının Aşera, Aşterot ve diğer pagan ilahların Yahve'yle ilişkilendirilmemesi için 'ikame' olarak kullanıldığını düşünüyorum. Bizim yirmi birinci yüzyılın vicdan temsili olmamız gibi, eskilerin peygamberleri de birer 'vicdan temsili'ydiler. Peygamberlik bildirilerini iletirken kullandıkları tasvirleri, o dönemin insanlarına Tanrı'nın doğasını yeni bir yolla anlatmak amacıyla yenilemeleri gerektiğini fark etmişlerdi. Tanrı İsrail'in Kutsalı'ydı ve İsrail de bir tanrıçanın veya Aşera putunun değil, Tanrı'nın yoldaşıydı, Tanrı'nın kutsamalarını ve korumasını edinmek üzere belirlenmiş antlaşma halkıydı. Kimlikleri Tanrı'nın kurtarış sağlayan amaçlarına sıkı sıkıya bağlıydı.

TÜRKİYE'DE HRİSTİYAN KADINLAR – TARİHÇE

Özet

Eski Antlaşma'ya ve Eski Antlaşma'nın kadını ele alışına dair kısa bir özet çalışma yapmış olduk. Yaratılış kadının ve erkeğin farklı fakat eşit yaratıldığını gösterir. Özdeyişler kitabına kısaca baktığımızda hikmetin kadın olarak kişileştirildiğini gördük ve son olarak da Peygamber Yeşaya'nın dişil tasviri Tanrı ve Tanrı'nın kendi halkına sevgi duyduğunu açıklamak üzere kullanışına değindik. Hristiyan kadınlar Eski Antlaşma'da hayatları kayda geçirilmiş kadınları birer örnek olarak görürler.

Hikmet'in dişil tasvir ve kişileştirme kullanarak kadın olarak betimlenmesi, edebi metin yazarlarının sundukları Tanrı kimliği doğrultusunda kendilerinin de kadın olabileceklerini düşündürür. Kadınlar ile erkekler farklı olmak üzere yaratılmışlardır, ancak eşittirler. Hayatlarını birlikte sevgi ve uyum içinde yaşamaları, hayatlarının kurtuluşa erişmiş ve anlam kazanmış olmasıyla ve ikisinin de onları kendi benzerliğinde yaratmış Tanrı'yı birlikte yansıtmasıyla olur.

Bölüm notları

[1] Ç.N.: Kutsal Kitap çevirilerinde çoğunlukla "Asya İli" olarak geçer. [2] İbraniler 12:1-2 [3] Veya MS 30.
[4] Ç.N.: Hikmet sözcüğü Kutsal Kitap Yeni Çeviri'de "bilgelik" olarak tercüme edilmiştir. Kutsal Kitap alıntılarında "bilgelik" kelimesi kullanılırken, bu kitabın genelinde "hikmet" kelimesi tercih edilmiştir.
[5] Elçilerin İşleri 2:9-10
[6] Elçilerin İşleri 18:19. Efes'e vardıklarında onları (örn. Priska ile Akvila'yı) orada bıraktı, fakat kendisi havraya girdi ve Yahudilerle tartışmalı konular üzerinde konuştu.
[7] Priskilla olarak da bilinir (Elçilerin İşleri 18:2-3, 18-19, 26). Priska ile Akvila'dan, Elçilerin İşleri 18:2, 18, 26; Romalılar 16:3; 1. Korintliler 16:19; 2. Timoteos 4:19'da söz edilir.
[8] İsa Mesih'in öğrencilerinden biri; "sevdiği öğrenci" olarak bilinen.
[9] Yedi Kilise: Efes, İzmir, Bergama, Tiyatira, Sart, Filadelfya ve Laodikya (Vahiy 1:11).
[10] Yuhanna 19:26
[11] Mecdelli Meryem olarak da bilinir.
[12] 1. Petrus 1:1
[13] Elçi Yuhanna, İsa Mesih'in öğrencileri arasında vefat eden son kişidir. Onun ölümüyle birlikte MS 100 yılında Elçiler dönemi sona ermiştir.
[14] İzmit
[15] Kadıköy
[16] Günümüzdeki İzmit
[17] Şimdiki İstanbul

18 Nikea

19 Anglikan Kilisesi, İngiltere'nin ve İngiltere Milletler Topluluğu'na dâhil olan İngilizce konuşulan bazı ülkelerin resmi kilisesidir.

20 Luka 6:46-47

21 Matta 7:21-23

22 Luka 13:26-27

23 Sara'nın hikâyesi Yaratılış 11:11'de başlar ve Yaratılış 23:20'ye dek sürer. İbrahim'in karısı Sara'nın ismi aslında Saray'dı ve kocasının ismi de Avram'dı. İsimleri sonradan (bkz. Yaratılış 18) Sara ve İbrahim oldu.

24 Bu cesur kadının hikâyesi için bkz. Hakimler 4 & 5.

25 Avigayil'in hikâyesi için bkz. 2. Samuel 25:2-44.

26 Rut'un hayatı Eski Antlaşma'da bulunan Rut Kitabı'nda övgüyle anlatılır.

27 Yaratılış 1:24-30, 2:4-25.

28 Vahiy 19:7

29 Vahiy 19:9

30 Yaratılış (genesis) kelimesinin anlamı 'başlangıçlar'dır.

31 Yaratılış 1:1-2. Tüm Kutsal Kitap alıntıları aksi belirtilmediği sürece Yeni Çeviri'den yapılmıştır.

32 Yaratılış 1:3–2:3

33 Yaratılış 1:26-27

34 Ben dünyanın yaratıcısının Tanrı olduğuna inanıyorum, fakat bunu belirtirken bilimsel bir beyanda bulunmuyorum, bunu bir inanış, bir inanç olarak beyan ediyorum. Yaratılış olayının 'nasıl' gerçekleştiğinden emin değilim ve bunun altı günlük bir iş olduğunu pek düşünmüyorum; altı aşamada gerçekleşmiş olması daha mümkün. Kutsal Kitap 'ne' ve 'neden' sorularına yanıtlar içerir, ancak 'nasıl' olduğunu belirtmez. 'Nasıl' sorusunun yanıtı bilim insanları tarafından yanıtlanması gereken bilimsel bir sorudur.

35 Yaratılış 1:26-31

36 İbranice adam insan ırkını belirtmek üzere kullanılan belirtili tanımdır. Grekçedeki anthropos sözcüğünün karşılığıdır; bütün insanları, hem erkekleri hem kadınları içeren cinsiyetsiz bir terimdir. "Öyleyse 'bu Adam' kim? 'Bu Adam' aslında 'onlar'dır. 'Onu yarattı' tümcesi, sonraki tümceyle paraleldir: 'Onları yarattı.' 'Adam' burada 'erkek ve dişi' anlamındadır. Bundan dolayı 'Adem'in tercümesi 'insan' veya 'insanlık.' da olabilir." Aida Dina Spencer, Beyond the Curse: Women Called to Ministry s.21'den (Nashville: Thomas Nelson, 1985). Alıntı yaptığı eser: Cunningham & Hamilton s.94.

37 Loren Cunningham & David J. Hamilton, *Why not Women?*, Youth With A Mission Publishing (Seattle, WA, USA, 2000), s.94.

38 Yaratılış 1:4,10,12,18.21,25,31

39 Yaratılış 2:7 KMŞ

40 Yaratılış 2:18 KMŞ

41 Yaratılış 2:7-25

TÜRKİYE'DE HRİSTİYAN KADINLAR – TARİHÇE

42 Yaratılış 2:20b
43 Yaratılış 2:23
44 Yaratılış 2:20
45 Yaratılış 1:27
46 Yaratılış 1:28
47 Yaratılış 2:23
48 Yaratılış 2:18
49 Mısır'dan Çıkış 18:4b; Yasa'nın Tekrarı 33:7, 26, 29a; Mezmurlar 33:20, 70:5, 89:17, 115:9-11, 121:1-2, 124:8, 146:5; Yeşaya 30:5; Hezekiel 12:14; Daniel 11:34; Hoşea 13:9
50 Mezmurlar 27:9
51 Mezmurlar 118:7
52 Yaratılış 2:18, 20
53 D &D Tidball, The Message of Women (Nottingham, IVP, 2012), s.37.
54 Yaratılış 1:28-30
55 İngilizce tercümeler arasında yer alan Resmi Çeviri 'yardımcı', 'yoldaş' anlamına gelen kelimeyi kullanır. 56 Yaratılış 2:24-25 57 1. Samuel 25. 58 Yaratılış 1:28
59 Yaratılış 2:16-17
60 Tekil olan 'sana' ifadesi yerine; Yaratılış 3:1-7
61 Krş. Yaratılış 3:7 ile 2:25. Cezbedilip ayartılarak yasaklanmış meyveden yemeleri Yakup 1:15'teki sözleri hatırlatır.
62 Yaratılış 3:8-10
63 Yaratılış 3:12
64 Yaratılış 3:13
65 Yaratılış 3:15
66 Yaratılış 3:16
67 D & D Tidball, The Message of Women (Nottingham, IVP, 2012), s.51.
68 Yaratılış 3:17-19
69 Yaratılış 3:22-23
70 Bu özet The Message of Women kitabındaki sözlere göre yazılmıştır. (s.53; D & D Tidball, Nottingham, IVP, 2012.)
71 Galatyalılar 3:28
72 Mısır'dan Çıkış 15
73 Yeşua 2 & 6
74 Hakimler 4 & 5
75 2. Krallar 22:11-20
76 Rut Kitabı
77 1. Samuel 25, 27 & 30
78 Ester Kitabı
79 Özdeyişler 31:10-31
80 Özdeyişler 1:20, 8:1, 9:1 vb
81 Özdeyişler 1:8
82 Özdeyişler 1:1-2

83 Bu sayı Kutsal Kitap'ın Yeni Çeviri basımında kullanılan 'bilgelik' sözcüğünün Dizin'de bulunan sayısına göre verilmiştir. Başka çevirilerde veya arama uygulamalarında farklılık gösterebilir.
84 Özdeyişler 1:7. Bazı çevirilerde 'bilgi' yerine 'bilgelik' de kullanılabilir. Ayrıca bkz. 9:10; 15:33.
85 Özdeyişler 1:20, 8:1 86 Özdeyişler 9:1-5.
87 Yaratılış 14:18
88 Yeşaya 25:6
89 Ekmek ve şarap ile kutsamanın, yani Efkaristiya'nın çoğunlukla gözden kaçırılan ve unutulan bir zenginliği ve derinliği vardır. Kadim geçmişten âti geleceğe uzanan, sonunda bütün yürekten imanlıların davet edileceği kuzunun düğün sofrasıyla doruk noktasına ulaşacak bir kutsama akışıdır bu (Bkz. Vahiy 19:9).
90 Özdeyişler 3:18
91 Vahiy 22:2
92 Özdeyişler 3:13-18 93 Özdeyişler 3:19-20.
94 Yaratılış 1:26. Şunlarla karşılaştırılır: Yaratılış 3:5, 22; 11:7; Mezmurlar 100:3; Yeşaya 6:8.
95 Özdeyişler 8:22-31.
96 Margaret Barker, 'Wisdom and the Stewardship of Knowledge', Lincoln Cathedral Lectures, 2004 http://www.margaretbarker.com/Papers/default.htm (Son erişim tarihi: 21.08.2022)
97 Dördüncü yüzyılda yaşamış bir sapkın olan Arius, İsa'nın aslında Tanrı olmadığı ve sadece Tanrı'nın yarattıklarından biri olduğu iddiasının bir parçası olarak, İsa'nın Özdeyişler 8:22-25'te belirtilen Bilgelik olduğunu savunmuştur. Arius'un sapkınlığı 325'te İznik Konsili'nde reddedilir. Bkz. https://bustedhalo.com/questionbox/is-theholy-spirit-the-same-as-lady-wisdom-andor-wisdom-in-the-wisdom-literature (Son erişim tarihi: 21.08.2022)
98 Bu şehir İsa'nın 'peygamberleri öldüren' şehir olarak söz ettiği yerdir.
99 7:3; 'Şear-Yaşuv', 'sağ kalanlar dönecek' anlamına gelir. 7:14; 'İmmanuel', 'Tanrı bizimle' anlamına gelir. 8:1,3; 'Maher-Şalal-Haş-Baz', 'hemen çapulla, çabuk yağmala' anlamına gelir.
100 Susan Ackerman 'Isaiah' (C.A. Newsom & S.H. Ringe, 'The Women's Bible commentary', SPCK, London, 1992) kitabında 'kadın peygamberler' sıfatının muhtemelen Yeşaya'nın karısı olmasından ötürü kullanıldığını söyler. Kadınların yalnızca 'sosyal karmaşa, hatta istikrarsızlık' dönemlerinde peygamber olarak yetkiye sahip olduklarını, onun da istikrarsız sayılabilecek bir dönemde yaşadığını belirtir. (s. 164-165).
101 Yani Kral Azarya'nın krallığının bitiminden itibaren kendisinin öldürüldüğü Manaşşe'nin krallığına dek.
102 Yeşaya 6:5
103 2. Krallar 19:22; Mezmurlar 71:22, 78:41, 89:18; Yeremya 50:29, 51:5.

TÜRKİYE'DE HRİSTİYAN KADINLAR – TARİHÇE

[104] Wood Derek (Co-ordinator), *The Illustrated Bible Dictionary, Vols 2* (IVP. 1988), s. 702. Ayrıca krş. Yeşaya 1:4, 5:16, 24; 8:14; 10:17, 20; 12:6; 17:7; 29:23; 30:11vd; 31:1; 37:23 vb.

[105] Sonraki paragraflar çoğunlukla Ridderbos'un Yeşaya üzerine yazdığı makalesinde İsrail'in Kutsalı konusunda yazdıklarından alınmıştır (Söz konusu eserde, s.703-4).

[106] Krş. Yeşaya 6:5
[107] Krş. Yeşaya 29:16; 31:3
[108] Yeşaya 1:2; 5:1vd
[109] Yeşaya 8:13
[110] Yeşaya 1:2-4; 30:1-9 vb.
[111] Yeşaya 2:6vd; 3:8; 5:15vd; 19vd; 22:1vd; 28:15; 29:14vd; 32:9vd.
[112] Yeşaya 1:10vd; 29:13
[113] Yeşaya 1:29
[114] Yeşaya 2:6-8; 17:7vd; 30:22; 31:7 vb. ayrıca bkz. 8:19.
[115] Yeşaya 1:15-17, 21-23; 3:14vd, 16vd; 5:7-8, 11vd, 14, 22vd; 10:1vd; 28:7vd; 32:9vd.
[116] Kirsten Nielsen, *There is hope for a Tree: The tree as a metaphor in Isaiah* (1989, Sheffield, UK, Sheffield Academic Press), s.232.
[117] S.k.e. s.18
[118] S.k.e. s.39. Alıntı: J. D. Crossan, *Parables. The Challenge of the Historical Jesus* (1973, New York, US)
[119] Yeşaya 46:3
[120] Yeşaya 49:15
[121] Yeşaya 66:7-13
[122] W Breuggemann, *Westminster Bible Companion, Isaiah 1-39 & Isaiah 40-66* (Westminster John Knox Press, Louisville, Kentucky, USA, 1998).
[123] Yeşaya 66:10, 14
[124] Yeşaya 40:1'deki gibi.
[125] JCL Gibson, *Language and Imagery in the Old Testament*, SPCK (1998), s.134.
[126] Yeşaya 50:1
[127] Yeşaya 54:5,7
[128] Yeşaya 62:4-5
[129] S.k.e. *About 62:4-5*, Vol 2.
[130] R Atter, *The World of Biblical Literature*, SPCK, London, 1992.

ROSAMUND WILKINSON

2. BÖLÜM – YENİ ANTLAŞMA'DA KADINLAR

İlk olarak, İsa'nın kadınlarla iletişiminin müjdelerde aktarılışını irdeleyeceğiz, bölümün diğer yarısında Yeni Antlaşma'nın[131] diğer kısımlarda kadınlarla ve kurulmakta olan Hristiyan kilisede nasıl rol aldıklarıyla ilgili anlatılanları irdeleyeceğiz.

İsa Mesih ve İsa Mesih'in kadınlarla iletişimine dair Müjde kitaplarındaki kayıtlar

Yeni Antlaşma'daki dört Müjde'de[132] İsa Mesih'in yaşamı ve hizmeti anlatılır, ancak günümüzdeki biyografiler gibi düşüncelerin, duyguların ve bunlara verilen tepkilerin kayıtlarına benzemez. Yeni Antlaşma Müjdelerinde İsa'nın kadınlara ve çocuklara,[133] etnik kimliklerinden ötürü veya kültürel normları bozdukları gerekçesiyle veya hastalıklarından ötürü dışlanmış olanlarına dahi, iyi davrandığı görülür. Kendisine şifâ bulmak üzere gelen kadınlara olumlu karşılık vermiştir ve üç senelik hizmeti esnasında gittiği yerlerde tanıştığı birçoğuna da yardım elini uzatmıştır. İsa Mesih, İsrail'in on iki oymağını temsilen, on iki erkeğe havârîsi olma çağrısında bulundu. Onikiler arasında hiç kadın yoktu, ancak yakın çevresi arasında bulunan takipçileri arasında, İsa'yla birlikte seyahat eden grubun bir parçası olarak, İsa'yla ve Onikilerle ilgilenen kadınlar vardı.

Yeni Antlaşma İsa Mesih'in kadınlarla iletişimlerinden bazılarının detaylarını verir, ancak Müjdeler İsa'nın biyografileri olmadığından dolayı İsa'nın annesiyle veya örneğin kız kardeşleri gibi diğer kadınlarla ilişkisi derinlemesine irdelenmez veya bunlar hakkında pek bilgi iletmez. Mevcut ipuçları kitabımızın bu bölümünde, bu kısımda irdelenecektir. İsa'nın doğumu ve aile kökeni yalnızca Aziz Matta'ya göre Müjde ile Aziz Luka'ya göre Müjde'de kayıtlıdır. Bu iki Müjde'nin de ilk iki bölümünde İsa'nın doğumu anlatılır. Ancak Luka'nın Müjdesi'nde, Meryem'in anlatımıyla gebeliğine ve İsa'nın doğumuna ilişkin detaylar daha çok ön plana çıkartılır. Luka Müjdesi'nin ilk bölümleri gibi, yine Luka tarafından yazılmış Elçilerin İşleri'nde İsa'nın annesi Meryem İsa'yla iletişimde bulunan ilk kişi olarak ön plana çıkartılır. 'Bütün bu olup bitenleri yüreğinde saklıyordu'[134] denilen Meryem'in Luka'nın bilgi edindiği kişilerden biri olması muhtemeldir.

Luka'ya göre Müjde, Melek Cebrail'in o sıra Yusuf'la nişanlı olan Meryem'e görünüp gebe kalacağını ve karnında 'Yüceler Yücesi'nin Oğlu'nu taşıyacağını bildirdiği Müjde Duyurusu'yla başlar. İsa'nın annesi olacak

TÜRKİYE'DE HRİSTİYAN KADINLAR – TARİHÇE

Meryem, o sıralar ergenliği henüz bitmiş ve o döneme göre evlenmeye uygun yaşta olan bir genç kızdı.

Luka'nın Müjdesi'nin ilk iki bölümünde bize Melek Cebrail'in yalnızca Meryem'e duyurusu değil, meleğin Kâhin Zekeriya'ya yaşı biraz daha geçkin olan karısı Elizabet'in Yahya'ya gebe kalacağını bildirmesi, Meryem'in Elizabet'i ziyâreti, Yahya'nın doğumu, İsa'nın doğumu ve İsa'nın on iki yaşındayken tapınağa ziyâreti de anlatılır.

Luka'nın kaydettiği bu iki duyuruda Orta Doğu edebiyatında kiyazma[135] veya 'tersine dönen paralellik' adı verilen bir üslup kullanılır. Dr. K.E. Bailey buna dair şunu belirtmiştir:

> Bu belirli retorik üslupta birtakım fikirler sunulur, bunlar doruk noktasına taşınır ve ardından aynı adımlarla başa dönülür. Tekrarlayan fikirler (birimler) başlı başına satırlar da olabilir, ancak çoğunlukla paragraflar halindedir. Bu retorik biçim hem Grekçede hem de İbranicede yaygındır.[136]

Bu edebiyat üslubu Yeni Antlaşma'da sıklıkla görülür ve bu kitapta da Yeni Antlaşma'daki bazı önemli kısımlar kadınların yeri açısından irdelenirken kullanılacaktır.

Cebrail'in Zekeriya'ya, ardından Meryem'e görünmesini irdelemek üzere iki anlatıma kiyazma üslubu merceğinden baktığımızda, hikâyenin beş ana kısma ayrıştığını görürüz. Hikâye üçüncü kısımda doruk noktasına erişir, dördüncü ve beşinci kısımlara gelindiğinde önce ikinci, ardından birinci kısmın yapısı tekrarlanır.

A. Yahya'nın Doğacağının Zekeriya'ya Bildirilişi (Luka 1:3-23)
1. Bu sırada, Rab'bin bir meleği... Zekeriya'ya göründü. Zekeriya onu görünce şaşırdı, korkuya kapıldı. **Zekeriya'ya bir melek görünür**

2. "Korkma, Zekeriya, duan kabul edildi. Karın Elizabet sana bir oğul doğuracak, adını Yahya koyacaksın. Sevinip coşacaksın. Birçokları da onun doğumuna sevinecek. O, Rab'bin gözünde büyük olacak. Hiç şarap ve içki içmeyecek; daha annesinin rahmindeyken Kutsal Ruh'la dolacak. İsrailoğulları'ndan birçoğunu, Tanrıları Rab'be döndürecek. Babaların yüreklerini çocuklarına döndürmek, söz dinlemeyenleri doğru kişilerin anlayışına yöneltmek ve Rab için hazırlanmış bir halk yetiştirmek üzere, İlyas'ın ruhu ve gücüyle Rab'bin önünden gidecektir." **Yahya'nın doğuşunun hikâyesi anlatılır**

3. "Bundan nasıl emin olabilirim? Çünkü ben yaşlandım, karımın da yaşı ilerledi." **Zekeriya inanamadığını ifâde ederek yanıt verir**

4. "Ben Tanrı'nın huzurunda duran Cebrail'im. Seninle konuşmak ve bu müjdeyi sana bildirmek için gönderildim. İşte, belirlenen zamanda yerine gelecek olan sözlerime inanmadığın için dilin tutulacak, bunların gerçekleşeceği güne dek konuşamayacaksın."

5. Melek gider

B. İsa'nın Doğacağının Meryem'e Bildirilişi (Luka 1:26-38)
1. Tanrı, Melek Cebrail'i Celile'de bulunan Nasıra adlı kente... Yusuf adındaki adamla nişanlı kıza gönderdi. Kızın adı Meryem'di. Onun yanına giren melek, "Selam, ey Tanrı'nın lütfuna erişen kız! Rab seninledir" dedi. **Melek görünür**

2. Bak, gebe kalıp bir oğul doğuracak, adını İsa koyacaksın. O büyük olacak, kendisine 'Yüceler Yücesi'nin Oğlu' denecek. Rab Tanrı O'na, atası Davut'un tahtını verecek. O da sonsuza dek Yakup'un soyu üzerinde egemenlik sürecek, egemenliğinin sonu gelmeyecektir.

3. Söylenenlere çok şaşıran Meryem, bu selamın ne anlama gelebileceğini düşünmeye başladı. Ama melek ona, "Korkma Meryem" dedi, "Sen Tanrı'nın lütfuna eriştin." Meryem meleğe, "Bu nasıl olur? Ben erkeğe varmadım ki" dedi. Melek ona şöyle yanıt verdi: "Kutsal Ruh senin üzerine gelecek, Yüceler Yücesi'nin gücü sana gölge salacak. Bunun için doğacak olana kutsal, Tanrı Oğlu denecek. **Meryem korkar, düşünür, soru sorar, karşılık verir**

4. Bak, senin akrabalarından Elizabet de yaşlılığında bir oğula gebe kaldı. Kısır bilinen bu kadın şimdi altıncı ayındadır. Tanrı'nın yapamayacağı hiçbir şey yoktur." **Doğum bildirilir**
5. "Ben Rab'bin kuluyum" dedi Meryem, "Bana dediğin gibi olsun." Bundan sonra melek onun yanından ayrıldı. **Sakince kabulleniş**

Meryem'in Melek Cebrail'in bildirisine duyduğu inanç, onu kendisine muhtemelen pahalıya patlayacak, riskli bir itaat adımı atmaya yöneltmiştir. O dönemlerde, evlilik dışı gebe kalmış bir kadın köyün ihtiyar heyetine götürülüp taşlanırdı. Yusuf'un Beytlehem'e kendini kaydettirmeye giderken Meryem'i de götürmesi, onu korumaya alması içindi.

Eski Antlaşma'da bulunan, 'Bundan ötürü Rab'bin kendisi size bir belirti verecek: İşte, kız gebe kalıp bir oğul doğuracak; adını İmmanuel koyacak'[137] gibi ayetlerde, İmmanuel[138] olarak da bilinen İsa'nın bâkireden doğacağı önceden bildirilmiştir. İsa'nın annesi Meryem, Yusuf'la birleşmeden, bakireyken İsa'ya gebe kalmıştır.

Melek Cebrail'in Meryem'e görünmesinin ardından Meryem, Yahya'ya gebe olan kuzeni Elizabet'i[139] ziyârete gider. Kuzeninin evine vardığında Elizabet ona, "Kadınlar arasında kutsanmış (εὐλογημένη) bulunuyorsun, rahminin ürünü de kutsanmıştır (εὐλογημένος)!"[140] εὐλογημένη ve εὐλογημένος[141] sözcüklerinin ikisi de 'kutsanmış' diye tercüme edilmiştir. Meryem İsa'nın annesi olduğundan ötürü kutsanmıştır ve Elizabet henüz doğmamış İsa'nın da kutsanmış olduğunu beyan eder. Elizabet Meryem'i karşılama konuşmasında bunun ardından, "İman eden kadına ne mutlu (μακαρία[142])! Çünkü Rab'bin ona söylediği sözler gerçekleşecektir."[143] der. Yine 'kutsanmış olma' anlamına gelen μακαρία sözcüğünün kullanımının farklı bir îması vardır; Meryem'in imanından, nâdide nitelikteki mâneviyatından, Melek Cebrail'den işittiği Tanrı sözüne itaatinden ötürü kutsanmış olduğunu ifâde eder. Bu ve diğer Yeni Antlaşma ayetlerinde Meryem kutsanma sebebi hayatındaki niteliklerden ötürüdür, İsa'nın annesi olmasından ötürü değil.

Kutsanmış anlamına gelen aynı sözcüğü (μακαριοι) bir gün kadının biri İsa Mesih'in annesini ifâde etmek üzere, "Ne mutlu (μακαρία) seni taşımış olan rahme, emzirmiş olan memelere!"[144] diye seslenerek kullandığında İsa da aynı kelimeyi şu şekilde kullandı: "Daha doğrusu, ne mutlu (μακαριοι) Tanrı'nın sözünü dinleyip uygulayanlara!"[145] Bu örnekte hem İsa hem de kadın μακεδονία kelimesini kullanmıştır, ancak İsa'ya göre bu kutsamanın kaynağı onun itaatkârlığı ve imanıydı, onun öğrenciliğiydi, İsa'yı doğurmuş olması değil.

Luka'nın Müjdesi'nde, Meryem ile Elizabet'in buluşmalarında Meryem'in Magnifikat[146] adı verilen Yüceltme ezgisini nasıl dile getirdiği kayıtlıdır. Bu ezgi bugün de kiliselerde, özellikle Akşam Duası'nda okunur veya söylenir. Söz konusu edebî sanatın, 'tersine dönen paralellik'in, Meryem'in Ezgisi'ndeki[147] analizi aşağıdaki gibidir:

A. Kişisel Olarak (Luka 1:46-49)

	Meryem de şöyle dedi:	
1	"Canım Rab'bi yüceltir;	ÖVGÜ
2	ruhum, Kurtarıcım Tanrı sayesinde sevinçle coşar.	KURTULUŞ
3	Çünkü O, sıradan biri olan kuluyla ilgilendi.	MÜTEVAZI
4	İşte, bundan böyle bütün kuşaklar beni mutlu sayacak.	YÜCELTİLME
5	Çünkü Güçlü Olan, benim için büyük işler yaptı.	KURTULUŞ
6	O'nun adı kutsaldır.	ÖVGÜ - İSMİNE
	B. Tanrı'nın Halkının Bireyi Olarak (Luka 1:50-55)	
7	Kuşaklar boyunca kendisinden korkanlara merhamet eder.	MERHAMET O'ndan korkan herkese
8	Bileğiyle büyük işler yaptı; gururluları yüreklerindeki kuruntularla darmadağın etti.	KURTULUŞ (Yargı)
9	Hükümdarları tahtlarından indirdi, sıradan insanları yükseltti.	ALÇALTILMA Yüceltilme
10	Aç olanları iyiliklerle doyurdu, zenginleri ise elleri boş çevirdi.	YÜCELTİLME Alçaltılma
11	... kulu İsrail'in yardımına yetişti. ....?	KURTULUŞ (Yargı?)
12	Atalarımıza söz verdiği gibi... İbrahim'e ve onun soyuna sonsuza dek merhamet etmeyi unutmayarak."[148]	MERHAMET İsrail'e

Meryem'in ezgisi, Mısır'dan Çıkış 15. bölümde yer alan Musa'nın Ezgisi'ne benzer biçime sahiptir. O ezgide Musa'nın hem kişisel hem halktan biri olarak dile getirdiği kısımlar vardır. Ayrıca, Meryem'in Ezgisi'nde olduğu gibi, yüceltilme ve alçaltılma temaları da mevcuttur. Meryem'in Ezgisi'nde yargıdan hiç söz edilmeden, bekleneceği üzere, merhametten (a.54-55) söz edilir; tabloda 12. satırda yer alır, 7. satırla uyumludur. İsa Mesih tarafından herkese duyurulan yeni çağda herkese merhamet edilecektir, hem Yahudilere hem Yahudi olmayanlara. Luka'nın Müjdesi her ne kadar Teofilos'a hitaben yazılmış veya gönderilmiş olsa da Kilise'nin okuması da amaçlanmıştır.

Böylelikle (Luka) Meryem'i Magnifikat'ın yazarı olarak tanımladığında dolaylı olarak tüm okurlarına onu teoloji, ahlak ve sosyal adalet öğretmeni olarak tanıtmış olur!.. Bu iki metin[149] ilk kiliselerde gerçekten de kadınların (örn. Meryem'in)... erkeklere[150] teoloji öğretebileceğine tanıktır.

Meryem'in Magnifikat'ı söylemesinin ardından, Luka'nın müjdesi İsa'nın doğumunun anlatılması esnasında onun başka sözlerine yer vermez. İsa bebekken adanmak üzere tapınağa götürüldüğünde, yaşlı bir adam olan Şimon İsa'nın Mesih olduğunu, vaat edilmiş olan olduğunu anlar ve İsa'nın şerefine bir ezgi söyler (Luka 2:29-32).[151] Aynı zamanda kendisi de peygamber olarak bilinen seksen dört yaşındaki Anna da Yusuf, Meryem ve İsa'ya yaklaşır, ardından Mesih'in doğumunu bekleyen diğer insanlara da gördüklerini anlatmaya gider. Şimon'un Meryem'e keskin uyarıları olmuştur:

"Bu çocuk, İsrail'de birçok kişinin düşmesine ya da yükselmesine yol açmak ve aleyhinde konuşulacak bir belirti olmak üzere belirlenmiştir. Senin kalbine de adeta bir kılıç saplanacak. Bütün bunlar, birçoklarının yüreğindeki düşüncelerin açığa çıkması için olacak."[152]

Şimon bu sözleriyle Meryem'i otuz sene kadar sonrasında çarmıhın önünde durup oğlunun ölümünü izlerken katlanmak durumunda kalacağı ıstıraba dair önceden uyarmıştır. Şimon ayrıca Yahuda'nın, Yahudi önderlerin, insanların ve hatta havârî Petrus'un İsa Mesih'e nasıl sırt çevireceğini de peygamberlik ederek belirtmiştir. Bu adamlar İsa'ya sırt çevirdiler ve yalan söylediler, çünkü kendi konumlarını ve yaşamlarını koruma kaygısı duyuyorlardı.

İsa'nın anne babasıyla birlikte oluşu en son İsa on iki yaşındayken yaşanan bir olayla görülür. Fısıh Bayramı'nı kutlamak üzere ailece Yeruşalim'e gitmişlerdir.[153] Meryem ile Yusuf, İsa'nın başka yakınlarıyla birlikte olduğunu düşündüklerinden ancak Yeruşalim'den çıktıktan sonra onların da yanında olmadığını anlarlar. Üç gün süren aramanın ardından nihayet İsa'yı

Tapınak'ta bulurlar. "Din öğretmenleri arasında oturmuş, onları dinliyor, sorular soruyordu. O'nu dinleyen herkes, zekâsına ve verdiği yanıtlara hayran kalıyordu."[154]

Ailesi için durum farklıydı: Meryem dedi ki, "'Çocuğum, bize bunu niçin yaptın? Bak, babanla ben büyük kaygı içinde seni arayıp durduk" dedi. O da onlara, "Beni niçin arayıp durdunuz?" dedi. "Babam'ın evinde bulunmam gerektiğini bilmiyor muydunuz?" Ne var ki onlar ne demek istediğini anlamadılar.'[155]

Tapınakta bu olay yaşandıktan sonra İsa ailesiyle Nasıra'ya döndü. Fakat, 'Annesi bütün bu olup bitenleri yüreğinde sakladı. İsa bilgelikte ve boyda gelişiyor, Tanrı'nın ve insanların beğenisini kazanıyordu.'[156]

Bu yıllar içinde anne ile oğlunun arasındaki iletişime dair hiçbir bilgimiz yok. Fakat Meryem'in, oğlunun gelecekteki görevine yönelik teolojik ve kutsal yazılara dayalı anlayışa sahip mânevî bir tanrı kadını olduğunu düşününce, mutlaka O'nun için dua etmiş, O'nunla konuşmuş ve gelecekte neler olacağının merakı içinde beklemiş olmalı.

Derken İsa otuz yaşına geldiğinde vaftiz olunur ve hizmetine başlar. İlk mûcizelerinden biri, Celile bölgesinde bulunan Kana'daki bir düğün esnasında gerçekleşir. Bu mûcize yalnızca Yuhanna Müjdesi'nde kayıtlıdır. Şarap tükenir ve Meryem hemen oğluna bakıp ondan bir çözüm bekler. İsa ile annesi arasındaki diyalog şöyle ilerler:

Meryem (İsa'ya): "Şarapları kalmadı."
İsa: "Anne, benden ne istiyorsun? Benim saatim daha gelmedi."
Annesi (hizmet edenlere): "Size ne derse onu yapın."
... oraya konmuş, her biri seksenle yüz yirmi litre alan altı taş küp vardı.
İsa (hizmet edenlere): "Küpleri suyla doldurun."
Küpleri ağızlarına kadar doldurdular.[157]

Bu anlatıda İsa, "Bırak da kendi bildiğim gibi halledeyim" der gibi sanki annesine çıkışmıştır. Meryem'in hizmet edenlere talimatı onun İsa'ya duyduğu güveni ve inancı gösterir. Sonuç seçkin bir şarap olur.[158]

İsa'nın ev hayatı kendisini şekillendirmişti. Meryem ile Yusuf'un İsa'ya göreviyle ilgili nasıl bir eğitim verdiklerini, O'nu nasıl yüreklendirdiklerini ve O'nu nasıl büyüttüklerini tam olarak bilmiyoruz. Fakat Meryem acı sona dek, çarmıhta ıstırap çekerek ölürken bile oğlunun yanında kalan imanlı ve yüreklendirici bir kadındı. Yuhanna'nın Müjdesi'nde İsa'nın nasıl annesini

TÜRKİYE'DE HRİSTİYAN KADINLAR – TARİHÇE

'İsa'nın sevdiği öğrenci'nin himâyesine; tüm diğer seçenekler arasında Elçi Yuhanna'ya, sonrasında yaşamını sürdürmek üzere Efes'e gidecek havârîsine verdiği yazılıdır. Herhalde Meryem de kendisine eşlik etmiştir. Elçilerin İşleri, İsa'nın göğe alınışından sonra Meryem'in diğer imanlılarla birlikte dua etmekte olduğunu anlatarak başlar. Hayatı Tanrı'ya iman örneğidir, Mesih'in yoluna itaatkârlık örneğidir. Yeni Antlaşma'da İsa'nın göğe alınışının ardından Meryem'in yaşamına dair bir detay artık verilmez. Meryem iman kadını örneği olarak, diğer iman adamlarıyla, yani Petrus, Pavlus, Yuhanna ve Yeni Antlaşma'da yaşamlarına dair kısa kesitler bulunan diğer havârîlerle yan yana yerini alır.

Buradan itibaren İsa'nın müjdelerde adı geçen diğer kadınlarla iletişimine bakmaya başlayacağız. İsa Mesih halka yönelik hizmeti süresince birçok kadınla görüştü. İsa'nın seyahatlerinde kendisine 'Onikiler' olarak söz edilen erkek havârîlerin yanı sıra bazı kadınlar da eşlik etmişti. Luka İsa'nın, 'Mecdelli denilen Meryem, Hirodes'in kâhyası Kuza'nın karısı Yohanna, Suzanna ve daha birçokları İsa'yla birlikte dolaştığını, bunların kendi olanaklarıyla İsa'ya ve öğrencilerine yardım ettiklerini' yazmıştır.[159]

İsa'nın on iki erkek havârîsi takımı, İman Atası Yakup'un soyundan olan İsrail'in on iki oymağını temsil ediyordu; Mısır'dan ayrılıp coğrafi mirasları olan Vaat Edilen Topraklara dönmüş İsrail halkının on iki oymağı gibi olmuştu. Böylece İsa'nın kendi havârîsi olan on iki erkekle seyahat etmesi O'nun geçmişle, tarihteki İsrail ulusuyla bağlantısının gözle görünür bir temsili olmuştu. Bu durum kadınların O'nun takipçileri arasında yer almasına bir engel oluşturmadı. Burada kadınlardan beşinin adı verilmiş olsa da, 'daha birçokları İsa'yla birlikte dolaşıyor, bunlar kendi olanaklarıyla İsa'ya ve öğrencilerine yardım ediyordu'. Yolculuk boyunca gruptakiler için yiyecek, kalacak yer ve diğer ihtiyaçları karşılayan varlıklı kadınlardı bunlar. Kadınların böyle karma bir grubun ihtiyaçlarını karşılama mecburiyeti yoktu. Sirak Oğlu Yeşua'nın Bilgeliği kitabında şöyle belirtilir: 'Kadının kocasına destek olduğu yerde hiddet ve arsızlık ve büyük utanç olur.'[160] Farklı bir tercümesinde şöyle denir: Kadının kocasına destek olması kadın için "ağır esaret ve utanç"tır.[161] İsa Mesih havârîlerden oluşan seyahat yoldaşları arasında bulunan kadınların yardımını kabul ederek Yeni Ahit'e dair bir açıklamada bulunmuş olmuştur. 'Onikiler'i seçerek geçmişle bağlantısını ve devamlılığı gözler önüne seriyor olsa da, öğrenci olmanın ve din önderi olmanın başka bir yolunu gösteriyordu. Johnson ve Penner burada önemli bir nokta olarak yol arkadaşlarının '… sırf Celile'den bir grup takipçi değil, gönencine kavuşturulmuş İsrail'in başlangıcı'[162] olduğunu vurgularlar.

Nolland da şu noktayı dile getirir:
> Eğer Luka İsa'nın yanındaki Onikiler'in varlığına dikkat çekmek istediyse, aynı şekilde İsa'nın yanındaki kadınların varlığını da göz önünde tutma fırsatını değerlendirmiştir. İlgili kısmın giriş kısmından sonra onların yaptıkları belirgin biçimde anlatılmasa da, başta onlardan söz edilerek sonrasında anlatılacak çarmıh ve diriliş anlatısındaki konumlarına hazırlık yapılmış olmuştur.[163]

Müjde'nin beş ayrı yerinde İsa kendisinden öğrenen ve kendisine imanı olan gerçek ailesinin hem kadın hem erkek öğrencilerden oluştuğunu gösterir.[164] Matta'daki kayıtta İsa öğrencilerini göstererek, "İşte annem, işte kardeşlerim! Göklerdeki Babam'ın isteğini kim yerine getirirse, kardeşim, kızkardeşim ve annem odur."[165] der. 'Kızkardeşim ve annem' diye belirtmesi İsa'nın öğrencileri arasında hem kadınların hem erkeklerin bulunduğunu, öğrencilerden oluşan grubun sırf erkeklere mahsus olmadığını doğrular. Orta Doğu kültürüne göre, İsa'nın etrafında yalnızca erkekler olsaydı hem erkeklerden hem kadınlardan söz etmesi hoş görülmezdi.

İsa Mesih'in onca kadın öğrencisi arasında Luka Müjdesi Beytanya'da kardeşleri Marta ve Lazar'la yaşayan Meryem'e odaklanır. İsa'nın bu kardeşlerin evlerini ziyâret ettiği bir seferde Meryem 'İsa'nın ayaklarının dibinde oturmuş'tur.[166] Bir rabbinin[167] dizinin dibinde oturmak rabbinin öğrencisi olmak anlamına geliyordu. Elçi Pavlus'un kendisini 'Gamaliel'in dizinin dibinde'[168] oturmuş halini tarif etmesi, Gamaliel'in öğrencisi olduğunu anlatmak amacını taşıyordu, Luka da Meryem'i İsa'nın öğrencisi olarak böyle tanıtıyordu. Metnin devamında, 'Marta'nın işlerinin çokluğundan ötürü telaş içinde' olduğu belirtilir.[169] 'Telaş içinde' olması, kardeşinin tersine, misafirperverliğin gereklerini yerine getirme derdinin kendisini İsa'yı dinlemekten ve O'na öğrencilik etmekten alıkoyduğunu anlatır.

Bailey'e göre Marta'nın aklından muhtemelen şunlar geçiyordur: 'Utanç verici bir şey bu! Başımıza daha neler gelecek! Kardeşim erkeklerin arasına girdi. Komşular ne der? Ailemiz ne der? Bu haliyle onunla kim evlenir? Bu kadarı da fazla!'[170] İsa Mesih onun sözlerine birebir karşılık vermek yerine sözlerinin ardındaki anlama uygun bir yanıt verir: "Marta, Marta, sen çok şey için kaygılanıp telaşlanıyorsun. Oysa gerekli olan tek bir şey vardır. Meryem iyi olanı seçti ve bu kendisinden alınmayacak."[171] Meryem'in seçtiği 'iyi olan' kısım, yemeğin iyi olanını seçmek gibi bir anlamda, Meryem'in O'nun öğrencisi olmayı ve O'ndan öğrenmeyi seçmesini tarif etme amaçlı olmalı. Bu olay, İsa'nın hizmetinin ilerlemesiyle birlikte, yalnızca erkeklerin öğrenci olabildiği geleneksel kültürde görülen erkek ile kadın arasındaki ayrımın artık söz konusu olmadığına işaret eder. Kadınlar ile erkekler asırlardır Tanrı'nın Egemenliği'nin etkin temsilcileri olarak 'İsa'nın ayaklarının dibinde oturmaya' ve O'ndan öğrenmeye çağrılırlar. Kitabımızın ilerleyen bölümlerinde, kendi alanlarında İsa'yı izlemek ve O'nun öğrencisi olmak üzere tam da bu çağrıya karşılık vermiş birçok kadınla tanışacağız.

İsa öğretişlerinde kadının ev içindeki rolünü anlatan ve kadınlarla iletişimi kolaylaştıran tasvirleri kullanır ve ayrıca hem erkeklerin hem kadınlara Tanrı'nın Egemenliği'nde kadınların da yer aldığını gösterir. Bir keresinde İsa Tanrı'nın egemenliğine dair iki benzetme anlatır, ilki tohum olarak diğerlerine göre küçük olup yüksek bir ağaçta yetişen hardal tohumunu[172] eken bir çiftçiyle ilgilidir. Bu örnek herhalde kendisini dinleyenler arasında bulunan ırgat erkeklere hitap ediyordu. İkinci ve ilkiyle bağlantılı olan benzetmede, hamur yoğururken içine unu çoğaltan ve büyüten maya ekleyen bir kadından söz eder.[173] Bu da dinleyiciler arasında bulunan kadınlara hitap ediyor olmalı. İki benzer benzetmede de aynı fikir bulunur: Küçük başlangıçlardan Tanrı'nın egemenliği büyür ve gelişir.

Luka'nın müjdesindeki sonraki bölümlerde İsa Mesih günahkârın tövbesinden kaynaklanan sevinci tarif etmek üzere kaybolan koyununu arayan çobanla[174] ilgili ve on iki gümüşü arasından kaybettiği parçayı arayan kadınla ilgili hikâyeleri anlatır. Bu gümüşler herhalde kadının çeyizinden bir başörtüsünün uçlarındaki gümüşlerdi.[175] Burada yine iki benzetmeden biri çoban olan erkeklere, diğeri ev kadını olan kadınlara hitap ediyordu. İki örnek hem erkeklere hem kadınlara da hitap edebilir, fakat toplumdaki erkeklerin ve kadınların yaşamını sergileyen tasvirler kullanarak İsa bize hem erkeklerin hem kadınların Tanrı'nın Egemenliği'nde yeri olduğunu öğretmektedir. Hiçbir cinsiyet diğerinden üstün değildir; ikisi de eşit değere sahiptir.

Hem erkekler hem kadınlar İsa Mesih tarafından dokunularak iyileştirilmiştir ama bu bölümde biz öncelikle İsa'nın kadınlara davranışına odaklanmayı amaçlıyoruz. Onikiler'in bir üyesi olan Simun Petrus'un adı belirtilmeyen kaynanasının nasıl ateşler içindeyken İsa'nın iyileştirme gücü sayesinde ayaklanıp İsa'nın ziyâretinden ötürü evlerine akın eden misafirlere[176] hizmet eder hale geldiğini görüyoruz.

Sinoptik Müjdelerin hepsinde Kefarnahum havrası önderlerinden Yair'in İsa Mesih'e kızını iyileştirmesi için nasıl ricada bulunduğu kayıtlıdır. Yair'in evine giderken İsa, kendisini korumak üzere sıkıca aralarına almış havârîlerini çevreleyen kalabalık arasından sıyrılan bir kadından ötürü durmak zorunda kalır. Adı belirtilmeyen, başında kızıyla ilgilenen Yair gibi kendisine bakan veya kendisini koruyan kimsesi olmayan bu kadın, İsa'nın giysisinin eteğine dokunmayı başarır[177] ve dokunur dokunmaz da iyileştiğini hisseder. İsa hemen kendisine kimin dokunduğunu anlamaya çalışır. Kadın öne çıkar, büyük olasılıkla kendi durumundan ötürü İsa'yı dinsel açıdan murdar hale getirdiğini farkındadır. O toplumda erkekler ile kadınlar aileden olmadıkları sürece ayrı yaşam sürdürürlerdi; kadının İsa'ya uzanıp dokunması toplumsal törelere aykırıydı. İsa Mesih buna karşın giysisine dokunduğu için kadını suçlamadı, hatta ona, "'Kızım, imanın seni kurtardı. Esenlikle git.'"[178] diye buyurdu.

Yair'in evine kızını iyileştirme hizmetini yerine getirmek üzere giderken yaşanan bu aksama esnasında kızın öldüğü haberi geldi. İsa Mesih önderin evine doğru gitmeye devam etti. Orada küçük kıza dokundu ve 'Kızım, kalk!' dedi. 12 yaşlarındaki bu küçük kızın ölü bedenine dokunmaya tereddüt dahi etmedi. Bunda da, ölmüş haldeki ve evlilik çağına gelmiş sayılan 12 yaşındaki bir kıza dokunarak toplumsal töreleri çiğnemiş oldu. Bu hikâyede 12 yıldır sıkıntı çeken kadın ile 12 yaşlarındaki genç kız arasında yakın bir alâka bulunur. İki kadının da fiziksel şifâya ve ayrıca günlük yaşamlarının bir parçası olan kınanmalardan ve ataerkil hâkimiyetten kurtulmaya ihtiyacı vardır.

Erkekler çoğunlukla ailede eve ekmek getiren kişi olduklarından dolayı babanın ölmesi durumunda annenin bakımı çocuklara kalıyordu. Çocuksuz veya akrabasız bir dul, oldukça korunmasız halde olurdu. Israrcı dul kadın[179] olayında İsa Mesih, durmaksızın ve sürekli Tanrı'nın iyiliğine ve sevgisine güvenenlerin dualarını Tanrı'nın seve seve yanıtlayacağını öğretir. Bu hikâye kadın olsun erkek olsun dinleyicilerin çoğunun durumu hemen anlayacağı dul kadınla ilgilidir. İsa'nın korunmasız bir kadınla ilgili örnek vermesi, O'nun kendisini izleyenlere yoksullarla ve korunmasızlarla yakından ilgilendiğini göstermiş olmalı.

İsa Mesih'in muhtaçlarla, özellikle de muhtaç kadınlarla ilgilendiği, İsa'nın tapınaktaki bağış kutusuna para atanlarla ilgili gözleminden anlaşılmaktadır.

TÜRKİYE'DE HRİSTİYAN KADINLAR – TARİHÇE

Zengin bağışçılardansa 'geçinmek için elinde ne varsa tümünü'[180] verdiği küçük bağışından ötürü bu yoksul kadını över. Luka'nın müjdesi İsa'nın, beraberindeki kalabalıkla Nain[181] şehrine giderlerken, bir cenazeye, oğlunu gömmekte olan dul bir kadına rastlamasından söz eder. İsa Mesih ona acıdığından ötürü ölü oğlanı taşıyan sedyeye dokunur ve oğlana ayağa kalkmasını buyurur. Oğlan hayata döner ve İsa onu yeniden annesine kavuşturur. İsa Mesih, tamamen himâyesiz olduğundan ötürü tek çare olarak dilenmek zorunda kalabilecek bu dul kadına acımıştır. Diğer dini önderlerden farklı olarak İsa cenaze sedyesine dokunmaktan ve dinsel açıdan murdar hale gelmekten erinmez. İsa Mesih'in kadınlara ve erkeklere bu şekilde dokunması onları meşru kılar ve sıradan insanların hayatlarında Tanrı'nın varlığının yer aldığının göstergesidir. İsa Mesih'in şifâ vermesi İsa'nın üç yıllık hizmeti boyunca sergilenen Tanrı'nın gücünün ve varlığının göstergesidir.

Müjdelerde ayrıca İsa'nın Yahudi olmayan iki ayrı kadınla arasında geçen konuşmalar yer alır. Biri Suriye-Fenike halkından[182] diyerek tanımlanan ve hem Matta hem Markos Müjdesi'nde söz edilen bir kadındır, diğeri Yuhanna'nın Müjdesi'ne göre İsa'nın kuyu başında[183] tanıştığı Samiriyeli bir kadındır. Suriye-Fenike halkından olan kadın İsa Mesih'e kızını iyileştirmesini dilemek üzere yaklaşır. Bailey, aralarındaki diyaloğun tersine dönen paralellik anlatım türü biçiminde olduğunu öne sürer.

Suriye-Fenikeli kadın (Matta 15:21-28)

İsa oradan ayrılıp Sur ve Sayda bölgesine geçer...

1	O yöreden Kenanlı bir kadın İsa'ya gelip, "Ya Rab, ey Davut Oğlu, halime acı! Kızım cine tutuldu, çok kötü durumda" diye feryat etti. İsa kadına hiçbir karşılık vermedi.	**KADININ DİLEĞİ** Şifâ Sözcüğü Söylenmez
2	Öğrencileri yaklaşıp, "Sal şunu, gitsin!" diye rica ettiler. "Arkamızdan bağırıp duruyor." İsa, "Ben yalnız İsrail halkının kaybolmuş koyunlarına gönderildim" diye yanıtladı.	İsa İsrail'in Kayıp Koyunlarına Yönelmiştir

3	Kadın ise yaklaşıp, "Ya Rab, bana yardım et!" diyerek O'nun önünde yere kapandı. İsa ona, "Çocukların ekmeğini alıp köpeklere atmak doğru değildir" dedi.	Çocuklar, Ekmek & Köpekler Benzetmesi
4	Kadın, "Haklısın, ya Rab" dedi. "Ama köpekler de efendilerinin sofrasından düşen kırıntıları yer." O zaman İsa ona şu karşılığı verdi: "Ey kadın, imanın büyük!"	İsa Kadının Büyük İmanına Yönelir
5	Dilediğin gibi olsun." Ve kadının kızı o saatte iyileşti.[184]	KADININ DİLEĞİ Şifâ Sözcüğü Söylenir

Suriye-Fenikeli kadın ile İsa arasındaki bu iletişim O'nun hem diğer cinsiyetten biriyle konuşma tabusunu hem de Yahudi olmayan bir kadına şifa sözleri söyleyerek etnik ayrım tabusunu yıktığını gösterir. İsa muhtemelen öğrencilerine Tanrı'nın krallığının, hangi cinsiyetten veya etnik gruptan olursa olsun, herkese açık olduğunu göstermek üzere bu kadınla iletişim kurmuştu.

Dr. K.E. Bailey, İsa'nın bu kadının yakarışına verdiği karşılıkla kadını bir sınavdan geçirmiş olduğunu öne sürer. Bir yandan kadının başka bir etnik gruptan olmasına rağmen ona duyduğu derin sevgiyi kendisini izleyen ve dinleyen öğrencilerine gösterirken, bir yandan da kadının kendisine imanını sınamaktadır. İlk anda İsa'nın kadını yanıtsız bırakması, yakarışına –'Ya Rab, ey Davut Oğlu' bile demesine karşın– sessiz kalması onu reddettiği izlenimini vermiş olmalı. Fakat bu onu caydırmaz; İsa'nın önünde kendini alçaltmayı ve köpek, hatta 'enik' diye hitap edilerek küçük düşürülmeyi bile göze almıştır.'[185] İsa Mesih kadına çıkışmasına rağmen hazırcevaplıkla kendisine '... ama köpekler de efendilerinin sofrasından düşen kırıntıları yer' diyen bu anneyi imanından ötürü över. Bu dokunaklı sahnenin son kısmında İsa hem anneye hem de kızına şifa ve dirlik verir. Sadece kıza değil, kızının durumundan ötürü muhakkak perişan hale gelmiş anneye de hizmet etmiştir.

Bailey, İbn Tayyib'in kadının niteliklerini üç erdemle belirttiği çalışmasına atıfta bulunur:

TÜRKİYE'DE HRİSTİYAN KADINLAR – TARİHÇE

İlki kendini köpekle aynı seviyeye düşürerek alçakgönüllülük göstermesidir. İkincisi, sofradan dökülen ekmek kırıntılarının köpeklere yetmesi gibi O'nun azıcık acımasının bile kendisine yeteceğine dair imanıdır. Bu imanı, aslî erdem ve diğer tüm erdemlerin kaynağı olduğu için Mesih tarafından övülür. Üçüncüsü, amacına ulaşmak uğruna köpek muamelesi görmeye razı olmasıyla gösterdiği hikmetidir.
Bailey şöyle bir gözlemde bulunur: Kötülük açığa çıkarılmadıkça kurtuluşa kavuşturulamaz. İsa bu kadınla konuşmasında öğrencilerinin yüreğinde bulunan derin önyargıyı açığa çıkartır. Bu hikâye yüreklerine işler.[186]
Sonunda Suriye-Fenikeli kadın ile kızının hayatları İsa'nın şifâ veren sözüyle değişir ve öğrenciler de Tanrı'nın kapsayıcılığına dair oldukça sağlam bir ders almış olurlar.

Samiriyeli Kadın

İsa Mesih'in, günün sıcağında su çekmeye kuyuya gelmiş Samiriyeli bir kadınla[187] arasında geçen konuşma sayesinde öğrenciler yine öncekine benzer bir ders almış olmuşlardır. İsa, öğrenciler yiyecek almaya gittiklerinde kuyu başında dinlenmektedir. K.E. Bailey[188] bu anlatıda şaşkınlık yaratan on nokta belirlemiştir:
1. Bilerek kendini hiçe saymasına şaşırma (Yuhanna 4:7-9)
2. Tanrı'nın armağanının bir kitap değil de bir kişi olduğunu anlayınca şaşırma (Yuhanna 4:10-13)
3. Zamanla sınırlı olmayan içeceğin varlığına şaşırma (Yuhanna 4:13-15)
4. Şaşırtıcı biçimde başkalarına yönelme (Yuhanna 4:16-17)
5. Şaşırtıcı biçimde dini konuya geçiş yapma (Yuhanna 4:17-20)
6. Şaşırtıcı biçimde geleneği Yeruşalim merkezli halinden soyutlama (Yuhanna 4:21-25)
7. Şaşırtıcı biçimde "Benim" ifâdesini ilk kez burada kullanması (Yuhanna 4:26)
8. Şaşırtıcı biçimde ilk Hristiyan kadın vaizin ortaya çıkması (Yuhanna 4:27-30)
9. Görünmez yiyeceğe şaşırma (Yuhanna 4:31-38)
10. Dünyanın gerçek kurtarıcısını keşfetme şaşkınlığı (Yuhanna 4:39-42)
    İsa Mesih Samiriyeli kadını kibarca yaşam suyuna ihtiyacı olduğunu farkına varmaya yöneltir. Onun öne çıkartmaya çalıştığı konulara, kendi bireysel kurtuluşu konusunu saptırma girişimine takılmaz. Sinoptik[189] müjdelerde Petrus 'iman beyanını', "Sen, Yaşayan

Tanrı'nın Oğlu Mesih'sin,"[190] veya bu anlama gelen sözlerle dile getirir. Fakat Yuhanna müjdesinde bu Samiriyeli kadın İsa'yı ilk tanıyan ve O'nun Mesih olduğunu ilk beyan eden kişidir.

Bailey, Doğu Kilisesi babalarından Süryani Efrem'in İsa Mesih ile Samiriyeli kadının bu karşılaşmasına dair çalışmasından alıntı yapar: Konuşmanın başında [İsa] kendini tanıtmaz, kadın O'nu susamış bir adam haliyle görür, ardından bir Yahudi görür, ardından bir rabbi, sonrasında bir peygamber, hepsinin sonunda da Mesih. Susamış adamı alt etmeye çalışır, Yahudi'ye ondan hazzetmediğini gösterir, rabbinin lafını böler, peygamber tarafından ayakları yerden kesilir ve Mesih'e gönlünü kaptırır.[191]

İsa Mesih Samiriyeli kadınla kuyunun başında yalnızken konuşur, kocası olmayan bir adamla yaşamaktadır. Kuyuya sıcağın alnında yalnız başına gelir, çünkü orada yaşayan diğerlerine görünmekten kaçınmaktadır. Fakat Mesih'le görüşmesinin ardından diğerlerinin yanına döner ve onlara müjdeli haberi anlatır. İstikrarsız evliliklerinden ötürü toplum tarafından dışlanmış kadın, kendisini dışlayanlara kurtuluş müjdesini ileten kişi haline gelir. Diriliş sırasında erkek havârîlere gidip İsa'nın dirildiğini ilk anlatan kadınlar arasındadır. Yahudi olmayan kadınlarla kurulan bu iletişimler, Galatya Kilisesi'ne yazdığı mektubunda Elçi Pavlus'un, "Artık ne Yahudi ne Grek, ne köle ne özgür, ne erkek ne dişi ayrımı var. Hepiniz Mesih İsa'da birsiniz"[192] açıklamasının öncüsüdür.

İsa Mesih şehir şehir sürdürdüğü üç yıllık hizmetinin sonunda tutuklanmış, çarmıha gerilmiş, ölmüş ve üçüncü gün ölümden dirilmiştir. On bir havârîsinden Petrus ile Yuhanna haricinde hepsi korkudan kaçmıştır. Petrus ile Yuhanna olanları uzaktan takip etmiş ve ikisi de İsa'nın karanlığın kisvesi altında gerçekleşen düzmece mahkemeye mâruz bırakıldığı Başkâhin'in evine girmiştir. İsa'yı çarmıha dek izleyen, ölümüne, gömülmesine ve Yeruşalim'deki Fısıh Bayramı esnasında dirilişine tanık olan kadınlar olmuştur. Müjdelerin yazarlarının[193] dördü de bu olayların yaşandığı günlerden söz eder. Bu çalışma için bizler Markos Müjdesi'ndeki[194] anlatıyı Dr. K.E.

Bailey'nin analizleri doğrultusunda irdeleyeceğiz.

Bailey Markos'un müjdesinde yer alan bu iki kısımda 'tersine dönen paralellik' tespit eder. Bu Orta Doğu edebiyatı üslûbu, anlatının can alıcı noktalarını ortaya çıkartır.

TÜRKİYE'DE HRİSTİYAN KADINLAR – TARİHÇE

İsa'nın Gömülmesi (Markos 15:40-47)

1. Olup bitenleri uzaktan izleyen bazı kadınlar da vardı.
   KADINLAR
   Aralarında Mecdelli Meryem, küçük Yakup ile Yose'nin annesi Meryem ve Salome bulunuyordu. İsa daha Celile'deyken bu kadınlar O'nun ardından gitmiş, O'na hizmet etmişlerdi. O'nunla birlikte Yeruşalim'e gelmiş olan daha birçok kadın da olup bitenleri izliyordu.

2. O gün Hazırlık Günü, yani Şabat Günü'nden önceki gündü.
   YUSUF
   Artık akşam oluyordu. Bu nedenle, Yüksek Kurul'un saygın bir üyesi olup Tanrı'nın Egemenliği'ni umutla bekleyen Aramatyalı Yusuf geldi,

3. cesaretini toplayarak Pilatus'un huzuruna çıktı, İsa'nın cesedini istedi.
   CESEDİN İSTENMESİ

4. Pilatus, İsa'nın bu kadar çabuk ölmüş olmasına şaştı.
   Yüzbaşıyı çağırıp,
   YÜZBAŞI
   "Öleli çok oldu mu?" diye sordu.
   Ölümün doğrulanması
   Yüzbaşıdan durumu öğrenince

5. Yusuf'a cesedi alması için izin verdi.   **CESEDİN**
   VERİLMESİ

6. **YUSUF**
   keten bez satın aldı,
   cesedi çarmıhtan indirip beze sardı,
   kayaya oyulmuş bir mezara yatırarak
   mezarın girişine bir taş yuvarladı.

7. Mecdelli Meryem ile Yose'nin annesi Meryem, İsa'nın nereye konulduğunu gördüler.

ROSAMUND WILKINSON

KADINLAR

İsa'nın gömülmesine dair anlatı bu şekilde yedi parçadan oluşur. Doruk noktası 4. parçadır. Son üç parça, ilk üç parçanın tabiri caizse ters yüz edilmiş halidir. Gömülme anlatısının doruk noktası yüzbaşının İsa'nın ölümüne dair tanıklığıdır. İsa'nın ölümü 4. parçada üç defa belirtilir.

İsa'nın gömülmesi anlatısında şunlar gözümüze çarpar:
1. Kadınlar hikâyenin yan karakterleridir, hikâyenin başından sonuna dek meydanda görülen şâhitleridir.
2. Pilatus'tan cesedi isteyen Aramatyalı Yusuf, anlatının ana karakteridir.
3. Bir yabancı olan yüzbaşı, İsa'nın ölümüne tanıklık eden kişidir.
4. Pilatus, Yusuf'un cesedi elinden alması gereken karşıt karakterdir.
5. Yusuf Pilatus'a gider; cesaretini toplayıp[195] cesaret edip[196] yüreklenerek,[197] küstâhâne[198] görülebilecek bir hareketle Pilatus'tan İsa'nın cesedini ister. Yeruşalim'in hassas bir döneminde Pilatus'un huzuruna çıkmaktan huzursuzluk duymuş ve korkmuştur.

Diriliş (Markos 16:1-8)
0. Şabat Günü geçince, Mecdelli Meryem,
   HAZIRLIK
   Yakup'un annesi Meryem ve Salome
   (CUMARTESİ GECESİ)
   gidip İsa'nın cesedine sürmek üzere baharat satın aldılar.

1. Haftanın ilk günü sabah çok erkenden,
   KADINLAR GİDERLER
   güneşin doğuşuyla birlikte mezara gittiler.
   (PAZAR SABAHI)
   Aralarında,
   Konuşurlar/Emin değildirler
   "Mezarın girişindeki taşı bizim için kim yana yuvarlayacak?" diye konuşuyorlardı. Başlarını kaldırıp bakınca, o kocaman taşın yana yuvarlanmış olduğunu gördüler.

TÜRKİYE'DE HRİSTİYAN KADINLAR – TARİHÇE

2. Mezara girip sağ tarafta, beyaz kaftan giyinmiş genç bir adamın oturduğunu görünce
   MEZARA GİRERLER
   çok şaşırdılar.
   Şaşırdılar/Korktular
3. Adam onlara, "Şaşırmayın!" dedi.
   "Çarmıha gerilen Nasıralı İsa'yı arıyorsunuz.
   İSA'YA BAKIYORLAR /İSA'YI ARIYORLAR

4. O dirildi,
   DİRİLDİ
   burada yok.
   Burada yok
   İşte O'nu yatırdıkları yer.

5. Şimdi öğrencilerine ve Petrus'a gidip şöyle deyin:
   'İsa sizden önce Celile'ye gidiyor.
   İSA'YI GÖRECEKSİNİZ
   Size bildirdiği gibi, kendisini orada göreceksiniz.'"

6. Kadınlar mezardan çıkıp kaçtılar.
   MEZARDAN ÇIKTILAR
   Onları bir titreme, bir şaşkınlık almıştı.
   Titreme

7. Korkularından kimseye bir şey söylemediler.
   KADINLAR DÖNERLER – Sessiz/Korkmuş

Diriliş anlatısında (Mar. 16:1-8) İsa'nın gömülmesi anlatısıyla denk gelen beş nokta bulunur:
1. Anlatının başında kadınlar görünür. Bu sefer aralarında konuşmaktadırlar, fakat sonunda titreyerek, sessizce ve korkuyla kaçarlar.
2. Kadınlar bu anlatının odak noktasıdır, Yusuf değil onlar İsa'nın cesedini ararlar.
3. Dirilişin ilk tanığı beyaz giysili genç bir adamdır.

4. İsa'nın gömülmesi hikâyesinde Pilatus karşıt karakterdir, fakat diriliş hikâyesinde karşıt karakter bizzat ölümdür. İsa Tanrı'nın müdâhalesiyle kurtarılır; Yusuf'un veya kadınların harekete geçmesiyle değil.
5. Kadınlar Pilatus'a giderlerken Yusuf kadar korku içindedirler. Kadınlar, korkularının üstesinden gelmek ve diriliş haberini erkeklere iletmek durumunda kalmışlardır.

İki anlatının bu kısımlarını karşılaştırdığımızda erkeklerin gömülme (ve ondan önce çarmıh) sahnesinin merkezinde yer aldığını görüyoruz. Kadınlar da oradadır, arka plandaki tanıklardır. Diriliş hikâyesinde melek yalnızca erkektir ve kadınlar Markos'un anlatısında sahnenin merkezindedirler ve erkeklere talimatlar vermektedirler. Korkularının, suskunluklarının üstesinden gelebilecekler mi? Sonucu biliyoruz; kadınlar İsa'nın birarada bulunan takipçilerinin yanlarına haberciler olarak giderler ve dirilişi duyururlar.

> Bailey şöyle özetler:
> Kadınların çarmıh ve gömülme anlatılarının gölgesinin kaldırılmasını ve Diriliş sabahının aydınlığına girilmesini sağlayan bu girişimi, İsa'nın oluşturduğu yoldaşlıkta erkekler ile kadınların net biçimde eşit olduğunun onayının en etkili görüldüğü bu ana uygun düşer.[199]

Pentikost ve Sonrası

İsa Mesih Fısıh Bayramı'nda çarmıha gerilmiş ve ölümden dirilmiş ve kırk gün sonrasında, Göğe Alınma Günü'nde, cennete yükseltilmiştir; havârîler de dua etmek üzere Yeruşalim'e dönüp Pentikost Günü'nde üzerlerine dökülecek olan Kutsal Ruh'u beklemişlerdir. Elçilerin İşleri'nde havârîlerin, 'İsa'nın annesi Meryem, öbür kadınlar ve İsa'nın kardeşleriyle tam bir birlik içinde sürekli dua ettiği'[200] belirtilir. Pentikost'tan önce, aynı grup bir aradayken, Petrus Yahuda'nın yerine birini seçmeyi önerdiğinde gruba, 'Erkek kardeşlerim ve kız kardeşlerim' hitabıyla konuşur.[201]

Havârîler İsa'nın Göğe Alınışı'nın ardından neler olacağını büyük ihtimalle bilemiyorlardı, fakat Kutsal Ruh'un dökülüşüyle Kilise doğmuş oldu. Bu olaylar hemen hemen MS 33'te,[202] Yeruşalim Roma İmparatorluğu'nun[203] bir parçasıyken gerçekleşmişti. Roma eyaletleri Trakya, Bitinya, Pontus,

TÜRKİYE'DE HRİSTİYAN KADINLAR – TARİHÇE

Kapadokya, Galatya, Küçük Asya, Likya ve Pamfilya ve Suriye eyaletlerinin bir kısmı bugünkü Türkiye sınırları içinde yer alıyordu. Daha önce söz ettiğimiz üzere, İsa'nın ölümünün ve dirilişinin elli gün sonrasında Pentikost Bayramı sırasında, 'Mezopotamya'da… Kapadokya'da, Pontus ve Asya İli'nde, Frikya ve Pamfilya'da… yaşayan'[204] insanlar da Yeruşalim'de Hristiyan kilisenin Pentikost'la birlikte doğuşuna tanık olmuşlardı. Yeruşalim'i ziyârete gelmiş ve Müjdeyi kendi dillerinde işiten bu kişiler, büyük olasılıkla hem Yahudilerden hem Yahudiliği sonradan kabul edenlerden[205] oluşuyordu. Sonradan Yahudi olanlar büyük olasılıkla pagan aileleri olan, Grekçe konuşan kişilerdi. Aynı gün, öğrenciler arasına 3000 kişinin daha katıldığı anlaşılıyor.[206] Yeni vaftiz olanlardan bazıları, Yeruşalim'i ziyâretleri esnasında yaşadıkları deneyim sonrasında değişime uğramış ve günümüzün Anadolu topraklarında bulunan evlerine dönüp aileleriyle ve arkadaşlarıyla müjdeyi paylaşmış kişilerdi. Aziz Luka tarafından yazılmış Elçilerin İşleri'nde, sonuç olarak Elçi Petrus ile Pavlus'un günümüzün Anadolu toprakları boyunca nasıl müjdeyi duyurduklarını ve oralarda kiliseler kurdukları anlatılır.

Kutsal Kitap'ın Yeni Antlaşma kısmında Müjdeler ve kiliseleri geliştirmek üzere kaleme alınmış diğer kitaplar bulunmaktadır. Elçilerin İşleri ve Mektuplar gibi kitaplar, kadınların kilise Akdeniz ülkelerinde büyüyüp gelişiyorken kadınların[207] nasıl rol oynadıklarına ilişkin bazı detayları gözler önüne serer. Mektuplar Küçük Asya'da,[208] Yunanistan'da ve Roma'da bulunan yerel kiliselere hitaben yazılmışlardır. Bu Yeni Antlaşma kitapları yaklaşık MS 40 ile 60'ın sonları arasında kaleme alınmıştır. İsa Mesih'in ölümü ve Kilise'nin doğuşunun üzerinden henüz 40 sene geçmemişken bile bu belgeler mevcuttu. Kutsal yazılar arasında kabul edilen[209] bu belgelerde kadınlar büyümekte olan Kilise'nin öğrencileri, öğretmenleri, peygamberleri ve önderleri olarak geçerler.[210] İlk kiliselerdeki bazı kadınlar hakkında bize kısa bilgiler sunan metinlere göre:

İsa Mesih'in Göğe Alınışı'ndan sonra, Elçiler Yeruşalim'de kaldıkları evin üst odasında 'İsa'nın annesi Meryem, öbür kadınlar ve İsa'nın kardeşleriyle'[211] birlikte dua ediyordu. Metinden İsa'yla birlikte seyahat eden öğrencilerden oluşan aynı grubun O'nun ölümünün, dirilişinin ve göğe alınışının ardından hala birlikte oldukları görülür. Kutsal Ruh'un her birinin üzerine döküldüğü Pentikost Günü'nde herhalde hepsi bir aradaydılar ve böylelikle 3000 kişiyi aşkın bir kalabalığın vaftiziyle Kilise'nin doğumu gerçekleşmiş oldu.

Müjde bunun ardından Yeruşalim dışında da duyurulmaya, Elçilerin İşleri'nde ve Mektuplar'da yeni kadın isimleri dile getirilmeye başlandı. Bu kadınlardan biri Tabita,[212] Yafa[213] Kilisesi'nden hayır işleriyle bilinen bir kadındı. Tabita diğerlerinden farklı olarak μαθήτρια (mathetria) terimiyle, yani elçi anlamına gelen terimle tanımlanır. Burada μαθήτρια kelimesi dişil ekle yazılıdır. Diğer yerlerde aynı kelime eril biçimde, yani μαθηταὶ (mathetai) olarak geçer; örneğin, İsa'nın elçilerinden[214] (yani on iki havâriden) söz edilirken. Yeni Antlaşma'da dişil biçim olan μαθήτρια yalnızca bir defa, Tabita'dan İsa'nın elçisi olarak söz edilirken geçer. Bu kullanım belki de onun İsa'yı takip ediş yolunun başkalarından farklı olduğunu vurgulama amaçlı yapılmıştır. Yaşamları Yeni Antlaşma'da kayıtlara geçmemiş ama μαθήτρια, yani elçi olarak tanımlanan başka kadınlar da olabilir.

Elçiler'in İşleri'nde Petrus, Yuhanna, Pavlus ve diğerlerinin hizmetleriyle Kilise'nin büyümesine odaklanılır. Kitabın büyük kısmında Elçi Pavlus'un hizmetine odaklanılmıştır.[215] Pavlus bir Roma vatandaşı olarak Tarsus, Kilikya'da doğmuştur.[216] Elçi Pavlus Korint'te, Roma'dan sürülmüş bir Yahudi Hristiyan çift olan Priskilla ve Akvila'yla birlikte çalışmıştır. Akvila Karadeniz kıyısında bulunan bir Roma eyaleti olan Pontus'tandı. Pavlus Korint'ten ayrıldığında Priskilla ie Akvila onunla Efes'e gitmişler, Pavlus Efes'ten ayrıldıktan sonra da orada kalmışlardır. Metinde onların diğerleriyle nasıl tanıştığı yazılıdır:

> Bu arada İskenderiye doğumlu Apollos adında bir Yahudi Efes'e geldi. Üstün bir konuşma yeteneği olan Apollos, Kutsal Yazılar'ı çok iyi biliyordu. Rab'bin yolunda eğitilmiş bir kişiydi. Ateşli bir ruhla konuşuyor ve sadece Yahya'nın vaftizini bildiği halde İsa'yla ilgili gerçekleri doğru öğretiyordu... Kendisini dinleyen Priskilla ile Akvila, onu yanlarına alarak Tanrı yolunu ona daha doğru biçimde açıkladılar.[217]

Bunda ve diğer kısımlarda Priskilla ile Akvila'dan söz edildiğinde önce Priskilla'nın adı verilir. K.E. Bailey, 'Priskilla'nın Akvila'yla birlikte teoloji 'eğitmenliği takımı' olduğuna ve öğrencinin de sıfırdan öğrenen biri değil, öğrenim aşamasına yeni geçmiş biri değil, tam tersine İskenderiye'den meşhur bir hatip'[218] olduğuna dikkat çeker. Bu metin, ilk kiliselerde Priskilla gibi kadınların erkeklere teoloji öğrettiği gerçeğine tanıklık eder. Priskilla ile Akvila'dan Yeni Antlaşma'da altı defa söz edilir. Bunların ikisinde[219] Akvila'nın adı önce verilir; dördünde[220] Priskilla'nın adı önce verilir. Yeni

TÜRKİYE'DE HRİSTİYAN KADINLAR – TARİHÇE

Antlaşma onlardan Roma'daki kiliseyi idare eden ve Efes'te Timoteos'la birlikte çalışan kişiler olarak söz eder.

Diyakon Kadınlar

Pavlus Roma Kilisesi'ne yazdığı mektubun son kısmında hepsi de Roma'daki Kilise'de hizmet eden –erkek, kadın, Yahudi ve Grek– birçok kişiye selamlarını gönderir. Bunlar arasında mektubun yazıldığı sırada Roma'da yaşayan ve evlerindeki kilise buluşmalarına önderlik eden Priskilla ile Akvila da vardır. Pavlus selamının başında Kenhere'deki[221] Kilise'de diyakon olan Fibi'yi metheder. Pavlus'un mektubunu Roma'daki kiliseye Fibi'nin iletmiş olması gayet ihtimal dâhilindedir. Fibi'nin diyakon olarak tanımlanan göreve atanmış olduğunu gösteren, kendisine kelimenin eril hali kullanılarak –διάκονον– diyakon sıfatıyla hitap edilmiş olmasıdır. Bailey'e göre, diyakon için kullanılan Aramice kelimenin dişil hali shammasha Aramice konuşmayanlar arasında fahişe anlamına da geldiğinden dolayı, kiliselerde Aramice konuşanlar kadar Grekçe konuşanlar da bulunduğundan, Yeni Antlaşma Kilisesi diyakon olarak atanan kadınlar için kelimenin dişil halini kullanmaktan kaçınmış olmalıdır. Fibi açıkça tanımlanmış bir göreve, diyakonluğa atanmış olmalı. İlk kiliselerde hem kadınlar hem erkekler diyakonluk makamında yer almıştır. O ayeti göz önüne alarak John Calvin[222] şunu yazmıştır:
'Fibi'yi methederek başlar... ilkin onun konumunu, çünkü kendisi Kilise'nin pek saygıdeğer ve kutsal bir hizmetini yerine getirmektedir.'
Cranfield'ın Romalılar üzerine yorum çalışmasının sonunda şu sözler yer alır: 'Fibi'nin söz konusu kilisenin diyakonlarından biri veya muhtemelen tek diyakonu olduğuna ve bunun Filipililer 1:1 ve 1. Timoteos 3:8 ile 12'de geçen diakonos kullanımıyla aynı anlamda sınıflandırılması gerektiğine kesin gözüyle bakmaktayız.'[223]
Dunn, Romalılar üzerine yorumunda şöyle yazmıştır: '... diakonos kelimesinin ousa ile birlikte kullanılması daha çok kabul gören bir hizmete işaret eder... veya topluluk içinde yükümlülük taşıyan bir konuma.'[224]
Διάκονον (diakonon) kelimesinin diğer kullanımlarında, Timoteos'u[225] ifâde ederken 'görevli' olarak, Pavlus ve Apollos'u[226] ifâde ederken 'iman etmenize aracı olmuş hizmetkârlar' şeklinde tercüme edilmiştir.
Fibi de ayrıca birçoklarına προστάτις (prostatis) olmuştur.[227] 'Dunn vasî/koruyucu veya önder/yönetici anlamları üzerinde durur.'[228] Bailey Kutsal Kitap'ın dokuzuncu yüzyıldan bir Arapça versiyonundan alıntı

yapar; orada şu ifâde, 'qa' ima 'ala katherin wa 'alayya', sözleriyle tercüme edilmiştir ki bu da, 'birçokları üzerinde ve benim üzerimde de yetki sahibi' anlamına gelir.[229]

1. Timoteos 3:8-11'de diyakonların ve 'kadınların' nitelikleri listelenmiştir. Liste şöyle özetlenebilir:

Diyakonlar şöyle olmalı:	Aynı şekilde, **kadınlar** şöyle olmalı:
1. Ağırbaşlı *(σεμνούς - semnous)*	1. Ağırbaşlı *(σεμνάς - semnas)*
2. Özü sözü ayrı… değil *(διλόγους - dilogous)*	2. İftiracı değil *(διαβόλους - diabolous)*
3. Şarap tutkunu değil	3. Ölçülü
4. Haksız kazanç peşinde koşan kişiler değil	4. -----
5. İmanın sırrına sarılmalıdırlar *(ἔχοντας τὸ μυστήριον τῆς πίστεως – ekhontas to musterion tes pisteos)*	5. Her bakımdan *güvenilir (πιστὰς ἐν πᾶσιν – pistas en pasin)* Daha iyi çeviri: Temiz vicdanla her şeye *güvenen*

Bunlar, 5. satırdaki hariç, karakter niteliklerini tarif etmek üzere aynı veya benzer sözcük dağarcığının kullanıldığı birbirine paralel iki listedir. İfadenin (πιστὰς ἐν πᾶσιν: pistas en pasin) 1. Timoteos'ta altı yerde daha kullanıldığı görülür ve hepsi de karakter niteliği anlatan 'her bakımdan (veya her şeyde) güvenilir' yerine, inanışa dair bir eylemi anlatan iman eylemi anlamıyla tercüme edilir. Bailey, 'İki listenin paralel yapısı gereği ikisinde de anlatılmak istenenin 'her şeye inanır' olduğunu göstermiyor mu?' der. 'Bu kadınlar en iyi doğrudan imanla ilgili eylemlerde bulunur halleriyle
görülebilirler; tıpkı erkeklerin görüldüğü gibi.'[230]

Bailey iddiasını, Konstantinopolis Episkoposu (398-403) Yuhanna Krisostom'un kadınların diyakon olarak hizmet etmesi lehine sözlerinden alıntı yaparak sonlandırır:

> Bazıları burada kadınlardan genel olarak söz edildiği yönünde düşünceye sahiptir, ancak bu böyle değil, yoksa neden asıl lafını geciktirip kadınlara dair bir girişle başlasın. Kadın Diyakon mevkiine sahip olanlar hakkında konuşmaktadır.[231]

TÜRKİYE'DE HRİSTİYAN KADINLAR – TARİHÇE

Peygamber Kadınlar

İlk kiliseler Kutsal Ruh tarafından 'ateşlenmişti'. Elçilerin İşleri'nde erkeklerin ve kadınların şifâ gördüğü yazılıdır. Şifâ eylemine dair ilk kayıtlardan biri, Yeruşalim Tapınağı'nın Güzel Kapı yakınına bırakılan kötürüm bir adamın iyileştirilmesidir. İyileştikten sonra, 'yürüyüp sıçrayarak Tanrı'yı överek' tapınağa girer. Karizmatik armağanlar Elçilerin İşleri boyunca açıkça görülür ve Yeni Antlaşma mektuplarında öğretilir. Peygamberlik Elçilerin Dönemi'nde kiliselerin kuruluş aşamasında uygulanan önemli bir karizmatik armağandır. Filipus'un kızları gibi,[232] peygamber olarak bilinen kadınlar vardır. Aziz Pavlus Efesliler'e yazdığı mektupta, 'Tanrı'nın ev halkının elçilerle peygamberlerden oluşan temel üzerine inşâ edildiği'ni[233] açıklar. Elçi Pavlus Korint Kilisesi'ne dua ve peygamberlik sırasında baş örtmeyi öğütlerken belli ki hem erkeklerin hem kadınların dua ve peygamberlik edeceğini varsaymaktadır. Dua şahsi bir eylem de olabilir, fakat peygamberlik, doğası gereği kilise bir aradayken topluluk içinde yapılan bir eylemdir. Kadınlar ilk kiliseler tarafından peygamberlik etmeye uygun görülmüşlerdir.

Elçi Kadınlar

Pavlus, Yakup, Barnaba diğer On İki Elçi müjdeyi duyurmak üzere belirli bir hizmeti olan erkeklerdiler, çünkü dirilmiş Mesih'i görmüşlerdi. Mecdelli Meryem'e de, dirilmiş İsa[234] onu havârilere İsa'nın ölü değil dirilmiş olduğunu ilan etmek üzere gönderdiği için, 'Elçilerin Elçisi' denir. Romalılar'ın son bölümünde Elçi Pavlus Andronikus'la Yunya'dan 'Mesih'in elçileri arasında tanınmış ve benden önce Mesih'e inanmış olan soydaşlarım ve hapishane arkadaşlarım'[235] diye bahseder. Andronikus ile Yunya'nın Priskilla ile Akvila gibi evli bir çift oldukları farzedilir. Hristiyan olan Yahudilerdir, Pavlus gibi imanlarından ötürü hapse atılmışlardır ve Pavlus'tan önce iman etmişlerdir. On altı yüzyılda Yunya'nın kadın değil erkek olduğu uydurulmaya çalışıldı. Fakat Kilise Babaları'nın tanıklıklarına baktığımızda Yunya'nın kadın olduğuna inandıkları görülüyor. Yuhanna Krisostom Romalılar 16:7 üzerine verdiği vaazında şöyle demiştir:

> "'Büyük Andronikus ile Yunya... elçiler arasında göze çarpanlardan."
>
> Elçi olmak harika bir şey. Fakat elçiler arasında göze çarpanlardan olmak; bir düşünün ne muhteşem bir övgü ilâhisi! Gerçekten de bu kadının hikmeti ne büyükmüş ki elçi sıfatına dahi layık bulunmuş.'"[236]

İskenderiye'den Origen, Jerome, Peter Abelard ve diğerlerinin hepsi Yunya'yı kadın olarak kabul ederler. Katolik akademisyen Bernadette Brooten, on üçüncü yüzyıl sonlarından önce Yunya'nın erkek olarak görüldüğüne dair Romalılar üzerine herhangi bir Latince bulamamıştır. Bailey şu gözlemde bulunur:

> Anlaşılıyor ki isim Doğu'dan Batı'ya Kilise'de on üçüncü yüzyıldan on altı yüzyıla değin kadın olarak görülüyorken, Batı'da yavaş yavaş erkek olarak görülmeye başlanmıştır. Orta Doğu'da bu cinsiyet değişimi on dokuzuncu yüzyıla kadar görülmez. İki durumda da değişim herhangi bir kanıt gösterilmeksizin gerçekleşmiştir.[237]

Havârîlik makamı kilisenin kuruluşunda önem taşıyordu; Elçi Pavlus da Korintliler'e ilk mektubunda ve Efesliler'e mektubunda kendi makamına atıfta bulunur. Korintliler'de Elçiler kilise hiyerarşisinin başıdırlar.[238] Daha önce söz ettiğimiz gibi, kilise Elçiler ile Peygamberler temeline inşâ edilmiştir.[239] Elçilik makamı kiliseye hizmeti herkesçe bilinen ve iyice sınanmış kişilere verilen önemli, anlamlı, sınanmış bir unvandır. Kadınlar erkeklerle birlikte diyakon ve peygamber oldukları gibi elçi de olmuşlardır; Yunya ile kocası da 'elçiler arasında göze çarpanlardan'dılar.

Kilise İhtiyarlarından Olan Kadınlar

Şimdi de kilise düzeninde kadınların ihtiyar heyetinde olması konusuna değinelim. Ele alacağımız metin şu: 'Y aşlı adama çıkışma, babanmış gibi yol göster. Genç erkeklere kardeşinmiş gibi, yaşlı kadınlara annenmiş gibi, genç kadınlara tam bir yürek temizliğiyle kızkardeşinmiş gibi yol göster.' (1. Timoteos 5:1-2)

Bu kısımda Grekçe Πρεσβυτέρῳ (presbutero; eril, tekil) ve πρεσβῦτις (presbuteras; dişil, çoğul) kelimeleri, 'yaşlı adam' ve 'yaşlı kadınlar' olarak tercüme edilmiştir. Bazı Kutsal Kitap çevirilerinde metnin aynı zamanda 'daha genç adamlar'[240] ve 'daha genç kadınlar'[241] anlamına da gelebildiği belirtilir. Bazı ayetlerde 'presbutero' (eril, tekil) 'ihtiyar' olarak tercüme edilir; Bailey[242] metni yazarın asıl amaçladığı anlamıyla okumak üzere kendisinin tanımıyla 'kutsal metinler üzerinde çalışmalarda retorik eleştiri bilimi'ne ve 'tersine dönen paralellik' edebî sanatına yönelir.[243] Bailey'nin bu yönteme göre 1. Timoteos 4:6'dan 5:22'ye kadarki kısım için analizi şöyledir:

TÜRKİYE'DE HRİSTİYAN KADINLAR – TARİHÇE

1. Bu talimatlar (yetkili olarak) 4:6-11
2. Timoteos ve İhtiyarlar (ve genç) 4:12-5:2
3. Yaşça büyük dullar (ve genç) 5:3-16
4. Timoteos ve İhtiyarlar 5:17-20
5. Bu kurallar (atamaya dair) 5:21-22

1. ve 5. maddelerde 'yetki merciinin talimatları' ve 'atamaya dair kurallar' konu edilmektedir. Bu şekilde ikisi birbiriyle ilişkilidir. 2. ve 4. maddeler ikinci ikiliyi oluşturur ve 'Timoteos ve İhtiyarlar' hakkındadır. Orta paragraf olan 3. madde dullarla ilgilidir. Bailey'nin analizine devam edelim:

1. 1. madde (4:6-11) 'Bunları kardeşlere öğütlersen, imanın ve izlediğin iyi öğretinin sözleriyle beslenmiş olarak Mesih İsa'nın iyi bir görevlisi (diakonos) olursun' cümlesiyle başlar.

    5. maddede (5:21-22) Timoteos, 'bu söylediklerimi... yerine getirme'kle ve 'birinin üzerine ellerini koymakta aceleci davranma'makla görevlendirilir.

    1. ve 5. maddenin ikisinde de konu 'görevle alakalı talimatlar'dır.

2. 3. madde orta kısım (5:3-16) 'gerçekten kimsesiz' (a. 3, 5, 16) ve kaydedilen (a. 9) dullarla ilgili sözlerle başlar ve sonlanır. Bu kısmın ortasında Pavlus listeye kaydedilmemesi gereken 'genç dulları' tanımlar (a. 11-15).

3. 2. madde (4:12-5:2) ile 4. madde (5:17-20) ikinci ikilidir. 4. madde, iyi yöneten ihtiyarlar (5:17-19) ve kötü yöneten ihtiyarlar (5:20) olmak üzere iki kısma ayrılır. Konu açıkça 'kilise ihtiyarları'dır.

2. maddede kilise ihtiyarlarından (presbuteroi) söz edilmektedir. İlk olarak Timoteos'u atayan ihtiyarlara (4:12-16) atıfta bulunulur; bunlar 'ihtiyarlardan oluşan destek grubu' olarak kategorize edilebilir. Bunun ardından Pavlus geçinilmesi zor olan ihtiyarlarla ilgili açıklamada bulunur (5:1-2). Pavlus, Timoteos'un bu ihtiyarları terslemeye meyilli olduğunu fark ettiği için onu presbutero'ya babası gibi presbuteras'a (çoğul) annesi gibi davranmaya yönlendirir. İki paralel paragrafta da 'iyi ihtiyarlar' ilk önce, 'zorlayıcı ihtiyarlar' ikinci olarak konu edilir. Kutsal Kitap'ta 5:1'de geçen presbutero kelimesi hakkında 5:1-2'nin ortak dipnotu

olarak 'yaşlı adam ya da ihtiyar, yani kilise önderi' açıklaması yazılıdır, fakat 5:2'de geçen ve yaşlı kadın veya kilise önderi görevinde bulunan kadın anlamına gelen presbuteras hakkında bir not bulunmaz.

Temple Üniversitesi (ABD) Katoliklik Araştırmaları profesörü Leonard Swidler şöyle yazmıştır:

> ... [1. Timoteos] 5:1-2'deki presbitero ve presbiteras sözcükleri genellikle 'yaşça büyük adam' ve 'yaşça büyük kadın' şeklinde çevrilir, fakat kilisedeki çeşitli 'yetkililer' meselesi bağlamına çok daha uygun olan –kesin olmasa da en azından muhtemel olan– çeviri 'erkek presbiter' ve 'kadın presbiterler' şeklinde olmalıdır.[244]

Bailey Yeni Antlaşma'daki kadınlarla ilgili çalışmasını şöyle özetler:

> YA'da kadın elçiler, öğretmenler, peygamberler ve diyakonlar/görevliler bulunduğu meselesi nettir. Yunya'nın kadın elçi olduğunu neredeyse kesin olarak söyleyebiliyoruz. 1.Timoteos 5:2'de kadın ihtiyarlardan söz edildiğini görmek mümkün. Buna göre kadınlar YA Kilisesi'nin önderlik kademelerinin hepsinde olmasa da neredeyse hepsinde görülmektedir.[245]

Yeni Antlaşma'daki kadınlar üzerine çalışmamızı tamamlamamız için Pavlus'un mektuplarında iki kısmı daha irdelememiz gerekir. Söz konusu iki kısım 1. Korintliler 14:33-36 ile 1. Timoteos 2:11-15'tir.

Elçi Pavlus ve Kadınlar; 1. Korintliler 14

Bailey'nin Korintliler'e ilk mektup üzerindeki analizinde,[246] 1. Korintliler 11-14. bölümler Yeni Antlaşma'nın bu kitabının içeriğini oluşturan beş ana başlıktan dördüncüsünde yer alır. 1. Korintliler 14:33-36, meselenin ele alındığı (mektupta) dördüncü ana başlık içindedir ve konusu tapınma, armağanlar ve sevgidir ve tapınmada yer alan erkeklere ve kadınlara odaklanılır. 11. bölümden 14. bölüme kadar olan kısımda tersine dönen paralellik kullanılır. Dördüncü ana başlığa dâhil olan bu kısmın analizi şöyledir:

    1. Tapınmada düzensizlik:
      a. Kadın/erkek peygamberlerin giysileri (11:2-16)
      b. Rab'bin Sofrası'nı paylaşım sırasında düzensizlik (11:17-3)

TÜRKİYE'DE HRİSTİYAN KADINLAR – TARİHÇE

2. Ruhsal armağanlar (12. bölüm)
3. Sevgi (13. bölüm)
4. Ruhsal armağanlar (14:1-25)
5. Tapınmada düzensizlik:
   a. Bir ağızdan aynı anda konuşan peygamberler (14:26-33a)
   b. Kilisede konuşan kadınlar (14:33b-36)[247]

Kilisedeki düzensizlikle ilgili iki kısımdan biri bu parçanın başında biri de sonunda yer alır. Ruhsal armağanlarla ilgili iki kısım paralel paragrafların ikinci grubunda yer alır, sevgiyle ilgili kısım (1Ko. 13) bu ana başlığın tam ortasında etkili bir doruk noktası yaratır.

Elçi Pavlus'un söylediklerini anlamak için şunlara dikkat etmeliyiz:
1. 11:4-5'te hem erkekler hem kadınlar peygamberlik etmektedirler, dolayısıyla 14:34-35'te kadınlara sessiz olmaları ve peygamberleri dinlemeleri söylendiğinde bu peygamberlerden bazıları kadındır.
2. 14:26-36'da üç grup insanın tapınma düzenini bozduğu söylenir:
   a. Peygamberlerin (29-33. ayetler):
      - Aynı anda konuşmayın.
      - Kilisede sessiz olun.
   b. Dillerle konuşanların (27-28. ayetler):
      - Sözleri çevirecek kimse yoksa, sessiz olun.
   c. Hristiyan (ve kiliseye katılan) kocaları olan evli kadınların:
      - Tapınma esnasında sorular sormayın ve sohbet etmeyin.
      - Kocalarınıza soruları evde sorun ve kilisede sessiz olun. Bu ayetlerde kilisede sessiz kalmaları söylenen üç grup insan vardır: peygamberler, dillerle konuşanlar ve kadınlar; bu kişilere tapınma düzenini bozdukları takdirde sessiz olmaları söylenir. Sessiz olma talimatı daima 'sessiz kalmayı' kapsamaz.

Korint'teki kiliseye yazılmış bu mektup muhtemelen MS 55 yıllarında Korint'in farklı etnik gruplardan birçok kişinin, işçilerin, zanaatkârların, tüccarın akın ettiği oldukça karma bir şehir olduğu bir dönemde yazılmıştı. Yaygın kullanılan dil büyük olasılıkla Grekçeydi, fakat herhalde aileler evlerinde kendi dillerini kullanmaya devam ediyorlardı. Gelenek icabı evlerinde daha çok vakit geçiren kadınlar herhalde Grekçeye kocaları kadar hâkim değillerdi.[248]

Dördüncü yüzyılda Aziz Yuhanna Krisostom Antakya'daki Katedral'de vaaz verirken benzer bir sorunla karşı karşıya kalmıştır. Kendisi 1. Korintliler 14:35 üzerine bir vaaz vermekteyken kilise sıralarında oturan kadınların kendi aralarında konuşmalarını şöyle tarif eder:

…aralarında büyük gürültü yaratacak, çokça velvele ve sohbete müsait bir ortam var, başka yerde de buradaki (katedraldeki) kadarını görmedim. Burada pazarda veya hamamda olduğundan çok daha fazla konuşuyorlar gibi. Sanki buralara hoşça vakit geçirmeye gelmişler gibi hepsi birden havadan sudan muhabbetlere dalıyorlar. Tüm bu karmaşa içindeyken susmadıkları sürece faydalı hiçbir şeyi öğrenemeyeceklerini de anlamayacaklar. Sohbetleri bizim konuşmamızı zora sokarken ve kimse ne anlatıldığını umursamıyorken,

anlatılanların onlara ne yararı olur?[249]

Bu betimleme Elçi Pavlus'un ilk yüzyılda Korint'te yaşadıklarına benzer olabilir.

Elçi Pavlus dört bölümde ele aldığı ana başlıkları son birkaç ayette (1. Korintliler 14:37-39) tersine dönen paralellik kullanarak kısaca şöyle özetlemeye çalışır:

1. Kendini peygamber… sayan varsa (11. bölümün ana başlığı) (37. ayet)
2. ya da ruhça olgun sayan varsa (12. bölümün ana başlığı) (37. ayet)
3. bilsin ki, size yazdıklarım Rab'bin buyruğudur (13. bölümün ana başlığı). Bunları önemsemeyenin kendisi de önemsenmesin (37-38. ayetler).
4. Özet olarak, kardeşlerim, peygamberlikte bulunmayı gayretle isteyin, bilinmeyen dillerle konuşulmasına engel olmayın (14:1-25'in konusu) (39. ayet).
5. Ancak her şey uygun ve düzenli biçimde yapılsın (14:26-36'nın konusu) (40. ayet).

Bailey, yukarıdaki özette bulunan 3. maddedeki Rab'bin buyruğunun, 1. Korintliler 13. bölümde açıklanan 'birbirinizi sevin' buyruğu olduğunu öne sürer. 1. Korintliler 14:34-40 dümdüz okunduğunda 'Rab'bin buyruğu' kadınların kilisede sessiz kalmaları buyruğu olur, sevme buyruğu değil. 1. Korintliler 11. bölümle arasındaki bağlantı, bu özetin önemli bir parçasıdır ve kadın peygamberler hakkında bir hatırlatmadır. Pavlus'un niyeti kilisedeki düzene, orada kadınların sohbete dalmasını önlemeye odaklanmaktır, kadınları kilisede aktif rol almaktan mahrum etmeye değil.

Elçi Pavlus ve Kadınlar; 1. Timoteos 2:11-15

1. Timoteos Mektubu MS yaklaşık 55 yılında Timoteos'a yazılmıştır. O dönem Timoteos, bugünkü Türkiye olan Küçük Asya'nın batı kıyısında bulunan büyük bir şehirdeki, Efes'teki kilisenin önderiydi. O zamanlar Efes şehrine Artemis (Diana) Tapınağı hâkimdi.

Mektubun yazıldığı sıralarda Timoteos'un durumu hakkında şunlar söylenebilir:

1. Timoteos, Pavlus kendisine 'oğlum' diye hitap ettiğine göre nispeten genç bir adamdı – 1Ti. 1:2
2. Mide sorunları ve 'sık tekrarlayan rahatsızlıkları' vardı – 1Ti. 5:23
3. Belli ki stres yaşıyordu ve oradan ayrılmak istiyordu, fakat Pavlus ondan kalmasını istemişti – 1Ti. 1:3
4. Kilisede bir tür agnostik, sapkın bir öğretiş patlak vermişti. Yazar, insanlara evlenmeyi yasaklayanlara ve belirli yiyeceklerden kaçınmayı buyuranlara karşı uyarır – 1Ti. 4:3. Agnostiklere göre beden kötücüldür. Bu görüşü öğretenler arasında kadın öğretmenler öne çıkıyordu. Pavlus, 'Kimisi zaten sapmış, Şeytan'a düşmüştür'[250] derken herhalde bu akımı kastediyordu.

Artemis Tapınağı eski çağların yedi harikasından biriydi ve şehirdeki yaşamı etkisi altına almıştı. Günümüzde tapınağın bulunduğu alanın yeri, birkaç küçük kalıntı ve dikili bir sütunla anlaşılıyor. Tapınak 137 m. uzunluğunda, 69 m. genişliğinde ve 18 m. yüksekliğindeydi, tavanı 127'den fazla sütunla duruyordu. Tapınmalar, göğüs kısmında sıra sıra memeleri olan bir görüntüye sahip Artemis'e yapılırdı. Efes'in hâkimi, 'bir tanrıçaydı ve tapınması sadece hadım edilmiş erkeklerle liderlik eden bâkire kadınlar tarafından yürütülüyordu'.[251] Onların yönetiminde hizmet edenler kadın kölelerdi. Tapınak aynı zamanda –banka gibi– para ticareti merkeziydi ve Elçi Pavlus Efes'te müjdeyi vaaz etmeye başladığında ortaya çıkan ayaklanmada[252] da görüldüğü üzere yörenin zenginliği tapınağa bağlıydı. Hristiyanlık, Artemis'in (veya Romalıların dediği gibi Diana'nın) heykel ve hatırat ticaretini mahvedebilirdi.

Bailey böyle bir ortamda kilise kurmanın etkileri hakkında şu soruları sorar:
> Böyle bir atmosferde, kadın erkek ilişkileri nasıl gelişmiştir? Herhangi bir erkeğin din önderi olarak ne derece saygınlığı ve özgüveni olabilir? Böyle bir şehirde hangi kadın

tutumları baskındır? Toplumun değerleri ne ölçüde kolaylıkla Kilise'ye nüfuz edebilir? Hadım edilme erkeğe karşı en büyük şiddet olduğuna göre, çeşitli biçimlerde erkek karşıtı cinselliğin görülmesi kaçınılmaz olmaz mı?[253]
Efes'te boy göstermeye başlamış kilise kaçınılmaz olarak hâkim kültürden etkilenecekti. Bir grup kadının 'kendi sapkın görüşlerine yandaş kazanmak uğruna kendilerini sunuşunu'[254] hayal etmek zor değil, üstelik aralarında kiliseye gelip de eskiden tapınakta alışık oldukları gücü sergileyenler ve 'o dönem erkeklere vahşice davranmış olanlar'[255] da vardı. Bundan dolayı genç, hastalıkları olan, bekâr bir adam olan Timoteos'un sıkıntıya girmesi ve Efes'ten ayrılmak istemesi şaşırtıcı değildir.

Kiliseye düzen getirmek üzere Timoteos'a verilen talimatlar şunlardır:

1. Pavlus şöyle yazmıştır: 'Kadın sükûnet ve tam bir uysallık içinde öğrensin.'[256] Bu ifâdeden çıkartılacak sonuç, Elçi Pavlus'un kadınların Hristiyan inancını öğrenmesi gerektiği yönündeki arzusudur. Bu da Yahudilikte kadının inancını öğrenmesinin gerekli görülmediğine, bunun yalnızca erkeklere yönelik olmasına ters düşer. Pavlus'un bu talimatı ayrıca kadınların çoğunu eve hapseden kadın düşmanı Roma toplumuna da terstir.

2. Buradaki 'Kadın sükûnet... içinde öğrensin' buyruğu bazı çevirilerdeki sessizlik anlamından farklıdır. Sessiz kalınmasının istenmesi daha ziyade ortamın sakinleştirilmesi anlamındadır. 'Bu metinle alâkalı olarak Krisostom, 'Sakinlikten söz ediyordu...'[257] demiştir. Bu mantıklı tercüme seçeneği çeşitli Arapça çevirilerde binlerce yıldır mevcuttur. MS 867'de Beşir İbn Siri burayı, 'kadın sükûnet içinde öğrensin' (tata'allim fi sukûn) şeklinde çevirmiştir.[258] Sükûn, 'sakinlik, gürültüsüzlük, huzur'[259] anlamına gelen zengin bir Arapça kelimedir. Bu kelime Pavlus'un mektubunu gönderdiği Efes'teki tüm o durumları zekice yansıtmaktadır. Aşağıda da göreceğimiz üzere, bu kadınlar zarar verecek ölçüde aksileşmişlerdi.[260]

3. Kadınlardan tâbi olmaları da beklenir. Mektubun ilk kısımlarında Timoteos'a doğrudan hitap edilir ve 'sağlam öğreti'yle[261] ilgilidir. Kadınların tâbi olması gereken de muhakkak ki bu 'sağlam öğreti'dir.

Pavlus'un talimatları şöyle devam eder: 'Kadının öğretmesine, erkeğe egemen olmasına izin vermiyorum; sakin olsun.'[262]

TÜRKİYE'DE HRİSTİYAN KADINLAR – TARİHÇE

1. Bailey ilk ifâdedeki, 'Kadının öğretmesine... izin vermiyorum', sözünün şu anlamda anlaşılabileceğini öne sürer:

Teolojik cehalet içindeki bunların hiçbirine öğretilmesine izin vermiyorum, çünkü bir sürü ilâhî çorba eden kendi senkretist dini inanışlarını Kilise'ye taşıdılar. Burada, Efes'teki bütün kadınlar mı sapkındı, diye sormamız gerekir. Elbette değildi. Yine de, Pavlus genç Timoteos'tan tam kriz ortasındayken bir teoloji sınavı düzenlemesini bekleyemezdi! Gordion Düğümü kesilmeliydi, yoksa herkes ipine dolanıp boğulacaktı. Pavlus ipi, 'kadının öğretmesine izin vermiyorum!' diyerek kesti. Hepsinden inancı öğrenmesi istendi! Öyle bir ortamın mevcut gerginliği düşünülürse, iyi bir karar değil mi bu?[263]

Tidball[264] bize Pavlus'un 'izin vermiyorum' derken 'meseleyi alışılmadık yolla kişisel bir ifâdeyle ve alışılmadık bir ciddiyetle...' ifâde ettiğini hatırlatır. Elçi Pavlus'un geleneklerden ve kiliselerdeki uygulamalardan söz ettiği 1. Korintliler'e zıt bir ifâdedir. Cümlede kullanılan zaman, etkisi sürmekte olan zamanı bildiren biçimdedir, 'izin vermiyorum' ki 'bu da tipik ve her döneme uygun prensipler için hiç kullanılmamıştır; onun sözleri bu ve benzeri durumlar için geçerlidir, her dönem için katı bir kural olmak üzere değil.'[265]

2. İkinci ifâde 'egemen olmak' αὐθεντεῖν (authenteo) kelimesinin çevirisidir; αὐθεντεῖν Yeni Antlaşma'da yalnızca bir yerde görülür. Çok çeşitli anlamlara gelebilen bir kelimedir. Kroeger şu anlamları sıralar:

a. Bir şeye başlamak, bir durumdan veya eylemden (özellikle öldürmekten) sorumlu ilk kişi olmak,

b. Hükmetmek, egemen olmak,

c. Başkasının gücünü veya haklarını gaspetmek,

d. Hak, hâkimiyet veya sahiplik iddiasında bulunmak.[266]

Kroger ve Dr. K.E. Bailey αὐθεντεῖν kelimesinin usta veya efendi anlamlarına gelebildiğini ve zamanla bozularak sahip anlamına gelen Türkçe efendi kelimesine dönüştüğünü öne sürerler.[267]

Kroger ve Bailey kullanılan bu güçlü ve alışılmadık kelimenin muhtemelen Artemis Tapınağı'nın bâkire kâhinlerinin sergilediği bir tür otoriteyi ifâde ettiğini öne sürerler. Bu kadınların arasında bir şekilde kiliseye girmiş, hadım erkeklerle ve hem Artemis'e hem tapınağın diğer yöneticilerine kölelik etmiş, sorgusuz sualsiz itaate hazır diğer bâkire kadınlarla[268] çalışmaya alışmış halde erkeklere baskınlık kurma yöntemlerini de kiliseye taşımış olanlar olabilir.

Elçi Pavlus'un birlikte çalıştığı ve Romalılar'a Mektubu'nun sonunda selamının kendilerine iletilmesini buyurduğu kadınlar[269] hâlâ aklımızdayken Pavlus'un 1. Timoteos 2:12'deki bu beyanının yerel bir soruna çözüm getirmekten başka bir şey olduğunu hayal etmek güçtür. Bu kitabın yazarı da Bailey'nin, 'Efes'te bazı kadınlar kilisedeki erkekler üzerinde tam bir hâkimiyet kurmaya çalışıyorlar ve sözel (ve belki de teolojik) olarak onları taciz ediyorlardı'[270] sözüne katılmaktadır. Bailey bir kere daha açıklamasını Orta Doğu'nun metin yorumlama geleneği doğrultusunda yapar:

> Süryanice Peşitta tercümesinde (dördüncü yüzyıl) kelime *mamraha* olarak çevrilmiştir. Bu kelimenin kökü küstahlık ve zorbalık anlamları taşır. Grekçeden, Süryaniceden ve Kıpticeden yapılmış ilk Arapça tercümeler *'yata'amaru'* (fesatlık; otoriterlik; 'efendi veya sahip' gibi davranmak; buyurganlık) veya *'yajtariu'* (küstahlık) şeklindedir. Son iki yüzyıldır *'yatasallat'* (mutlak üstünlük sağlamak) kullanılır. Nitekim, en azından üçüncü yüzyıldan günümüze değin Orta Doğu Hristiyanlığının hafızasında o dönemler Efes'te Hristiyanlığa sızan bazı karanlık meseleler olduğuna dair anılar vardı.[271]

Galatyalılar'da[272] iki cinsiyet arasındaki ilişkinin standardına dair, 'Artık... ne erkek ne dişi ayrımı var. Hepiniz Mesih İsa'da birsiniz' denmektedir. Kilise bu farkındalığa varma yönünde gelişirken, kadın olsun erkek olsun kimsenin birbirine zorbalık taslayamayacağının örneklerini Mesih'in yaşamında da görmüştür. Bailey şu sonuca varır: 'Hiçbir cinsiyet diğerine davranışı açısından tamamen masum değildir ve Pavlus'un Galatyalılar'a da söylediği gibi, hiçbir cinsiyetin diğeri üzerinde mutlak yönetim hakkı yoktur. Bu metin de, bu tür sorunların ele alındığı yazılar arasında görülmelidir.'[273]

Elçi Pavlus'un ilk yüzyılda Efes'te yaşayan Timoteos'a öğütlerini irdelemeye devam ediyorken, şu sözlerden ne anlam çıkartabiliriz: 'Çünkü önce Adem, sonra Havva yaratıldı; aldatılan da Adem değildi, kadın aldatılıp suç işledi.'[274]

TÜRKİYE'DE HRİSTİYAN KADINLAR – TARİHÇE

Bu söz Pavlus'un, 'ölüm bir tek adamın suçu yüzünden... egemenlik sürdü'[275] öğretişiyle örtüşüyor mu? Krisostom'un bu metin üzerindeki yorumu bize fikir verir:

> Kendisi Romalılar 5 ile bu metin arasında bir bağlantı kurmuştur. Şöyle yazar: Adem'in suçu yüzünden... demek ki kadın cinsi işlenen suçtan etkilenmiştir, erkek değil. Tüm insanlar bir tek adamın (Adem'in) günahından ötürü öldülerse, kadın cinsinin tümü suçun içinde yer aldıklarından ötürü suçtan etkilenmişlerdir.[276]

Krisostom'un fikri üzerinden gidecek olursak, Efes'teki durumu şöyle tarif edebiliriz: Pavlus'un 1. Korintliler'i Efes'te yaşıyorken yazdığı çoğunlukla varsayılır. Belirtildiği üzere, Romalılar'da olduğu gibi 1. Korintliler'de de 'herkesin Adem'de öldüğü' tekrarlanır. Pavlus'un 1. Korintliler 15:42-50'de öne çıkartılan ikinci Adem teolojisinin, yine Pavlus tarafından Efes'teyken beyan edildiğinden pek şüphe yoktur. Birinci yüzyılda yaşayan herhangi biri o kadar istekli olsaydı, Pavlus'un Romalılar 5'te ve 1. Korintliler 15'te öne çıkarttığı görüşleri erkekler açısından çok kötü bir haber olduğu yönünde anlaşılabilirdi. Romalılar 5:12'de okura, 'günahın bir adam/insan aracılığıyla... dünyaya girdiği' söylenmektedir. Devamındaki 13-19. ayetlerde bu tek adamın günahı tam sekiz defa vurgulanır![277] 19. ayette de şöyle denir: 'Çünkü bir adamın sözdinlemezliği yüzünden nasıl birçoğu günahkâr kılındıysa, bir adamın söz dinlemesiyle birçoğu da doğru kılınacaktır.'

Bazı kadınların Efes'in kültürel ve ruhsal durumu dolayısıyla Pavlus'un öğretişine mâruz kalmış olması ve Artemis'ten alışık olmalarından veya agnostisizmin etkisinden ötürü farkında olmadan dünyadaki günahın sorumlusu olarak erkekleri suçluyor olmaları ve kadınları masum görüyor olmaları olasıdır. Krisostom'un görüşü, 1. Timoteos 2:14'ün mühim bir yanlış anlamaya verilmiş bir karşılık olduğunu açığa çıkartır.

İrdelenen metin şu sözlerle sonlanmaktadır:

> 'Ama doğum yapıp kurtulacaktır; yeter ki, sağduyuyla iman, sevgi ve kutsallıkta yaşasın.'[278] Orada kendilerine evlenmemeleri gerektiği[279], dolayısıyla çocuk sahibi olamayacakları söylenen kadınların da bulunduğunu hatırlayalım; Bailey bu bilgi doğrultusunda Elçi Pavlus'un sözlerini kendi ifâdelerini kullanarak şöyle tekrarlar:

> Karnında çocuk taşımak kötü bir şey değil! Tanrı'nın kutsadığı bir şey. Kadının çocuk taşıyarak da kutsanması mümkündür, yeter ki (karı ve koca olarak) sağduyulu şekilde

imanda, sevgide ve kutsallıkta ilerleme sağlasınlar.'
Metinde burada tekil 'o' kullanımından çoğul 'onlar' kullanımına geçilmiştir. Bu çoğul kullanım, genel olarak kadınların değil, karı ve kocanın birlikte kastedildiği şeklinde okunduğunda anlamlı hale gelmektedir. Çocuklar aile için bir bereket olabilir, fakat iman, sevgi, kutsallık ve sağduyu (Grekçesi sofrosune)[280] yoksa ailenin sırf çocuk sahibi olduğu için berekete kavuşması söz konusu olmayacaktır.[281]

Bailey çalışmasını şu sözlerle sonlandırır:
...tarihsel bağlamı ciddi anlamda konuya dâhil ettiğimizde, 1. Korintliler 14:34-35 ve 1. Timoteos 2:11-15'te kadınlara, topluluğun tapınmasını bozmaları veya sapkınlığa giren konuları öğretmeleri söz konusuysa susmaları (sessiz olmaları) söylenmektedir. Korint'e ve Efes'e özgü sorunlar buralarda Mesih'in bedeninin gelişmesi adına net biçimde ele alınmıştır. Bu ihtarların, ihtiyar heyetinden olan kadınların yanı sıra elçi, öğretmen, peygamber, diyakon, (bir) havârî olan kadınların huzurunda onların da kesin onayını da alarak
yazılmış olabildiğini ileri sürüyorum.[282]

Bailey'nin Yeni Antlaşma'daki sözlerin kadınların kilisedeki konumuna dair anlamı hakkındaki görüşü, yorumlama yöntemi olarak kullandığı kıyazma sanatına dayalıdır. Bu edebî sanat, Elçi Pavlus'un kadınların kilisedeki rollerine dair açıklamalarının bağlamını ortaya çıkartmayı sağlamaktadır. Böylelikle bizim de Yeni Antlaşma Kilisesi'nin kadınlar ile erkekleri ortak biçimde önderlik etmeye, öğretmeye, vaaz etmeye ve karizmatik armağanları kullanmaya yönlendirdiğini gözümüzde canlandırmamız mümkün hale gelmiştir. Kilise, kadınlar ile erkeklerin eşit ortaklıkları sayesinde büyüyecek ve serpilecektir.

Bölüm notları

[131] Örn. Elçilerin İşleri'nde ve Mektup'ta
[132] Örn. Matta'ya, Markos'a, Luka'ya ve Yuhanna'ya göre müjdelerde. Her bir Müjde kitabının yazarının kendi bakış açısı bulunmaktadır.
[133] Krş. Matta 19:13-14
[134] Luka 2:51b

135 https://www.gotquestions.org/chiasm-chiastic.html (Son erişim tarihi: 21.08. 2022)
136 K.E. Bailey, 'Women in the New Testament: A Middle Eastern Cultural View' *Theology Matters* 6, No 1 (2000), s. 1-11.
137 *The Holy Bible: New Revised Standard Version*. 1989 (Is 7:14). Nashville: Thomas Nelson Publishers.
138 İmmanuel 'Tanrı bizimle' anlamına gelir; beden almayı kasteder.
139 Luka 1:41-45
140 Luka 1:42
141 eulogemene ve eulogemenos
142 makaria
143 Luka 1:45
144 Luka 11:27
145 Luka 11:28
146 Luka 1:46-55
147 Veya Magnificat
148 11. ve 12. satırların (Kutsal Kitap Yeni Çeviri'ye göre) Türkçe söz dizilimi, metnin asıl yazı dili olan Grekçe söz diziliminden farklıdır. Bu tabloda Grekçe cümle dizilimi göz önüne alınmıştır. Metnin Grekçesinde 11 ile 12. satırların cümle sıralaması hemen hemen şöyledir: 'Kulu İsrail'in yardımına yetişti merhameti hatrına atalarımıza İbrahim'e ve onun soyuna söz verdiği gibi dâima.' 149 Luka'nın müjdesi ve Elçilerin İşleri.
150 Bailey, s.k.e., s. 2.
151 Nunc Dimittis adıyla bilinir ve Akşam veya Gece duasında söylenir.
152 Luka 2:34-35
153 Luka 2:41-52
154 Luka 2:46-47
155 Luka 2:48-50
156 Luka 2:51-52
157 Yuhanna 2:1-11
158 Krş. 'seçkin şarap', Yeşaya 25:6
159 Luka 8:1-3
160 Sirak 25:22
161 Tucker, Ruth A.. Daughters of the Church: Women and ministry from New Testament times to the present (s. 43). Zondervan. Kindle Versiyonu.
162 Johnson, L. T., & Penner, T. C. (1999). *The writings of the New Testament: an interpretation* (Rev. ed., s. 232). Minneapolis, MN: Fortress Press.
163 Nolland, J. (1989). *Luke 1:1–9:20* (Vol. 35A, s. 364). Dallas: Word, Incorporated.
164 Matta 12:46-49; 13:55-56; Markos 3:31-35, 6:3; Luka 8:19-21'deki gibi.
165 Matta 12:48-50
166 Luka 10:39
167 Yahudi din öğretmeni; haham (krş. 'Rabbuni', Yuhanna 20:16)
168 Elçilerin İşleri 22:3
169 Luka 10:40

170 K.E. Bailey, *Jesus through Middle Eastern Eyes* (London: SPCK, 2008) s. 193. Bu bana, Türkiye'deyken erkek bir Hristiyan arkadaşımın akrabalarını görmeye gitmesine izin verilmediğini, çünkü Hristiyan olduğu duyulursa kızlarıyla kimsenin evlenmek istemeyeceğini anımsattı.
171 Luka 10:41,42
172 Luka 13:18-19
173 Luka 13:20-21
174 Luka 15: 1-7
175 Luka 15:8-10. Türkiye'de turistik yerlerde, çevresine altın görünümlü pullar dikilmiş müslin başörtüleri satılır. Herhalde benzetmede anlatılan kadınların giydiği başörtüleri de bunlara benzerdi.
176 Matta 8:14-15; 4:38-39.
177 Matta 9:20-22; 5:25-34; 8:43-48.
178 Luka 8:48
179 Luka 18:1-8. İlgisiz Yargıç benzetmesi olarak da bilinir.
180 Markos 12:41-44 ve Luka 21:1-4
181 Luka 7:11-17; krş. 1. Krallar 17:23. Nainli dulun oğlunun iyileştirilmesi ile İlyas'ın Sarefatlı dulun oğlunu iyileştirmesi arasında benzerlik vardır.
182 Matta 15:21-28; Markos 7:24-30
183 Yuhanna 4:4-42 184 Matta 15:21-28
185 Küçük köpek; büyük olasılıkla tür olarak evin dışında yaşayan bekçi köpeklerden değil de, küçük olan evcil köpek anlamındadır.
186 A.g.e. s.226.
187 Yuhanna 4:4-42
188 Bailey, s.k.e. s.200-216
189 Örn. Matta, Markos ve Luka Müjdeleri
190 Matta 16:16
191 Süryani Efrem, Beasley-Murray'den alıntılanmıştır, *John*, s.66'dan. Bailey, s.k.e. s.215
192 Galatyalılar 3:28. Burada politik bir mevzudan ziyade, her birinin Tanrı'nın benzerliğinde yaratılmasından ve Mesih'e imanı ve yeniden doğmuş olması sayesinde Tanrı'nın çocuğu olmasından ötürü kıymetli olması söz konusudur.
193 Matta 26-28; Markos 14–16; Luka 19:28-44; 22–24; Yuhanna 13–21.
194 Markos 15:40-47 ve 16:1-8
195 Yeni Çeviri
196 KMŞ Çevirisi
197 Thomas Cosmades Çevirisi
198 1966 William Seaman Çevirisi (osmanlicakelam.net)
199 A.g.e. s.198
200 Elçilerin İşleri 1:14
201 Elç. 1:16. Elçilerin İşleri'nde yazılana göre yaklaşık 120 kişilik bir gruptular.
202 https://en.wikipedia.org/wiki/Chronology_of_Jesus sayfasında İsa'nın doğumunun ve ölümünün gerçekleştiği tahmin edilen tarihler etraflıca ele alınmıştır. İsa Mesih'in

TÜRKİYE'DE HRİSTİYAN KADINLAR – TARİHÇE

çarmıha gerildiği güne denk gelen Fısıh'ın 7 Nisan 30 veya 3 Nisan 33 olduğuna yönelik kanıt bulunmaktadır. İsa'nın doğumu muhtemelen MÖ yaklaşık 4 yılına denk gelmektedir. (Son erişim tarihi: 29.08.2022)

203 Trakya, Bitinya, Pontus, Kapadokya, Galatya, Küçük Asya, Likya ve Pamfilya ve (kısmen) Suriye eyaletleri

204 Elçilerin İşleri 2:9

205 Elçilerin İşleri 2:11. Bazı metinlerde Yahudiliğe geçenlerden 'İnançtan Dönenler' diye söz edilir.

206 Elçilerin İşleri 2:41

207 Hananya ile Safira (Elçilerin İşleri 5:1-11) mülklerini satıp ederinin bir kısmını kiliseye bağışlayan çifttir, fakat ikisi de aniden ölürler, çünkü ellerine geçen paranın bir kısmını kendilerine ayırdıkları halde tümünü verdiklerini söylemişlerdir.

208 Bugünkü Türkiye

209 Kanonik; sahiliği kabul edilmiş

210 Presbetros/diyakon

211 Elçilerin İşleri 1:14

212 Veya Antilop. Tabita 'ceylan' anlamına gelir.

213 Elçilerin İşleri 9:36-43

214 Luka 6:1

215 Hristiyan olmadan evvel Elçi Pavlus Kudüs'te Yahudi hoca Gamaliel'in çırağıydı. Şam'da yaşarken Hristiyanlara zulmettiği dönemde inancını değiştirmişti. 216 Bugünkü Türkiye'de.

217 Elçilerin İşleri 18:24-26

218 K.E. Bailey, 'Women in the New Testament: A Middle Eastern Cultural View' *Theology Matters* 6, No 1 (2000), s.2.

219 Elçilerin İşleri 18:1-3; 1. Korintliler 16:19.

220 Elçilerin İşleri 18:18-19, 26, Romalılar 16:3-4; 2. Timoteos 4:19. Elçilerin İşleri'nde Luka Priska'nın adını daima küçültme ekiyle birlikte Priskilla olarak kullanır, Pavlus ise adını tam haliyle Priska olarak verir.

221 Kenhere Korint yakınlarında bir kıyı şehriydi; günümüzdeki Kehries, Yunanistan.

222 J. Calvin, *The Epistles of Paul the Apostle to the Romans and to the Thessalonians*, tr. R. Mackenzie, Eerdmans, Grand Rapids 1976, s. 320. K.E. Bailey'nin s.k.e. s.3'te alıntılanmıştır.

223 C.E.B. Cranfield, *Romans A Shorter Commentary*, Eerdmans, Grand Rapids 1985, s. 374. K.E. Bailey'nin s.k.e. s.3'te alıntılanmıştır.

224 J.D.G. Dunn, Romans, vol. II, Word Publishers, Waco 1990, s.886vd. K.E. Bailey'nin s.k.e. s.3'te alıntılanmıştır.

225 1. Timoteos 4:6

226 1. Korintliler 3:5

227 Romalılar 16:2

228 Dunn, s.888 vd. K.E. Bailey'nin s.k.e. s.3. 229 A.g.e. s.3 230 A.g.e.

231 J. Chrysostom, *Homilies on Galatians, Ephesians, Philippians, Colossians, Thessalonians, Timothy, Titus, and Philemon*, vol. XII, Nicene and Post-Nicene Fathers, ed. Philip Schaff, Eerdmans, Grand Rapids 1979, s.441.

232 Elçilerin İşleri 21:8-9
233 Efesliler 2:19-20
234 Yuhanna 20:16-18
235 Romalılar 16:7
236 B. Brooten, "Junia...Outstanding among the Apostles" (Romans 16:7), *Women Priests: A Catholic Commentary on the Vatican Declaration*, editörler L. and A. Swidler, Paulist Press, New York 1977, s. 141. K.E. Bailey'nin s.k.e. s.3'te alıntılanmıştır.
237 A.g.e.
238 1. Korintliler 12:29
239 Efesliler 2:20
240 1. Timoteos 5:1
241 1. Timoteos 5:2
242 S.k.e. s.4
243 For further explanation see: Bailey Kenneth E., (2011) *Paul Through Mediterranean Eyes: cultural studies in 1 corinthians* IVP Academic, Yayımcı InterVarsity Press Downers Grove, Illinois
244 L. Swidler, *Biblical Affirmations of Women*, Westminster Press, Philadelphia 1979, s. 315. Bailey'nin s.k.e. s.5'te alıntılanmıştır.
245 A.g.e.
246 The Structure of I Corinthians and Paul's Theological Method with Special Reference to 4:17, Yazar(lar): Kenneth E. Bailey. Kaynak: Novum Testamentum, Vol. 25, Fasc. 2 (Apr., 1983), s. 152-181.Yayımcı: Brill Stable URL: https://www.jstor.org/stable/1560491 Son erişim tarihi: 09.06.2020 09:48 UTC
247 K.E. Bailey, 'Women in the New Testament: A Middle Eastern Cultural View' *Theology Matters* 6 No 1 (2000) s. 6.
248 Günümüzde evlerinde kendi ana dillerini konuşan, fakat dışarıda alışverişte, yetkililerle görüşürken vs. yaşadıkları ülkenin hâkim dilini kullanan göçmenler gibi. Bu göçmen ailelerden bazılarında kadınlar yaşadıkları ülkenin dilini kocaları veya çocukları kadar anlamakta güçlük çekebiliyorlar.
249 J. Chrysostom, *Homilies on Galatians, Ephesians, Philippians, Colossians, Thessalonians, Timothy, Titus, and Philemon*, vol. XII, Nicene and Post-Nicene Fathers, ed. Philip Schaff, Eerdmans, Grand Rapids 1979, s. 445. K.E. Bailey'nin s.k.e. s.6'da alıntılanmıştır.
250 1. Timoteos 5:15
251 K. E. Bailey, 'Women in the New Testament: A Middle Eastern Cultural View' Theology Matters 6 No 1 (2000) s.7 252 Elçilerin İşleri 19:23-29 253 A.g.e.
254 A.g.e. s.8.
255 A.g.e.
256 1. Timoteos 2:11
257 Chrysostom, s.k.e., s. 435.
258 H. Staal, ed. and tr., *Mt. Sinai Arabic Codex 151*, vol. 1, *Pauline Epistles. Corpus Scriptorum Christianorum Orientalium, Scriptores, Arabici Tomus 40*, A. E. Peeters,

TÜRKİYE'DE HRİSTİYAN KADINLAR – TARİHÇE

Lovanii 1983, s. 185. Ayrıca bkz.: *Vatican Arabic MS. No. 13* (8th century) J. Dawud, tr., *Novum Testamentum Domini Nostri Jesu Chrisi, Versio Arabica,* Typis Fratrum Praedictorum, Musul, Irak, 1899.

259 H. Wehr, *A Dictionary of Modern Written Arabic*, ed. J. M. Cowan, Cornell U. Press, Ithaca 1961, s. 418.
260 S.k.e. s.8.
261 1. Timoteos 1:10
262 1. Timoteos 2:12
263 S.k.e.
264 Tidball, Derek & Tidball, Dianne (2012) *The Message of Women: Creation, grace and gender* Inter-Varsity Press, UK, s. 251-2 [265] A.g.e.
266 Kroeger, Richard Clark and Catherine Clark *I Suffer Not A Woman* Baker House Book House, Michigan, USA, s. 84.
267 A.g.e. s. 90 ve Bailey'nin s.k.e. s.8. Bailey, mutlak güç ve tebasının yaşamı üzerinde söz sahibi olan Sultan'ı örnek verir.
268 *Heirdules.* Bailey A.g.e. s. 7.
269 A.g.e. s. 8. Diyakon olarak Fibi, kutsal yazılar eğitmeni olarak da Priskilla yetkilerini bir şekilde erkekler üzerinde de kullanmış olmalılar.
270 A.g.e.
271 A.g.e.
272 Galatyalılar 3:28[273] A.g.e.
274 1. Timoteos 2:13-14
275 Romalılar 5; 1. Korintliler 15:21-22
276 Chrysostom, s.k.e., s. 436 (İtalikler Bailey'e aittir). Bailey tarafından s. 9'da alıntılanmıştır.
277 Bailey, a.g.e. s. 9. [278] 1. Timoteos 2:15
279 1. Timoteos 4:3
280 W. Bauer, *A Greek-English Lexicon of the New Testament*, tr. uyarlayanlar: W. F. Arndt, F. W. Gingrich and F. W. Danker, U. of Chicago Press, 1979, s. 798. [281] Bailey, a.g.e. s.10.
282 A.g.e.

3. BÖLÜM – YENİ ANTLAŞMA DÖNEMİNDE KÜÇÜK ASYA'NIN[283] HRİSTİYAN KADINLARI

Yeni Antlaşma Mektupları ile Elçilerin İşleri'nde bugünkü Türkiye sınırları içinde olan topraklarda ya yaşamış ya bulunmuş ve hizmet etmiş kadınlardan söz edilir. Elçilerin İşleri'nde, Pentikost Günü'nde günümüzde Türkiye'de bulunan 'Mezopotamya... Kapadokya, Pontus ve Asya İli, Perge ve Pamfilya'[284] gibi yerlerden gelmiş çok sayıda ziyâretçinin Yeruşalim'de bulunduğu belirtilir. Petrus'un konuşmasını dinleyenler büyük olasılıkla Yahudiler ve başka uluslardan Yahudiliği kabul etmiş olanlardı. Elimizde Petrus'un mesajını dinleyenlerin hikâyeleri bulunmuyor, fakat büyük olasılıkla aralarından bazıları Yeruşalim'den evlerine yaşadıkları olaydan ötürü değişim geçirmiş halde dönmüş olanlar olmalı, herhalde bunlardan bazıları da Pentikost Günü'nde vaftiz olan 3000 kişi içindendi.[285]

Kitabımızın bu kısmında bu Roma eyaletlerinden gelmiş ve Anadolu'da kiliselerin kurulmasında emekleri olmuş birkaç kadını biraz tanıyacağız.

Tiyatira kentinden tacir Lidya[286]

Yeni Antlaşma'da Lidya, 'Tiyatira Kenti'nden Lidya adında bir kadın… Mor kumaş ticareti yapan Lidya, Tanrı'ya tapan biri'[287] olarak tarif edilir. Lidya Pavlus'u dinleyip Hristiyan olduğunda Filipi'de[288] yaşıyordu. Kendisiyle birlikte bir kadın arkadaşının daha Pavlus'la tanışması, Pavlus'un MS 50 civarında Filipi'ye uğradığı esnada bir Şabat Günü tapınma yerlerinin birinde olmuştu. Lidya ev halkıyla Hristiyan oldu ve vaftiz edildi. Ardından Elçi Pavlus'u ve yanındakileri evinde misafir olarak kalmaya davet etti. Yahudi'yken iman eden Lidya, büyük olasılıkla Küçük Asya'da bulunan Tiyatira'da[289] yaşarken Yahudi olmuştu.

Tiyatira 'mor kumaş' üretimi merkeziydi. Lidya bu 'mor kumaşları' ya üretiyordu ya da ticaretini yapıyordu. Filipi'de mor boya işçileri birliği bulunduğu düşünülür ki herhalde onun da orada olmasının nedeni buydu. Tidball[290] onun şu sebeplerden ötürü mühim bir kadın olduğunu öne sürer:

1. Ticaret girişimi lüks bir ürün üzerineydi. Mor kumaş pahalıydı ve Roma İmparatorluğu'nda elit insanlar tarafından kullanılırdı. Hatta, 'Lidya sahiden de tam mor kumaş işindeydiyse, imparatorluğun gözetimi altındaydı ve imparatorun himâyesindekilerden biriydi' (Flp. 4:22).[291]

TÜRKİYE'DE HRİSTİYAN KADINLAR – TARİHÇE

2. Kendisinden kilisede yüksek mevki veya tanınmışlık ifâde eden bir terimle söz edilir.
3. İdaresindeki ev o kadar büyüktü ki Pavlus'u ve beraberindekileri misafir edebiliyordu (Elç. 16:15).

Tidball şunu belirtir:
> İlk yüzyılda Roma dünyasında yaşayan kadınlar kapalı kapılar ardından çıkmaya, günlük yaşamın içinde halkın arasına rahatlıkla karışıp sosyal ortamlarda kendi başlarına adımlar atmaya başlamışlardı.[292]

Pavlus'un Filipi'den, hatta Avrupa'dan iman etmesine ön ayak olduğu ilk kişinin günümüzdeki Türkiye'nin batısından bir kadın olması, hatta onun beraberindekilerin de yine herhalde kadın olması dikkat çekicidir. Lidya Filipi'deki yeni Hristiyan topluluğun dikkat çekici bir önderi haline gelmiştir.

Priskilla ile Akvila

Kozmopolit bir kent olan Korint'e varan Elçi Pavlus, 'Orada Pontus doğumlu, Akvila adında bir Yahudi ile karısı Priskilla'yı buldu. Bunlar, Klavdius'un bütün Yahudilerin Roma'yı terk etmesi yolundaki buyruğu üzerine, kısa süre önce İtalya'dan gelmişlerdi. Akvila ile Priskilla'nın yanına giden Pavlus, aynı meslekten olduğundan onlarla kalıp çalıştı. Çünkü meslekleri çadırcılıktı.'[293] Pavlus Korint'ten ayrılırken Priskilla ile Akvila da onunla birlikte yola çıktılar. Pavlus Yeruşalim'e gitti, Priskilla ile Akvila Efes'te kaldı. Yeni Antlaşma'da devamında olanlar şöyle anlatır:

> 'Bu arada İskenderiye doğumlu Apollos adında bir Yahudi Efes'e geldi. Üstün bir konuşma yeteneği olan Apollos, Kutsal Yazılar'ı çok iyi biliyordu. Rab'bin yolunda eğitilmiş bir kişiydi. Ateşli bir ruhla konuşuyor ve sadece Yahya'nın vaftizini bildiği halde İsa'yla ilgili gerçekleri doğru öğretiyordu. Havrada cesaretle konuşmaya başladı. Kendisini dinleyen Priskilla ile Akvila, onu yanlarına alarak Tanrı yolunu ona daha doğru biçimde açıkladılar.'[294]

Bunda ve diğer kısımlarda Priskilla ile Akvila'dan söz edildiğinde önce Priskilla'nın adı verilir. K.E. Bailey, 'Priskilla'nın Akvila'yla birlikte teoloji 'öğretim takımı' olduğuna ve öğrencinin de sıfırdan öğrenen biri değil, öğrenme aşamasına yeni geçmiş biri değil, tam tersine İskenderiye'den meşhur bir hatip'[295] olduğuna dikkat çeker. Yeni Antlaşma ilk kiliselerde Priskilla gibi kadınların erkeklere teoloji öğrettiği gerçeğine tanıklık eder. Priskilla ile Akvila'dan Yeni Antlaşma'da altı defa söz edilir. Bunların ikisinde[296] Akvila'nın adı önce verilir; dördünde[297] Priskilla'nın adı önce verilir. Efes'te[298] Timoteos'la birlikte çalışmışlar, ardından Roma'ya[299] dönmüşlerdir.

Nimfa ve Afiya

Laodikya ile Kolose birbirine yakın iki kentti. Pavlus Kolose'deki kiliseye yazdığı mektupta Laodikya'daki kiliseye de selamlarını iletir. 'Nimfa ve evindeki topluluk' özel olarak belirtilmiştir.[300] N.T. Wright da, 'Laodikya'daki kilisenin yönetimi Nimfa'daydı ve onun evinde toplanılıyordu'[301] görüşünde olanlardandır.

Geçmişte Nimfa'nın erkek mi kadın mı olduğuna dair tartışmalar olurdu. Fakat artık Nimfa'nın kadın olduğu ve kiliseye ev sahipliği ettiği yönünde genel bir görüş birliği sağlanmış durumdadır. Margaret MacDonald, 'Nimfa'nın bir dul olarak (?), nüfuzlu bir kadın oluşu… kilisenin korunma ve saygınlık izlenimi vermesini sağlamış olabilir…'[302] der. Nimfa'nın muhtemelen varlıklı bekar bir kadın olduğunu, Laodikya'daki kiliseye önderlik ettiğini ve emeklerinin Elçi Pavlus tarafından takdir edildiğini görüyoruz.

İman kardeşlerinden biri olan Afiya, Filimon'la evliydi ve Kolose yakınlarında yaşıyordu. Pavlus mektubunda bu aileye selamını gönderir: 'Sevgili emektaşımız Filimon… kızkardeşimiz Afiya'ya, birlikte mücadele verdiğimiz Arhippus'a'.[303] Wright bu mektup üzerindeki yorum çalışmasında, Filimon ile Afiya'nın karı koca olduğuna, Arhippus'un da onların oğlu olduğuna dair inanışını belirtir. Afiya'ya ismen hitap edilmesi onun kilise önderliğinde aktif biri olduğunun göstergesidir, herhalde sırf sofra kuran biri olmasının değil! Afiya hakkında onun Küçük Asya'da henüz gelişmekte olan kiliselerden birinde Kilise Önderi olarak hizmet eden ilk Hristiyan kadınlardan biri olduğu haricinde pek bilgimiz yok.

Lois ile Evniki

Elçilerin İşleri'nde şöyle kayıtlıdır:

> Pavlus Derbe'ye, ardından Timoteos adlı öğrencinin yaşadığı yer olan Listra'ya gider; Timoteos'un annesi

TÜRKİYE'DE HRİSTİYAN KADINLAR – TARİHÇE

Yahudi bir imanlıdır, fakat babası Grek'tir. Listra ve İkonium'daki imanlılar kendisini iyi biri olarak tanırlar.[304] Pavlus'un Timoteos'la tanışması Silas'la birlikte sürdürdüğü ikinci müjde[305] yolculuğu esnasında olur. Timoteos da bu yolculuğa katılır. Annesi Evniki de büyükannesi Lois[306] de Hristiyan olarak tanınırlar. İkisi de büyük ihtimalle aslen Yahudilerdi, ancak Pavlus'la tanıştığı sırada Timoteos hâlâ sünnet olmamış biriydi. Elçi Pavlus da bunu doğrular: 'Mesih İsa'ya iman aracılığıyla seni (Timoteos'u) bilge kılıp kurtuluşa kavuşturacak güçte olan Kutsal Yazılar'ı da çocukluğundan beri biliyorsun.'[307] Sonraları Timoteos ağır bir baskı altındayken Pavlus Timoteos'a yazdığı bu mektubunda onu, 'Sendeki içten imanı anımsıyorum. Önce büyükannen Lois'in ve annen Evniki'nin sahip olduğu imana şimdi senin de sahip olduğuna eminim,'[308] sözleriyle tanımlar. Bu kadınlar hakkında neredeyse hiç bilgimiz yok, fakat Elçi Pavlus onları Eski Antlaşma yazılarına hâkim ve Timoteos'u iyi yetiştirmiş, kilise önderi olacak şekilde ona iyi eğitim vermiş kadınlar olarak tanır. Efes Kilisesi'ndeki önderliği sürerken kendisinin yaşamakta olduğu oldukça yoğun ve zorlayıcı denenmelerden başarıyla çıkmasını sağlayacak ölçüde, evde iyi bir Kutsal Kitap eğitiminden geçerek hazırlanmış olduğu anlaşılmaktadır. Pavlus Timoteos'a Kilise önderi olmak üzere gereken eğitimi ve öğretimi bu kadınların, Evniki ile Lois'in verdiğini belirtir.

Seçilmiş Hanımefendi

Yeni Antlaşma'yı kaleme alanlardan biri olan Yuhanna, ikinci mektubunda 'Tanrı'nın seçtiği hanımefendi'ye[309] hitabını kullanır. Bazıları bu ifâdeyi 'Atanmış Hanımefendi' olarak çevirir. Bu hanımefendinin kimliği belirsizdir; bazı yorumcular[310] bu hitabın Kilise'yi ifâde ettiğini öne sürer. Birinci ayette Yuhanna 'gerçekten sevdiğim hanımefendiye' diyerek ifâdesini vurgular. Bazı İngilizce tercümelerde bu ifâde 'sevgili hanımefendi' diye çevrilmiştir. Son ayette de, 'Tanrı'nın seçtiği kızkardeşinin çocukları sana selam ederler'[311] denir. Hanımefendi veya kızkardeş ifâdesi Kilise için kullanılıyor olsaydı, Eski Antlaşma'da İsrail'den kadın tasviri kullanılarak söz edilen peygamber Yeşaya'nın kitabıyla tutarlılık gösterecek biçimde, Yeni Antlaşma'da her yerde kullanılıyor olmalıydı. Fakat Nimfa ve Afiya gibi Kolose ile Laodikya'daki kiliselerde önderlik etmiş kadınların olduğunu da bildiğimizden dolayı, bir başka, ismi belirtilmemiş kadının da Elçi Yuhanna ile bağlantısı olan bir veya daha çok kilisede önderlik ediyor olması mümkündür diyebiliriz.

Meryem, İsa'nın annesi

Meryem, İsa'nın annesi, 'Kutsal Bâkire Meryem' ve 'Theotokos'[312] isimleriyle de anılır. Türkiye'deki Hristiyan kiliselerde[313] Meryem'i betimleyen birçok fresk ve mozaik bulunur. Meryem'in Havârî Yuhanna'yla birlikte Yeruşalim'den Efes'e gelmiş olması muhtemeldir. Yeni Antlaşma İsa'nın annesi Meryem'le ilgili birincil kaynağımızdır. Kitabımızın Ekler kısmında Yeni Antlaşma'da Meryem'den söz edilen bütün ayetlerin listesinin yer aldığı tablo mevcuttur. Kilisede Meryem'in hayatından bazı önemli tarihlerin anması yapılır; doğumu (8 Eylül), İsa'nın doğumunun kendisine bildirilişi (25 Mart), Meryem'in Yahya'nın annesi olan kuzeni Elizabet'i ziyâreti (31 Mayıs), İsa'nın doğumu (25 Aralık), Kutsal Bâkire Meryem'in Ölüp Göğe Alınışı (Göğe Kabûlü) (15 Ağustos). Kilise takviminde Meryem'in annesiyle babasının, Anna ile Yehoyakim'in anması 26 Temmuz'da yapılır.

Meryem'in anne babasının isimleri Yeni Antlaşma'da geçmez, Apokrif Müjde olan Yakup İncili'nde[314] verilir. İsa'nın Matta ve Luka müjdelerindeki soyağacı babası Yusuf'un soyuyla verilmiştir, annesi Meryem'in değil. İstanbul Edirnekapı'da bulunan Kariye'de,[315] Azize Kurtarıcı Hora Kilisesi (veya Kutsal Kurtarıcı Kilisesi) içinde hem Meryem'in İsa'dan önceki hayatını hem İsa'nın doğumunu ve hizmet dönemini gösteren mozaikler vardır. Meryem'in İsa'dan önceki hayatını anlatan mozaikler Yakup İncili'ne dayalıdır. Kilise hem Mesih'e hem annesi Meryem'e adanmıştır ve adanmayla ilgili yazıtta ziyâretçilere Mesih'in beden alışı anlatılır. Ziyâretçiler girişte Pantokrator (Her Şeyin Efendisi) Mesih'i tasvir eden mozaikle karşılaşırlar. Yazıtta şöyle denir: 'Yaşayanların diyarı (memleketi, varlığının bulunduğu) İsa Mesih.' Bu sözle kilisenin adıyla bir kelime oyunu yapılarak kilisenin ülkedeki mevcûdiyeti anlatılır ve Mezmur 116:9'daki, 'Yaşayanların diyarında, RAB'bin huzurunda yürüyeceğim,' sözlerine atıfta bulunulur. Bunun karşısındaki panelde, giriş kapısının üstünde, Meryem rahminde Mesih ve iki yanında birer melekle görülür. Bu mozaiğin yazıtında şöyle yazılıdır: 'Tanrı'nın Annesi,[316] Sınırlanamayanın Meskeni'; mesken (merkezden uzak barınma yeri)[317] kilisenin adına bir atıftır ve beden alış gizemine işaret eder.[318] İç nartekste Yakup İncili temel alınarak Meryem'in bebeklik çağından yetişkinliğine değin hayatından kesitlerin betimlendiği mozaikler yer alır. İç nartekslerden birinde Melek Cebrail genç kadını, Meryem'i ziyâreti sırasında Tanrı'dan getirdiği mesajı, Tanrı'nın Oğlunu, İsa'yı doğuracağını[319] kendisine

TÜRKİYE'DE HRİSTİYAN KADINLAR – TARİHÇE

bildirirken betimlenir. Meleğin Meryem Ana'ya Müjdesi denilen bu olayı Batı Kilisesi 25 Mart'ta kutlar. Meryem'in Ölüp Göğe Alınışı (Göğe Kabûlü) mozaiği kubbenin batı duvarındadır. Önceki bölümümüzde bunu ve Meryem'in yaşamından Luka'nın müjdesinde kayıtlı olan ilgili diğer olayları ele almıştık. Meryem, Tanrı'nın yarattıklarına kurtarış sağlama tasarısında anahtar rol üstlenme çağrısı almış bir kadındı. Tanrı'ya 'Evet' demeye gönüllü ve hazır bir kadındı.

Yeni Antlaşma'ya göre Meryem'in Yaşamı

Meryem ile Elizabet'in buluşması yalnızca Luka'nın Müjdesi'nde kayıtlıdır. Meryem Yahya'nın annesi olan kuzeniyle buluştuğunda Magnifikat'ı söyler. Yaşımız, cinsiyetimiz veya yaşadığımız dönem ne olursa olsun hepimiz için geçerliliğini taşıyan ve güncelliğini koruyan bir övgü, umut ve kurtarılış ilâhisidir bu. Magnifikat, Akşam Duası esnasında Kutsal Yazılardan Övgü Ezgileri'nden biri olarak düzenli okunur. Dr. K.E. Bailey, Luka'nın Meryem'i bu övgü ezgisini söyleyen ve ezginin teolojik öğreti içermesi dolayısıyla Luka Müjdesi'nin okurlarının öğretmeni olarak tanıttığını belirtir.[320] Bailey, Luka Müjdesi'nin ilk kiliselerde Meryem gibi kadınların kadınlara ve erkeklere teoloji öğrettiğinin kanıtı olduğu sonucuna varır.

Luka'ya göre Müjde Meryem'e dair en detaylı bilgilere sahiptir. Müjde'de Meryem'in 'tüm bunları yüreğinde sakladığı'[321] iki kere belirtilir. Müjde'de ayrıca, 'İsa bilgelikte ve güçte gelişiyor, Tanrı'nın ve insanların beğenisini kazanıyordu'[322] diye belirtilir, fakat başka şeyden söz edilmeden yaklaşık 18 yıl[323] sonra İsa'nın çeşitli yerlere gidip vaaz ederek hizmetine başladığı ana geçilir. Daha evvel söz ettiğimiz gibi, bu senelerde Anne ile Oğul arasındaki ilişkiye dair hiçbir bir bilgimiz yoktur. Yine de, Meryem'in oğlunun gelecekteki görevine yönelik teolojik ve kutsal yazılara dayalı anlayışa sahip mânevî bir tanrı kadını olduğunu düşününce, mutlaka onun için dua etmiş, onunla konuşmuş ve gelecekte neler olacağının merakı içinde beklemiş olmalı.

Yine daha önce söz ettiğimiz gibi, İsa'nın halka hizmetinin yeni başladığı sırada kendisi, annesi ve havârîleri Celile'de bulunan Kana'da bir düğüne davet edilirler. Şarap bitmiştir. Meryem hemen meseleden İsa'yı haberdâr eder, O da suyu şaraba dönüştürerek sorunu çözer. Şarap seçkin kalitesiyle övgü toplar.[324]

Dört Müjde'de de İsa'nın Annesi Meryem'in, İsa çarmıha gerilip herkesin gözü önünde öldüğünde çarmıhın dibinde duran kadınların arasında olduğu kayıtlıdır. Havârî Yuhanna büyük olasılıkla İsa'nın havârîleri arasında O'nun ölümüne tanık olan tek kişiydi. Yuhanna'nın Müjdesi'nde İsa'nın nasıl annesini 'İsa'nın sevdiği öğrenci'nin himâyesine verdiği kayıtlıdır; bu kişi Havârî Yuhanna'dır. Elçi Yuhanna büyük olasılıkla Efes'e yerleşmeye gitmiş ve herhalde beraberinde Meryem'i de götürmüştür. Elçilerin İşleri'nde, İsa'nın Göğe Alınışı'ndan[325] sonra Meryem'in ve İsa'nın kardeşlerinin birlikte kaldıkları evin üst katında bulunmalarından ve Pentikost'tan sonra İsa'nın kardeşi Yakup'un Yeruşalim kilisesinde[326] önder olduğundan söz edilir. Fakat Yeni Antlaşma'da Pentikost'un ardından İsa'nın annesi Meryem'e ne olduğu açıklanmaz.

Meryem Havârî Yuhanna'yla Efes'te
İsa'nın Annesi Meryem'in Elçi Yuhanna'yla Efes'e yerleşmeye geldiğine ve Efes yakınlarındaki bir tepede, günümüzde 'Meryem Ana' veya 'Meryem'in Evi' denilen yerde yaşadığına inanılır. Evin bulunduğu yer Almanya'dan hiç ayrılmamış yatalak Catherine Emmerich'e (1775-1824)[327] bir rüyada görünür. Onun tarifinden yola çıkan İzmir'deki Lazarist Pederler Efes'in arkasındaki tepelikte eski bir taş yapı tespit ederler. Bu yapının İsa'nın Annesi Meryem'in Küçük Asya'da yaşadığı yer olabileceğine dair başka hiçbir kanıt yoktur. Bâkire Meryem'in Evi günümüzde Roma Katolik Kilisesi tarafından hac merkezi olarak kabul edilir ve çeşitli uluslardan ve çeşitli inançlardan insanların uğrak yeridir. Müslümanlar da ona Meryem Ana derler ve kendisi Müslümanlığın da bir parçasıdır. Çok sayıda Müslüman Türk de evin bulunduğu yeri ziyârete gider. İsa'nın Annesi Meryem'in Efes'te yaşadığından İncil'de söz edilmez, fakat herhalde, Elçi Yuhanna[328] İsa'nın annesi Meryem'e[329] baktığına göre havârî Efes'e gittiğinde onu da yanında götürmüş olduğu farzedilerek böyle olduğuna inanılmıştır. Beraberlerinde Mecdelli Meryem'in de olduğu düşünülür.

Kutsal Bâkire Meryem'in Ölüp Göğe Alınışı
Ağustos'un on beşinde dünya çapında Hristiyanlar Meryem'in Ölüp Göğe Alınışı'nı veya Göğe Kabûlü'nü kutlarlar. İstanbul'daki Kariye Câmii'nde onun Ölüp Göğe Alınışı'nı sekide yatan naaşını göstererek anlatan mozaikler bulunur. Tasvirde ruhu Oğlu İsa Mesih tarafından kundaklı bebek gibi kucaklanmış halde cennete götürülmek üzeredir.[330]
Meryem'in kalıcı armağanı, kuzeni Elizabet'le buluştuğunda söylediği ezgidir. Meryem melek kendisine görünüp o kadar genç ve evlenmemiş bir

kız olmasına rağmen Mesih'e gebe kalıp doğuracağını bildirdiğinde 'Tamam' diyebilmiş cesaret timsali bir kadındı.[331] Kendini Tanrısı'na hizmete adamış bir kadındı.[332] Meryem'in imanla adanmışlığı vasıtasıyla Dünyanın Kurtarıcısı İsa insan biçiminde doğup kendini Tanrı'nın yalnızca İsrail'e değil tüm uluslara duyduğu sevginin yeni bir ifâdesi ve bu sevgiye dair yeni bir anlayış olarak göstermiştir. Meryem'in Tanrı'nın çağrısını hızla kabullenişi Tanrı'nın tüm dünyaya duyduğu sevgiyi yeni, radikal bir ifâdeyle göstermesinin yolunu açmıştır.

Yedinci veya sekizinci yüzyıl yazarlarından Tebli Hippolytus,[333] kısmen korunabilmiş Yeni Antlaşma kronolojisinde Meryem'in İsa'nın ölümünün ardından 11 sene yaşadıktan sonra MS 41'de öldüğünü öne sürer.

Theotokos (Θεοτόκος) Meryem; "Tanrı taşıyan" Meryem

431'deki Efes Konsili Mesih'in hem tanrı hem insan doğasına sahip olup olmadığı hakkında karara varmak üzere toplanmıştır. Bu tartışma bağlamında Meryem'in Theotokos Meryem olarak kabul edilmesi gerektiğine karar verilmiştir. Wikipedia'da[334] şöyle tanımlanır:

> 'Theotokos iki Grekçe kelimenin, Θεός "Tanrı" ile τόκος "doğurmak, doğum; sulb" kelimelerinin birleşimiyle oluşmuş bir sıfattır. En yakın tabirle, "sulbü Tanrı olan [kadın]" veya "Tanrı olmuş olanı doğuran [kadın]" denebilir.
>
> Çünkü Grekçe 'τόκος' kelimesine Tanrı'nın annesi olmayı Meryem'i Tanrı'nın beden almış hali olan İsa'nın annesi olmasından fazla bir anlam içermeden ifâde edecek şekilde tam denk olacak bir İngilizce karşılık yoktur. Yine de, Theotokos'u, hem Meryem'i ilahlaştırmadan onun insanî oluşu anlamını hem de İsa'nın tanrılığının Meryem'in Melek Cebrail'in kendisine çağrısına ve 'Kutsal Ruh senin üzerine gelecek, Yüceler Yücesi'nin gücü sana gölge salacak. Bunun için doğacak olana kutsal, Tanrı Oğlu denecek,'[335] açıklamasına razı gelmesine dayandığı anlamını içeren 'Tanrı taşıyan' anlamıyla kullananlar da vardır.'

'Theotokos' unvanı Meryem'in anatanrıça olduğu anlamına gelmez. Diğer yandan gezgin yazar John Freely, Efes'in Artemisi ile İsa'nın annesi Meryem arasında bir bağlantı olduğunu öne sürer:

> Artemis'in doğumunun kutlandığı eskiçağ festivali, Hristiyanlık döneminde yerini 15 Ağustos'ta kutlanan Kutsal Bâkire'nin Göğe Kabûlü'ne bırakmıştı. Bu kutlama burada

(Ege Bölgesinde) Kirkince köylüsü Yunanlar tarafından 1923'teki mübadeleye dek sürdürülmüştür. Eski takvimde Artemis'in, bâkire avcının, adına düzenlenen kutlama günü Bâkire Meryem'in kutlama günüyle herhalde neredeyse aynı gündeydi. Artemis'in doğduğu yerin Bâkire'nin son güzergâhı olan Efes'in kırsal bir bölgesiyle aynı yer olması tesâdüf değildir. Pagan tanrıçalara tapınma, Efes Konsili'nde Tanrı'nın Annesi olduğu ilân edilen Meryem'in yüceliğine dair popüler inanışla varlığını sürdürmüş görünüyor. Bu kadim dünyadaki kültür devamlılığı böyle bir şeydir.[336]

Elbette bu Freely'nin görüşüdür. Yine de, Meryem hakkındaki nihai olarak elimizdeki tek güvenilir kaynak olan Yeni Antlaşma'ya baktığımızda, İsa'nın annesi Meryem ile Elçilerin İşleri'nde de söz edilen Artemis'in arasında bir bağlantı kurmak mümkün değildir.

Meryem Yeni Antlaşma'da Petrus, Pavlus, Yuhanna ve diğer havârîlerle yan yana örnek bir iman kadını olarak yerini alır. Bu tarihçenin ileriki sayfalarında, kadınların[337] sonraki yüzyıllarda İsa'nın annesi Meryem'den kendi hayatları için nasıl ders çıkarttıklarını göreceğiz.

Mecdelli Meryem

Mecdelli Meryem'in[338] Celile Gölü kıyısında bir köy olan Mecdel'den bir Celileli olduğu ve Havârî Yuhanna ve İsa'nın Annesi Meryem'le Efes'e geldiği düşünülür. Efes yakınlarında bir yere gömüldüğüne dair kanıtlar vardır, fakat sonraları naaşından kalanlar Konstantinopolis'e götürülmüştür.

Yeni Antlaşma'da Mecdelli Meryem 'içinden yedi cin çıkmış'[339] kadın olarak tanımlanır. İsa'yla birlikte yolculuk eden kadınlardan biridir. Mecdelli Meryem'in yaşadıkları Müjde'yi kaleme alan Luka ve ilk Hristiyan topluluklardaki birçokları tarafından büyük ihtimalle iyi biliniyordu ve Meryem adına sahip diğer kadınlardan ayırt edilmek amacıyla kendisinden 'içinden yedi cin çıkmış' Meryem diye söz ediliyordu. Luka, Müjdesi'nde onu İsa'yla birlikte yolculuk eden ve O'na destek olan kadınlardan biri olarak tanıtır. Kadınları şöyle sıralar: 'Mecdelli denilen Meryem, Hirodes'in kâhyası Kuza'nın karısı Yohanna, Suzanna ve daha birçokları... Bunlar, kendi olanaklarıyla İsa'ya ve öğrencilerine yardım ediyorlardı.'[340] Bu ve diğer sıralamalarda Mecdelli Meryem'in adı önce verilir. Mecdelli Meryem'e yalnızca Mecdelli dendiği de oluyordu. Mary Thompson[341] kitabı Mary of

TÜRKİYE'DE HRİSTİYAN KADINLAR – TARİHÇE

Magdala'da Mecdelli'nin Hirodes'in kâhyası Kuza'nın karısı Yohanna'dan politik veya sosyal açıdan daha varlıklı veya önemli biri olamayacağına göre sıralamada adının önce verilmesinin bunlardan daha önemli bir gerekçesi olduğunu öne sürer: 'Yohanna'nın önüne geçmesini sağlayan zenginlikten öte başka bir gerçek.'[342] İsa'ya ve yol arkadaşlarına maddi destek sağlayan varlıklı kadınlardan biri de olabilirdi, fakat bu durumda Yohanna gibi kadınlar ondan 'sosyal, ekonomik ve politik' yönden üstün gelirdi.[343] Thompson[344] Luka'nın Müjde'de Celile'yi özellikle vurguladığını düşünür ve bu vurgunun belki de Mecdelli Meryem'in Celile'deki ilk kilisenin önderi olduğunu göstermek üzere yapıldığını öne sürer.

Yeni Antlaşma'da Mecdelli Meryem'den[345] başka Meryemlerden söz edilen on bir referans vardır. Birkaçı şunlardır:

- İsa'nın Annesi Meryem[346]
- Beytanya'da Marta ve Lazar'la yaşayan Meryem[347]
- Yusuf ve Yakup'un annesi Meryem[348]; aynı zamanda muhtemelen Klopas'ın karısı[349]
- Markos diye de bilinen Yuhanna'nın annesi Meryem[350]

Mecdelli Meryem'in köyü, "…Tiber'in 6 km. kadar kuzeyinde, Celile Gölü kıyısında, varlıklı ama nedense pek bilinmeyen bir balıkçı kasabası"[351] olarak tanımlanır.

Mecdel 'kule'[352] anlamına da gelir; Mecdel'in (kule anlamında) onun doğduğu yerden ziyade takma adı olduğuna yönelik bazı fikirler[353] vardır. Tıpkı Simun'a kaya[354] anlamına gelen Petrus denmesi, Yakup ile Yuhanna'ya da Beni-Regeş –Gökgürültüsü oğulları[355] denmesi gibi. Mecdelli Meryem'e gerçekten 'Kule Meryem' dendiyse, kendisi ya uzun bir kadındı ya da sağlam karaktere sahip güvenilir biriydi.

Bazı çevrelerde Mecdelli Meryem'in önceleri fahişe olduğuna yönelik genel bir kanı vardır; bu konu Papa Gregorius tarafından 591'de Roma'daki vaazı esnasında dile getirilmiştir. Vaazında söyledikleri şunlardı:

> Luka'nın günahkâr kadın olarak nitelendirdiği, Yuhanna'nın Meryem dediği kadının, Markos'a göre içinden yedi cin çıkartılan Meryem olduğuna inanıyoruz. Bu yedi cine ahlâksızlıklar demeyelim de ne diyelim? Kardeşlerim, açıktır ki kadın eskiden o kokulu yağı yasak fiiller esnasında etinde kullanmıştır. Bundan dolayı yaptığı şey şaşkınlık ötesi bir tepki yaratmıştır; artık bunu çok daha övgüye değer biçimde Tanrı'ya sunmaktadır. Tanrı'nın adına leke sürdüğü ölçüde

Tanrı'ya tam bir tövbekârlıkla hizmet etmek adına, suç yığınını faziletlere dönüştürmüştür.[356]

Papa Gregorius vaazında Mecdelli Meryem'in fahişe olduğunu göstermek adına onu ismi bilinmeyen birkaç farklı kadınla birlikte anmıştır. Rum Ortodoks Kilisesi'nin farklı kadınlar olarak tanımladığı kadınlar şunlardır:

- Beytanya'da İsa'nın başı üzerine pahalı parfümü döken isimsiz kadın; İsa bu hareketi gömülmesine hazırlık için meshedilmesi olarak tanımlamıştır.[357]
- fahişe olarak tanınan ve bir Ferisi'nin evindeyken İsa'nın ayaklarını yağla temizleyen isimsiz kadın[358]
- Marta ile Lazar'ın kardeşi Meryem[359]
- Yuhanna'nın Müjdesi'nde anlatılan zinada yakalanmış kadın[360] ve •
Mecdelli Meryem.

1969'da Roma Katolik Kilisesi Papa Gregorius'un Mecdelli Meryem'e dair fikrini resmî olarak geçersiz kıldı, fakat onun yorumu Batı'nın Kutsal Kitap yorumlarında halen ağırlığını korumaktadır.

Mecdelli Meryem'in adı Müjdeler'de on bir defa geçer. Bunlardan birinde Mecdelli Meryem, İsa'yla birlikte yolculuk eden ve gruptakilerin maddi ihtiyaçlarını kendi ceplerinden karşılayan kadınlar arasındadır.[361] Diğer onunda Mecdelli Meryem'den Mesih'in ölümü, gömülmesi ve dirilişi esnasında söz edilir.[362] Her müjdede Mecdelli Meryem[363] İsa çarmıha gerilirken çarmıhın yakınında duran ve İsa'yı yakınlardaki bir mezara gömmek üzere taşıyan Aramatyalı Yusuf ile Nikodim'i takip eden kadınların arasındadır. İsa hemen, öldüğü gece, Yahudilerin Şabat'ı (dinlenme günü) başlamadan aceleyle gömülür. Mecdelli Meryem ve diğer kadınlar Şabat'ın ertesi sabahı Yahudi gelenekler doğrultusunda İsa'nın cesedini yağlamak üzere geri dönerler. Meryem beraberindekilerle mezara vardığında mezarı boş halde bulurlar.[364] Tek başına kalıp mezarda ağlar ve orada dirilmiş İsa'yla karşılaşır, Mesih'in dirilişinin tanığı olur ve İsa tarafından imanlı takipçilerine dirilişini öğretmek üzere görevlendirilir. Meryem İsa'yı çarmıha değin takip etme, İsa'yı gömülüşünü izleme, ardından gömüldüğü yere gitme ve dirilişini havârilere duyurma cesaretine ve adanmışlığına sahip biriydi.

Kadınların çarmıha, gömülüşe ve boş mezara tanıklık etmelerinin Dört Müjde'de de belirtilmesinden yola çıkan Thompson şöyle der: 'ilk kiliselerin, dirilişi, Mecdelli denilen Meryem'in ve muhtemelen diğer bazı

TÜRKİYE'DE HRİSTİYAN KADINLAR – TARİHÇE

kadınların algılayışları vasıtasıyla anladıkları sonucuna varmaktan kaçınmak mümkün değildir.'[365]

Yuhanna'nın Müjdesi'nde[366] Mecdelli Meryem'in dirilmiş İsa'yı ilk gören kişi olduğu ve kendisine İsa tarafından havârîlere, erkeklere gidip İsa'nın ölümden dirildiğini anlatmasının söylediği net bir dille belirtilir. Dirilmiş İsa'yı gördüğü için ve İsa tarafından havârîlere (sonrasında Elçiler olarak tanımlanacaklardır) İsa'nın dirildiğini bildirme yetkisi verildiği için Mecdelli Meryem Elçi[367] olarak tanımlanır. Mecdelli Meryem'e bu yetkinin tanınmasından ötürü ona Elçilerin Elçisi unvanı verilmiştir. Elçilerin İşleri'nde veya Yeni Antlaşma Mektuplarında Mecdelli Meryem'e dair başka bir bilgi bulunmaz.

İsa Yeruşalim'de çarmıhta ölürken İsa'nın Annesi Meryem'in sorumluluğu Elçi Yuhanna'ya verilmiştir. İsa'ya destek olan bir grupta, Elçi Yuhanna ve İsa'nın annesi Meryem'le rahatlıkla derin bir bağ kurabileceği bir ortamda yer almış Mecdelli Meryem'in ikisi Efes'e giderlerken yine onların yanlarında olması şaşırtıcı olmaz. Yuhanna büyük olasılıkla günümüzde Efes yakınında bulunan Selçuk'ta gömülüdür. Mecdelli Meryem'in Efes'teki Yedi Uyuyanlar anısına yapılmış, şimdilerde yalnızca yıkıntıları bulunan kilisenin mezar odasında gömüldüğüne yönelik bir inanış vardır. Yıkık kilisenin içindeki şapellerin birinde Mecdelli Meryem'in bir freski bulunur, bu da Elçi Yuhanna ve İsa'nın Annesi Meryem'le birlikte Efes'e gelmiş olduğu inanışını biraz daha kuvvetlendirir.

John Freely şöyle der:

> Ortaçağ hacılarının anlattıklarına göre Aziz Timotheos ve Mecdelli Meryem'in mezarlarının da mağaranın[368] yakınlarında olduğuna inanılıyordu. Mecdelli Meryem'in son yıllarını Ephesos'ta geçirdiği inancı Tourslu Gregory'e[369] (MS 538-594) bağlanabilir. 1952 yılında bu inanış, mağara odasının girişinde Mecdelli Meryem'in mezarını saptadığını iddia eden Fransız arkeolog Massignon tarafından desteklendi.[370] Thompson da şunu belirtir:

> Yedinci yüzyıl itibariyle Efes'te Mecdelli Meryem'in anması, oradayken öldüğü düşünülen tarih olan 22 Temmuz'da[371] düzenlenmeye başlamıştır. Efes'ten yayılan söylencede Müjdeci Yuhanna Efes'e geldiğinde Meryem de yanındadır.[372]

Rum Ortodoks Kilisesi[373] halen Mecdelli Meryem'in Kutsal Bâkire Meryem'le beraber Efes'e gelip orada öldüğü görüşündedir. Naaşının kalıntılarının 899'da[374] İmparator VI. Leo tarafından Konstantinopolis'teki manastıra taşındığı yönünde inanış vardır.

Ayrıca Mecdelli Meryem'in diğerleriyle Fransa'ya gittiği ve hayatının orada sonlandığına inananlar da vardır; buna göre, kalıntıları Fransa'nın güneyindeki Var bölgesinde bulunan Saint-Maximin-la-Sainte-Baume isimli bir ortaçağ kasabasındadır. Kasabanın katedrali Mecdelli Meryem'e adanmıştır. Mahzen mezarında camdan bir kürede kafatasının bulunduğu söylenir.[375] Nihayetinde Mecdelli Meryem'in Türkiye'ye geldiğini de kabul etmeyenler de vardır.

Blair Tolbert şöyle bir çıkarımda bulunur:

> Mecdelli Meryem İsa tarafından imanlı takipçilerine öğretme görevi verilmiş sâdık bir takipçi ve dirilişin tanığıydı. Erkeklerden üst, birçok yönden yetkilendirilmiş bir konuma getirilmişti. Temiz bir yüreğe ve olgun imana sahip olduğu kabul edilir. Meryem, Claudia Setzer'in ilan ettiği gibi, "mükemmel kadın"dı (259). Bir elçiydi. Daha önemlisi, ilk elçiydi. Dirilişi ilk duyuran olma cesaretine ve adanmışlığına sahipti. Mecdelli Meryem elçilerin elçisiydi.[376]

Tekla; Aziz Pavlus aracılığıyla iman eden (d. İkonium, ö. Selefki)

Azize Tekla'nın[377] anma günü 24 Eylül'dedir. Apokrif kitaplardan Pavlus ile Tekla'nın İşleri'nde Tekla'nın, Aziz Pavlus'un memleketi İkonium'da[378] bulunduğu sırada yaptığı konuşmasını dinledikten sonra Hristiyan oluşu anlatılır. Pavlus ile Tekla'nın İşleri büyük olasılıkla 2. yüzyılda yazılmıştır ve Grek Romansı olarak kabul edilir.

Elçi Pavlus Elçilerin İşleri'nde[379] kaydedilmiş 47/8 ve 57[380] yıllarında yaptığı müjdeyi duyurma yolculuklarının her birinde İkonium'a da uğrar. Ramsey, Tekla'nın Pavlus'la onun İkonium'a ilk gelişinde 50[381] yılı civarında tanıştığını ve Tekla'nın Aleksandrios tarafından sarkıntılık edildiği ve ardından arenada ölüme mahkûm edildiği yer olarak belirtilen Antakya'nın Pisidya Antakyası olduğunu öne sürer.

Grek Romansı

Tekla'nın yaşadığı ve hikâyesinin yazıldığı dönem aralığında Küçük Asya'da ve Akdeniz'de yaşayan insanlar Antik Yunan Romansı diye adlandırılan bir edebiyat türünde yazılmış yazılar okuyorlardı.[382] Haight, Grek Romansı

TÜRKİYE'DE HRİSTİYAN KADINLAR – TARİHÇE

hakkındaki çalışmasında Pavlus ile Tekla'nın İşleri'nin, '… dönemin pagan Grek Romansı'yla birçok ortak nokta taşıdığını ve büyük olasılıkla onlardan etkilenerek kaleme alındığını' söyler.[383] Grek romansının başlıca unsurları 'sevgi, din ve macera'ydı;[384] bunların hepsi Pavlus ile Tekla'nın İşleri'nde mevcuttur. Pavlus ile Tekla'nın İşleri'nde görülen Grek Romansı nitelikleri şunlardır:

- Pavlus'un gerçek bir dostu vardır
- Pavlus'un sahte dostları da vardır
- Tekla Pavlus'a âşık olur
- Tekla hapisteki Pavlus'u ziyâret eder
- Bir mağarada yeniden bir araya gelirler
- Mûcize eseri yanmaktan kurtulmak, Kariklea'nın Heliodorus'tan mûcizevî kurtarılışı gibidir
- İffete dair sınanmalar ile çetin sınavlar bunda da görülür
- Monologlar ve dualar, konuşmalar ve vaazlar, dinî unsurlarla haşır neşir olmak ve vaftiz mührü gibi Grek Romansı'nda karakterleri geliştirmek üzere kullanılan yöntemler.

Özetle; '…ikinci ve üçüncü yüzyıllarda, pagan olsun Hristiyan olsun, bütün Grek hikâye anlatıcıları o sıralarda genel okurun ilgisini çekecek şekilde aynı temaları, bölümlemeleri ve edebî sanatları kullanırlardı.'[385]

Tekla'nın hikâyesi sırf Tekla'nın kendisi hakkında değildir, hayatında yer alan ve dönemin toplumundaki kadınları temsîlen diğer kadınlardan da söz edilir. Trifaena Tekla'yı arenada vahşi hayvanların önüne atılmadan önce tutuklu haldeyken himâyesine alır. De Weg, Tekla'nın Trifaena'nın hâmiliğine duyduğu ihtiyaca dair şu noktaları belirtir:[386]

- Trifaena Tekla'nın 'haysiyetini' garantiye almıştır.
- Kadınların tutuklanması çoğunlukla tecavüze uğrama anlamına geliyordu. Tecavüz, onun haysiyetine telafisi olmayan şekilde leke sürülmesi demekti.
- Erkeklerin haysiyeti zedelense de telafi edilebiliyorken, kadınların haysiyet sınırları cinsellikleriyle denk görülüyordu. Bu yüzden kadınlar haysiyetlerini kurtaramazlardı, yitip giderdi.
- Metinde 'pak kalmak' ana temadır.
- Trifaena, Tekla'nın özgür, bağımsız bir yaşam sürmesini sağlamıştır.
- Ayrıca Tekla'nın Trifaena'nın kızı için ettiği duada karşılıklılık yasası görülür.

- Trifaena'nın hâmiliği evlat edinme değildir, zîra üçüncü yüzyıla dek kadınlar için bu mümkün değildi.

De Weg, Tekla'nın hâmisi olarak Trifaena hakkındaki çalışma raporunda şu sonuca varır: 'Kültüre aykırı Tekla'nın İşleri'ni okumak ikinci yüzyıl Hristiyanlığının Grek Roma köklerinin bazı yönlerini açığa çıkartıyor.'[387] Böylelikle Tekla'nın İşleri metninin ikinci yüzyıla tarihlendiğini söylemiş olur.

İlk Yüzyılda Toplum

Tekla İkonium'da, günümüzde Orta Anadolu'da yer alan Konya'da evde hizmetkârlarıyla ve annesiyle yaşıyordu. Babanın veya erkek kardeşin varlığından söz edilmez. Annesi Tekla'yı hizaya getirmek istediğinde Tekla'nın erkek kardeşinden veya babasından değil, nişanlısı Tamiris'ten yardım ister. Anlaşılan Tekla'ya sözü geçen erkek akrabaları da yoktur. Tekla'nın Grek mi, Romalı mı olduğu net değildir. Deborah Sawyer şunu belirtir: 'Aristoteles kadın cinsiyetini kusurlu, erkeği karar mercii olarak tanımlar... bu felsefe ilk Roma toplumlarında erkeklerin, çoğunlukla kölelerin kız çocukları yerine erkek kardeşlerinin eğitiminden sorumlu olmalarına yol açar... Grek toplumunun üst kademelerinde, köle olmayan ve hane reisi ile evli kadınlar, erkeklerden tecrit edilmiş bir yaşam sürüp zamanlarının çoğunu kadın mahallesi olan gynaikonitiste geçirirlerdi.'[388]

Ayrıca bunun tersine, 'Romalı bir eş söz sahibi bir konumda olurdu; sırf erkek hizmetkârların ve kölelerin gözetimini üstlendiği ev idaresinde değil, hem erkek hem kız çocuklarının eğitimini üstlenmede de.'[389]

Tekla dışa çok kapalı bir yaşam sürüyordu. Pavlus ile Tekla'nın İşleri'nde, Tekla'nın Pavlus'un konuşmasını evinin penceresinden dinlediği ve Onisiforos'un evinde kalan Pavlus'un sözlerini pencereden işittiği anlatılır.[390] Pencerenin önünden kalkmamakta direnmesi sorun yaratır, Tamiris de duruma müdâhale etmek üzere çağrılır.[391]

Sawyer, Roma ve Grek toplumunda kadınların yaşamlarını irdelediği çalışmasında, iki toplumda da kadınların evlenip çocuk sahibi olmakla yükümlü olduğunu belirtir. Roma yasalarının kadınlara daha çok yetki verdiği dönemler de olmuştur, fakat kadınların çoğundan evlenmeleri ve hâkimi erkek olan bir evin parçası olmaları beklenmiştir.

Fiorenza,[392] ilk Hristiyan Misyonerlik hareketinde müjdecilerin evlerdeki kadınlara önderlik fırsatları tanıdığını kabul eder; o tarihteki bazı ekollerin ve mezheplerin bâkire kalan üyeleri önemle vurgulanır. Pavlus evlilik ve kadınların yaşamıyla ilgili öğretişinde insanların bekâr kalmasını savunur. Evlenmişlerse, imanlı olmayan eşleri kendilerini bırakmadıkları sürece evli kalmalıdırlar. Evli çiftlere karşılıklı rızaya dayalı şekilde bir süreliğine cinsel ilişkide bulunmamaya izin de vermiştir. Kadınlar toplantılarda Kutsal Ruh'un armağanlarını sergilemek ve önderlik etmek üzere hizmet edebilir. Yeni Antlaşma'da kadınların Elçiler olarak tanımlanmaları meselesindeki tartışmalar bağlamında, Fiorenza Tekla'nın yaşamını ve hizmetini de anlatır. Pavlus ile Tekla'nın İşleri'nde kullanılan biçimin, 'kutsal metinleri kaleme alanlar arasında, kadınların varlığını onlar tefekkür içinde zühdî[393] bir yaşam sürdükleri müddetçe hoş gören, fakat müjdeyi köy köy duyuran misyonerler olmalarına tahammül edemeyen erkek yazarların işi'[394] olduğu fikrini benimser.

Tekla Hristiyan olmuş ve yeni kavuştuğu yaşamını özgürleşmiş bir kadın olarak geçirmek isteyen bir kadın olarak evlenmeyerek ve evden çıkıp müjdeyi vaaz etmek ve vaftiz etmek üzere Hristiyan misyonerliğine girişerek farklı bir yaşam biçimine sahip olma fırsatını kolluyordu. Pavlus ile Tekla'nın İşleri'nde nihayetinde Pavlus'un ona bu yetkiyi verdiği görülür;[395] metne göre, kendini Antakya'daki amfitiyatro içindeki havuzda çoktan vaftiz etmiştir.[396]

McGinn, Tekla'nın iman etmesinin ardından olanlarla ilgili şunu ifâde eder:
> Pavlus'un vaazı, Matta 5:8'den alıntıyla başlayarak ve iffet, dünyasal şeyleri bırakmak, Tanrı korkusu ile Tanrı sözüne saygı, İsa Mesih'in hikmetinden ve anlayışından edinmek, vaftiz ettiklerinin vaftizini "muhâfaza etmek" ve merhametli olmak gibi temalara geçiş yapmak üzere "saf" sözcüğünü kullanarak yaptığı on üç "ne mutlu" kutsamasından oluşuyordu.[397]

McGinn sözlerine şöyle devam eder: '... Tekla'nın İşleri'nde cinsel yaşamdan uzak durmaya vurgu yapılır, fakat bu vurgu diriliş yaşamını sürdürmenin temel gereğinin nefsine hâkim olma olduğu yönünde anlaşılmamalıdır.'

Pavlus'un vaazı şu ayetlerle sonlanır:
> Bâkirelerin bedenleri kutlu olsun ki onlar Tanrı'yı çok hoşnut etsinler ve paklıklarından ödün vermesinler. Öyle ki Baba'nın sözü Oğlu'nun gününde onlar için kurtuluş getiren iş olsun ve onlar ebedîyetlerce huzura kavuşsunlar.[398]

McGinn şu sonuca varır: '... bu kısım Tekla'nın İşleri'nin anlamak için aslî noktadır; Tekla'nın bütün hikâyesinin teolojisinin âdeta bir özetidir.'

İmanlılar burada evlilikten uzak durmaya, bekâreti benimsemeye ve Tanrı'nın sözünü kabul etmenin sonucu olan cennetteki ödüllerinin tadına bakmaya, peygamberlik hizmetini icrâ etmeye ve sözü başkalarına duyurup onların kurtulduğunu görmeye heveslendirilmektedirler. McGinn, 'Tekla'nın yaşamı bunun görsel temsilini sunmaktadır'[399] gözleminde bulunur.

Sıkıntılı dönemden geçerken Tekla erkek kıyafetleri giyinir ve saçlarını keser. McGinn bunu, '... bir kadının evliliği reddetmesinin mâzur görülmesi ve Tekla'nın yaptığı gibi halka yönelik bir kariyer sürdürmesi için "erkekçe" olması gerekiyordu,'[400] şeklinde yorumlar. Tekla'nın İşleri'ni kaleme alan kişi, 'Hristiyan bir kadını elçi görevinde oluşuyla anlatarak... bunu günümüzün Hristiyan okurlarının aklına getirme ve harekete geçme fırsatları tanır'[401] ve Hristiyan kilisenin hikâyenin anlatıldığı ve yazılı metninin kiliseler arasında dolaştırıldığı ilk yüzyıllarında neler yaşanmış olabildiğini düşündürür.

Örnek alınan Tekla

Elizabeth Alvilda Petroff şöyle yazmıştır:

> 'Hristiyanlıktaki kutsal kadınların hikâyesi... Müjdelerdeki üç kadın karakterle başlar: Mesih'in Annesi Meryem, Mecdelli Meryem ve Lazar'ın kardeşi Marta. Hristiyanlığın ilk yüzyılları esnasında süren zulüm dönemi boyunca kutsal şehitler olan karakterler de buna eklenmiştir; bunlar, arenada vakurla ölümlerine yürüyen bâkirelerdir.' Bu Bâkire Şehit Azizelerin, 'işkenceden geçirildikleri ve gencecik yaşta şehit edildikleri' söylenen, 'hem efsânevî hem tarihî figürler' olduklarını söyler ve devam eder: 'Yargı mercilerine harekete geçme gereği hissettiren kadınlar bazen iki yönden suçlanıyorlardı: bir pagan veliahtla evlenmeyi reddetmek ve Hristiyan kalmakta ısrar etmek ki bu da onlara göre kendilerine bâkire kalma hakkı tanıyordu.'[402]

Tekla Tamiris'le nişanlıydı, Roma yetkilileri huzurunda Elçi Pavlus'tan şikâyetçi olan da onun nişanlısıydı. Bunun sonucunda, 'Pavlus kırbaçlanır ve salıverilir, fakat Tekla, annesinin ısrarı üzerine, ateşe atılmaya mahkûm edilir.'[403] Tekla Tamiris'le evlenmeyi reddetmekten, annesinin ve nişanlısının sözünü dinlememekten ötürü suçlu bulunur, yeni inancı Hristiyan oluşundan ötürü değil. Hristiyan kadınların evlenmek istemedikleri için mahkûm edilmeleri, İznik Sonrası Dönem'de yaşayan Hristiyan kadınların hayatlarında da görülür.

Anlatı şöyle devam eder: 'Sonra kendisi Pavlus'la birlikte Pisidya Antakyası'na geçer; orada imparatora tapınma görevlilerinden biri kendisiyle ilişkiye girmeye çalışır. Kendini savunurken Aleksandrios'un taşıdığı imparatorluk sembolüne halel getirir ve kutsala en büyük hakareti etmekle suçlanır. Roma yargıcı onu vahşi hayvanlara atılmaya mahkûm eder.' Bu tam da Petroff'un, 'adanmışlık (bâkire şehitlerin) bâkirelik gerektirir, bâkirelik de saldırıya cezbeder ve tecavüz ve şiddete mâruz bırakır'[404] sözlerini gözler önüne serer. Ancak Tekla Antakya'da tecavüzden Kraliçe Trifaena'nın kendisini alıp evine götürmesiyle kurtulur.

Tekla sonraki Hristiyanlara örnek teşkil eden birçok bâkire şehitten biri olarak kabul edilir. Kapadokya Kilise Babalarından Nissalı Gregorios'un kız kardeşi Genç Makrina (330-379) bunlardan biriydi. Makrina'nın Tekla'yla bağlantısı, annesinin kendisini doğurduğu esnada bir görümde Makrina'yı Tekla'nın doğurduğunu görmesine dayanır.[405] Makrina, ailesinin asetist bir yaşam sürmesini sağlayan ve erkekler ve kadınlar için manastır mekânları hazırlayan çok becerikli bir kadındı.[406] Kadınların bâkire kalma kararları bedeni kötücül diye inkâr ettiklerinden değildir, genç Hristiyan kadınların yaşamlarında odaklanmış halde Mesih'in yolundan gitme imkânlarını genişletmek ve inançlarını koca veya çocuk yükümlülüğü taşımadan yaşayabilmek adına verdikleri bir karardır.

Pavlus ile Tekla'nın İşleri'nin tarihsel doğruluğuna dair bazı kuşkular vardır. Tertullian MS 200 yıllarında bu metinle ilgili şunu söyler:

> Fakat yanlış yere Pavlus'un adına yazılmış, kadınların özgürce öğretmelerini ve vaftiz etmelerini destekleyen yazılara –Tekla örneğinden bahsediyorum– sahip çıkacaksak, bunu kitap haline getiren Asya'dan bir presbiterin Pavlus'un adıyla ondan edinilmiş gibi anlatı türettiğini, suçlu bulunduktan sonra bunu Pavlus'a sevgisinden yaptığını itiraf edip görevinden istifâ ettiğini de bilsinler.[407]

Hilhorst, Tertullian'ın yorumları üzerine, Tertullian'ın gerçekte ne yazdığına dair fikirleri içeren araştırma yazısında şu sonuca varır:

> ... apokrif metinlerin herhangi bir yazarına dair elimizde bulunan tek örnek budur; ... Presbiterin Pavlus'un yaptığı konuşmaları romantik anlatımla derleyip sunma fikri safçadır ve bağlı bulunduğu topluluğun, kendisini istifâya zorlayan, daha eleştirici üyeleri tarafından takdir görmemiştir... Pavlus

ile Tekla'nın İşleri'nin en baştan bir 'apokrif' olduğunun ve yazıldığı çevrede asla resmî statüye sahip olmadığının göstergesidir... Pavlus ile Tekla'nın İşleri yazarın gözden düşmesine karşın korunup Batı'da bile, daha doğrusu Tertullian'ın Kartacası'nda bile okunmuştur. Orada, Hristiyan kadınların kendilerinin de vaftiz etme hakları olduğunu iddia ettikleri münâzarada da kullanılmışlardır.[408]

Tekla 'ilk Hristiyanların hayallerinde olan biriydi.' Sanatta çoğunlukla yarı çıplak halde iki vahşi hayvan arasında, Pavlus'un vaazını dinlerken veya orans duruşunda ateşlerle kuşatılmış halde betimlenir.[409]

Tekla'nın Nazianzuslu Gregorios'un 'kutsal ve şerefli bâkire Tekla'nın kenti'[410] diye adlandırdığı Selefki'de münzevî olarak yaşadığı söylenir. Tekla Selefki'de münzevî olarak yaşamış ve yaşlılığa erip mağarasında ölmüştür; kendisine tecâvüz etmeye hazırlanan sarhoş gençler yüzünden son bir defa yaşamı ve bekâreti tehlikeye girdiğinde bir kaya yarılıp onu yutmuştur.[411]

Evagarius Scholasticus, kutsal metinler tarihçisi, 590 yıllarında kaleme aldığı yazısında şöyle der:

> ...İmparator Zeno'nun imparatorluğundan ferâgat edip yerine Basiliskus geçtikten sonra, bir görümde kendisine imparatorluğunu yeniden iyi hale getireceğini vaat eden kutsal ve fazîletli şehit Tekla'yı görmüştür; bundan dolayı bu gerçekleştiğinde İsaura'nın kentinde, Selefki'de, bu meşhur şehit Tekla'ya en asil ve ihtişamlı tapınağı diktirip adamış ve ona çok asil bağışlar ihsan etmiştir ki bunlar (yazarın dediğine göre) günümüze kadar bile ulaşmıştır.[412]

Dördüncü yüzyıldan altıncı yüzyıla değin Tekla'nın popülaritesi zirvede kaldı; en yoğun olarak da hizmetinin geleneksel konumu olan İsaura, Selefki'de. Ziyâretçilerinden biri, günlüğüne Aya Tekla kilisesini ziyâretini kaydetmiş olan dördüncü yüzyıl seyyahlarından Egeria'ydı.

Bu yörede büyük bir katedral olması bize neyi gösteriyor? Gordon Conwell ilâhiyattan Dr. Catherine Kroeger şunları yazmıştır:[413]

> Hizmetini yürüttüğü yöre (Aya Tekla[414]), beşinci yüzyıldaki Türk işgaline dek, sürekli hac yolcularının ve manastır cemaatinin uğrak durağı olmuştur. Mağaranın üzerine kurulmuş büyük ibâdethânenin apsisinden bir kısmı aralarında olmak üzere, kalıntıları hâlâ mevcuttur. Mağaranın

TÜRKİYE'DE HRİSTİYAN KADINLAR – TARİHÇE

bitişindeki küçük yeraltı şapelinin taş işçiliği, yapının ilk yüzyıla dayandığının kanıtlarını taşır.[415] Fransız âlim A.J. Festugiere, Académie de Belles Lettres'da, Aya Tekla'nın Hristiyan uygarlığının doğruluğu en net ispatlanmış yerlerinden bir olduğunu beyan etmiştir.[416] Birinci yüzyıldan itibaren Müslümanların fethine dek süreklilik göstermesi burada sağlam bir hizmetin mevcûdiyetini kanıtlar ve yörede sürekli aynı kadının adından bahsedilmesi Selefki'nin Hristiyanlaştırılmasının başlangıcına güçlü bir kadın önderin de dâhil olduğunun belirtisidir. Antik kalıntılar, Pavlus'un hizmette kadınları yüreklendirdiğinin ve yetkilendirdiğinin sessiz tanıkları olarak dimdik durmaktadırlar.

Ben Pavlus'un vaazını dinlediği için İsa Mesih'e inanma cesareti göstermiş, Hristiyan olmuş, Tekla adında birinin yaşadığına inanıyorum. Sonrasında kendisi erkek dişi ayrımının olmaması, herkesin Mesih İsa'da bir olmasına[417] dayalı bağımsızlığı benimsemiştir. Pavlus'un vaazı doğrultusunda yaşamını sürdürürken ev halkının bir üyesi olmayı veya evlenmeyi ve toplumun normlarına ayak uydurmayı reddetmiş, Mesih'e (ve eğer Helenistik Romans'ta yazılanlar doğruysa Pavlus'a) duyduğu sevgisini toplum içinde Pavlus'un yanında yer alarak, ondan öğrenerek, onunla seyahat ederek ve onunki gibi bir hizmet yürüterek yansıtmaya yönelmiştir. Nişanlısıyla, annesiyle ve yetkililerle yaşadığı çatışma, toplum içinde evlenmemiş ve farklı bir yaşam biçimi sürdürür haliyle yer almak istemesinden ötürü ortaya çıkmıştı.[418] Tekla'nın tutumu 'haysiyet ve utanç değerlerine ve eski çağlarda Akdeniz insanları açısından bu kültürel değerleri korumada kadının bekâretinin önemine' tehdit oluşturuyordu.[419] Ben de MacDonald gibi, bu değerlerin hâlâ varlığını sürdürdüğünü düşünüyorum. Kendisi çalışmasında, Türkiye'de köy yaşamı ve köy ahâlisinin haysiyet ve utanç kaygıları hakkında gözlemlerini kaydeden bir antropologdan[420] alıntı yapmıştır. İçe dönük köy hayatının şerefli ve temiz görülmesine karşın, ülkenin şehirleri ve genel olarak batısı birer şerefsiz, pis ve namussuz yaşam timsalidir.

Tekla da bugünkü Anadolulu kız kardeşleri gibi kadının haysiyetini koruma derdine düşüp erkeklerin ve kadınların belirli normlara uymasını bekleyen ailesiyle ve toplumla mücâdele halindeydi. İlk yüzyılda Anadolu'da toplum normları, Elçi Pavlus gibi vaizin birinin Hristiyan inancını duyurup erkek ile kadının birlikte tapındığı, kadına hayatıyla ilgili farklı (evlenmeyi reddetmek, erkeklerle eşitliğe sahip olmak, toplum içinde hizmet önderliği etmek gibi) seçimler yapma olanağı tanınan ev kiliseleri kurduğunda tehdit edilir olmuştu. Günümüzde bunları yapmanın hâlen azim ve mücâdele gerektirdiğini kendi hayatımızda da gördüğümüze göre, toplum pek de değişmemiştir.

TÜRKİYE'DE HRİSTİYAN KADINLAR – TARİHÇE
Bölüm notları

283 Küçük Asya diye bilinen yere günümüzde Türkiye deniliyor.
284 Elçilerin İşleri 2:9-10
285 Elçilerin İşleri 2:41
286 Antik kent Tiyatira'nın kalıntıları Akhisar'dadır. Tiyatira'daki kilise Vahiy'de geçen yedi kiliseden biridir.
287 Elçilerin İşleri 16:13-15
288 Antik kent Filipi, Kuzey Yunanistan'da Kavala'dadır.
289 Harris, B. F. (1996). 'Lydia', D. R. W. Wood, I. H. Marshall, A. R. Millard, J. I. Packer, & D. J. Wiseman (Eds.), *New Bible dictionary* (3rd ed., s. 707). Leicester, England; Downers Grove, IL: InterVarsity Press.
290 Derek Tidball & Dianne Tidball (2012), *The Message of Women: Creation, grace and gender* Inter-Varsity Press, UK, s. 200
291 A.g.e. 9. dipnot: R.S Ascough, *Lydia: Paul's cosmopolitan Host*, Paul's Social Network (Collegeville, Liturgical Press 2009), s. 75. Lidya'nın Filipililer'de söz edilmemiş olması ilginçtir, fakat bunun birçok açıklamasından en mümkün olanı Pavlus'un Filipililer'e mektup yazdığı sırada kendisinin artık Filipi'de yaşamıyor oluşudur.
292 A.g.e. s. 201, 11. dipnot: Bkz. *inter alia*, Ascough, *Lydia*, s. 65-69; B W Winter, *Roman Wives, Roman Widows: The appearance of New Women and the Pauline Community* (Grand Rapids: Erdmans, 2003); B Witherington III, *The acts of the Apostles: A Socio-Rhetorical Commentary* (Grand Rapids: Erdmans and Carlisle: Paternoster, 1998), s. 492
293 Elçilerin İşleri 18:2
294 Elçilerin İşleri 18:24-26
295 K. E. Bailey, 'Women in the New Testament: A Middle Eastern Cultural View' *Theology Matters* 6 No 1 (2000), s.2.
296 Elçilerin İşleri 18:1-3; 1. Korintliler 16:19.
297 Elçilerin İşleri 18:18-19, 26; Romalılar 16:3-4; 2. Timoteos 4:19. Elçilerin İşleri'nde Luka Priska'nın adını daima küçültme ekiyle birlikte Priskilla olarak kullanır, Pavlus ise adını tam haliyle Priska olarak verir.
298 2. Timoteos 4:19; MS 52 civarında Priskilla ile Akvila Pavlus'la birlikte Efes'e gitmişlerdir.
299 Romalılar 16:3; Romalılar MS 57 civarında yazılmıştır; o tarihe dek Priskilla ile Akvila Roma'ya dönmüşlerdir.
300 Koloseliler 4:15
301 N.T. Wright & M.F. Bird, The New Testament in Its World (London: SPCK, 2019), s. 453.
302 Margaret MacDonald, Can Nympha Rule This House?: The Rhetoric of Domesticity in Colossians,' *Rhetoric and Reality in Early Christianities*. Ed Willi Braun. Studies in Christianity and Judaism 16; Waterloo, ONT: Wilfrid Laurier University Press, s.99-120, s.115, NT Wright, a.g.e. s. 464
303 Filimon 2

304 Elçilerin İşleri 16:1-3³⁰⁵ MS 49–52.
306 2. Timoteos 1:5
307 2. Timoteos 3:15; vurgulu parantez tarafımdan eklenmiştir.
308 2. Timoteos 1:4-5
309 2. Yuhanna 1, 5
310 NT Wright s.k.e. s. 803
311 2. Yuhanna 13
312 Terim, Tanrı Taşıyan veya Tanrı'nın Annesi diye tercüme edilebilir.
313 Örneğin, İstanbul'daki Ayasofya'da (Kutsal Hikmet Kilisesi'nde) ve Kariye Câmii'nde (Kariye'deki Kutsal Kurtarıcı Kilisesi'nde).
314 Yakup İncili'nin İngilizce tercümesine şu linkten ulaşabilirsiniz: http://www.newadvent.org/fathers/0847.htm (Son erişim tarihi: 21.08.2022)
315 Kilisenin adının 'Hora'daki (taşradaki) Kutsal Kurtarıcı Kilisesi' şeklinde tercüme edilmesinin daha isabetli olduğunu düşünüyorum. Kilise günümüzde Kariye Câmi adıyla mevcuttur.
316 Theotokos, Tanrı'nın Annesi veya Tanrı Taşıyan olarak tercüme edilir.
317 Kora (Hora) taşra anlamına gelir. Kadıköy'ün bir zamanlar Kadı Köyü adında sur dışı (yani İstanbul dışı) bir köy olması gibi.
318 H. Sumner-Boyd & J. Freely, *Strolling through Istanbul* (Istanbul, Redhouse, 1972), s. 281, 283.
319 Luka 1:26-38
320 K. E. Bailey, 'Women in the New Testament: A Middle Eastern Cultural View' *Theology Matters* 6, No 1 (2000), s.2
321 Luka 2:19, 51
322 Luka 2:51-52
323 İsa Luka 2:42'de 12 yaşındadır ve İsa'nın kuzeni Yahya (Luka 3:23'te 30 yaşlarındadır) tarafından o yaştayken vaftiz edildiği tahmin edilir.
324 Krş. 'seçkin şarap', Yeşaya 25:6
325 Elçilerin İşleri 1:17
326 Elçilerin İşleri 15:13 & 21:19.
327 Anne Catherine Emmerich, The life of the Blessed Virgin Mary Grand Rapids, MI: Christian Classics Ethereal Library. Şu linkten ulaşılabilir: http://www.ccel.org/ccel/emmerich/lifemary.html (Son erişim tarihi: 21.08.2022)
328 İlâhiyatçı Yuhanna da denir
329 Bkz. Yuhanna 19:25-27
330 Ölmediğini, tam öldüğü veya öleceği anda göğe alındığını söyleyenler de vardır.
331 Luka 1:26-38
332 Luka 1:38
333 https://en.wikipedia.org/wiki/Dormition_of_the_Mother_of_God sayfasındaki açıklamayı alıntı yapan Rainer Riesner, *Paul's early period: chronology, mission strategy, theology*, s. 120. (Sayfaya son erişme tarihi: 21.08.2022)

334 https://en.wikipedia.org/wiki/Theotokos Bu kitabın ilk tercüme edildiği tarihlerde Türkçe Vikipedi'de söz konusu başlığa dair halen çok az açıklama mevcut olduğu için Wikipedia'dan yapılmış alıntı birebir tercüme edildi. (Sayfaya son erişme tarihi: 21.08.2022)

335 Luka 1:35

336 J. Freely, *The Aegean Coast of Turkey* (Istanbul: Redhouse Press, 1996), s. 228

337 Meselâ Augusta Pulkeria.

338 Mecdelli Meryem'e sadece Mecdelli de denirdi.

339 Kötü ruhlardan ve hastalıklardan kurtulan bazı kadınlar, içinden yedi cin çıkmış olan Mecdelli denilen Meryem, Hirodes'in kâhyası Kuza'nın karısı Yohanna, Suzanna ve daha birçokları İsa'yla birlikte dolaşıyordu. Bunlar, kendi olanaklarıyla İsa'ya ve öğrencilerine yardım ediyorlardı. (Luka 8:2-3)

340 Luka 8:2-3

341 M.R. Thompson, *Mary of Magdala: What the Da Vinci Code Misses* (US: Paulist Press, 2006), s. 53-54

342 A.g.e. s.54

343 A.g.e.

344 A.g.e. s.55-57

345 Matta 27:56, 61; 28:1; Markos 15:40, 47; 16:1, 9; Luka 8:2, 24:10; Yuhanna 19:25, 20:1, 11, 18; Mecdelli Meryem veya Mecdelli.

346 Matta 1:16; Luka 1 & 2; Matta 12:46-49; Markos 3:31-35; Luka 8:19-21; daha çok referans için Ekler kısmına bakınız.

347 Luka 10:38-42; Yuhanna 11:12-44; daha çok referans için Ekler kısmına bakınız.

348 Matta 27:56; Markos 15:41, 47, 16:1; Luka 24:10; Yuhanna 19:25

349 Yuhanna 19:25. Smalley'nin Meryem hakkındaki makalesi: Wood, D. R. W., & Marshall, I. H. (1996). *New Bible dictionary* (3rd ed.) (736–738). Leicester, England; Downers Grove, IL: InterVarsity Press.

350 Elçilerin İşleri 12:12

351 J.E. Fallon, "St Mary Magdalene" *New Catholic Encyclopedia*. Ed. Berard L Marthaler. 2nd ed Vol 9, Washington DC, Thomson-Gale, s.285 (Alıntı: Blair Tolbert, "Mary Magdalene: Apostle to the Apostles, s.1.)

352 Aramicesi אלדגמ, Mecdel, "kule" anlamına gelir; İbranicesi לדגמ, Migdal; Arapçası لدجملا (el-Majdal); üç dilde de benzerdir. Ayrıca bkz. https://en.wikipedia.org/wiki/Magdala (Son erişim tarihi: 21.08.2022)

353 https://margmowczko.com/mary-the-magdalene/ (Son erişim tarihi: 21.08. 2022). Veya Balık Kulesi (balıkları aralarında asarak kurutmak için kule biçiminde dikilen tahtalar). Blair Tolbert, 'Mary Magdalene: Apostle to the Apostles' Social Science Division 3 (2005), 1.

354 Yuhanna 1:42

355 Markos 3:17

356 Gregorius I. Homilia in Evangelia, Migne J.P. Patrologiae Curses Completus.

	tom. 76.1039C. Alıntı: Winkett, Lucy. "Go Tell! Thinking about Mary Magdalene". *The Journal of the Britain & Ireland School of Feminist Theology*. 29 (Jan 2002): 21.
357	Markos 14:3-9
358	Luka 7:36-50
359	Luka 10:38-42; Yuhanna 11
360	Yuhanna 8:2-5
361	Luka 8:2
362	Matta 27:56, 61, 28:1; Markos 15:40, 47; 16:1, 9; Luka 24:10; Yuhanna 19:25, 20:1, 11, 18
363	Matta 27:55-56; Markos 15:40-41; Luka 23:49; Yuhanna 19:25
364	Matta 28:1-10; Markos 16:1-8; Luka 23:55 – 24:12; Yuhanna 20:1-18
365	Thompson, s.k.e. s.62
366	Yuhanna 20:16-18
367	Elçi sayılmak için dirilmiş Rab İsa'yı görmüş olmak, ikinci olarak Hristiyan mesajını duyurmak üzere ilâhî bir çağrı veya görevlendirme edinmek gerekirdi.
368	Efes'teki Yedi Uyuyanlar Mağarası
369	Gregory of Tours, *De miraculis*, I, xxx http://www.newadvent.org/cathen/09761a.htm (Son erişim tarihi: 21.08.2022)
370	J. Freely, *Türkiye'nin Batı Kıyıları, Ege ve Akdeniz Kıyılarında Yolculuk* (Doğan Egmont Yay. ve Yap., İstanbul, 2020), s.171.
371	Mecdelli Meryem'in günü ayrıca Anglikan Litürji Takvimi'nde 22 Temmuz'da kutlanır.
372	Thompson s.k.e. s.5
373	http://www.abbamoses.com/months/july.html (Son erişim tarihi: 21.08. 2022)
374	Veya www.newadvent.org web sitesine göre 886. (Son erişim tarihi: 21.08.2022)
375	http://www.magdalenepublishing.org/about/ (Son erişim tarihi: 21.08.2022)
376	Blair Tolbert, 'Mary Magdalene: Apostle to the Apostles'. "Bu yazı 2005'te Beşeri ve Sosyla Bilimler Dalında Hines Ödülü'nü almıştır", Vol 3 (2005), 9
377	Grekçede adı Θέκλα veya *Thékla*. Thekla veya Tecla diye de yazılabilir. Bu çalışmada Tekla kullanılacaktır.
378	Günümüzde Konya. Bkz. Elçilerin İşleri 14:1-7
379	Elçilerin İşleri 13:51; 14:1, 19, 21, 16:2
380	Dr Tim Dowley, (Ed) (1977) *The History of Christianity*, Lion Publishing, Tring, Herts, UK. s.64. Bu tarihler kesin değildir, fakat Tekla'nın yaşadığı dönemi anlamaya yardımcı olmak amacıyla verilmiştir.
381	William Ramsey, The church in the Roman Empire, s. 388
382	Haight, Elizabeth Hazelton (1945), *More Essays on Greek Romances*. Longmans, Green & Co, New York.
383	A.g.e. s. 48.
384	A.g.e. s.57. [385] A.g.e. s.58.

TÜRKİYE'DE HRİSTİYAN KADINLAR – TARİHÇE

386 J. Bremmen (Ed), (1996) *The apocraphyl acts of Paul and Thekla* Kok Pharos Publshing House, Kampen, Netherlands. s. 29-32.
387 A.g.e. s.32.
388 Deborah F. Sawyer, (1996) Women and Religion in the first Christian Centuries Routledge, London. s.17.
389 A.g.e. s.17
390 Pavlus ile Tekla'nın İşleri 11. Bölüm, 1-4. ayetler 391 A.g.e. 11:5.
392 E.Schussler-Fiorenza, (1983) *In Memory of Her.* SCM, London.
393 Asetizmi benimsemiş asetik kişinin, yani zâhidin yaşam tarzı
394 A.g.e.. s.175.
395 Pavlus ile Tekla'nın İşleri 10:4
396 A.g.e. 9:7
397 Shiela Mc Ginn, The Acts of Thekla in E. Schussler-Fiorenza, (Ed) (1994) *Searching the Scriptures Vol 2.* SCM. London. s.809
398 Tekla'nın İşleri 1:22.
399 McGinn s.k.e. s.809.
400 A.g.e. s.820. Dipnot şöyledir: İnsan seyahatlerde bir erkek gibi görünmenin daha güvenli olacağını hesaba katmalı. Hatta kadın giyim tarzı erkeklerinkinden daha sıkıdır; çoğunlukla da sanki özellikle böyle yapılmıştır (örneğin, ayak bağlama geleneği ve günümüzdeki karşılığı topuklu ayakkabılar). Giysiler, yayan olsun atla olsun, seyahatte giyilemeyecek kadar rahatsızdı, dışarıda uzun süre kalındığında uzun saçla başa çıkmak imkânsız hale gelirdi. Bu yüzden bunun gibi pratik sorunlar, farzedildiği üzere kadınsı halden kurtulma niyetiyle ilgili olduğu kadar, "erkek gibi" giyinme kararına da yöneltebilir.
401 A.g.e. s.820.
402 Petroff, *Medieval women's Visionary Literature,* Oxford University Press, Oxford (1986), s.60-61.
403 Anchor Bible Dictionary s.443-444.
404 A.g.e. s. 61.
405 Peter Brown, *The Cult of the Saints* s.58. Alıntı: Petroff s.65.
406 S.k.e. Petroff s. 65.
407 Anchor Bible Dictionary Vol 5, s.434; De Baptismo başlığından, 1.17
408 A. Hilhorst, Tertullian on the Acts of Paul, J Bremmen (Ed). *The apocraphyl acts of Paul and Thekla.* Kok Pharos Publshing House, Kampen, Netherlands. s.15063.
409 S.k.e. Haight s. 61-65'te Tekla'yı Pavlus'un vaazını dinlerken tasvir eden çizimleri ve freskleri anlatır. İspanya'da, Tekla'nın koruyucu azizesi olduğu şehirde, Tarragona Katedrali'nde de, Tekla'nın tasvirleri bulunur. Orans duruşu, çoğunlukla ayakta ve ellerini açmış halde dua etme duruşudur; freskierde sıkça bu duruşun tasviri görülür.
410 *On the great Athanasius 22,* Alıntılandığı yer: The Anchor Bible Dictionary, 5. Cilt, s.444.
411 Gilliam Cloke, *'This Female Man of God' Women and spiritual power in the patristic age, Ad 350-450.* Routledge, London & New York (1995), s.166; Jo Ann Kay

412 McNamara, *Sisters in Arms: Catholic Nuns through Two Millenia*. Harvard University Press, Cambridge, Massachusetts (1996), s.25
Hist. Eccl. 3. Kitap, 8. bölüm. Acts of Paul and Thekla'nın Giriş kısmında alıntılanmıştır; William Home, *The Apocryphal New Testament*. William Home, Ludgate Hill, London (1820), s. 99.

413 Christians for Biblical Equality'nin başkanı ve A.B.D.'deki Gordon Conwell Seminary'den Dr. Catherine Kroeger (e-mail: cbe@cbeinternational.org)

414 Tekla, h sesi de verilerek Thekla diye de okunabilir.

415 Ernest E.Herzfeld; Samuel Guyer, Monumenta Asiae Minoris Antiqua, Vol II: Miriamlik und Korkyos: Zwei christliche Ruinenstätten des rauhen Kilikiens

416 Ernest E.Herzfeld; Samuel Guyer, Monumenta Asiae Minoris Antiqua, Vol II: Miriamlik und Korkyos: Zwei christliche Ruinenstätten des rauhen Kilikiens

417 Galatyalılar 3:28

418 Birinci yüzyılda yaşamış Hristiyanların bireysel ve toplumsal deneyimleri arasındaki çatışmalar hakkında daha çok bilgi için bkz. Margaret Y. MacDonald, *Early Christian women and Pagan Opinion*, Cambridge University Press, UK (1996), s.127.

419 A.g.e. s.161

420 Carol Delaney, 'Seeds of Honour, Fields of Shame', Gilmore (ed), *Honour and Shame*, s.44'ten alıntıyı yapan McDonald s.150.

TÜRKİYE'DE HRİSTİYAN KADINLAR – TARİHÇE
4. BÖLÜM – İZNİK KONSİLİ ÖNCESİ

HRİSTİYAN KADINLAR (MS 100 – 325)

Elçi Yuhanna'nın MS 100'de ölümüyle birlikte Hristiyan kilisenin Elçisel dönemi sona ermiş oldu. Mesih'in havârilerinden hayatta son kalan Elçi Yuhanna, büyük ihtimalle büyük kent Efes yakınlarında, günümüzde Selçuk'ta kalıntıları bulunan Aziz Yuhanna Bazilikası'na ait alanda gömülmüştür. Selçuk İznik öncesi dönemde Ayios Theologos (Ἅγιος Θεολόγος)[421] adıyla biliniyordu.

Bu bölümde, Elçilik Dönemi'nin bitişi (MS 100) ile MS 325'te düzenlenen İznik Konsili arasında geçen 225 yıllık bir dönem esnasında yaşayan bazı Hristiyan kadınların hayatlarından bahsedeceğiz. İznik Konsili, konseyin ortak beyanıyla yazılmış İznik Bildirgesi'yle ölümsüzleşmiş bir kilise konsilidir. İznik Öncesi Dönem'de Hristiyanlar Elçiler'in öğretişleri doğrultusunda yaşamaya gayret ediyorlardı. O dönem boyunca bugünkü Türkiye Roma İmparatorluğu'nun bir parçasıydı ve Doğu Roma İmparatorluğu'nun başkenti Nikomedia[422] buradaydı.

Doğu Roma İmparatorluğu'nun başkenti MS 285'te İmparator Diokletianus[423] tarafından Nikomedia'ya taşınmıştı. Roma İmparatorluğu genişlediğinden dolayı Diokletianus iki augustus ile iki sezarın aynı anda hüküm sürdüğü bir tetrarşi sistemi getirmişti. Nikomedia'dan İmparator Diokletianus ile Sezar Galerius Doğu'ya, Roma'dan İmparator Maksimian ile Sezar Konstantius Batı'ya hâkimdi. MS 285'ten sonra İmparator Diokletianus yeni başkenti Nikomedia'ya hipodrom, saray, tapınak, hamam, darphane, tersane ve başka birçok resmî bina yaptırdı.

Şehir Nikomedia adını Kral Nikomedes (MÖ 279-250) döneminde almıştı. Bitinya'nın Roma İmparatorluğu'nun bir parçası olması Kral III. Nikomedes (MÖ 94-74) döneminde olmuştu. Nikomedia o eyaletin en büyük kentiydi. Bölgede yerleşim MÖ 1200-800'lere dayanıyordu. Bitinya, orada valilik eden ve ölen Genç Pliny'nin (MS 61-113) yazılarıyla ölümsüzleşmiştir.

MS 303'te Diokletianus Hristiyanlara karşı imparatorluk çapında bir zulüm fermanı çıkarttı, fakat Batı İmparatorluğu imparatorları bu fermana uymadılar. İmparator Diokletianus MS 305'te tahttan çekildi, yerini MS 311'de ölen Galerius aldı. Ölümünden evvel Galerius, Diokletianus'un Hristiyanlara zulüm fermanını geçersiz kılan Hoşgörü Fermanı'nı yürürlüğe koydu. Batı'da Likinius ile Konstantinos Hoşgörü Fermanı'nı uyguladı; Hristiyanlar hapislerden ve imparatorluk madenlerinden salındılar ve el konulan mülkleri kendilerine iâde edildi. Ancak Doğu Roma İmparatorluğu'nda Maksiminus, idâresindekilere Hristiyanların peşinden gitmemelerini ama Galerius'un MS 311 Hoşgörü Fermanı'nı da halka duyurmamalarını buyurdu.

Konstantinos babası Konstantius Klorus'un MS 306'da ölümüyle, Britanya'da York şehrindeyken imparator ilân edildi. Ardından altı sene daha Britanya'da veya Galya'da kaldı, 'bütün o eyaletleri hikmetle ve iyi yönetti.'[424] Kendisi I. Konstantinos veya Büyük Konstantinos olarak da bilinir. Galerius kendisini sezar olarak tanımıştır, ancak augustus unvanı vermemiştir.

MS 312'de Konstantinos Maksentius'la savaşıp İtalya'ya yeniden hâkim olmak üzere sefere çıkmıştır. Konstantinos Roma'ya yaklaşmak üzere Milvian Köprüsü'ne vardığında bir görüm görür. Evsebius olayı şöyle anlatır:

> ... kendisine cennetten muazzam bir işaret belirdi... Gün ortası, güneş batıya meyletmişken bizzat kendi gözleriyle göklerden, güneşin üstünden doğru, üzerinde Bununla Fethedeceksin (Latincesi, Hoc Vince) yazan ışıktan bir haç mükâfâtını gördüğünü söylemiştir. Kendisi de hayretler içinde kalakalır, bütün ordusu da.
>
> Konstantinos'un oğlu Krispus'un öğretmeni Hristiyan âlim ve retorikçi Laktantius'a göre rüyanın bir versiyonu daha var: Konstantinos bir rüyasında kendisine gösterilen ilâhî işareti askerlerinin kalkanlarına işlemeye ve savaşa bu şekilde başlamaya yönlendirilir. O da kendisine söyleneni yapar, kalkanlarına Mesih'in adının simgesi olacak şekilde X harfinin ortasından dik bir çizgi çekip çizginin tepesinden yarım çember çizer.[425]

Bu sembol (☧),[426] Ki-Ro, Mesih'in adının (χριστος) ilk iki harfi χ ve ρ'dan oluşur. Hristiyanlar günümüzde de bu sembolü kullanmaktadırlar. Bu savaşta zafer kazanan Konstantinos İtalya'da yeniden hâkimiyeti ele geçirir. Doğu Roma İmparatorluğu'nun o dönemki imparatoru Nikomedialı Likinius'tu. Konstantinos ile Likinius 313 Şubatı'nda Milano Fermanı'nı ilan ettiler.[427] Fermanda şöyle deniyordu:

TÜRKİYE'DE HRİSTİYAN KADINLAR – TARİHÇE

Amacımız hem Hristiyanlara hem diğer herkese istedikleri dine inanma özgürlüğü tanımaktır; bundan ötürü göklerde bulunan hangi ilâhın hoşnut edilmesi lâzım geliyorsa, egemenliğimiz altındaki herkese hayırlı gelsin.[428]

324'te Büyük Konstantinos Roma İmparatorluğu'nun tek imparatoru oldu ve daha önce Bizans denen Konstantinopolis'e merkezi taşıyacağı 330'a dek Nikomedia'dan hüküm sürdü.

Roma İmparatorluğu'nun siyâsî atmosferinin aksine Hristiyanlık serpiliyordu. Küçük Asya'da ve Roma İmparatorluğu'nun diğer eyaletlerinde yaşayan kadınlar ve erkekler arasında Hristiyan olanların sayısı gün geçtikçe artıyordu. İznik Konsili öncesi o bölgede yaşayan Hristiyan kadınlardan bazılarının hayatlarına şöyle bir bakalım.

Filadelfyalı Ammia

Kilise tarihçisi Evsebius, Filadelfya'da bir kadın peygamber olan Ammia'dan söz eder;[429] Ammia'ya dair elimizdeki tek kaynak budur. İkinci yüzyıl başında veya muhtemelen ilk yüzyıl sonlarında yaşadığı ve hatırı sayılır bir peygamber olduğu anlaşılmaktadır.

Evsebius, Montanusçu peygamberler ile Yeni Antlaşma'daki peygamberlik makâmı arasındaki farkları şöyle belirtir: Onlar (Montanusçular) eskinin veya şimdinin ruhla yönlendirilen peygamberleri gibi görülemezler. Ne Hagavos'la, ne Yahuda'yla, ne Silas'la, ne Filipus'un kızlarıyla, ne Filadelfyalı Ammia'yla, ne Kuadratus'la ne de kendilerinden olmayan herhangi biriyle övünebilirler.[430]

Bu sıralamasında Evsebius Elçilerin İşleri'nde peygamber olarak söz edilen Hagavos'un[431], Yahuda'nın[432], Silas'ın[433] ve Filipus'un kızlarının[434] isimlerini verir. Bunlar Elçilerin öğretileri doğrultusunda hizmet eden ve Pavlus'un mektuplarda söz ettiği peygamberlerdir.[435] Pavlus peygamberlere, 'insanlara ruhça gelişmeleri, cesaret ve teselli bulmaları için seslenmelerini'[436] söylemiştir. Evsebius bu Yeni Antlaşma Peygamberleriyle birlikte Ammia'nın ve Kuadratus'un[437] adını, peygamberlik hizmetlerinin kendi yaşadıkları dönemde kilise tarafından Elçilerin İşleri'nde belirtilen peygamberlerin sahip olduğu Elçisel öğretiye uyanlar arasında görüldüğünü ifâde eder biçimde zikreder. Ammia'nın memleketi, Filadelfya, Vahiy'de geçen yedi kiliseden biridir ve orada kiliseye şöyle söylenir: 'İşte önüne kimsenin kapayamayacağı açık bir kapı koydum.'[438] Kidson,[439] Ammia hakkındaki makalesinde bu 'açık kapı'nın büyük olasılıkla o civardaki misyonerlik fırsatını îmâ ettiğini öne sürer. Lidya eyaletinde bulunan

Filadelfya Pers'e uzanan büyük bir yol üzerinde stratejik bir noktada yer alıyordu ve işlek bir ticarî merkezdi. Ammia'nın peygamberlik hizmeti, hedef odaklı müjdeciliğe yönelen kiliselerin amacına destek sağlamış ve onları yüreklendirmiş olmalı.

Filadelfya yakınındaki Frig yaylalarında ortaya çıkan Montanusçular, peygamberliklerinin Ammia ile aynı Elçisel öğretiyi sürdüren hizmete dayandığını iddia ediyorlardı. Fakat onların peygamberlikleri, Yeni Antlaşma'da gördüğümüz örneklerden tümüyle bambaşka bir tarzla, kendi kontrollerini kaybetmeye, aynı sözleri sürekli tekrarlamaya ve düzensiz hayatlar sürdürmeye yönlendiriyordu. Montanus'la harekete öncülük eden kadınlardan ikisinin evlilikleri Montanus tarafından geçersiz kılınmıştı. Kendileri daha ziyâde Didim tapınağının ve yörede Kibele'ye adanmış tapınma yerlerinin kâhinlerine benzer bir nam salmışlardı. Burada vurgulanmak istenen nokta, Ammia'nın ve diğer, kadın olsun erkek olsun, tanınmış peygamberlerin 'Kutsal Ruh'tan imanlılara toplantılarının bir parçası olarak belirli mesajlar bildiriyor' olmasıydı.[440]

Montanusçuların onu ve diğer peygamberleri kendilerine örnek aldıklarına dair kendilerine dayanak olarak göstermeleri için sağlam gerekçeleri olduğu inkâr edilemez. Bu ilk Hristiyan peygamberler, gayretleri açısından ikinci yüzyılın ortasından itibarenki Kilise'nin kabûle uygun gördüğü peygamberlerden ziyâde Montanusçu peygamberlere kuşkusuz daha çok benziyorlardı.[441]

Kidson bunu şöyle özetler:

> Evsebius'un savı, Montanusçu kadınların uygulamalarının eski peygamberler Yahuda, Silas, Filipus'un kızları gibi olmadığı için onların bu peygamberlerin devamı sayılamayacağı yönündeydi. Evsebius sahiden de hiçbirinin peygamberliğe başladıkları dönemden beri hiçbir peygamberin halefi olmadıklarını söyler.[442] Bu son nokta Evsebius'un kozudur, çünkü halefliği Pavlus'un 'elçilerin düşüncesi uyarınca peygamberlik armağanının Son Geliş'e dek Kilise'nin tümünde devam etmesi gerektiği' geleneğini sürdürme garantisi olarak görür.[443]

Ammia hakkında, kilisenin Elçisel öğretişine uygun olarak peygamberlik armağanını kullandığı haricinde hiçbir bilgimiz yok. Peygamberlik hizmeti Elçisel ve İznik Öncesi kilisede önemli role sahipti. O tür peygamberlik

TÜRKİYE'DE HRİSTİYAN KADINLAR – TARİHÇE

sözleri bildirme hizmeti yapılmasaydı, kilisenin o denli büyümesi ve gelişmesi mümkün olmazdı.

Christian Marek Küçük Asya kiliselerindeki kadınların rolünü şöyle özetler:
Kadınlar özellikle Küçük Asya'da inancın kabûlünde ve yayılmasında öncü rol oynadılar. Anadolulu Strabon (7,3,4) genel bakımdan kadınların dindarlıklarını erkeklerinkinden daha kuvvetli görür. Elçi Pavlus'un mektupları kendi çevrelerinde olduğu kadar Pavlus'un yakın çevresinde etkin olan Hristiyan kadınlarla doludur. Zamanla kadınların öğretme ve vaftiz etme hakları olduğunu reddetme ve onları yalnızca diyakon olarak topluluğa hizmette değerlendirme eğilimi Kilise'de gittikçe güçlense de, ilk iki yüzyıl boyunca Hristiyan kadınların elçiler, öğretmenler ve peygamberler olduklarına dair örnekler bulunduğunu görüyoruz. Priskilla'dan (Elçilerin İşleri 18:18), Yunya (Romalılar 16:7) ve Tekla'ya (Pavlus ile Tekla'nın İşleri), Filipus'un peygamberlik eden kızlarından (Elçilerin İşleri 21:9) Montanusçu peygamberlere, Ammia'ya[444], Kintilla'ya, Maksimilla'ya ve Priskilla'ya uzanan bir hizmet ağı bu. Kadınların ayrıca Frig'deki cemaatlerde ilgili makamlarda da görev aldıkları görülmektedir; yani orada kadın başrâhipler ve presbiterler de vardı. Dahası, Hristiyan kadınların toplumun üst kademelerindeki mevcûdiyetleri Hristiyan erkeklerden çok daha önceye dayanıyor ve sayıca daha çok. Pagan makam sahiplerinin karıları ve akrabaları inançlarını ikrar etmişlerdir: Alke'nin, yani Polikarp'ı tutuklayan Smirna polis muâvininin teyzesinin, İgnatius'un mektuplarında (İgnatius'tan Polikarp'a 8,3; ve İgnatius'tan Smirnalılara 13,2) geçen Hristiyan kadınla aynı olduğu anlaşılmaktadır. Tavia (veya Gavia), yani İgnatius'un Smirnalılara mektubunun aynı kısmında kendisinden ismen bahsedilen önemli konumdaki Smirnalı Hristiyan kadın, herhalde aynı zamanda İgnatius'un yalnızca Polikarp'a yazdığı mektubunda söz ettiği "mümessilin karısı"ydı. Kapadokya'da Severuslar döneminde valinin karısı Hristiyanlığı kabul etmişti (Tertullian, *Scap.* 3).[445]

İgnatius Antakya episkoposuydu ve mektuplarını şehit edilmek üzere Roma'ya götürülürken MS 108 ile 140 yılları arasında yazmıştı. Polikarp'a mektubunda İgnatius şöyle der:

'Bende önemli bir yere sahip olan Alce'ye selamlar.'[446]
İgnatius Smirna kilisesine mektubunda, 'İmanda ve sevgide, hem beden hem de ruhta sağlam olması için dua ettiğim Tavia'nın ev halkına selâm ederim. Adını anmayı arzuladığım Alce'ye, eşsiz Dafnus'a ve Evteknus'a ve herkese ismen selâm ederim. Tanrı'nın lütfuyla uğurlar olsun.'[447]
Alke (veya Alce) ile Tavia'nın (veya Gavia) ikisi de şehit edilmek üzere Roma'ya gitmekte olan İgnatius'ta iz bırakmış birer iman kadınıydı.
İgnatius'un Roma'ya giderken uğradığı Smirna kilisesinde tanıştığı bu iki kadın hakkında bildiklerimiz bu kadardır.

Kalkedon'dan Azize Evfemia
Azize Evfemia İmparator Diokletianus'un hükümdarlığı döneminde 16 Eylül 303'te şehit edilmiştir. Kalkedon'da,[448] o dönemki Bizans'ın hemen karşı kıyısında ölmüştür.
Evfemia, Filofronos adlı senatör ile karısı Teodosia'nın kızlarıydı, Kalkedon'da yaşıyorlardı. 303 senesinde Kalkedon Valisi Priskus kentte yaşayan herkesin ilâh Ares'e kurbanlar sunması emrini çıkarttı. Evfemia kırk dokuz Hristiyan'la birlikte valinin emrine karşı çıktı, hep beraber bir evde gizlendiler, Hristiyanlar olarak tapınırlarken yakalandılar. Birkaç gün boyunca işkence gördüler, Evfemia hariç hepsi İmparator tarafından yargılandı. Grubun en genci olan Evfemia diğerlerinden ayrı olarak ağır işkenceden geçirildi. Onun direncini kırmak ve inancını inkâr etmesini sağlamak için işkence çemberi kullandılar. Arenada aslanların önüne attılar, ancak aslanlar onu öldürmek yerine yaralarını yaladılar. Aynı arenadaki vahşi bir ayı ona ölümcül darbeyi vurdu.
384 yılının Haziran veya Temmuz ayında, Galiçya'dan bir rahibe olan Egeria, Kutsal Topraklara seyahatinde aldığı notlarda onun hakkında, 'Kalkedon'a vardım ve orada kaldım, çünkü çoktandır bildiğim Kutsal Evfemia'nın kalıntılarının bulunduğu meşhur şehitlik oradaydı.'[449] diyecekti. Şehitlik onun gömüldüğü yerin üzerine inşâ edilmiş büyük bir bazilikaydı. Böylelikle Evfemia'nın şehit edilmesinin üzerinden seksen sene geçmişken kilise ona adandı ve kalıntıları hac yeri oldu.
451'de beş yüz yirmi episkoposun katılımıyla Kalkedon Konsili Azize Evfemia'nın Şehitliği'nde toplandı. 'Pulkeria bu mâbedi seçti, çünkü o kadar kalabalığın toplantı için sığabileceği büyüklükte bir yerdi, fakat ayrıca

bu güçlü kadın azizenin konsili koruyacağına ve hayırlı bir sonuca ulaştıracağına inanıyordu.'[450]

Her iki taraftar –Monofizit imanlılar ile Ortodoks imanlılar– da Mesih'in doğasına dair yazılı kendi inanç bildirgelerini Evfemia'nın lahitinin içine koydular. İki bildirgeye de ne olduğuna bakmaya geldiklerinde Monofizitlerin bildirgesinin şehidin ayaklarının dibinde, İznik Bildirgesi'nde somutlaşmış Ortodoks inanışının bildirgesini Evfemia'nın ellerinde buldular.

Rum Ortodoks Kilisesi 11 Temmuz'da Kalkedon Konsili'nin karar sürecinde şehit Evfemia'nın payını da andıkları özel bir kutlama düzenler. Evfemia pagan ilâha tapınmaya zorlanmaya karşı direnmiş örnek bir cesur genç kadındır. İşkenceye rağmen Rabbi'ne bağlılığını korumuştur. Kalkedon Konsili'nde Şehit Evfemia'nın da payının olması, Bizans döneminde azizlerin Hristiyanların günlük yaşamlarının nasıl da bir parçası olduğunu göstermektedir.

Kalkedon Konsili'nin yapıldığı Kilise büyük olasılıkla günümüzde Kadıköy çarşıda yer alan ve Azize Evfemia'ya adanmış Rum Ortodoks Kilisesi'nin bulunduğu alandansa Haydarpaşa İstasyonu'na daha yakındır. Şehit Evfemia'nın kalıntıları günümüzde İstanbul'da Rum Patrikhanesi'nde bulunmaktadır.

4. Yüzyıl, Nikomedia'dan Azize Evlampiya; 10 Ekim

Evlampiya ile Evlampiyus[451] kardeştiler. Dördüncü yüzyıl başlarında Nikomedia'da yaşıyorlardı; İmparator Maksimiam (284-305) bütün Hristiyanların îdam edilmesi emrini verdi. Evlampiyus imparatorun ülkesinin düşmanlarıyla savaşmak dururken kendi tebaasından olanların kollarını kestirmesinden ötürü dehşete kapılmıştı.

Genç bir adam olan Evlampiyus, yargı önüne getirildi ve Hristiyan inancını inkâr etmesi istendi. İtiraz edince ona işkence ettiler. Kız kardeşi Evlampiya da hâkimlerin huzuruna çıkarıldı ve kendisinin de Hristiyan olduğu beyan edildi. Evlampiyus onu şu sözlerle yüreklendirdi: 'Kardeşim, bedeni öldürebilen ama ruhu öldüremeyenlerden korkma.'[452]

Kardeşlere işkence ettiler ve ardından onları kızgın fırına attılar, fakat Rab onları ateşten korudu. Nihayetinde Evlampiyus'un kafasını kestiler, fakat Evlampiya kafası kesilmeden önce işkence sırasında öldü. Kardeşlerin böylesi sağlam bir direnişle yargıya ve işkenceye dayandıklarına tanık olan 200 askerin iman ettiği söylenir.

Hristiyanların ne tür işkenceler gördüğüne tanık olanların iman etmelerinin nedeni, herhalde şehitlerin Mesih'e duydukları inanışlarına cesaretle tutunma biçimleriydi. İman edenlerin sayısı söylediği gibi 200 olmayabilir tabii; şehitlerin hikâyeleri olayın üzerinden yüzyıllar olmasa da, on yıllar geçtikten sonra biraz da süslenerek yazıya dökülürdü.

Kardeşlerin fırına atılması, Eski Antlaşma'da anlatılan[453] Daniel'in Kral Nebukadnessar tarafından yaptırılmış puta tapınmayı reddeden arkadaşlarının kızgın fırına atılma olayına oldukça benzer. Azizlerin bazı hikâyeleri Kutsal Kitap'ta anlatılan olaylarla benzerlik taşır ve bu kardeşler gibi azizlerin gerçekten başlarından geçenleri birebir yansıtmayabilir.

Yine de bu hikâye Hristiyan olmanın ne denli tehlikeli olduğunu ve Hristiyanların yaşamını tehdit eden riskleri bize gösterir. Bu hikâyede kardeşler birbirlerini yüreklendirmişler ve Mesih'e imanlarını inkâr etmemişler, yaşamlarındaki Tanrı'nın varlığı tarafından olağandışı yoldan destek görerek ve yüreklendirilerek güçlendirilmişlerdir.

Azize Barbara

Anması 4 Aralık'ta yapılan Azize Barbara'nın[454] Nikomedia'da[455] yaşadığı düşünülür. Grekçede Αγία Βαρβάρα, İspanyolcada Santa Barbara adıyla tanınır. 4 Aralık 306'da[456] inancından ötürü şehit edilmiştir. Günümüzdeki İzmit'te, Rum Ortodoks pederi tarafından Azize Barbara'nın hayatını anma günü[457] İzmit'teki Şehitler Korusu'nda bulunan eski bir binada kutlanır. Buranın Azize Barbara'nın şehit edilmesinden evvel tutuklu kaldığı yer olduğu düşünülür.

Azize Barbara yaygın olarak topçuların, istihkâm birliklerinin, madencilerin, patlayıcılar üzerinde çalışanların ve aynı zamanda matematikçilerin koruyucu azizesi olarak anılır. 1969'da Azize Barbara Roma Katolik litürji takviminden Papa VI. Paul tarafından motu proprio Mysterii Paschalis, yani hikâyesinin ne ölçüde doğruluk taşıdığı şüpheli olduğu gerekçesiyle çıkartılmıştır.

Söylenceye göre, Azize Barbara annesinin ölümünün ardından babası Dioskorus tarafından yetiştirilmişti. Dioskorus kızını korumak istiyordu, bu yüzden onu yüksek bir kuleye kapatmıştı.[458] Yalnızca babası ve pagan hocaları onu görmeye gelebiliyordu. Barbara zamanının çoğunu kuleden aşağıdaki kırlık bölgeye bakıp Tanrı'nın yarattıklarına hayranlık duyarak geçiriyordu. Gördüğü bu güzelim dünyanın babasının ve hocalarının inandığı ve tapındığı pagan ilâhlar tarafından yaratılmış olduğundan şüphe

TÜRKİYE'DE HRİSTİYAN KADINLAR – TARİHÇE

duyuyordu. Nihayetinde Dioskorus Barbara'nın kuleden çıkmasına izin verdi, biraz özgür kalmasının fikirlerini değiştireceğini ve kendisinin kızı için uygun gördüğü adaylardan birini seçip evleneceğini umuyordu. Ne var ki, o yeni kavuştuğu özgürlüğünde Hristiyanlarla tanışmayı ve Hristiyan olmayı seçti.

Dioskorus onun için bir hamam yaptırdı. Binanın mîmârîsi aslen iki penceresi olacak şekilde planlanmıştı. Ancak Barbara babasının evden uzaklarda olduğu esnada planları değiştirtti ve işçilerden üç pencere yapmalarını istedi, böylelikle hamamda Üçlübirliğin ışığı olacaktı. Dioskorus seyahatlerinden döndüğünde, Barbara ona Hristiyan olduğunu söyledi. Babası onun kararından ötürü öfkeye kapıldı, kızını öldürmek üzere kılıcını çekti, fakat kız kaçtı. Kızının peşinden gitti, fakat yoluna çıkan bir tepe ona ulaşmasına engel oldu.

Tepe açıldı, Barbara açılan yarıkta saklandı. Babası iki yerli çobana kızını görüp görmediklerini sordu. İlki görmedim dedi, fakat diğeri kızı ele verdi. Dioskorus kızını dövdü, kilitledi, aç bıraktı, ardından şehrin kaymakamı Martianus'a teslim etti. Hem Dioskorus hem Martianus tarafından mâruz bırakıldığı hastalık tedâvisine rağmen Barbara inancında sağlam kaldı. Başka bir kadın, Juliana, ona katıldı. İkisi de işkence gördüler ve Barbara babası tarafından başı kesilerek öldürülmeye mahkûm edildi. Babası Barbara'nın başını 4 Aralık'ta kesti. Söylencede hem Dioskorus'un hem Kaymakam Martianus'un şimşek çarpmasıyla öldüğü söylenir.

Altıncı yüzyılda Azize Barbara'nın kalıntıları Konstantinopolis'e götürüldü. Altı yüz yıl sonra, Bizans İmparatoru Aleksios Komnenos'un kızı tarafından Kiev'e götürüldü ve anlaşılan günümüzde dahi oradadır. Kaliforniya'daki Santa Barbara şehri adını bu azizeden almıştır. Nikomedialı Azize Barbara'nın adını taşıyan toplam 45 şehir vardır.

Azize Barbara, babasının kendisini hapsettiği kuleden gördüğü doğal güzelliği gözlemleyerek pagan inanışı sorgulamış azimli kadın olarak tanıtılır. Jungcu psikologlar kuleye kapatılmanın insanın fazlaca kendi zihninde yaşamasını ve güncel gerçekliğe bağlı olmamayı sembolize ediyor olabildiğine inanırlar. Kuleye kapatılmış kişi sevgi sayesinde, hissetmeyi öğrenmesi sayesinde, hisleriyle temas kurması sayesinde (bazıları bunu serebral sol beyin fonksiyonlarından ziyade sağ beyni çalıştırma egzersizi olarak görür) özgür kalır. Kuleden kurtulmak ayrıca Jung'daki bireyselleşme sürecini simgeliyor da olabilir.[459]

Barbara sahiden de kendi bireysel kararını Hristiyan olmaktan yana vermiş ve öz babasının elinden bunun sonuçlarına mâruz kalmıştır. Buna bireyleşme sürecinin en çarpıcı deneyimi diyebilir miyiz?

Nikomedialı Azize Natalia (306)

Natalia, praetorium yöneticisi Adrian'la evliydi. Kocası pagandı ve görevlerinden biri Nikomedia'da, büyük olasılıkla İmparator Galerius Maksimian'ın döneminde (305-311), işkence gören Hristiyanların isimlerini ve verdikleri karşılıkları kayda geçirmekti.

Nikomedia yakınlarında bir mağarada saklanmış yirmi üç imanlı yakalanmış, işkence görmüş ve ilâhlara kurban sunmaya zorlanmıştı. İsimleri kayıtlara geçirilirken Adrian onlara Tanrılarının kendilerini nasıl ödüllendireceğini sordu. Adrian'ı şöyle yanıtladılar: 'Tanrı'nın kendisini sevenler için hazırladıklarını hiçbir göz görmedi, hiçbir kulak duymadı, hiçbir insan yüreği kavramadı.'[460]

Onların tanıklıklarını dinleyip acılara nasıl katlandıklarını gördükten sonra Adrian Hristiyan oldu ve kâtibe listeye kendi adını da eklemesini söyledi. Adrian bunun ardından hapse atıldı. Karısı Natalia gizli imanlıydı, yeni inancı uğruna ölümle burun buruna gelmiş kocasını görme ve onu yüreklendirme fırsatına erişti.

Adrian'la birlikte diğer Hristiyanları, kollarını ve bacaklarını örs üzerinde ağır bir çekiçle kırma cezasına çarptırdılar. Azize Natalia bir şekilde kocasının kesilmiş ellerinden birini aldı ve kıyafetinin arasına gizledi. İnfazcılar onların bedenlerini yakmaya çalıştılar, fakat bir fırtına çıktı ve ateşi söndürdü, aynı anda şimşekler çaktı ve infazcılardan bazılarını öldürdü.

Natalia Adrian'ın ölümünün ardından kendisini tekrar evlenmeye zorlayacaklarından korktu. Kocası şehit edilmeden evvel ondan böyle olmaması için dua etmesini istedi. Adrian'ın şehit edilmesinden sonra bir ordu komutanı Natalia'yla evlenmek isteyince o da Nikomedia'dan kaçıp Bizans yakınlarında Argirupol[461] adlı kente gitti; kentte Adrian'ın ve onunla şehit edilen diğerlerinin kalıntıları bulunmaktadır. Adrian'ın karısına rüyada göründüğü ve yakında öleceğine dair kendisini uyardığı söylenir. Kısa süre sonra Natalia da ölür.

Adrian, Natalia ve yoldaşları Attikus ile Sisinnius adına Argirupol'de[462] kalıntılarının yerleştirildiği bir kilise inşâ edilmiştir. Günümüzde bu kiliseden geriye hiçbir şey kalmamıştır,[463] Adrian'ın kalıntıları ise bir ara

TÜRKİYE'DE HRİSTİYAN KADINLAR – TARİHÇE

muhtemelen Flanders'a götürülmüştür. Adrian askerlerin koruyucu azizi olur ve Orta Çağ'da daha çok Aziz George adıyla tanınır.

Natalia ile Adrian'ın hayatlarından elimizde sadece kısa kesitler var. Natalia gizli imanlıydı ve imanını gizlemesinin sebebi herhalde kocasının Roma ordusunda yüksek rütbeye sahip olmasıydı. Hristiyan olduğu anlaşılır da kocası baskı görüp rütbesi düşürülür diye onu korumaya çalışmış olmalı. Adrian iman edip işkence gördüğünde, Natalia acı çeken kocasını yüreklendirdi ve ona destek oldu. Natalia Adrian için tam bir 'uygun yardımcı' olmuştur. Tophane'de artık Aziz Adrian ile Azize Natalia adına herhangi bir Bizans mâbedinin izi dahi kalmamış olsa da, hikâyeleri günümüze erişmiştir ve yaşamları 26 Ağustos'ta anılmaktadır.[464]

Menodora, Nimfodora ve Metrodora

Menodora, Nimfodora ve Metrodora İmparator Diokletianus'tan sonra hüküm süren İmparator Galerius (305-11) döneminde şehit edilen üç kardeştiler. Bitinya'da yaşadılar. Onlarca yıl boyunca bu üç kadının hikâyesi Bitinya'nın Roma eyaletinde yer alan Pitiya Terma[465] kaplıcasında anlatılagelmiştir. Günümüzde onların hikâyesi, otoparkın yanında yer alan epeyce parlak bir plakada anlatılır. Kilisenin litürjik takvimine göre 10 veya 23 Eylül'de anma günü yapılır.[466]

Bu üç kız kardeş dünyasal yaşamı terk edip bâkireler olarak ücrâ bir yerde dua ve oruçla yaşamaya karar verirler. Bir süre sonra kendileriyle ilgili söylentiler kulaktan kulağa yayılır, insanlar onların duaları sayesinde şifâ buluyorlardır. Kadınlarla ilgili anlatılanlar nihayetinde Bitinya Valisi Frontonus'un kulağına da gider, tutuklanıp kendisine getirilirler.

Vali Frontonus kadınları inançlarını terk etmeye zorlamaya çalışır, ancak kadınlar imanlarına sıkı sıkıya bağlı kalırlar, valinin bütün tekliflerini ve önerilerini reddederler. Ölümün, Rableri ve Kurtarıcıları Olan'ın huzurunda ebedî yaşamın başlangıcı olduğunun bilinciyle, Göksel Damatları uğruna, Mesih uğruna ölmeye hazır olduklarını açıkça beyân ederler.

Frontonus öfkeden deliye döner ve hıncını en büyük abla olan Menodora'dan çıkartır. Menodora çırılçıplak soyulup dövülür, bir yandan da pagan ilâhlara kurban sunmaya zorlanır; sunarsa acıları son bulacaktır. Menodora yüreklilikle dayanır ve "Kurban mı? Tanrım'a kendimi kurban olarak sunuyorum, görmüyor musunuz?" diyerek haykırır. Bu sözün ardından ona yeniden saldırırlar, Menodora da yeniden, "Rab Mesih İsa, yüreğimin sevinci, umudum, ruhumu esenlikle al!" diyerek haykırır. Bu sözleriyle kendini Rab'be adar, ölür, şehit olur. Kendi rızasıyla Mesih uğruna, göksel damadı uğruna acı çekmiştir.

Ardından iki kız kardeşi de, Metrodora ve Nimfodora da getirtilir ve kendilerine ablalarının bedeni gösterilir. Kardeşler ablaları için ağlarlar, fakat imanlarına da sıkı sıkıya bağlı kalırlar.

Sonrasında Frontonus Metrodora'ya işkence eder. Metrodora imanı uğruna ölür, son nefesinde de sevdiceği Rab İsa Mesih'e seslenir. Sıra üçüncü kardeşe, Nimfodora'ya gelmiştir. Vali Frontonus kardeşlerinin ölümünün onu yıldıracağını ummuştur. Onu pagan ilâhlara kurban sunmaya zorlar, ödüller ve mevkîler vaat ederek onu cezbetmeye çalışır. Nimfodora valinin teklifleriyle dalga geçer ve kendisi de ölene dek dövülür. Söylenceye göre bu üç şehit tam yakılırken yoğun bir sağanak alevleri söndürür, Frontonus ile hizmetkârlarının üzerine de yıldırım düşer. Hristiyanların üç kız kardeşin cesetlerini alıp yaşadıkları yerin yakınlarında bulunan termalde, Pitiya'da[467] defnetmelerine izin verirler.

Bu üç şehide ait kalıntılardan bazıları Athos Dağı'nda yer alan Aziz Panteleimon Manastırı'nda, Azize Metrodora'nın eli de yine Athos dağında yer alan Pantokrator Manastırı'nda muhâfaza edilmiştir.[468]

Bu kadınların ailelerinin nereli olduğu, kendilerinin nasıl Hristiyan oldukları hakkında hiçbir bilgimiz yok, fakat Bitinya'nın büyük kasabalarından ve şehirlerinden daha hoşgörülü uzak bir yöresinde Hristiyan hayatı sürdürdükleri kanıtlanmış görülmektedir. Termal kaplıca Pitiya'nın havası ılımandır ve bol su kaynağına sahiptir. Arkeolojik çalışmalar Bizans İmparatoru Büyük Konstantinos'un hükümdarlığı döneminde burada hamamlar yaptırdığını ortaya çıkartmıştır.[469] İmparatorun annesi Helena, Pitiya Terma'nın da sınırları içinde yer aldığı Bitinya eyaletindendi.

Foss[470], meşhur kaplıca Pitiya Terma'da Menodora, Nimfodora ve Metrodora'ya adanmış bir kilise olmasına karşın, onların bu hizmetlerinin pagan dönemden kalma, eskilerin nimflerinin[471] yerini almış olduğunu ileri sürer. Pitiya Terma günümüzde Yalova kaplıcalarıdır ve hâlâ şifâ bulmak isteyenleri cezbeder. Azizeler olmadan da kaplıca işlev görmeyi sürdürdüğü için Foss, 'sanırım özellikle söz konusu azizelere dair bilgi epeyce muğlak ve tartışmalı olduğundan dolayı, azizelerle ilgili inanışın oranın zaten mevcut câzibesiyle alâkalı olduğunu rahatlıkla farz edebiliriz'[472] iddiasında bulunur. Aradan bunca zaman geçmişken, bunun gibi şifâ kaynağı veya mûcizevî güçlere sahip olmasıyla tanınan böyle bir yerle ilgili anlatılanların ne kadarının pagan veya ne kadarının Hristiyan kaynaklı olduğunu belirlemek güçtür.

Swan, kitabının Lesser Known Desert Mothers başlıklı bölümüne bu üç kadını da dâhil etmiştir:

> Nimfodora, Menodora ve Metrodora[473], Küçük Asya'nın kuzeybatısında bulunan Bitinya sınırları içindeki Pitiya kaplıcaları yakınlarındaki bir tümülüsün, taşlaşmış lavdan kubbe biçiminde bir höyüğün, içinde keşiş hayatı süren üç kız kardeşti. Birçok kişiye mânevî annelik, ablalık ve akıl hocalığı yapmışlardı ve güçlü şifâ duacılığı hizmetleriyle tanınıyorlardı. Üçü de, MS 304 civarında, Diokletianus ile Maksimian'ın zulüm dönemi esnasında imparatorun gözde ilâhlarına kurban sunmayı reddettikleri için sonunda şehit edilmişlerdi. Anma günleri 10 Eylül'dedir.

Swan Menodora, Nimfodora ve Metrodora'nın 'Rableriyle birleşmek hedefiyle çıktıkları içsel yolculuklarını yoğunlaştırmak üzere inzivâyı üst seviyeye taşıdıklarını' belirtir. Tanrı'yla daha da derin ve yoğun bir ilişkide olmak adına daha tecrit bir yerde yaşamaya gitmişlerdir. Bu üç kadın gibi izole veya keşişlik yaşamı sürenlerin insanlarda merak uyandırması, insanların onların bulunduğu topluluğun yakınlarında yaşamayı istemeleri, dua veya peygamberlik içeren öğütler almak üzere ziyâretlerine gelmeleri olağandışı bir durum değildi.

Mesih'e imanları onlara hizmete adanmış Hristiyanlar olarak yaşama isteği vermişti, evlenip çocuk sahibi olmak gibi toplumsal normları yerine getiren değil. Bu üç kız kardeş keşişler olarak, toplumdan uzak ama dua veya şifâ isteyenlerin ulaşabileceği bir yaşam sürmeyi istemişlerdi. Bitinya civarında yaşadıkları tepelik alanda, hem kendi şifâ hizmetlerinde yararlandıkları baharatlar ve bitkiler hem de hastalara iyi geldiği için yirmi birinci yüzyılda bile önerilen sıcak kaplıca suları mevcuttu. Dualarla harmanlanmış doğal şifâ kaynakları, herhangi bir sağlık hizmetinden yoksun yöre halkı için herhalde ciddi bir iyileşme ve rahatlama olanağı sağlıyordu.

Küçük Asya Nimfodora, Menodora ve Metrodora gibi münzevî hayat yaşayanlara olduğu kadar başka birçok manastır sâkinine de ev sahipliği yapmıştı. İstanbul şehri sınırları içinde hem kadınlar hem de erkekler için manastırlar vardı; ancak münzevî yaşam sürmek isteyen kadınlara daha da ücrâ bir alan yaratılmış olması pek de şaşırtıcı değildir.

Vasilissa (300-309)

Hristiyanlara zulüm dönemi MS ikinci ve üçüncü yüzyıllarda başlamıştır. John Julius Norwich şöyle der: '... Konstantinos'un, 303'te, Nikomedia'da inşâsı henüz tamamlanmış katedralin bilerek yakılmasına –sonraki seksen sene boyunca hiddetle ve neredeyse kontrolsüzce sürecek o meşhur zulümlerin dramatik başlangıcına– tanık olduğunu farz etmemiz gerekir.' Katedralin yakılışı, herhalde Hristiyanların başlatmakla suçlandığı imparatorluk sarayı yangınına bir misillemeydi. Neredeyse yirmi bin Hristiyan bu yangında hayatını kaybetmiştir.[474]

Vasilissa, İmparator Diokletianus (284-305) ile Galerius'un (305311) hükümdarlıkları sırasında Nikomedia'da yaşamıştır. İmparator Diokletianus 303'te Hristiyanlara zulüm emri verir. Vasilissa'nın yaşamı ve şehit edilişi 3 Eylül'de anılır.

Oxford Üniversitesi web sitesinde,[475] büyük olasılıkla Eski Çağ'ın sonlarında Nikomedia'da yazılmış, Vasilissa'nın ne tür acılar çektiğinin anlatıldığı bir metin bulunur. Bu kaynağa göre:

> Vasilissa, Vali Aleksandros ölüm cezası tehdidiyle bütün Hristiyanlara kurban sunmayı buyurduğu sırada Nikomedia'da yaşayan bâkire bir Hristiyan'dı. Tutuklandı, sorguya çekildi ve işkenceden geçti, fakat direndi. Yanan fırına atıldı, fakat ateş ona zarar vermedi, sonunda da iki aslanın önüne yesinler diye atıldı, fakat yaratıklar onun dualarıyla kendilerinden geçtiler. Son olay infazcı Aleksandros'un iman edişine neden oldu. Vasilissa onu Nikomedia Episkoposu Antonios'a götürdü, o da onu vaftiz etti. Aleksandros kısa süre sonra öldü ama ebedî yaşamı kazanarak. Vasilissa kentten ayrıldı ve Nikomedia yakınlarındaki kayalık alanı ziyârete gitti, orada çok susuz kaldı. Dua etti ve bir nehir fışkırdı, şifâ gücü olan bir nehirdi bu. Ardından ölmek için dua etti, duası Tanrı tarafından kabul edildi, aynı yerde episkopos tarafından gömüldü. Metin azizenin neden işkence sırasında ölmemişken huzurla ölmesine müsâade
> edildiğini savunan kısa bir son sözle biter.[476]

Bu anlatıda genç Vasilissa'nın cesaretinin ve episkoposla tanışıklığının, infazcı Aleksandros'u vaftiz olmaya götürmesini sağlayacak ölçüde olduğu kaydedilmiştir. Azize Vasilissa doğrudan işkenceden ötürü ölmüş olmasa da, çektiği acılar bedenini zayıflatmış ve ölümünü hızlandırmış olmalıdır. Kendisi Ortodoks Kilisesi takviminde şehit olarak takdis edilir.

TÜRKİYE'DE HRİSTİYAN KADINLAR – TARİHÇE

İzmitli İman Kadınları

Nikomedia bölgesinde birçok Hristiyan inançları uğruna sıkıntılar çekmişlerdir, bunun sebebi de büyük olasılıkla oranın idâre merkezi olması ve yönetimdekilerin sayıları gittikçe artan Hristiyanlara gözdağı verme gereği duymalarıydı.

Bu Hristiyan kadınlar işkence ve zulüm altındayken bile imanlarından sapmamışlardır. Evlenmemiş kadınlar bekâr kalarak ve kendilerini duaya ve başkalarına hizmete vererek inançlarını yaşamak istemişlerdir. Toplum nezdinde büyük olasılıkla tehdit olarak algılanacağı için kendilerini tehlikeye atacak olsalar da Barbara ve Pitiya Terma'dan üç kız kardeş evlenmeyi reddetmiş, Natalia da pagan biriyle ikinci evliliğini yapmayı reddetmişti. Roma erkek egemen bir toplumdu ve toplumun her bir kademesinin üyelerinin yaşam tarzı hakkında keskin bir anlayış hâkimdi. Bu normları reddetmek, herkesin gözü önünde bu normların dışında yaşamak istemek, o dönemki toplum için bir tehdit olarak kabul ediliyordu.

Bu kadınlar Mesih'in kendi öğrencilerine verdiği tâlîmatı ciddiye almışlardı: 'Ardımdan gelmek isteyen kendini inkâr etsin, çarmıhını yüklenip beni izlesin.'[477] Bu kadınlar toplumun normlarına uymayı seçmektense hayatlarında Tanrı'nın kendilerine yaşam boyu önderlik etmesine imkân tanımak için Mesih'e yer açma arzusu duymuşlardı. Elbette Hristiyan olan her kadının evlenmeyi reddetmesi gerekmiyor; Yeni Antlaşma öğretişlerine uygun yaşayanlar için tek yol bu değil. Natalia evliydi ve bütünüyle Hristiyan olmak adına kocasından ayrılması gerektiğine dair hiçbir îmâda bulunulmamıştı, ancak kocası Adrian'ın ölümünün ardından yeniden evlenmeye zorlanmak istememişti.

Elçilerin döneminden sonra, Bizans döneminde, kadınların hayatlarında Tanrı'ya tapınmaya daha çok imkân vermek uğruna bâkire kalmayı seçtikleri vurgulanır. Hoşgörü Fermanı'ndan ve Büyük Konstantinos'un Hristiyanlara hoşgörü ve kabul göstermesinden önce, yetkililer Hristiyanlara zulmetmeyi görev ve sorumluluk addetmişlerdi.

Kutsal Kitap'ın son kitabı Vahiy'de, inançları uğruna şehit edilenleri bekleyen son anlatılır. Kitabı kaleme alan kişi Mesih'e imanlarından ötürü kıyıma uğramış olanların görünüşünü şöyle kaydetmiştir:

> Kuzu beşinci mührü açınca, sunağın altında, Tanrı'nın sözü ve sürdürdükleri tanıklık nedeniyle öldürülenlerin canlarını gördüm. Yüksek sesle feryat ederek şöyle diyorlardı: "Kutsal ve gerçek olan Efendimiz! Yeryüzünde yaşayanları

yargılayıp onlardan kanımızın öcünü almak için daha ne kadar bekleyeceksin?" Onların her birine beyaz birer kaftan verildi. Kendileri gibi öldürülecek olan öbür Tanrı kullarının ve kardeşlerinin sayısı tamamlanıncaya dek kısa bir süre daha beklemeleri istendi.[478]

Menodora, Metrodora ve Nimfodora gibi şehitlerin ruhları da bu nihâî kurtarışı beklemektedirler.

TÜRKİYE'DE HRİSTİYAN KADINLAR – TARİHÇE
Bölüm notları

421. Osmanlı İmparatorluğu'nda isim önce Ayasuluk olmuş, 1923'te Cumhuriyetin kuruluşundan sonra da Selçuk olarak değiştirilmiştir.
422. Günümüzde İznik
423. 284'ten 305'e dek hüküm sürdü.
424. John Julius Norwich, A Short History of Byzantium (London, Penguin, 1997), s. 6
425. Eusebius a.g.e. bunu alıntılar; s. 5-6.
426. Ki-Ro sembolü yalnızca Konstantinos tarafından kullanılmadı. Bkz: https://en.wikipedia.org/wiki/Chi_Rho (Son erişim tarihi: 21.08.2022)
427. Likinius Milano Fermanı'nı 13 Haziran 311'de Nikomedia'da yürürlüğe koydu. John Julius Norwich, *Byzantium The Early Centuries* (London: Penguin, 1990), s. 45
428. Stephenson, Paul. Constantine: Unconquered emperor, Christian victor. Quercus. Kindle Versiyonu. Konum: 158
429. Günümüzde Alaşehir
430. https://st-takla.org/books/en/ecf/201/2010158.html#fr_1607 (Son erişim tarihi: 21.08.2022)
431. Elçilerin İşleri 11:28; 21:10
432. Elçilerin İşleri 15:22, 27, 32
433. Elçilerin İşleri 15:22-32
434. Elçilerin İşleri 21:9
435. Özellikle 1. Korintliler 11-14
436. 1. Korintliler 14:3
437. Burada sözü edilen Kuadratus, bkz. III. bölüm 37'de geçen Kuadratus olarak tanımlanır ve kendisinin Doğu'da mühim bir kişi olduğu anlaşılmaktadır. Ammiya ile aynı dönemlerde yaşamıştır veya ilk peygamberlerin devamı sayılanlar arasında yer almaktadır. bkz. IV. bölüm 23'te bahsedilen Atina episkoposundan ve ayrıca bkz. IV. bölüm 3'te geçen aynı isimli inanç savunucusundan büyük olasılıkla başka biridir. Krş. Harnack, Texte und Unters. I. I. s. 102 ile 104; ve bkz. III. bölüm 37, 1. not, üstteki. Erişim: https://st-takla.org/books/en/ecf/201/2010158.html#fn_1605 (Son erişim tarihi: 21.08.2022)
438. Vahiy 3:8
439. https://engenderedideas.wordpress.com/2018/05/28/ammia-in-philadelphia/ve ayrıca https://www.youtube.com/watch?v=wz75oInNlI4 (Son erişim tarihi: 21.08.2022)
440. https://engenderedideas.wordpress.com/2018/05/28/ammia-in-philadelphia/ (Son erişim tarihi: 21.08.2022)
441. *Erişim:* <https://st-takla.org/books/en/ecf/201/2010158.html> (Son erişim tarihi: 21.08.2022) Nicene and Ante-Nicene Fathers, Ser. II, Vol I: The Church History of Eusebius: Chapter XVII

442 Eusebius 5.17.3—4. L. Kidson, https://engenderedideas.wordpress.com/2018/05/28/ammia-in-philadelphia/ (Son erişim tarihi: 21.08.2022)

443 Eusebius 5.17.4

444 Eusebius'un Ammiya'dan söz edişine bakılırsa onun Montanusçu olduğu şüphelidir.

445 Christian Marek, *In the Land of a Thousand Gods: A History of Asia Minor in the Ancient World*. (USA, Princeton University Press, 2016), s. 534

446 St. Ignatius of Antioch: Letter to Polycarp, Translated by Cyril Richardson, #8

447 http://www.earlychristianwritings.com/text/ignatius-smyrnaeans-hoole.html Bölüm 13:2 (Son erişim tarihi: 21.08.2022)

448 Günümüzde Kadıköy, İstanbul

449 Wilkinson, John *Egeria's Travels* (Aris & Phillips, Warminster, UK 2002), s.142. Bu muhteşem kadının seyahatlerine ayrıca bakacağız.

450 K. Holum, Theodosian Empresses (University of California Press, USA, 1982), s. 213

451 https://oca.org/saints/lives/2015/10/10/102920-martyr-eulampia-at-nicomedia (Son erişim tarihi: 21.08.2022). Başka bir imparatorun hükümdarlığı sırasında şehit edildilerse 310 yılında olması da olasıdır.

452 Matta 10:28

453 Daniel 3. bölüm

454 http://www.goarch.org/chapel/saints_view?contentid=321; http://www.visitizmit.org/santa-barbara-tower http://m.ozgurkocaeli.com.tr/santa-barbara-izmit-adini-dunyada-45-kente-ver-mistir-251695h.htm https://en.wikipedia.org/wiki/Saint_Barbara http://www.catholic.org/saints/saint.php?saint_id=166http://www.saintbarbarafw.org/who-was-saint-barbara/ (Hepsi için son eri-şim tarihi: 21.08.2022)

455 Günümüzde İzmit. Kendisinin Heliopoli Foenikia'dan (günümüzde Baalbek, Lübnan) olduğu da iddia edilir.

456 Diğer muhtemel tarihler 267, 235 veya 286-305.

457 İzmit'te bu anma gününe katılmış olan eski öğrencilerimden biri (D. S.) gördüklerini bana anlattı. Ondan duyduklarım beni araştırmaya yöneltti ve böylelikle Azize Barbara'yı da bu listeye eklemiş oldum.

458 Kızını korumak adına kuleye kapatmak meselesi günümüzde İstanbul'da iyi bilinir. İstanbul'da Üsküdar ile Sirkeci arasında Boğaz üzerinde bulunan Leandros'un Kulesi'nde, daha bilinen adıyla Kız Kulesi'nde kapatılmış kıza dair bir sürü efsane anlatılır.

459 Bağımsız hareket etmeyi öğrenmek, başkasının kontrolünde olmaktansa bireysel hareket etmeyi gerektirir. 460 1. Korintliler 2:9

461 Ἀργυρόπολις günümüzde Boğaz kıyısında bulunan Fındıklı, Tophane'dir. http://csla.history.ox.ac.uk/record.php?recid=E06600 (Son erişim tarihi: 21.08.2022)

462 Nikolaos Kälviäinen; Efthymios Rizos'un Cult of Saints'te (E06600) öne sürdüğü üzere - http://csla.history.ox.ac.uk/record.php?recid=E06600 (Son erişim tarihi: 21.08.2022)

463 Raymon Janin, *Constantinople Byzantium: Developpement Urbain et Repetoire Topographique* (Paris, Archive de L'Orient Chretien, 1950), s. 74

464 Farklı takvimler temelinde 8 veya 26 Eylül'de ve 4 Mart'ta da anması yapılır.

465 Termal, Yalova

466 Daha geniş bilgi için bakınız: http://christopherklitou.com/icon_10_sept_metrodora_menodora_nymphodo-ra.htm

467 Burası Yalova yakınlarındaki Termal kaplıcadır. Orada halen bu bilginin yazılı olduğu bir tabela mevcuttur.

468 http://ocafs.oca.org/FeastSaintsViewer.asp?SID=4&ID=1&FSID=102557 (Son erişim tarihi: 21.08.2022)

469 http://www.yalovatermal.com/Tarihce (Son erişim tarihi: 21.08.2022) 470 Clive Foss, 'Pilgrimage in Medieval Asia Minor', Dumbarton Oaks Papers, No. 56 (2003) 134. Dipnot: Janin, Grands centres, s.98'teki referanslara bakınız.

471 A.g.e. s. 140

472 A.g.e. s. 144

473 Laura Swann, The forgotten desert mothers (USA, Paulist Press, 2001) s. 96 ve dipnot s. 185: Bollandistler bize, hayatlarını Grekçede kaleme alanın Metafrastesçi Simeon olduğunu ve John Moscos'un günlüklerinde onların hikâyesini aktardığını söyler.

474 https://oca.org/saints/lives/2009/09/03/102475-martyr-zeno-of-nicomedia (Son erişim tarihi: 21.08.2022)

475 http://csla.history.ox.ac.uk/record.php?recid=E05106 (Son erişim tarihi: 21.08.2022)

476 Efthymios Rizos, Cult of Saints, E05106 - http://csla.history.ox.ac.uk/record.php?recid=E05106 ve ayrıca http://ww1.antiochian.org/node/16698 (Son erişim tarihleri: 21.08.2022)

477 Matta 16:24

478 Vahiy 6:9-11. Ayrıca bakınız: "Bazı tahtlar ve bunlara oturanları gördüm. Onlara yargılama yetkisi verilmişti. İsa'ya tanıklık ve Tanrı'nın sözü uğruna başı kesilenlerin canlarını da gördüm. Bunlar, canavara ve heykeline tapmamış, alınlarına ve ellerine onun işaretini almamış olanlardı. Hepsi dirilip Mesih'le birlikte bin yıl egemenlik sürdüler." (Vahiy 20:4)

ROSAMUND WILKINSON

5. BÖLÜM – BİZANS DÖNEMİNDE
HRİSTİYAN KADINLAR (325 – 1453)

İmparator Diokletianus'un MS 305'ten görevden çekilmesinin ardından iki imparator kendi sezarlarıyla birlikte imparatorluk hâkimiyetini ele geçirmek üzere savaşmaya başladılar. 324'te Batı'nın imparatoru Konstantinos nihayetinde Doğu'nun imparatoru Likinius'u mağlup etti. Yenilgi Boğaz'ın doğu kısmında yaşandı. Ertesi gün, 18 Eylül 324'te Bizantion teslim oldu ve kapılarını Roma İmparatoru'nun artık tek hükümdarı olan Konstantinos'a açtı.[479] Eski Bizans kentinin geçmişi bin yıldan az bir süreye dayanıyordu. 4 Kasım 328'de İmparator Konstantinos Bizans'ın stratejik konuma sahip bir noktasında yeni bir kent inşâ etme hevesine girişti. Yeni Roma olarak görülen yeni şehir 11 Mayıs 330'da İmparator Konstantinos tarafından açıldı. Kısa süre sonra da Konstantinopolis[480] adını aldı. Şehir, şehir halkının kendine Roma İmparatorluğu[481] vatandaşı dediği, Bizans İmparatorluğu olarak da bilinen Doğu Roma İmparatorluğu'nun başkenti oldu. 311'de Konstantinos Milano Fermanı'nı yürürlüğe koydu, artık Hristiyanlara inançlarından ötürü zulmedilmeyeceğini duyurdu. Ardından kilise Roma toplumunun meşrû bir parçası olarak kabul edildi. Hristiyanlara inançlarını yaşama ve özgürce kiliseler kurma imkânı tanınmış oldu. Kilise bunun ardından kurumsallaştı.
Konstantinos, Doğu Roma İmparatorluğu'ndaki bir din olarak Hristiyanlığa hoşgörü göstermeye başladığı andan itibaren, bizzat inanışa yönelik bir rahatlık sağlamaya çalıştı. 325'te bir kilise konseyi toplanması çağrısında bulundu, toplantı Nikaea'da[482] gerçekleşti. Konsil'den, günümüzde halen hem Doğu hem Batı kiliselerinde ikrar edilen İznik Bildirgesi'nin[483] ilk hali çıktı. İznik Bildirgesi metni Mesih'in doğasına dair inanış farklılığının sona ermesini sağlamadı; münâzara Efes Konsili'nde (431) ve Kalkedon Konsili'nde (451) de sürdü. 754 ile 843 arasında yoğunlaşan ve ikona kullanımını savunanların sürgünü, ölümü ve ıstıraplarıyla sonuçlanan ikonacılık münâzaraları Doğu Roma İmparatorluğu kilisesinde bölünmeye yol açtı. Hristiyan kilisenin keskin yol ayrımı, Doğu ile Batı imparatorluğu kiliseleri arasında ortaya çıkan büyük hizipçilik olmuştu (1054).

TÜRKİYE'DE HRİSTİYAN KADINLAR – TARİHÇE

'Sezariye episkoposu Evsebius... imparatorun Tanrı'nın yeryüzündeki yardımcı vekili, imparatorluğun da cennetin küçük bir temsili olduğu yönünde bir siyâsî felsefe formülü oluşturdu. Bu anlayış sonraki yüzyıllarda epeyce ilerletilecekti.'[484] Bu kavramın sonraki imparatorların kilisede, özellikle de Konstantinopolis'te 'Büyük Kilise' Ayasofya'da,[485] oynadıkları rolle hayata geçirildiğini görüyoruz. İmparatorun Elçilere eşit olduğuna inanılacaktı; imparator kilisenin ön kısmındaki perdenin arkasına En Kutsal Yer'e râhiplerle birlikte girip Efkaristiya âyinini yürütecekti. Bazı imparatorlar Konstantinopolis'teki Kutsal Havâriler Kilisesi'ne gömüleceklerdi.

Büyük Konstantinos episkoposlara hürmet etti, onlara adalet sisteminde yer verdi ve pazar gününü tatil günü yaptı. Düzenlemeye tâbi tutulan Roma evlilik mevzûatları Hristiyanların bekârlığı ve asetist yaşamı seçmelerine imkân tanıdı.[486]

Bizans Hristiyanları açısından önem taşıyan unsurlar, pişmanlık ve tövbe, mâneviyat ve ön planda sessizlik ile duanın olmasıydı.[487] Bu uygulamalar, Çöl Babaları ile Anneleri, asetikler ve İman Babaları üzerindeki çalışmalar, MS 4. yüzyıla dayanan kâtiplerin ilham verici anlatımlarıyla serpilmişti.

'MS 4. yüzyılın sonuna gelindiğinde, Konstantinopolis'te bir sürü kilise, manastır ve yetki bakımından Roma episkoposunun hemen ardında kabul edilen Konstantinopolis episkoposu veya patriği vardı.'[488] Hristiyanlığın o dönemdeki diğer merkezleri Yeruşalim, Antakya ve İskenderiye'ydi.

Augustus veya sezar unvanını taşıyan erkekler imparatorluğu yönetiyordu. Bizans İmparatorluğu'nun, kocalarıyla atanmış veya oğullarının veya erkek kardeşlerinin nâipleri olarak atanan augusta unvanlı kadınlar tarafından da yönetildiği de oluyordu.

Bizans bölgesinden anılmaya değer bazı kadınların kısa biyografilerine bakacağız. Uzunca bir liste değil bu ve muhakkak ki bu listede anılmaya lâyık görülen başka Bizanslı kadınlar da vardır.

Litürji uzmanı Muhterem Gregory Dix, adı pek bilinmeyen Kione'nin mezar yazıtından alıntı yaparak bu kadına dikkatimizi çeker:

> Orada Küçük Asya'dan dördüncü asırdan kalmış, harfleri
> yanlış yerlerde ve özensiz kazınmış kabaca küçük bir mezar
> yazıtı vardı:—'Burada kutsanmış Kione yatar, o kadar dua etti ki
> Yeruşalim'i buldu.' Kione hakkında, artık tarihe karışmış
> Hristiyan Anadolu'da yaşamış köylü bir kadın olmasından başka
> tek kelime bulunmaz. Fakat altı asır boyunca ayakta kalmış tek

şeyin komşularının kendisi için 'hayatı boyunca öyle çok dua etti ki kesin Yeruşalim'i bulmuştur' denmesi ne hoş![489]
Kione'nin hayatına dair başka bir detaya sahip değiliz. Muhakkak ki Kione'yi tanıyanlar onun aralarındaki varlığından bereket almış ve hoşnut olmuşlardır.

Azize Helena (246-330), Kutsal Yerlerin Koruyucusu

Azize Helena, Büyük Konstantinos'un annesi, üçüncü yüzyıl ortasında (246-248) Drepanum'da (daha sonra Helenopoli denmiştir), günümüzde Türkiye'nin batısında bulunan Edremit Körfezi'nde doğmuştur. Azize Helena'nın yaşamı Anglikan litürji takviminde 21 Mayıs'ta anılır. Kendisi ayrıca 'Kutsal Yerlerin Koruyucusu' olarak bilinir. İstanbul'daki İngiltere Elçiliği'nde bulunan Anglikan Şapeli gibi, Azize Helena'ya adanmış kiliseler vardır.

Helena Konstantinos'u 27 Şubat 274'te[490] Naissus'ta[491] doğurdu. Helena'nın Konstantinos'un babası Konstantius ile yasal açıdan evli olup olmadığı net değildir. Helena sonraları Konstantius'tan ayrılır ve Konstantinos'la birlikte daha sonra Doğu Roma İmparatorluğu'nun başkenti olacak Nikomedia'da bulunan İmparator Diokletianus Sarayı'nda yaşamaya gönderilir. 308'de Konstantinos Batı Roma İmparatoru olduğunda, annesi Helena'ya augusta, yani kraliçe unvanı verir.

Helena'nın 312'de Hristiyan olduğu ve Hristiyan hayatını tümüyle benimsediği söylenir.[492] 327'de Yeruşalim'e gider ve orada 'gerçek haç'ı ve Mesih'in çarmıha gerildiği yeri kesin olarak bulmasıyla ünlenir. Ziyâreti, Yeruşalim'i hac merkezi yapma niyetinin bir adımıydı. Kent MS 66'da yıkıldığından beri Roma İmparatorluğu'nun ihmâl edilmiş yerlerindendi. Helena'nın ziyâreti, Kutsal Topraklarda ve Yeruşalim'de imparator tarafından kilise binaları yaptırma projelerinin başlangıcı oldu. Kutsal Doğuş Kilisesi, Kutsal Kabir Kilisesi ve Zeytin Dağı'ndaki kilisenin yapımı bu dönemde başladı. İnşaatlar Konstantinos tarafından annesinin 330'da ölümünün ardından devam ettirildi. Tarihçiler arasında hac ve inşaat girişimlerine başlanmasının imparatorluk ailesinin Hristiyanlığına bağlılıklarını, özellikle Konstantinos'un en büyük oğlu Krispus ile onun üvey annesi Fausta'nın öldürülmelerinin peşinden, herkese gösterme amaçlı olduğunu ileri sürenler vardır.

İmparatoriçe Helena'nın Yeruşalim'e hac yolculuğu esnasında yoluna çıkan bütün insanlara gösterdiği hayırseverlik ve cömertlik kayıtlara geçmiştir.

TÜRKİYE'DE HRİSTİYAN KADINLAR – TARİHÇE

Kilise tarihçisi Evsebius, Helena ve oğlu Konstantinos hakkındaki hikâyelerin kaynağıdır.

Helena'nın da Konstantinos'un da başından çarmıhla ilgili bir olay geçmiştir. Konstantinos savaşa girmek üzereyken çarmıhla ilgili bir görüm görür, Helena da, az önce belirttiğimiz gibi, gerçek haçı bulmasıyla bilinir. Teodoret[493] (ö. ykl. 457) Gerçek Çarmıh'ın bulunuşunun genel kabul gören versiyonunu şöyle kaydetmiştir:

> İmparatoriçe, Kurtarıcı'nın acı çektiği yerin huzuruna vardığında, tam o yere dikilmiş putperest tapınağın derhal yıkılmasını ve toprağının dahi yerinden sökülmesini emretti. Uzun zamandır gizli kalmış mezar keşfedildiğinde, Rab'bin mezarının yakınında üç haçın gömülü olduğu görüldü. Herkes bu haçlardan birinin Rabbimiz İsa Mesih'e, diğer ikisinin de O'nunla birlikte çarmıha gerilmiş hırsızlara ait olduğundan emindi. Yine de üçünden hangisinin üzerinde Rab'bin Bedeninin durduğunu, hangisinin üzerine O'nun değerli Kanının döküldüğünü ayırt edemediler. Ancak kentin başkanı hikmetli ve kutsal Makarius sorunu şu şekilde çözdü. Uzun süredir hastalıktan mustarip nüfuzlu bir hanımefendinin içten dua ederek her bir çarmıha dokunmasını sağladı, böylece Kurtarıcı'nın bulunduğu kıymet kendini gösterdi. Bu haç hanımefendinin yanına getirildiği anda onun boğazındaki hastalığı kovdu ve onu yeniden bütün haline getirdi.

Çarmıhla birlikte ayrıca Kutsal Çiviler de bulundu, Helena bunları Konstantinopolis'e götürdü. Teodoret'e göre:

> Kurtarıcımızın çarmıhının bir kısmını saraya taşıdı. Kalan kısımlar gümüşle kapatılmış ve gelecek kuşaklara zarar görmeden aktarılmak üzere özenle korumasının öğütlendiği şehrin episkoposuna emanet edilmişti.

Helena'nın insanlar üzerindeki etkisi sadece bireysel servetinden ve kişiliğinden değil, devletin tam desteğine sahip olmasından kaynaklanıyordu. Herhalde kendisini motive eden şey, bir annenin oğlunun Hristiyan kimliğini geliştirmesine katkı sağlama arzusuydu.

'Haç'a Saygı, İyi Cuma âyininin bir parçasıdır ve büyük olasılıkla Yeruşalim'den Kiril (313-386) tarafından başlatılmıştır. Hacı Egeria, Azize Helena tarafından keşfedilen gerçek haçın açılmasını (İyi Cuma sabahı) ve imanlıların haça önce alınlarıyla, sonra göz kapaklarıyla ve sonra dudaklarıyla dokunarak bir üçlemeyle saygı gösterişini anlatır. Ayrıca, tapınmaya gelenlerin uğur olarak haçtan parçalar koparıp almalarını önlemek için Yeruşalim'de gösterilen özeni canlı bir anlatımla aktarır. Buna karşın, haçın kalıntıları yavaş yavaş tüm Avrupa'ya yayılmıştır; yedinci yüzyılın sonuna gelindiğinde kalıntıların Roma'da oldukları biliniyordu.'[494]

Günümüzdeki tarihçiler gerçek haçın keşfinden şüphelidirler. Ancak Mesih'in mezarının bulunduğu alan, Golgota ve İsa'nın yaşamıyla, ölümüyle ve dirilişiyle bağlantılı diğer yerler, dördüncü yüzyılda Helena'nın Yeruşalim'e gidişinde bile herkes tarafından biliniyordu.

Helena'nın Yeruşalim'den getirdiği haç kalıntısının bir parçası 'Milion'a veya İlk Kilometre Taşı'na dâhil edildi; bu yapı kare oluşturacak biçimde konumlandırılan ve bir kubbeyi destekleyen dört zafer kemerinden oluşuyordu. İmparatorlukta mesafeler 'milion' ile ölçülüyordu. Eski Roma'da da mesafe ölçen benzeri bir başlangıç noktası vardı, ancak Konstantinopolis'tekinde 'Gerçek Haç' parçası bulunduğundan dolayı, Konstantinopolis'in, Yeni Roma'nın Hristiyan kimliğini ifâde ediyordu. Ayrıca Hristiyanlığın başlıca sembolünü de değiştirmişti.

Tarihçi Diarmaid MacCulloch, Helena'nın yaklaşık 327'de 'gerçek haç'ı keşfetmesinden ve Konstantinos'un haçı ve Ki-Ro harflerini görmesinden önceki bir duruma parmak basar:

> ... Mesih için kullanılan alışıldık Hristiyan görsel sembol balık olmuştu, çünkü Grekçede 'balık' anlamına gelen sözcük, yani 'iktus', 'İsa Mesih, Tanrı'nın Oğlu, Kurtarıcı' anlamına gelen ifadenin Grekçesinin baş harflerinden veya adanmışlığı anlatan benzerlerinden oluşturulabiliyordu. Şimdiyse balık, hem imparatorluğun aynı kelimeyi simgeleyen Ki-Ro monogramını kullanmasıyla hem de Haç'la iyice unutulmuştur. Haçlar Konstantinos'tan önce yazılı metinler haricinde genel Hristiyan sanatında az sayıda kullanılırken, sonrasında mücevher motifi olarak bile görülmeye başlanmıştır.[495]

Helen'in 'gerçek haç'ı keşfetmesi ve Konstantinos'un çarmıh görümü, Hristiyanlığın neredeyse yeniden markalaşma çalışması gibi olmuştur.

Nino[496] (296 – 338/340)

TÜRKİYE'DE HRİSTİYAN KADINLAR – TARİHÇE

Azize Nino[497] Kapadokya Kolastra'dandı. Nino'nun yaşamına dair birçok anlatı mevcuttur; en eskisi ve güvenilir olanı büyük olasılıkla Aquileialı Tirannius Rufinus[498] tarafından yazılanıdır; kendisi 395'te Filistin'deyken tanıştığı Gürcistan'dan bir kraliyet ailesi üyesi olan Bakur'dan[499] edindiği bilgilere dayanarak yazmıştır. Nino'ya, İberya'da[500] Gürcistan ulusunun Hristiyanlaştırılmasına öncülük ederek sergilediği Hristiyan yaşamından ötürü 'Elçilerin Dengi' ve 'Gürcistan'ın Aydını' unvanı verilmişti. Ermenistan ve Pers ile sınır komşusu olan İberya daha sonra Roma İmparatorluğu'nun bir parçası olmuştu.

Rufinus[501] kilise tarihi kitabında kendisinden ismen söz etmez, 'mâlûme' veya insanlar arasında yaşayan 'Esir' (kendisine neden böyle hitap edilmesini istediğine daha sonra değineceğiz) tanımları kullanır. Yaşamına ve hizmetine dair sonraki anlatılarda adının Nino olduğu belirtilir. Mütevâzı bir kulübede ölçülü ve iffetli bir yaşam sürdüğü, kendini gece gündüz duaya verdiği anlaşılmaktadır. Yaşamına tanık olan insanlar onun 'Tanrısı Mesih'e' hizmet ettiğini anlamışlardı.

O dönemlerde çocuğu hastalanan anne ev ev gezip çare öğütleri dinlerdi. Bir defasında Nino'ya hastalanan bir çocuktan bahsedilmiş, Nino da çocuk için dua etmek istemiş. Çocuk Nino'nun evine getirilmiş, Nino çocuğu keçi kılından gocuğuna yatırmış ve öylece çocuk için dua etmiş, çocuk da iyileşip annesine teslim edilmiş. Çocuğun şifâ bulması olayı uzun süredir bir hastalıktan mustarip olan kraliçenin kulağına gitmiş. Büyük ihtimalle bu kişi kocası Kral Mirian'la Tiflis'in kuzeyinde, o yıllarda İberya'nın başkenti olan Mtskheta'da yaşayan Kraliçe Nana'dır. Kraliçe kadına Nino'yu huzuruna getirmesini söyler; kadın reddeder, kraliçe de kadının mütevâzı meskenine götürülür ve keçi kılından gocuğun üzerine uzanır ve kendisine dua edilir. O da iyileşir ve Hristiyan inancına dair yapması gerekenler kendisine anlatılır.

Kral Mirian karısı kraliçenin tümüyle iyileşmiş halini görünce sevinçten coşar. Kendisinin nasıl iyileştiğini öğrendiğinde Hristiyan kadına armağan göndermek ister, fakat kraliçe ona, 'Bu kadın altına tenezzül etmez, gümüşü hiçe sayar ve kendini oruçla besler. Onu ödüllendirmemizin tek yolu beni iyileştirerek onun dualarını yanıtlayan aynı Tanrı'ya, Mesih'e tapınmamız olacaktır,' der.

Kral karısı gibi kendini hemen Mesih'e adamaz. Günlerden bir gün, ava çıkmışken ormanda kaybolur, çıkış yolunu bulamaz. Gün geceye evrilir,[502] kral bir başına kalmıştır. Söylencede Tanrı'dan nasıl yardım dilediği anlatılır: "Esir'in karıma vaaz ettiği o Mesih gerçekten de Tanrı'ysa, şimdi beni bu karanlıktan kurtarsın, ben de diğer tüm ilâhlardan vazgeçip yalnızca O'na tapınayım." O an gün tekrar aydınlanır, kendisi de dönüş yolunu bulur. Tarif edilen karanlık an muhtemelen 6 Mayıs 319'da İberya'da gerçekleşen Güneş tutulmasıdır.[503] Başından geçen bu olayın sonucunda kral da Hristiyan olur. Kadın ona da nasıl dua edeceğini anlatır ve anlaşılan kendisine bir kilise tarif eder ki kral bir kilise inşâ ettirmeye başlar. Kral ayrıca Konstantinos'a oradaki insanlara inançları gereği yapmaları gerekenleri öğretecek rahipler yollaması için elçi gönderir. Rahipler büyük ihtimalle Konstantinopolis'ten değil de Kapadokya'dan gönderilir, çünkü İberya kilisesi bağımsızlaştığı döneme dek Konstantinopolis'e değil Antakya kilisesine bağlıydı.

Nino'nun kendisini 'esir' diye tanıtmasıyla ilgili elimizdeki bilgilerden kısaca söz edecek olursak, öncelikle tarihçi Rufinus da Nino'nun neden 'esir' adıyla tanındığını şöyle anlatmıştır:

... Teodoret'in kadından sürekli "esir" (Latincesi captiva), hatta "savaş tutsağı"[504] diye söz etmesine karşın hayatında pek bir kısıtlama görülmez. Üstelik kendisi oruçları, duası, gece ibâdetleri, erdenliğiyle ve zengini hor görmesiyle tanınır; bunlar, Rufinus'un bizzat iyi bildiği, manastır hayatının erdemlerindendir. Rufinus gibi Sokrates de onun "kutsal ve erden bir yaşam"ından bahseder ve şunu da ekler: 'Kendisi oldukça sistemli ve ağır oruç tutardı ve kendini içtenlikle dua etmeye adanmıştı.'[505] Sozomen de, 'yabancılar arasında yaşam tarzından ödün vermezdi. Onun için oruç ile gece gündüz Tanrı'ya dua ve şükretmek önemliydi,'[506] şeklinde açıklamada bulunur. Teodoret esirin asetist yaşamının elçisel hizmetle bağlantısını daha da belirginleştirir: 'Sürekli dua etti, yere serilmiş çuvaldan başka yumuşak bir yerde yatmak istemedi ve orucu kendisinin en büyük lüksü olarak gördü. Bu yalın yaşam, Elçilerinkine benzer ruhsal armağanlarla ödüllendirildi.'[507] Alçakgönüllülüğünden dolayı kulübesinden ayrılmaya gönülsüz olsa da, kadının gerçek anlamda hapsedildiğine dair hiçbir belirti yoktur. Hatta herhangi bir imparatorluğun veya krallığın esiri olmaktan ziyâde, Elçi Pavlus'un kendisi hakkında 'köle' veya 'Mesih'in tutsağı' demesi gibi, 'Mesih'in Esiri'ydi.[508]

Sterk de onun esâretinin Mesih'e olduğunu, yani 'Mesih'e Esir' olarak tanınması gerektiğini ve muhtemelen şaman olarak yaşadığını öne sürer. Gürcüce 'kadagoba', tanrısal bir varlık tarafından ele geçirilmiş veya tutsak edilmiş olandır.[509] Şamanlar kadagdı ve yirminci yüzyılın başlarında Komünist hükümet tarafından yasadışı ilan edilene dek Gürcistan'da görülüyorlardı. Nino'yu bu sıfatla anan çağdaşlarının, İberyalı Bakur'un Rufinus'a İberya'nın Hristiyanlığa geçişini anlatırken yaptığı 'yanlış tercüme'nin kurbanı olmaları muhtemeldir. 'Esir' terimi Nino'nun gerçek anlamda bir tutsak değil, Tanrı'ya esir olduğu anlamına geliyordu. Şaman anlamına gelen kadag veya kadagoba[510] terimiyse, müjdeyi paylaşan veya muhtaçlara dua eden bir elçiden tamamen başka bir anlam taşır. Kadagoba, transa giren ve hatta nöbet geçiriyormuş gibi ağzından köpükler çıkaran biri olarak tarif edilir. Yine de, Nino gibi bir kadının, o dönemde hayatlarında hiç rahibe veya Hristiyan müjdeci görmemiş insanlar tarafından şaman olarak nitelendirilmesi anlaşılır bir durum olurdu.

Sterk, 'yukarıdan aşağıya' veya 'aşağıdan yukarıya' etkiyle 'Hristiyanlaşan' uluslar arasında ayrım yapar. Rufinus'un açıklamasına göre, her iki durumun birarada olması da söz konusuydu. Adı belirtilmemiş kadının kutsal, apotatik, dua dolu bir yaşamla, önce hasta çocuk için, sonra da kraliçe için dua etmesiyle duyurulan ilk müjde, müjdenin "aşağıdan yukarıya" bildirilmesiydi. Kadın İberya'ya gelmiş, hayatını orada kurmuş ve münzevî olarak yaşamış, fırsat buldukça da dua edip müjdeyi paylaşmıştı. Kral Hristiyan olunca bir kilise inşâ etti, rahiplerin topluma Hristiyan inancını öğretmesi, ibâdete öncülük etmesi ve İberya halkını Hristiyan uygulamalarıyla tanıştırmasını sağlamak için İmparator Konstantinos'la yakınlaştı. Hristiyanlaştırma sürecinin bu aşaması "yukarıdan aşağıya" olarak tanımlanabilir. 'Yukarıdan aşağıya' Hristiyanlaştırma, bir ülke veya bölge Bizans güçleri tarafından fethedildiğinde ve ülkenin liderleri halklarıyla birlikte Hristiyan olduğunda da gerçekleşiyordu.

O dönemde ülke sınırları arasında insan hareketliliği görülüyordu. Belki de Nino bu şekilde göç etmişti. Sterk bu göç hareketini şöyle anlatıyor:

> Dördüncü yüzyılda Ammianus Marcellinus, II. Şâpûr (339-379) döneminde Roma şehirlerinin korkunç biçimde kuşatılmalarını tarif etmiştir. Episkoposların başarısız müzâkerelerini, kuşatmanın başarıya ulaşmasının ardından vatandaşların katledilmesini, şehrin yağmalanmasını ve yıkımını ve tüm nüfusun esâretini ve sınır dışı edilmesini ayrıntılarıyla anlatmıştır. II. Şâpûr'un zulüm ve gaddarlığıyla meşhur olması bir yana, azíznâme kaynakları Hristiyanlığın bireysel tutsakların ve topluca tutsak edilmiş toplulukların yeni Sasanî yerleşimlerine yerleştirilmesi yoluyla yayılmaya devam

edişini anlatır. Pers kuşatmalarının ardından askerî görevliler çoğunlukla katledilirken, Romalı din adamlarının ve episkoposların sınır dışı edilen mahkûmlara İran'ın kalbine doğru çıktıkları uzun ve zorlu yolculuklarında eşlik etmelerine izin verildi ve yerleşimleri sırasında ve sonrasında çoğunlukla önemli noktalarda kendilerine liderlik görevleri verildi. Hristiyan mahkûmlar, inançlarını Hristiyan olmayan Romalı tutsaklar arasında yaydılar, Pers sarayının en üst kademelerinden insanların iman etmelerini sağladılar, hatta etkileri Sasanî sınırlarının ötesine dek uzandı.[511]

Sterk bu özetiyle, sınırlar ötesine yol alan bu Hristiyanların muhakkak çok acı çektiklerini, ancak bir grup içinde ve rahiplerinin ve episkoposlarının eşliğinde hareket etmelerinin onların bu deneyimleri atlatmalarına yardımcı olduğunu öne sürmektedir. Ancak Nino sanki yalnız görülmektedir ve yine de günlük dualarını aksatmadan yerine getiriyordur. Bunun sonucu da, onun hizmeti aracılığıyla nüfusun topyekûn Mesih'e gelmesi olmuştur. Sterk[512] şöyle bir doğru tespitte bulunur:

> Doğu Roma veya Bizans tarihindeki misyon hizmetlerine dair tartışmalar tipik olarak imparatorluk hırslarına, kraliyet içinden iman edenlere ve "yukarıdan aşağıya" Hristiyanlaştırma yaklaşımına odaklanmıştır. Göksel kralın yeryüzündeki temsilcisi olan Hristiyan imparator, inancı yaymak ve barbarları uygarlaştırmak üzere Tanrı tarafından çağrılmıştır... Bu tür anlatılar, "tesâdüfen" evanjelist addedilen "aşağıdan" misyonerleri büyük ölçüde görmezden gelir ve bunun yerine imparatorluk tarafından desteklenenlere veya "profesyonel misyonerlere" odaklanır. Son zamanlarda yapılan birkaç çalışmayla, gerek aşağıdan yukarıya misyona daha çok değinerek gerek Hristiyanlaştırmayı birkaç yüzyıla yayılan çok aşamalı bir süreç olarak sunarak geleneksel resme ince detaylar eklenmiştir... doğu cephelerdeki gayriresmî misyon, özellikle de krallıkları tümden Hristiyan inancına döndürmeleriyle tanınan tutsak kadınlara dair anlatılar. Her bir olayda bir kadın zâhid ya esir alınmış ya da Roma'nın doğu sınırlarının hemen ötesinde yabancı bir ülkede tutsak olarak bir süre yaşamıştır. Kadının dindar yaşam tarzına sıkı sıkıya bağlılığı, havârilere has bir hizmet sergilemesi ve Mesih'e

TÜRKİYE'DE HRİSTİYAN KADINLAR – TARİHÇE

inancını sözlü olarak dile getirmesi, yönetimdeki kişiyi ve halkını Hristiyan Tanrı'yı kabul etmeye yönlendirmiştir.

Nino, yönetimdeki kişiyi ve halkını Hristiyan Tanrı'yı kabul etmeye sevk eden "dindar yaşam tarzına sıkı sıkıya bağlı, havârîlere has bir hizmet sergileyen ve Mesih'e imanını sözlü dile getiren" bir kadın olarak tanınmıştır. Yaşam tarzına –herhalde Roma İmparatorluğu içindeki bir toplulukta öğrendiği, sonradan sınırların ötesine geçtiğinde sürdürdüğü manastır veya zühdî yaşam biçimine– bağlılığından dolayı övülmeye değer biridir. Kraldan rahipler atamasını rica etmesi, kendi görevinin ve eğitiminin sınırlarını farkında olduğunu gösterir. Rahiplerin ve episkoposların gönderildiği ve ardından Gürcü Kilisesi'nin kurulduğu düşünüldüğünde, insan bu kadının İberya'nın Hristiyanlaşmasının "yukarıdan aşağıya" aşaması sırasında bu adamlarla birebir nasıl çalıştığını merak ediyor! Acaba Nino ile bu yeni gelenler arasında işbirliği var mıydı? Nino'nun hayatı, Mesih tarafından öğretilen İncil prensipleri doğrultusunda analiz edilebilir. İsa, öğretişi esnasında benzetmelerinden birinde şöyle dedi: "Göklerin Egemenliği, bir kadının üç ölçek una karıştırdığı mayaya benzer. Sonunda bütün hamur kabarır."[513] Mesih tarafından öğretilen bir başka benzetme 'tuz ve ışık' olmak üzerinedir.[514] Nino'nun sadakati, duası ve şefkati, İberya'da insanları Mesih'e imana çekmek üzere aktifleşen maya gibiydi ve onun gösterişsiz mâneviyâtı, dua ettiği kişilerin Tanrı ile kişisel bir karşılaşma yaşamasını mümkün kıldı.

Nino'nun yaşamına dair sonraki yıllarda anlatılanlarda, onun Yeruşalim'de yetiştirildiğinden ve Kutsal Bâkire Meryem tarafından İberyalılara müjdeyi duyurmak üzere görevlendirildiğinden, kendisine asma dalından yapılmış bir haç verilmiş olduğundan bahsedilir. Başka bir anlatıda Roma'da yaşadığı söylenir. Hakkındaki bazı şeyler net değildir, mesela İberya'ya nasıl geldiği bilinmez; Ermenistan'dan mı, yoksa sınırı kuzeyde Gürcistan'a kadar uzanan Roma eyaleti Kapadokya'dan mı geldiği bilinmemektedir. Daha ileri tarihli bazı azizname anlatılarında[515] öne sürüldüğü gibi İberya'da yaşamaya kendi istemiyle mi, yoksa mülteci olarak mı, yoksa tehlikeden kaçmak için mi geldiğini bilmiyoruz. Kraliyet ailesi ve diğerleri Hristiyan inancını kabul edene kadar somut bir topluluk olmadan asetist olarak yaşamanın onun açısından nasıl bir deneyim olduğunu da bilmiyoruz. Azize Nino'nun bir Gürcü olarak sürdürdüğü yaşamı şunu gösteriyor:

> Azize Nino'nun hikâyesi, tüm ağdalı anlatımına rağmen, sağlam bir gerçek temele sahiptir. Tarih, arkeoloji ve ulusal gelenek, o tarihlerde Doğu Gürcistan'ın bilinen adıyla

İberya'nın MS 330'da Büyük Konstantinos zamanında devlet dini olarak Hristiyanlığı benimsediğini ortak dille teyit eder.[516]

Kapadokyalı Aileler

Türkiye'nin merkezindeki Kapadokya, yumuşak volkanik kayaların aşınmasıyla eşsiz 'peri bacaları' oluşumuna sahip eşsiz, neredeyse ay zeminine benzeyen engebeli bir alandır. Zengin Hristiyan mirasına tanıklık eden yeraltı şehirleriyle, kaya kiliseleriyle ve kayaya oyulmuş manastırlarla göz kamaştıran bir bölgedir. Bu eski kilise ve manastırların çoğu, Mesih'i, azizleri ve İncil'de anlatılan olayları betimleyen fresklerle bezelidir. Daha önce bahsettiğimiz gibi, MS 33 yılında Pentikost Günü'nde Yeruşalim'deki kilisenin doğuşuna tanık olan Kapadokya'dan gelmiş insanlar vardı. Belki de bu insanlardan bazıları Kapadokya'ya döndüklerinde yeni inançları olan Mesih'e imanlarını kendi topluluklarıyla paylaşmışlardı. Havârî Petrus ilk mektubunda 'Pontus, Galatya, Kapadokya, Asya ve Bitinya'da yaşayanlara'[517] hitap etmiştir; 50 yıllarında müjdeyi paylaşmak üzere bu bölgeleri ziyâret etmiş olabilir.[518]

Dördüncü yüzyılda, daha sonra Kapadokya Babaları olarak bilinen üç adam vardı: Episkopos Büyük Basileus (Aziz Vasil) (330-379), Nissa Episkoposu Gregorios (335-394) ve Episkopos İlâhiyatçı Gregorios (329-389). İlk ikisi kardeşti, üçüncüsü de başka bir Kapadokyalı ailedendi. Bu adamların 'Kapadokyalı Kadınlar' olarak anılacak anneanneleri, anneleri ve kız kardeşleri vardı.

Neosezariye'de[519] Kapadokyalı bir aile yaşıyordu. Büyükannelerden biri Kilise İhtiyarı Makrina'ydı (270-340); gelini Emmelia (ö. 375), torunları Küçük Makrina (330-379) ile Diyakon Teosebia'ydı (ö. 385). Bu kadınlar Büyük Basileus ile Nissalı Gregorios'un akrabalarıydı.

İhtiyar Makrina (ykl. 270-340) ile kocası ikrarcılardandı.[520] Diokletianus (303) ve Maksiminus[521] (306 ve 308) tarafından başlatılan zulümler sırasında, İhtiyar Makrina ile kocası Neosezariye yakınlarında Annesi'deki[522] mülklerinden kaçmak ve yiyecek bulmanın mümkün olduğu Pontus ormanlarında yaşamak zorunda kaldılar. Yedi yıl sonra mülklerine döndüklerinde tüm eşyalarının çalındığını gördüler.

Neosezariye (Pontus) Episkoposu Gregorius Thaumaturgus (213270), İmparator Decius'un (253-260) emriyle Hristiyanlara zulmedilmesi sırasında halkını saklanmak üzere şehir dışına ormanlara götürmüştü (253-

260). Bu olay İhtiyar Makrina doğmadan önce olmuştu ama onun öğretişleri Makrina'yı büyük ölçüde etkiledi ve bunları ailesine de öğretti. Bir gece Gregorius Thaumaturgus kendisine bir îtikatın, tüm vaazlarının ve öğretilerinin temeli haline gelecek bir inanç beyanının verildiği bir vizyon gördü. Bu îtikatta derinleşen Gregorius, iblislere üstün geldi ve geleceği önceden bildirdi. Tek sözüyle kayayı yerinden kaldırdı, bir nehir yönünü değiştirdi ve bir göl kurudu. Episkoposluğuna bağlı insanları Mesih'e iman ettirdi ve zulüm altındakileri güçlendirdi. Ariusçuluğun gittikçe yayılan sapkınlığının ezilmesinde etkili oldu. Ölümünden sonra bile îtikat beyanı, sürüsünü Ariusçuluk sapkınlığından korudu.[523]

Gregorius Thaumaturgus'un kendisine bildirilen İnanç Beyanı şöyledir:
Tek bir Tanrı vardır, O'nun Babası yaşayan Söz'dür, kalıcı Bilgelik ve Güç ve Ebedî İz'dir, Kusursuzluktan olmuş Kusursuz'dur, biricik Oğul'un Babası'dır. Tek bir Rab vardır, tekliğin Teki, Tanrı'dan Tanrı, Tanrıbirliği'nin İzi ve Görünümü, etkin Söz'dür; kâinat sistemini kuşatan Hikmet ve tüm yaratılışın yaratım Gücü'dür; gerçek Baba'nın gerçek Oğlu, Görünmezliğin Görünmezi ve Çürümezliğin Çürümezi ve Ölümsüzlüğün Ölümsüzü ve Ebedîliğin Ebedîsi'dir. Ve Tanrı varlığına sahip olan, Oğul aracılığıyla görünen, Oğul'un görünümü, Mükemmelliğin Mükemmeli olan bir Kutsal Ruh vardır; Hayat'tır, her şeyin yaşamasını sağlayandır; kendisiyle her şeyden aşkın ve her şeyde içkin Baba Tanrı'nın ve aracılığıyla Oğul Tanrı'nın tezâhür ettiği Kutsal Çeşme'dir, Kutsallık'tır, Kutsallaştırmayı Bahşeden'dir. Mükemmel Üçlübirlik ihtişamda, edebîyette ve egemenlikte ne bölünmüştür ne de birbirinden ayrıdır.[524]

Gregorius Thaumaturgus Neosezariye episkoposu olarak atandığında Neosezariye'de sadece on yedi Hristiyan olduğu, ancak 268'de öldüğünde orada sadece on yedi pagan kaldığı söylenir.[525]

Makrina'nın Pontus'ta doğan İhtiyar Basileus (ö. 375) adında, ailenin Sezariye'ye[526] taşınmasının ardından Emmelia ile evlenen bir oğlu vardı. Aile, 305'ten 311'e kadar hüküm süren İmparator Galerius'un başlattığı Hristiyanlara yönelik zulüm sırasında Pontus'taki Annesi'ye geri döndü. 311'de İmparator Galerius, Hristiyanlar için Hoşgörü Fermanı yayınladı ve Hristiyanlara yönelik zulüm sona erdi. Emmelia yetimdi ve aslında bâkire kalmayı ve asetist bir hayat sürmeyi tercih ederdi. Ancak çekici, zengin bir genç kadın olarak her an kaçırılabileceğini ve evlenmeye zorlanabileceğini fark etti. Böylelikle Basileus ile evlenmeyi yeğledi. Basileus ile Emmelia'nın on çocuğu oldu: Küçük Makrina (Tekla olarak da adlandırılır), Büyük Basileus, Naukratius, Nissalı Gregorios, Teosebia, Sebasteli Petrus ve isimleri bilinmeyen dört kardeş.

Daha sonra Büyük Basileus olarak bilinecek Basileus, büyükannesi Makrina'dan eğitim aldığını şöyle açıklar:

> Çünkü... en azından Rab'de bununla övünmeye cüret ediyorum ki, bir an için bile Tanrı hakkında yalan yanlış kavramlara asla tutunmadım ya da daha sonra değiştirmeyi öğrendiğim heterodoks fikirlerle kendimi oyalamadım. Çocukluğumda, mukaddes annemden ve büyükannem Makrina'dan Tanrı hakkında edindiğim öğretişe her zaman artan bir adanmışlıkla sahip çıktım.[527]

Büyük Basileus, İznik Hristiyanlığını aktif olarak savunuyor ve Ariusçuluğa karşı öğretişler veriyordu. Büyükannesinin kendisine teslim ettiği inancın temeline önem veriyordu ve kendisini hizmete bu temel hazırlamıştı. İhtiyar Makrina'nın inancı, Pontus'taki Hristiyanlara yapılan zulmü sırasında yaşadıklarıyla iyice bilenmişti.

Emmelia, ilk çocuğu Makrina'yı doğurmak üzereyken, rüyasında henüz doğmamış Tekla[528] adıyla hitap edilen bir bebeği elinde tuttuğunu gördü. Gregorios 'Makrina'nın Yaşamı'[529] adlı eserinde şöyle der: '... görüntü, anneye doğru bir isim seçmesi için rehberlik etmekten ziyade, küçük çocuğun hayatına dair öngörüde bulunmak ve bu isimle adaşına yaraşır bir yaşam yolu izleyeceğini göstermek üzere dile gelmişti.'[530]

Makrina, henüz küçük yaştayken, kendisiyle evlenemeden ölen genç bir adamla nişanlandı. Onun ölümünden sonra diğer evlilik tekliflerini kabul etmek yerine bâkire kaldı. Kendini evli olarak görmeyi ve nişanlısı ölmüş olmasına rağmen hâlâ evli olduğunu düşünmeyi tercih etti. Makrina'nın babası, kendisi 12 yaşlarındayken öldü. Gregorios'a göre Makrina aile mülkünü yönetme sorumluluğunu üstlendi ve sonunda da kadınlara yönelik bir manastır kurdu. Annesinin yemeğini hazırlamak ve ev halkına ekmek yapmak gibi sıradan ev hizmetlerini üstlendiği de bilinir. Erkek kardeşleri üzerinde güçlü bir rûhânî etki bırakmış ve onların eğitimini gözetmişti. Örneğin, Basileus'u retorikçi olmaktansa rahip olmaya ikna etti. Gregorios, Makrina'ya methiyesinde, onun kendi yaşamına ve Hristiyan bağlılığına etkisinden söz eder. Makrina'nın, gizli adaşı Tekla'yı örnek alan bir öğretmen, lider ve kutsal metin muallimesi olduğunu ısrarla belirtir.

TÜRKİYE'DE HRİSTİYAN KADINLAR – TARİHÇE

Üçüncü oğlu Naukratius 357'de bir kazada öldüğünde Makrina annesine büyük bir teselli oldu ve ondan gördüğü destek ve yüreklendirme onun bu beklenmedik kaybı atlatmasına yardımcı oldu. Ailenin mülkü çocuklar arasında paylaştırılmıştı, Makrina da annesini 'sınıf ayrımı gözetmeden hizmetçilerle eşit bir yaşam sürmeye, onlarla aynı yemeği, aynı tür yatağı ve hayatın tüm gereklerini paylaşmaya'[531] teşvik ediyordu. Bunlar hep, kardeşlerin en küçüğü Petrus'un işbirliğiyle kurulacak olan hem erkeklerden hem kadınlardan oluşacak karma manastırın ilk adımlarıydı.

Makrina ile Emmelia, birlikte manastırcılığın gelişmesinde büyük bir öncü ve şüphesiz ki yaratıcı etki sahibi olmuşlardı. Birlikte çifte manastır kurdular; kadınlara Makrina, erkeklere Petrus başkanlık etti. Bir aşamada Basileus ayrıca, ailesinin mülkü olan Annesi sınırında yer alan ırmağın diğer tarafında erkekler için de bir manastır kurdu. Basileus tarafından yazılan Kurallar'da belirtilen çifte manastır düzenine uygun olarak manastırın ne denli genişlediğini bilmiyoruz. Gregorios'un Makrina'yı ölmeden önce son kez gördüğü sırasında, Basileus'un Yeşilırmak'ın uzak kıyısındaki manastırının hâlâ orada olup olmadığı da net değildir. Basileus Sezariye episkoposu olduğunda, kardeşliğin karşı kıyıya taşınmış ve Makrina ile Petrus'un ortak yönetimi altına girmiş olması muhtemeldir. Basileus'un Kuralları Rufinus'un Latince tercümesi sayesinde Batı'da bilinir hale geldi ve Aziz Benediktus'a ilham oldu.

Makrina büyük olasılıkla bir diyakon olarak atanmamıştı, ancak ailesi ve onların etrafında büyüyen topluluk üzerinde büyük bir etkisi oldu. Kardeşi Gregorios, kendisine hayran bir kardeş olarak dönemin sözlüğünde Makrina'nın Yaşamı başlığını yazdı. Günümüzün 'iyisiyle kötüsüyle' biyografilerine benzemiyordu tabii ama yine de Gregorios'un ablasının hayatını nasıl gözlemlediğine ve onun hayatını nasıl takdir ettiğine ve övdüğüne dair iyi bir kanıt sunuyor. Emmelia 375'te ölüm döşeğindeyken Petrus ile Makrina onun iki yanında duruyorlardı; Emmelia onlara elleriyle dokundu ve son sözlerinde Tanrı'ya şöyle dua etti: "Ya Rab, sana rahmimin meyvesinin hem ilkini hem de ondalığını veriyorum. Çünkü en büyüğüm ilk meyve ve bu da benim son doğanım onuncudur. Her biri Yasa tarafından Sana takdis edilmiştir ve onlar Sana adak sunularıdır. Bu nedenle takdisin benim bu ilkim ve bu onuncum üzerine insin." Bunları söylerken elleriyle kızını ve oğlunu gösterdi. Kutsamayı sonlandırmasının ardından yaşamını sonlandırdı, ama ondan önce çocuklarına kendi cesedini babalarının mezarına koymalarını emretti.[532]

Annelerinin isteklerine uyarak çocukları onu İhtiyar Basileus'un mezarına gömdüler ve kendilerini manastır ve münzevî yaşam tarzına adamaya devam ettiler. Makrina'nın Yaşamı[533] metni, asetizmin Hristiyan yaşamları üzerinde güçlü bir etkisi ve önemli bir parçası olduğunu göstermektedir. Mülkleri ve zenginlikleri nedeniyle aile, zühdî yaşamını deneyimleyebiliyor, toplu ibâdet, metinler üzerinde çalışma ve hayır işleri dışında tam zamanlı bir iş olmadan yaşayabiliyordu.

Gregorios, Makrina'nın hayatının son saatlerini ayrıntılı olarak anlatır. Annesi'ye vardığında Makrina'yı şu halde bulmuştur:

> ... çoktandır fena halde cansızdı. Yatakta veya kanepede değil, yerde yatıyordu; bir tahtanın üzerine çuval serilmişti, başka bir tahta başının altına, yastık gibi, boynunu rahatça yukarıda tutmak üzere boyun kaslarını eğik tutacak şekilde yerleştirilmişti. Şimdi beni kapının yanında gördüğünde dirseğinin üzerinde doğruldu ama beni karşılamaya gelemedi, gücü ateşten çoktan tükenmişti. Ama ellerini yere koyarak ve mümkün olduğu kadar paletin üzerinden eğilerek benim mevkiime saygısını gösterdi. Koşup eğilmiş haliyle onu kucakladım ve onu kaldırarak tekrar eski pozisyonuna getirdim. Ardından elini Tanrı'ya kaldırdı ve dedi ki, "Bu lütfu da bana bahşettin ey Tanrım ve beni arzumdan mahrum etmedin, bu kulunu bu hizmetkârını ziyâret etmeye teşvik ettin."

Makrina kardeşinin ziyâretinden ötürü minnettardı; ertesi gün ona kendi geçmişini ve ailelerinin geçmişini, özellikle onca kalp kırıklığına, kayba ve zulme rağmen Tanrı'nın onları nasıl kutsadığına vurgu yaparak anlattı. Bir aşamada Gregorios ona kendi sorunlarından söz ettiğinde onu şöyle yanıtladı:

> "İlâhî nimetlere duyarsız mı kalacaksın? Nefsinin nankörlüğü giderilmeyecek mi? Kendi durumunu ana babanınkiyle kıyaslamaktan vazgeçmeyecek misin? Yine de dünyevî şeyler bakımından, varlıklı doğmakla ve soylu bir ailenin üyesi olduğumuzu düşünmekle övünebiliriz. Babamız, genç bir adam olarak öğrendikleri nedeniyle büyük saygı gördü; hatta, ünü bölgenin tüm ihtiyar heyeti dîvanlarına yayıldı. Akabinde, retorikte diğer herkesi geride bıraksa da, şânı

TÜRKİYE'DE HRİSTİYAN KADINLAR – TARİHÇE

Pontus'u aşamadı. Ama kendi memleketindeki şöhretinden hoşnuttu."

"Ama sen," dedi, "şehirler, halklar ve uluslar arasında tanınıyorsun. Kiliseler sana müttefik ve yönetici diye hitap ediyor da sen tüm bunlarda Tanrı'nın lütfu olduğunu görmüyor musun? Bu kadar büyük nimetlerin sebebini, seni yükseklere taşıyan anne babanın duaları olduğunu, seni böyle bir başarıya ulaştıracak hiçbir yetin olmadığını ya da çok az yetin olduğunu aklın almıyor mu?" İşte o bunları söyledi, ben de kulaklarımızı tatlı sözlerle okşamayı asla bırakmaması için günün daha da uzamasını istedim. Ama koronun sesi bizi akşam âyinine çağırıyor ve beni kiliseye yöneltiyordu, büyüğüm bir kez daha duada Tanrı'ya inzivâya çekildi. Ve geceyi böyle geçirdi.

Gregorios, ertesi gün, ablasının çok zayıf olmasına ve sona yaklaşmasına rağmen, hâlâ onu düşündüğünü ve onunla ilgilendiğini şöyle yazıyor: 'Fakat o, aklî zayıflığımızı göz önünde bulundurarak, bizi kederli kaygılarımızdan nasıl uzaklaştıracağını düşünüyordu ve bir kez daha bu güzel sözleriyle acı çeken ruhundan kalanları kısa ve zor nefeslerle döktü.'[534]

Son olarak da duadan ziyâde tanıklığa benzeyen uzun bir dua etti:

"Sen ya Rab, bizi ölüm korkusundan özgür kıldın. Sen bu hayatın sonunu bizim için gerçek hayatın başlangıcı kıldın... Alevli kılıcı kırmış olan Sen, Seninle çarmıha gerilen ve Sana bol merhametin için yakaran adama Cenneti yeniden sunan Sen, hükümranlığında beni de hatırla; çünkü ben de Seninle çarmıha gerildim, Sana ve Senin hükümlerinden korkum uğruna etimi çarmıha çiviledim. Korkunç yarık beni Senin seçtiklerinden ayırmasın. Ne de Suçlayıcı yoluma çıksın; ne de eğer sözde, eylemde veya düşüncede herhangi bir günah işlediysem ve tabiatımızın zayıflığıyla saptırıldıysam, günahım Senin gözlerinin önünde bulunsun. Ey yeryüzünde günahları bağışlamaya gücü yeten, beni bağışla ki yenileneyim ve Senin huzurunda bedenimi üzerimden çıkardığım zaman ruhumda kirlenme olmadan bulunabileyim! Ama n'olur ruhum Senin huzuruna bir adak olarak, lekesiz ve bozulmamış halde Senin ellerine teslim olunsun."

Gregorios, ablasının son duasını kaydetmenin yanı sıra, son saatlerini, yüksek sesle dua edemeyecek kadar güçsüz hale gelmiş olduğunu, ancak mimiklerini ve dudaklarını hareket ettirebildiğini de detaylıca anlatmıştır. Makrina ailesinin yanına defnedilir. Yetenekli bir kadındı, ailesine ilham kaynağı olmuştu ve adaşı Tekla'ya örnek olacak kadar yaşamı ses getirmişti.

Diyakon Teosebia[535] (ö. 385)

Teosebia, Basileus ile Emmelia'nın çocukları arasından hakkında bilgi sahibi olduğumuz diğer kızlarıydı. "Bâkireydi ve Nissa'da kilisede diyakon olarak hizmet etmiş, hastalara bakmış, berduşlara yiyecek dağıtmış, yetimleri büyütmüş ve kadınları vaftize hazırlamıştı."[536] Nissalı Gregorios ile evli olup olmadığı konusunda bazı görüş ayrılıkları olmuş, ancak buna dair net bir kanıt bulunamamıştır. Gregorios'a yoldaş, kardeş ve iş arkadaşı olduğunu ve Gregorios İmparator Valens tarafından sürgün edildiğinde kendisine eşlik ettiğini biliyoruz. Hayatı hakkında çok az şey biliniyor, ancak Nazianzuslu Gregorios'un methiyesinde, ailesindeki diğer kadınları gibi kendini duaya, hayır işlerine ve asetist yaşama adadığını belirtiliyor. Teosebia öldüğünde Nazianzuslu Gregorios arkadaşına şu methiyeyi içeren bir taziye mektubu yazdı:

> Fakat şimdi benim Teosebiamı (ona benim diyorum çünkü o tanrısal bir hayat yaşadı; çünkü ruhsal akrabalık bedensel olandan daha iyidir), Teosebia'yı, kilisenin görkemini, Mesih'in süsünü, neslimizin yardımcısını, kadının umudunu almış olan Tanrı'nın nicedir süregelen yasasının huzurunda ne hissedelim? Kardeşliğin tüm güzelliği arasında en güzel ve en görkemli olan Teosebia; Teosebia, hakikî kutsal, bir rahibin hakikî refâkatçisi ve Büyük Sakramentlerde eşit onura ve liyâkate sahip olan Teosebia, gelecekteki tüm zamanlara erişecek olan, ölümsüz sütunlarda, yani onu tanımış ve öbür dünyada tanıyacak bütün ruhlarda istirahat edecek olan Teosebia. Ve sıklıkla onun adını anmamdan endişe etmeyin. Çünkü ben kutsanmış olanı anarken bile sevinç duyuyorum. Şu, çok şey anlatan birkaç kelime, benden onun kitâbesi ve size taziye sözlerim olsun, sonuçta kendiniz de her konuda kendi felsefeniz aracılığıyla başkalarını bu şekilde avutabilirsiniz.[537]

Kapadokyalı bir başka aile, Kapadokya'daki[538] antik bir kasaba olan Nazianzus'ta[539] yaşıyordu. Ailenin annesi Nonna (ykl. 305-374), kızı Gorgonia[540] (ö. 372) ve oğlu İlâhiyatçı Gregorios'tu[541] (329-389).

TÜRKİYE'DE HRİSTİYAN KADINLAR – TARİHÇE

Nonna[542]

Kilise takviminde Nazianzuslu Nonna'nın hayatı Ağustos'ta anılır. Kocasının ve oğlunun adı Gregorios'tu. Oğlu Gregorios, Nazianzuslu Gregorios veya İlâhiyatçı Gregorios olarak anılır, Kapadokya Babalarındandır. Mesih'e imanından önce Nonna'nın kocası Nazianzuslu Gregorios, "En Yüce" Tanrı olan Hypsistos'a[543] tapan bir Yahudi pagan mezhebi[544] üyesiydi. İhtiyar Gregorios,[545] 325'te karısı Nonna'nın duaları ve inancının tanıklığı aracılığıyla Hristiyan oldu.

İlâhiyatçı Gregorios,[546] babasının uykusunda nasıl bir rüyet gördüğünü anlatır. Aziz Gregorios bir yazısında, "Babama öyle geldi ki," der, "sanki kendisi Davut'un, 'Bana Rab'bin evine gidelim dendikçe sevinirim'[547] dizesini söylüyordu. Kendisi bunu daha önce hiç yapmamıştı, fakat karısı sık sık bunun için dua ve yalvarışlarda bulunuyordu." Kendisi Mezmur'a âşinâ değildi, ancak sözler onda kiliseye gitme arzusu oluşturdu. Bunu duyduğunda Nonna, kocasına rüyasının gerçekleşmesi halinde en büyük sevinci yaşayacağını söyledi.

İhtiyar Gregorios rahip oldu ve sonunda Nazianzus episkoposluğuna atandı. Oğulları Gregorios, babasıyla birlikte rahip olarak çalıştı ve daha sonra Konstantinopolis patrikliğine atandı.[548]

Gregorios'un annesi hakkında yazdıkları şöyledir: O;

> "Hayatı boyunca her zaman güçlü ve dinçti ve hastalıktan uzaktı, ama sonra hastalandı. Yaşadığı ağır sıkıntı yüzünden… yemek yiyemez hale gelmesinden ötürü günlerce hayatî tehlike geçirdi, hiçbir tedavi bulunamadı. O halde Tanrı onu nasıl ayakta tuttu? Eskinin İsraili'ne yaptığı gibi man indirmedi; susamış insanlara su sağlamak üzere kayayı yarıp açmadı; İlyas'a yaptığı gibi kuzgunlarla yiyecek göndermedi, ya da onu beslemedi… bir zamanlar çukurda açlık çeken Daniel'i beslediği gibi. Fakat nasıl? Ona öyle gelmiş ki en sevdiği oğlu ben (rüyasında bile başkasını tercih etmezdi), gece aniden bir sepet bembeyaz ekmekle ona görünmüşüm. Sonra bu ekmekleri âdet olduğu üzere Haç İşareti ile kutsamışım ve yemesi için ona vermişim, böylelikle gücü artmış."

Nonna gördüğü rüyaya inanmıştı. Güçlenmiş ve eski haline dönmeye başlamıştı.

Nonna, kilisede aktif biri olmanın yanı sıra, çocuklarının fiziksel ve ruhsal ihtiyaçlarını gözeten sadık bir anne olarak da tasvir edilir. Nazianzuslu Gregorios ebeveynlerini şu övgü dolu sözlerle anar:

"Babam sahiden ikinci bir İbrahim'di ve en büyük erdemlere sahip bir adamdı... Annem böyle bir adama lâyık bir yoldaştı ve onunki kadar üstün niteliklere sahipti. Dindar bir aileden geliyordu ama onlardan daha dindardı. Bedence sadece bir kadın olmasına rağmen, ruhça tüm erkeklerden üstündü... Ağzı hakikatten başka şey bilmezdi, ama alçakgönüllülüğüyle, ona yücelik kazandıran iyilikleri hakkında ağzını açmazdı. Tanrı korkusuyla adım atıyordu..."[549]

Gorgonia

Nonna'nın ikinci çocuğu, Gorgonia,[550] büyük olasılıkla 372'de öldü. Onun hakkında sahip olduğumuz bilgi, kardeşi İlâhiyatçı Gregorios[551] tarafından yapılan bir cenaze konuşmasından alınmıştır. Gorgonia, İkoniumlu Alypius ile evliydi. Gorgonia'nın iki oğlunun isimleri bilinmiyor ama ikisi de episkopos oldu. Gorgonia'nın üç kızı Alypiana, Evkenia ve Nonna'dan amcaları Gregorios'un vasiyetinde bahsedilir.[552]

Gregorios'un ablası için yaptığı cenaze töreni konuşmasında, onun Rab'be sadakatini ve bağlılığını ayrıntılarıyla aktarır ve onun nasıl gece boyu süren mezmur okumalarına katıldığını anlatır. Onun derin Hristiyan bağlılığını, "onda dindarlık tohumlarını eken, onun pak yaşamının ve daha iyi umutlarla bu dünyadan mutlu ayrılışının kaynağı olan"[553] ebeveynlerine atfeder. Gorgonia mazbut bir kadındı; Gregorios onun Özdeyişler 31. bölümdeki kadın gibi evini ve ev halkını iyi yöneten evli bir kadın olarak yaşam sürdüğüne dikkat çekmiştir. Sempatikliği, nezâketi ve mizah duygusuyla hayatının farklı yönlerini dengeleyebilen biriydi; misafirperver ve sıcakkanlı, her zaman onurlu ve ağırbaşlı bir yaşam sürmüş bir kadındı. Gregorios onun hikmetini şu sözlerle aktarıyor: "Onun sözlerinden daha sağduyulu ne olabilir? Onun sessizliğinden daha ihtiyatlı ne olabilir?"[554] Gregorios ablasının arabasından atıldığı ve "ezilip yaralanması" için sürüklendiği[555] zaman yaşananları emsal olarak gösterir. Kendisinin muayene edilmesine izin vermemiş, şifa ve eski haline gelmek için yalnızca Tanrı'ya güvenmiştir. Hayatının bir döneminde ağır bir hastalık geçirmiştir. Gregorios neler yaşandığını anlatır:

> Bedensel olarak hastaydı ve olağandışı ve kötü huylu bir hastalıktan ağır biçimde mustaripti, tüm vücudu durmaksızın

TÜRKİYE'DE HRİSTİYAN KADINLAR – TARİHÇE

ateş içindeydi, bir ara kanı çalkalandı ve kaynadı, sonra komayla, inanılmaz solgunlukla, zihninin ve uzuvlarının felç olmasıyla dondu: ve bu uzun aralıklarla olmadı, bazen oldukça sık oldu. Hastalığın seyri insan desteğini aşan ölçüde ilerliyordu; vakayı hem bireysel olarak hem de konsültasyonda dikkatle inceleyen hekimlerin becerileri fayda etmiyordu; ne ebeveynlerinin çoğunlukla büyük güce sahip gözyaşları ne de herkesin kendi hayatına sahip çıkarmışçasına canla başla katıldığı alenî yakarışlar ve şefaatler karşılık buluyordu; çünkü onun hayatına sahip çıkmak herkesin yararınaydı, tıpkı ıstırabının ve hastalığın herkes için bir talihsizlik olması gibi.[556]

Bir gece, hastalığı hafiflediği esnada, sunağın önünde diz çöktü ve tıpkı İncil'de kanama sorunu yaşayan kadının yaptığı gibi,[557] Tanrı'dan şifâ diledi. Şifâ için dua ederken, sakramentten artandan bir kısmını aldı ve yedi. Ardından iyileşti ve eski haline kavuştu.

Öleceği günü ölmeden önce biliyordu ve çok sevdiği Rabbine gideceğini bilerek hazırlıklıydı. Son anında 'özgür bırakıldı, ya da daha doğrusu, Tanrı'ya götürüldü ya da uçup gitti ya da meskenini değiştirdi ya da bedeninin birazdan ayrılacağını fark etti.' Yatağında ölmek üzereyken diyordu ki, 'Kendimi huzur içinde yatıracağım ve dinleneceğim'.[558] 'Böylece, işte sen, kadınların en güzeli, şarkını söyledin ve tam dediğin gibi oldu; ve şarkı gerçeğe dönüştü ve Tanrı'ya hürmet sözleriyle yaşamış ve ölmüş olanlara yaraşır biri olarak, acı çektikten sonra tatlı huzura eren ve sevdiceğin sayesinde uykuya kavuşan senin anmanın anısında yer aldı.' Gregorios methiyesini, ablasını cennette, huzur içinde ve göklerin ev sahipliğiyle, yüceliğin görünümüyle, meleklerden oluşan kalabalıkların ve diğer her şeyi aşkın muazzam, saf ve mükemmel olan En Yüce Üçlübirliğin eşliğinde olduğu haliyle tarif ederek sonlandırır. Ablası için son duası şöyledir: 'Hâlâ yeryüzündeyken senin onlara gerçekten meyletmenle kırıntılarını edindiğin tüm o şeylerin tadını doyasıya çıkarasın.'[559] Kapadokya Babalarından ve sonrasında da Konstantinopolis patriği olan İlâhiyatçı Gregorios, annesi Nonna ile ablası Gorgonia'ya hürmet göstermekten çekinmedi. Gregorios onları, ailelerinde ve üyesi oldukları daha geniş topluluk içinde inançlarını yaşayan iman kadınları olarak görüyordu.

Egeria - Türkiye'yi ve Kutsal Toprakları dolaşan gezgin (381-384)

ROSAMUND WILKINSON

Uzmanların çoğu 'Egeria' adını kullansa da kendisi Ekeria, Heieria veya Eiheria[560] adlarıyla da tanınır.

Egeria dördüncü yüzyıl gezginidir; Batı Avrupa'dan Konstantinopolis'e, Yeruşalim'e, Kutsal Topraklara, Mısır'a ve Küçük Asya'nın çeşitli bölgelerine seyahat etmiştir. Seyahati esnasında uğradığı yerleri, tanıştığı insanları ve hac yolculuğunun her aşamasını kaleme almıştır. Seyahatnâmelerinden bazıları korunmuş haldedir. Seyahat kayıtlarının Latince adı *'Peregrinatio or Itinerarium Egeriae'*dir.[561] 'Peregrinatio', gezginin dolaşa dolaşa birçok farklı yere uğradığı uzun seyahat anlamına gelir; çoğunlukla yaya sürdürülen bir seyahattir. 381'den 384'e dek süren hac seyahatleri dönemi boyunca Egeria Yeruşalim'de kalmıştır.

Egeria'nın gezilerine dair günlüklerinden[562] bazıları kaybolmuştur; yine de mevcut parçalar Egeria'nın uğradığı yerlere, Yeruşalim'de ve diğer yerlerde katıldığı kilise âyinleriyle ilgili detaylı bilgilere ve uğradığı yerlerde neler hissettiğine dair harika kayıtlar taşır. Latince yazılmış elyazması seyahatnâmesi, içerdiği Yeruşalim'de kullanılan litürjiye dair detaylı kayıtları sayesinde, İtalya'daki bir kütüphane köşesinde 700 yıl kadar muhâfaza edilmiştir. Artık tercümesi de mevcuttur.[563]

Egeria Roma vatandaşı olarak Latince yazmıştır. Uzmanlar yazılarını incelemiş ve Latincesinin eğitimli bir yazar kadar olmadığını belirtmişlerdir. Kendisi daha ziyâde sözel üslup kullanmıştır, bundan dolayı eleştirmenlerden bazıları onun uğradığı yerlerle ilgili anlattıklarını kaleme alan bir yazman kullandığı kanaatindedirler. Notları okuru içine çeker ve yaşadıklarını hissettirir. Egeria kutsal metinleri iyi biliyordu ve yazıları da paganlık veya pagan edebiyatı bilgisi içermiyordu. Herhalde muhtemelen varlıklı, çevresi geniş bir kadın olduğundan dolayı kutsal metinlerde söz edilen yerlere ziyâretlerinde yerel episkoposlarla, rahiplerle ve ruhban sınıfından olanlarla bizzat görüşmeler yapabilmişti.

Egeria'nın adı, Bierzo'dan Galiçyalı rahip Valeria'nın yedinci yüzyılda yazdığı bir mektupta Egeria'nın İmparator Büyük Teodosius'un hükümdarlığı sırasında (379-395), muhtemelen 381-384 yılları içinde, Yeruşalim'deki kalışından söz ederken geçer. Hac yolculuğunu sürdürürken, İmparator Konstantinos'un annesinin, Helena'nın, Kutsal Topraklara yaptığı hac yolculuğunda geçtiği yerlere uğramıştır. Egeria'nın seyahatinin yaklaşık elli sene sonrasında İmparatoriçe Evdokia Kutsal Toprakları iki defa ziyâret etmiştir. Oradayken hacılar için kiliseler ve hanlar yaptırmış veya onartmış ve muhtaçlara yardım etmiştir.

TÜRKİYE'DE HRİSTİYAN KADINLAR – TARİHÇE

Egeria Konstantinopolis'ten Yeruşalim'e 381 yılında Paskalya için gelmiş ve üç yıl kadar burada kalmıştır. Kaldığı sürece Yeruşalim'de çeşitli yerleri keşfetmiş, İskenderiye'yi ve Tebaid'i gezmiş, Goşen'den Yeruşalim'e dönmüştür.[564] Egeria Kutsal Topraklarda bulunan Celile, Sina Dağı, Nibu Dağı ve Karnea'yı da ziyâret etmiştir.[565] Konstantinopolis'e[566] dönüş yolculuğuna muhtemelen 384'ün Mart ayında başlamıştır. Egeria Konstantinopolis'e giderken Antakya'ya, Urfa'ya,[567] Harran'a,'[568] Tarsus'a ve Silifke'ye de uğramıştır. Konstantinopolis'e 384'ün Haziran veya Temmuz ayında varmıştır. Rahibe yoldaşlarına Aziz Yuhanna'nın Efes yakınlarında[569] bulunan mezarına gitmek üzere çoktan başka bir hac yolculuğu daha planladığını söylemiştir. Seyahat notları Konstantinopolis'e varışıyla son bulur. Herhalde Aziz Yuhanna'nın mezarını ziyaret planını gerçekleşmemişti ve seyahatnâmesinin kalan kısımları ya kaybolmuş ya da kayda geçirilmemişti.

Egeria kutsal emanetler bulduğundan hiç söz etmez, fakat ziyâret ettiği yerlerde kendisine hediyeler[570] verilmiştir. Egeria'nın hac seyahatinin süresi ve kat ettiği mesafeler onun ne denli varlıklı biri olduğunun göstergesidir. Seyahatnâmesini diğer hemşîrelerine adamıştır; bunlar herhalde bağlı bulunduğu ruhban topluluğun diğer üyeleriydiler. Kendisinin rahibe olmadığı düşünülür.

Egeria Konstantinopolis'e dönüşünde yolunun üzerine yakın yerlere de uğramıştır. İlkin Suriye'deki Antakya'ya, oradan da Fırat nehrine doğru gitmiştir:

> Hierapolis'ten ayrılalı 25 km. olmuştu ki Rab'bin izniyle Fırat nehrine vardım, Kutsal Kitap ona "büyük nehir Fırat"[571] demekte haklıymış. Oldukça büyük ve Fırat esasen Rhone[572] gibi epey hızlı aktığı ama ondan çok daha büyük olduğu için sahiden ürkütücü. Gemilerle, büyük olanlarından biriyle geçmemiz gerekti, bu da günümün neredeyse yarısından fazlasını nehirde geçirmeme sebep oldu. Fırat'ı geçtikten sonra da, Rab'bin izniyle Mezopotamya'nın Suriye tarafına varmış oldum.[573]

Egeria Edessa'ya varır varmaz şunları anlatır:

> Doğruca Mukaddes Tomas anıt mezarı ve kilisesine gittik;[574] orada her kutsal yere girdiğimizde yaptığımız gibi her zamanki dualarımızı ettik, dini gerekleri yerine getirdik. Bizzat Mukaddes Tomas'ın yazılarından da okuduk.[575] Bu kilise büyük ve güzeldi, farklı bir yapıda inşâ edilmişti; hatta tam da

Tanrı'nın evine yaraşır şekildeydi. Bu şehirde görmek istediğim o kadar çok şey vardı ki üç gün orada kalmam gerekti. Bir sürü büyük şehitlik gördüm, kutsal rahipleri ziyâret ettim, bazıları şehitliklerin arasında yaşıyordu, bazılarınınsa şehir dışında daha izole yerde kendi hücreleri vardı.[576]
Egeria Edessa Episkoposu'nu ziyâret etti; kendisi muhtemelen İmparator Valens'in 364'ten 378'e değin sürgünde tuttuğu Evlogios'tu. Egeria Episkopos Evlogios'u, '... tam bir iman adamı, hem rahip hem ikrarcı'[577] sözleriyle tanımlar. Onu (Egeria'yı) karşılamış ve, "Kızım, görüyorum ki imanın seni ne denli uzun bir yolculuğa çıkartmış, dünyanın öbür ucundan buralara getirmiş. O zaman şimdi biz de sana Hristiyanların görmesi gereken her yeri gösterelim."[578] demiştir. Egeria notlarında günümüzde Urfa'da halen görülebilen ve içindeki balıkların hala kutsal sayıldığı balık havuzlarından bahseder.

Edessa'nın ardından Egeria Harran'a doğru gitti.[579] Oraya vardığında, derhal şehir içindeki kiliseyi ziyâret etti ve kısa sürede de yörenin episkoposunu gördü. Çok inançlı bir adamdı ve o da hem rahip hem ikrarcıydı.[580] Görmek istediğimiz her yeri bize göstermeye hemen razı oldu.

İlkin, bizi şehir dışında[581] İbrahim'in evinin bulunduğu yerdeki bir kiliseye götürdü. Mukaddes episkoposun dediğine göre tam o evin temelleri üzerine, evin kendi taşları kullanılarak inşâ edilmişti. Kilisede dua okuduk ve Yaratılış kitabından parçalar okuduk, ardından da bir mezmur okuduk ve ikinci duamızı ettik; episkopos bizi kutsadı, biz de dışarı çıktık. Sonra bizi Rebeka'nın su çektiği kuyuya[582] götürme nezaketi gösterdi. "Bu," dedi mukaddes episkopos, "mukaddes Rebeka'nın, mukaddes İbrahim'in uşağı Eleazar'ın develeri için su çektiği kuyudur"; oradaki her şeyi bize göstermeye can atar haldeydi.

Egeria'nın Harran ziyâreti esnasında Şehit Helpidius'u[583] anma günü kutlanıyordu. Bütün rahipler çöldeki inzivalarından buradaki törene katılmaya gelmişlerdi. Kendisi şöyle bir yorumda bulunur: 'Böylece biz de beklenmedik şekilde, aralarında henüz buraya gelmeden namları ve mukaddes yaşamları bizim kulağımıza bile erişmiş olanların da yer aldığı, Mezopotamya'nın mukaddes ve tam adanmış rahiplerini görme şevkine erişmiş olduk.'[584]

Egeria Konstantinopolis'e yöneldiği yolculuğuna devam ederken yolda Antakya'ya ve Tarsus'a uğradı. Tarsus'tan Selefki'de[585] bulunan Azize

TÜRKİYE'DE HRİSTİYAN KADINLAR – TARİHÇE

Tekla[586] anıtsal kilise mezarını da görmeye gitmeye karar verdi, 'şehirden iki buçuk kilometre kadar mesafesi bulunan bir tepedeydi, ben de, nasılsa bir yerde kalmak gerektiğinden doğrudan gidip geceyi orada geçirdim.'[587] Egeria gördüklerini şöyle tarif eder:

> Kutsal kilise kadınlara ve erkeklere ayrılmış sayısız hücreyle çepeçevreydi. Pek kıymetli arkadaşımla, Martana adındaki mukaddes diyakonla işte orada karşılaştım. Kendisi de hac yolcuğu yaparak Yeruşalim'e varmıştı. Asetistlerin[588] veya bâkirelerin kaldığı hücrelerin bir kısmından sorumluydu; birbirimizi yeniden gördüğümüze ne kadar sevindik size anlatamam... Tepelik alanda bir sürü harika hücre vardı, ortada da mozoleyi çevreleyen harika bir duvar vardı, çok güzeldi. Duvar, saldırgan ve yağmacı İsauralıların manastıra zarar vermeye kalkışacakları korkusuyla kiliseyi korumak üzere yapılmıştı. Rab'bin izniyle mozole alanına vardım, orada duamızı ettik, mukaddes Tekla'nın İşleri kitabının tamamını okuduk; layık olmadığım halde benim bütün dileklerimi tümüyle yerine getirmeyi lütfettiği için Rab'be içtenlikle şükrettim. İki gün boyunca orada kaldım, kadın erkek bütün mukaddes rahiplerle ve zâhidlerle görüştüm; ardından, dua ve Rab'bin Sofrası'ndan sonra Tarsus'a dönüp kaldığım yerden seyahatime devam ettim.'[589]

Egeria üç gün Tarsus'ta kaldıktan sonra Toros dağlarından geçip Kapadokya, Galatya ve Bitinya'ya ilerleyerek yolculuğuna devam etti. Birkaç günlüğüne Kalkedon'da kalıp Şehit Evfemia Anıt Kilisesi'ni ziyâret etti, ardından Boğaz'ı geçip doğrudan Konstantinopolis'e girdi.

Egeria Konstantinopolis'teki kiliseler, mozoleler ve mezarlar hakkında detay vermez, yalnızca 'Bana bu denli lütfeden Rabbimiz İsa'ya şükretmeden duramıyorum' demekle yetinmiştir. Seyahati Rabbine dualarıyla ve adanmışlığıyla bezelidir. Uzun hac seyahati esnasındaki kutsal mekân ziyâretleri, episkoposlarla, rahiplerle ve diğerleriyle yaptığı görüşmeler, hem kendisinde hem seyahatnâmesini okuyan diğer hemşîrelerde mutlaka etki bırakmıştır. Hayatı zulüm ve sürgünle geçen Edessa episkoposu gibi adamlarla tanışma ayrıcalığına nail olmuştu.

Efes'e gitmeyi planlayan Egeria'nın hac seyahatine dair kayıtlar Konstantinopolis'te sona erer. Efes'e ziyâretinin ardından ne yapacağından emin değildir. Seyahatnâmesini kız kardeşlere yönelttiği çok dokunaklı, içten bir hitapla sona erdirir:

Daha başka yerlere de gitme imkânım olursa şâyet, (Rab isterse) ya size bunları yüz yüze anlatırım ya da planlarımda bir değişiklik olursa en azından yazarak anlatırım. Her durumda, hanımlar, gönlümü aydınlatanlar, gerek "bedende olayım" gerekse "beden dışında olayım", rica ederim beni unutmayın.[590]

Egeria, Roma İmparatorluğu'nun bir ucundan diğerine seyahat etme ayrıcalığına sahip bir Roma vatandaşı olarak rahatlıkla seyahat eden varlıklı bir kadındı.

Olimpias (361–408)

Olimpias, diyakon olarak atanmış zengin bir genç kadındı ve Konstantinopolis Episkoposu Aziz Yuhanna Krisostom'la (398–403) arkadaştı. 361 ile 368 yılları arasında ya Antakya'da[591] veya Konstantinopolis'te[592] doğdu. Annesi Antakya doğumlu soylu bir kadın olan Aleksandra, babası zengin bir Grek hatip olan Selefkos'tu. Olimpias erken yaşta yetim kaldı ve amcası Prefekt (imparatorluk muhafızları komutanı)[593] Prokopius tarafından Teodosia'nın himâyesine verildi. 385 yılı civarında, Konstantinopolis valisi olarak görev yapan Nebridius adında bir asilzâde ile evlendi. Nebridius öldüğünde Olimpias çocuksuz bir dul olarak kaldı. Nebridius'un öldüğü sırada Büyük Teodosius imparatordu. İmparator Olimpias'a yeniden evlenmesi için baskı yaptı, hatta yeniden evlenmeyi kabul etmesi için servetine erişimini yasakladı. Ancak o tüm evlilik tekliflerini kararlılıkla reddetti ve kendini Tanrı'ya hizmet etmeye adadı.

Zaman geçtikçe, Konstantinopolis'in Katedral Kilisesi olan Ayasofya'nın yakınında bir manastır kurmasına izin verildi. Olimpias, üç kadın akrabası ve birçok bekâr kadınla birlikte manastırda yaşadı; kendilerini Tanrı'ya hizmet etmeye adamışlardı. Konstantinopolis Episkoposu Nektarius[594] Olimpias'ı diyakonluğa atadı. Nektarius'un yerine halefi Yuhanna Krisostom atandığında, Olimpias'ın ruhâni yöneticisi ve sırdaşı oldu.

Chadwick, 'Olimpias adındaki zengin bir dulun ve diğer hanımların Yuhanna'nın tavsiyesine sıkı sıkıya bağlı kalması bazı iğneleyici konuşmalara sebep oldu'[595] yorumunu yapar. Krisostom Olimpias'a kendisine kalan mirası nasıl iyi bir kâhya olarak kullanması gerektiğine dair öğütler veriyor olmalıydı. Olimpias'ın Episkopos Yuhanna Krisostom'un hikmetli öğüdü olmadan nâdiren karar verdiği söylenir.[596] Olimpias ona karşı cömert davranmış ve hayır işleri için ona büyük miktarda para vermiştir.

Yuhanna Krisostom sürgüne gönderildiğinde, 'dul Olimpias ona sadık kalmaya devam etti, onun ihtiyaçlarını bolca karşıladı ve halefiyle iletişim kurmayı reddetti. Yuhanna destekçileriyle uzun uzadıya yazışmayı sürdürdü.'[597] Bu destekçilere Olimpias da dâhildi. 'Bu mektuplardan on yedisi çağları aşarak günümüze gelmiştir ve büyük episkoposun bu mânevî kızının dindarlığına tanıklık etmektedir.'[598]

Palladius, Olympias hakkında şöyle yazar: 'Konstantinopolis sâkinleri onun hayatını ikrarcılardan biri olarak görür, çünkü hayatını böyle tamamlamıştır ve Tanrı adına mücâdele ederken Rab'bin yanına gitmek üzere ayrılmıştır.'[599]

Olimpias, Lausiac Tarihi'nde kendisinden yalnızca kısaca söz edilmesine rağmen, Palladius'un Yuhanna Krisostom'un bir takipçisi olarak, özellikle kendini sapkın damgasından korunmaya ve kurtulmaya çalıştığını aklında tutan kişilerden biridir. Palladius, Yuhanna Krisostom'un Hayatı Üzerine Tarihsel Diyalog[600] adlı kitabında Olimpias'ın hayatını kapsamlı bir şekilde ele alır. Olimpias ayrıca, Palladius'un imparatorluk ailesinin kadınlarını da kapsayan kadın aristokrat okurları için feyiz alınacak biri, hayırseverliğe ve asetizme girişmiş örnek bir soylu Hristiyan kadın olarak kabul edilir.[601]

Olimpias manastır kurmanın yanı sıra hastane ve yetimhane de inşâ etti. Ayrıca Nitria'dan sürgün edilmiş bir grup keşişe de yardım etti. Yuhanna Krisostom'a verdiği destek, servetinin elinden alınmasına ve hayatının son dört yılını Nikomedia'da sürgünde geçirmesine neden oldu. Yuhanna Krisostom'dan yaklaşık 10 ay sonra, 25 Temmuz 408'de öldü.

Olimpias, bekâr bir hayat sürmeyi ve servetini başkalarının geçimini sağlamak için kullanmayı isteyen dindar ve inançlı bir kadındı. Dul kaldıktan sonra yeniden evlenmemesine başlangıçta karşı çıkılsa da, hizmetine sadık kaldı ve bu çağrısı Kilise Babalarından biri tarafından desteklendi.

Olimpias, Doğu Ortodoks Kilisesi tarafından 25 Temmuz'da, Roma Katolik Kilisesi tarafından 17 Aralık'ta anılır. Roma'daki Aziz Petrus Meydanı'nda yer alan sıra sütunların üzerinde bir heykeli bulunmaktadır.

İmparator Teodosius'un Akrabaları olan Kadınlar

İmparator I. Teodosius, Büyük Teodosius olarak da bilinir, hem Doğu hem de Batı Roma imparatorlukları üzerinde hüküm süren son imparatordur. Konstantinopolis'te yaşamış ama 17 Ocak 395'te Milano'da ölmüştür.

Ölümünden bir gün önce, on yaşındaki oğlu Honorius'un Konstantinopolis'ten gelişi onuruna düzenlenen oyunlarda bayılır. Honorius, Batı Roma İmparatorluğu'nun imparatoru ilan edilecektir. İmparator Teodosius'un büyük oğlu **Arkadius**[602] (377/378-1 Mayıs 408), 383'te, on sekiz yaşındayken augustus ilan edilir. Doğu Roma İmparatorluğu'nu 395'e kadar babasıyla birlikte yönetir, ardından oğlu II. Teodosius'un augustus ilan edildiği 402'ye kadar tek hükümdar olur. Arkadius zayıf ve etkisiz biri, kendi bakanları, Rufinus, Evtropius, Antemius ve kendi karısı Evdoksia tarafından yönetilen bir hükümdar olarak biliniyordu. Evtropius, Arkadius'un sonrasında âşık olduğu ve evlendiği Evdoksia ile buluşmasının ayarlandığı Kutsal Yatak Odası'nın[603] başkâhyası olan bir hadımdı. Norwich'e göre Evtropius, '... Konstantinopolis'te sofistike bir eğitimden geçtikten sonra yabancı barbar adını kulağa daha hoş gelen bir Grek adla değiştiren ve böylelikle Evdoksia olarak bilinen, göz kamaştırıcı güzelliğe sahip genç bir Frenk kızı'[604] seçmişti. Evtropius rakibi Rufinus'un Konstantinopolis'teki yokluğundan faydalanıp 27 Nisan 395'te Arkadius ile Evdoksia'nın evliliğinin gerçekleşmesini sağladı.

Buradan itibaren ya I. Teodosius'un soyundan biriyle evli olması yoluyla ya da Teodosius hanedanının bir üyesi olmasıyla I. Teodosius'la kan bağı bulunan üç kadından söz edeceğiz: II. Teodosius'un annesinden, kızından ve baldızından. Annesi, I. Teodosius'un oğlu İmparator Arkadius ile evli olan İmparatoriçe Evdoksia'ydı (376-404). Kızının adı, on beş yaşındayken kardeşi II. Teodosius'un vekilliğini devralan Pulkeria'ydı (399-453). Baldızı, 7 Haziran 421'de Teodosius ile evlenen Evdokia'ydı (eski adıyla Atena).

Evdoksia (376-404)

Evdoksia, Arkadius'un karısı ve II. Teodosius ile Pulkeria'nın annesiydi. 9 Ocak 400'de augusta ilan edildi. Kendisi beş çocuk ve iki ölü bebek doğurdu. Bu beş çocuktan dördü, babaları Arkadius 408'de öldüğünde hayattaydı.

Norwich onunla ilgili detayları şöyle anlatıyor:

> Evdoksia, isimleri lüks ve şehvetin simgesi haline gelecek olan, güzel, dünyevî ve hırslı bir sürü Bizans imparatoriçesinin ilkidir. Dizi dizi sevgiliyi eğlendirdiği söylentilerinin yanı sıra - ki bunlardan biri de... büyük olasılıkla oğlu Teodosius'un babasıydı- saray leydileriyle birlikte, sosyete yosmalarının

simgesi olan, alınlarına inen taranmış kâkül takarak ahlaksızlığını gözler önünde sergilediği yaygın olarak konuşulurdu.[605]

Norwich, kocası İmparator Arkadius'u şöyle tanımlıyor:

> ... en mıymıntı imparatordu, buna karşın ardı ardına güçlü adamların (Evtropius gibi) vahşice ölmelerini izlerken Konstantinopolis'in tahtını işgal etmeyi becermişti, üstelik kendi hırçın ve otoriter karısı onu herkesin önünde küçük düşürüp aşağılıyor, onu ahmak, istidatsız ve boynuzlanmış biri halinde gülünç duruma düşürerek elinde tutuyordu.[606]

Bunlara karşın Evdoksia, İznik Ortodoks Hristiyanlığının bir destekçisiydi ve Ariusçuluğa karşıydı. Azizlerin ve şehitlerin kalıntılarını Konstantinopolis'e getirtmiş ve bunların şehre getirilip orada kiliselere yerleştirilmesinde resmî bir rol oynamıştı. Evdoksia hayattayken Yuhanna Krisostom (347-407) Konstantinopolis başepiskoposuydu (398-403) ve episkoposluk makamı Ayasofya'ydı.

Şehitlerin kalıntılarının Büyük Ayasofya Kilisesi'nden Drypia'da[607] bulunan Şehit Aziz Tomas Şapeli'ne taşınmasına eşlik eden kişi İmparator Arkadius değil, Evdoksia olmuştu. Kutsal Emanetler geceleyin bir fener alayıyla şapele götürülmüştü. Episkopos Yuhanna Krisostom fener alayını bir ateş denizi olarak nitelendirecekti. Fener alayından sonraki gün, Yuhanna Krisostom vaazında[608] toplumsal dindarlıktan ve Evdoksia'nın bu dindarlığın yaratılmasındaki rolünden bahsetti. Evdoksia'nın kraliyet giysilerini bir yana bırakıp tören eşliğinde caddede ilerletilen kutsal emanet kutusuna tutunduğuna dikkatleri çekti. Krisostom, Evdoksia'nın halkın ne kadar gözü önünde olduğunu vurguladı; oysa saray sakinleri arasında o kadar fark edilmeyebilirdi, çünkü bir kadındı. Krisostom, Evdoksia'yı insanlara örnek biri olarak tanımlıyordu. "Tasvirlerinin gücü, Evdoksia'nın alçakgönüllülüğünün radikal doğasından, Nissalı Gregorios'un Flaccilla'ya yazdığı eserdeki imparatorluk erdemleri arasına dâhil edilen yine aynı yüce alçakgönüllülüğünden (veya mütevâzılığından) (ταπεινοφροσύνη) geliyordu."[609]

Fener alayından sonraki gün vaazında Krisostom, İmparator Arkadius'un törenine katılmamasının sebebini şöyle açıklar:

> "... ona her zaman eşlik eden atların ve silahlı adamların genç kızlara ve yaşça daha büyük erkeklere ve kadınlara zarar verdiği ve şenliği bozduğu oluyordu." Hüküm gücünün tüm unsurlarıyla çevrili haldeki imparator, hanedanlık ile şehir

arasında kurulması arzulanan bağa bir tezat görünüm sergiliyordu. "İşte bugün Mesih'i seven imparatoriçeyi polis[610] ile birlikte, yarın Tanrı'yı seven imparatoru ordusuyla birlikte görüyoruz. Krisostom, Evdoksia'nın bunu bu şekilde planladığını da kabul etti. "Karakteristik bir kurnazlıkla" kocasına evde kalmasını tembihlerken kendisinin nasıl bir görünüm sergileyeceğini ayarlamıştı.[611]

Anlaşılan o ki Yuhanna, Evdoksia'ya ve onun Konstantinopolis'in ve imparatorluğun ruhsal yaşamına yaptığı katkıya hayran kalmış ve kıymetli bulmuştu. Ancak bu durum, Yuhanna Krisostom'un saray halkının ve din adamlarının müsrif yaşam tarzını alenen kınamasıyla değişecekti. Kendisi sıradan insanlara kendini sevdiren türden basit bir hayat yaşamıştı. Aristokrasinin ve din adamlarının lüks ve tembel yaşamına karşı vaaz verdiği[612] için halkın beğenisini kazanmış, fakat aynı zamanda onu iki kez Konstantinopolis'ten sürgün ettiren Evdoksia'da da büyük bir düşmanlık uyandırmıştı. İlk sürgün edilişinde halk isyan etti, Evdoksia'nın Yuhanna Krisostom'u şehre geri çağırmasına neden olan bir deprem yaşandı. Yuhanna geri döndü ama ona karşı vaaz etmeye devam etti. Katedral Kilise'nin, yani Ayasofya'nın önüne Evdoksia'nın gümüşten heykelinin dikilmesinin ardından, 'açılış töreninin gürültüsünün hizmetlerini kesintiye uğrattığını iddia etti'.[613] Bunun ardından Evdoksia kocasının, İmparator Arkadius'un, imparatorluğun en yüksek makamına sahip Yuhanna Krisostom ile herhangi bir iletişim kurmasına izin vermedi. Yuhanna Krisostom'un vaazlarından birinde, Evdoksia'yı Vaftizci Yahya'nın başını bir tepside talep eden Hirodiya'ya[614] benzettiği iddia edilir. Bu karşılaştırmanın bir sonucu olarak, bir sinod, Yuhanna'nın Konstantinopolis'ten sürgün edilmesini emreder ve Yuhanna sürgüne giderken yolda ölür.

Yuhanna Krisostom'un Konstantinopolis'ten sürgün edilmesinden birkaç ay sonra, İmparatoriçe Evdoksia ölü bir çocuk doğurur ve kendi de ölür. Kocası Arkadius da Mayıs 408'de ölür, çocukları annesiz babasız kalır. 402'de onunla birlikte imparator ilan edilen 7 yaşındaki oğlu Teodosius, daha sonra II. Teodosius olarak Doğu Roma İmparatorluğu'nun tek imparatoru olur. Arkadius'un hayatta kalan diğer çocukları Pulkeria (19 Ocak 399-18 Şubat 453), genç yaşta ölen Flaccilla (d. 397) ve Arkadia'dır (d. 400).

TÜRKİYE'DE HRİSTİYAN KADINLAR – TARİHÇE

Pulkeria

Pulkeria'nın kardeşi Teodosius daha sonra imparator olur, ancak Muhafızlar Komutanı[615] Antemius, Teodosius'un muhafızı ve Doğu İmparatorluğu'nun etkili naibiydi. 414'te ortadan kayboldu, Pulkeria Augusta ilan edildi ve erkek kardeşinin naibi olarak yönetimde yerini aldı. Teodosius "tutarsızdı ve kolayca yönetiliyordu".[616] Buna karşılık, Pulkeria, "güçlü ve kararlıydı, iktidar aşkı vardı; ama aynı zamanda oldukça aşırı şekilde dindardı, yıkık Ayasofya'nın yeniden inşâ edilmesinden özel bir haz alıyordu... iki kız kardeşi Arkadia ile Marina da benzer eğilimler geliştirdiler... kraliyet sarayının hâkim havası saray ortamından çok inzivâ mekânı oldu deniyordu..."[617] Günlerini dini müzik eşliğinde sunak örtüleri ve âyin cüppeleri dikerek ve dua ederek geçiriyorlardı. İnsanlar ortamın Evdoksia'nın zamanından dünyalar kadar farklı olduğunu bir şekilde özlemle gözlemliyorlardı.[618]

"Arkadius 408'de öldüğünde Teodosius'u riskli bir durumda bıraktı, çünkü Pulkeria ve kız kardeşleri evlenme çağına yaklaşmıştı ve hırslı bir politikacının hanedanın bağımsızlığını yok edecek bir evlilik ayarlaması tehlikesi söz konusuydu. Böylece on dördüncü yılında (412-413) Pulkeria kendini bekârete adadı ve kız kardeşlerini de aynısını yapmaya iknâ etti. O dönemde muhtemelen sarayı bilen çağdaş bir yazar olan Sozomen'e göre, 'saraya başka bir erkek getirmeyecek ve her tür rekabet ve komplo ihtimalini ortadan kaldıracak şekilde' hareket etmişti."[619]

Pulkeria'nın Bâkire Meryem gibi bâkire kalma kararı, dini inançtan olduğu kadar siyasî çıkarlardan da kaynaklıydı. Augusta makamında karşısına çıkan siyasî ve dini yöneticilerle ilişkilerinde güçlü, zeki bir kadın olduğunu kanıtladı. Babaları Arkadius'a daha çok benzeyen erkek kardeşinden daha güçlü bir hükümdardı. Bununla birlikte, başka bir güçlü kadın olan anneleri Evdoksia'dan farklı olarak Pulkeria daha dindardı ve bu, Evdoksia'nın Kilise'ye karşı bariz aşırılıktaki saygısızlığının uyandırdığından farklı bir şekilde dini yetkililerin öfkesini uyandırıyordu. Nestorius'un Konstantinopolis episkoposu olarak atanmasından kısa bir süre sonra Pulkeria, yeni atanan episkoposla ciddi bir yüzleşme yaşadı.

"Muhtemelen 15 Nisan 428 tarihli Paskalya pazarında, Nestorius'un Konstantinopolis episkoposluğuna atanmasının üzerinden sadece beş gün geçmişken, Pulkeria, rahiplerin ve imparator erkek kardeşinin huzurunda Rab'bin Sofrası'ndan almak üzere Büyük Kilise'nin[620] ibâdet alanının kapısında göründü. Başdiyakon Petrus, Nestorius'a Pulkeria'nın uyması gereken âdeti bildirdi, episkopos da din görevlisi olmayan bir kişinin ve bir kadının En Kutsal Yer'e saygısızlık etmesini önlemek için aceleyle girişi engellemeye gitti. Pulkeria kendisini içeri almasını emretti, ancak Nestorius "burada sadece rahiplerin yürüyebileceği"nde ısrar etti. Pulkeria, "Neden? Ben Tanrı'yı doğurmadım mı?" dedi. Nestorius, "Sen? Şeytan'ı doğurdun!" cevabını verdi. Ardından Nestorius imparatoriçeyi ibâdethaneden kovaladı... (Nestorius'un) görüşüne göre Pulkeria, erkek kardeşiyle törensel eşitliğe sahip olduğunu haklı çıkarmak için (mistik bir şekilde) "Tanrı'yı doğurduğu nu", yani Meryem'e özgü saygınlığı iddia edemezdi. Her kadın gibi, Pulkeria da günahı dünyaya getiren Havva'nın kızıydı."[621]

Bu diyalog Pulkeria'nın İsa'nın Annesi Meryem ile özdeşleştirildiğini[622] gösterir. Yukarıda açıkladığımız gibi, onun bâkire kalma kararı, büyük ihtimalle kendini ve kız kardeşlerini, saray ortamına girip kendi hanedanlık hırsları uğruna sömürecek erkeklerle evlenmekten korumak için yapılmış akıllıca bir hamleydi. Bu hamle, aynı zamanda, kendisinin üstün gelmesini ve bu üstünlüğü erkek kardeşi ve Doğu İmparatorluğu üzerinde hâkimiyet kurarak kullanmasını sağladı. Nestorius'un "Sen Şeytan'ı doğurdun!" suçlaması, günahın dünyaya yalnızca Havva'nın, yani kadının, ayartıya yenik düşmesiyle geldiği inancından kaynaklanır. Ancak, Yaratılış 3. bölümden[623] hem Adem'in hem de Havva'nın Şeytan'ın ayartısına yenik düştüğünü ve günahın dünyaya her ikisi aracılığıyla geldiğini belirttiği anlaşılıyor.

Nestorius ile 428 yılının Paskalya pazarında yaşanan bu çatışma öncesinde Pulkeria'nın cübbesi komünyon sırasında sunağı örtüyordu ve portresi Büyük Kilise'nin sunağının üzerindeydi. Sonrasında Nestorius cübbeyi ve portreyi kaldırttı.[624]

Kutsal Bâkire Meryem'e atfen 'Theotokos' (Tanrı'nın Annesi) veya 'Hristotokos' (Mesih'in Annesi) unvanının kullanılması, unvanı kullanan kişinin Mesih'in doğası hakkındaki inanışını gösteriyordu. Konstantinopolis'te Pulkeria, Meryem Ana'dan 'Theotokos' olarak bahseden Proklus[625] ve İskenderiyeli Kiril gibileri güçlü bir şekilde destekledi. Bunu desteklemeyenlerle süregelen tartışmalar, Aziz Meryem'e adanmış kilisede düzenlenen Efes Konsili'ne (431) yol açtı. Bu Kilise Konsili, öncelikle Mesih'in doğasını tartışmak için çağrılmış olsa da, Konsey'in kararlarından biri Kutsal Bâkire Meryem'e 'Theotokos' unvanı verilmesi oldu.

Pulkeria, hristoloji konusundaki açmazın çözümünün 433 Birlik Formülü'nde bulunduğuna inanıyordu: "Çünkü iki doğanın birliği söz konusu olmuştur; bu nedenle bir Mesih, bir Oğul, bir Rab olduğunu beyân ediyoruz."[626]

441'de Krisafius, Pulkeria'ya gözyumdu ve gücünün sınırlandırılması için Evdokia'nın yardımına başvurdu: Krisafius'un desteğiyle Evdokia, Teodosius'u asetizme ve Kilise'ye bağlılığı nedeniyle Pulkeria'yı diyakon yapmaya iknâ etti. Bunu yaparsa, Pulkeria βασιλεία'sını[627] Kilise yaşamının dışındaki herhangi bir şeyi etkilemek için kullanamayacak, böylece Evdokia daha da güç kazanacaktı. Teodosius kabul etti, ancak Pulkeria bu tuzağın kokusunu aldı, imparatorluk mahkemesini azletti ve onları gözlerden uzak yaşamak üzere Konstantinopolis dışında, şimdiki İstanbul'un batı kıyısında bulunan Bakırköy'deki Hebdomon Sarayı'na yolladı. Pulkeria'nın kız kardeşleri -Arkadia (ö. 444) ile Marina (ö. 449)- Hebdomon Sarayı'nda öldü. Krisafius, 450 yılının Mart ile Temmuz ayları arasında II. Teodosius'un gözünden düştü. Pulkeria bunun sonrasında yeniden erkek kardeşinden yana olmuş ve 'güçlü Pulkeria damgası'[628] ile yeni bir rejimin kurulmasına yardımcı olmuş olabilir.

Kısa bir süre sonra Pulkeria'nın kardeşi Teodosius bir av kazasında öldü. Pulkeria'nın erkek kardeşinin ölümüyle augusta olarak tek başına devam edemedi ve 450'den 457'ye kadar Doğu'da imparator olarak hüküm süren yaşlı bir asker olan Markian ile evlendi.

Pulkeria, kocasıyla birlikte, 451'de toplanan Kalkedon Konsili'nde öncü bir rol üstlendi. Konsil İznik'te[629] toplanacaktı, ancak imparator ve Pulkeria'nın kocası olan Markian'ın katılabilmesi için toplantı yeri Kalkedon'a[630] alındı ve konsey Şehit Evfemia'ya adanmış kilisede bir araya geldi. Pulkeria'nın konseye yalnızca kendisine bağlı kalacak episkoposların ve rahiplerin katılımını sağlamak üzere kendi nüfuzunu kullandığını gösteren kanıtlar vardır.[631]

Pulkeria'ya bağlılıklarını göstermek uzere Kalkedon Sinodu'na katılan episkoposlar, "İmparator buna inanıyor! Augusta buna inanıyor! Bu yüzden hepimiz inanıyoruz!" diyerek Pulkeria ile Markian'a tezahürat ettiler. İmparator Markian'ı "Yeni Konstantin, Yeni Pavlus, Yeni Davut" sözleriyle karşıladılar, Pulkeria'yı yeniden uyum getirdiği için yücelttiler.

"Augusta çok yaşa! Siz Ortodoksluğun ışığısınız! Bu nedenle her yerde barış olacak! Tanrım, barış ışığını getirenleri, dünyayı aydınlatanları koru!"[632]

Biraraya gelmiş din adamları Pulkeria'yı Büyük Konstantinos'un meşhur annesi Helena'ya benzettiler: "Markian Yeni Konstantin, Pulkeria Yeni Helena! Helena'nın inancını gösterdiniz! Helena'nın gayretini gösterdiniz! Hayatınız hepimizin garantisidir! İnancınız kiliselerin görkemidir!"[633]

Holum'un Pulkeria'ya dair tespitleri şunlardır:

> "... büyükbabası Teodosius gibi davranmış, benimsediği Hristolojik formülün doğru olduğuna ve birliği yeniden sağlamak için bunu tebaasına empoze etmesi gerektiğine iknâ olmuştu. Bu nedenle, inzivâsından dönmüş ve erkek kardeşinin ölümünden sonra hanedanlıktaki süresini uzatabilmek ve ihtiyacı olan askerî desteği güvence altına alabilmek için evlenmişti. Kalkedon'un yapıldığı yıl boyunca hazırlıkları saraydan yönetti ve konsil onun planladığı gibi gitti. Kalkedon Babaları alkışları halen sıcakken plana uydular, ancak bunu Pulkeria'nın konsili olarak da ilan etmediler, Teodosia ailesinin konsildeki nihai hanedanlık zaferi olarak da görmediler.[634]

Daha önce üstün körü, Kalkedon Konsili sırasında iki grubun - Monofizitler ile ortodoks imanlıların- Mesih'in doğası hakkındaki yazılı inanç beyanlarını Şehit Evfemia'nın lahitine koyduklarından söz etmiştik. Bunun ertesi günü Monofizitlerin beyânını şehitin ayaklarının dibinde, İznik Bildirgesi'nde belirtilen Ortodoks inancın beyânını ise Evfemia'nın elinde bulmuşlardı. Rum Ortodoks Kilisesi, Şehit Evfemia'nın[635] Kalkedon Konseyi'nin karar verme sürecinde oynadığı rolü andıkları 11 Temmuz'da hala özel bir kutlama düzenliyor.

Holum'un anlatısı, Pulkeria'nın önceden belirlediği hedeflerine ulaşmak üzere güç tutkusuyla kendini motive ettiği politik girişimlerini gösteriyor. Buna göre tam kendi neslinin evladıydı. İmparatorluk ailesinde doğmuştu, en büyük çocuktu, fakat imparator yapılacak ve Doğu Roma İmparatorluğu'nu yönetecek küçük erkek kardeşi vardı. Kardeşi tarafından augusta, imparatoriçe yapıldı, ancak kardeşi öldüğünde bu makamı kendi hakkıyla sürdüremedi. Dolaylı olarak imparatorluk gücünü ve unvanını elinde tutmaya devam edebilmesi ancak evlilik yoluyla oldu. Hükümdarlığı böylece kendisine augustus unvanını veren bir erkek akrabadan çıkmış, onun bu unvanı elinde tutmasını sağlayan başka bir erkek akrabayla, kocasıyla sürmüştü. İmparator (ya da augustus) İsa'nın yeryüzündeki vekili olarak kabul edildiğinden, imparatorluğun hükümdarının erkek olması gerekiyordu. İmparator siyasî liderdi, ancak Kilise ile yakın bir ilişkisi vardı. Episkopos ve rahiplerle birlikte Efkaristiya'dan almak üzere Ayasofya'daki paravanın arkasına geçebiliyordu. İmparator bir rahip olmamasına rağmen, onu hükmetmek üzere Tanrı tarafından çağrı almış, kutsanmış biri olarak kabul ediyorlardı.[636] İmparator seçimi yeteneklerden ve yetiden ziyade cinsiyete dayanıyordu.

Kraliyet kadınlarından çocuk doğurmaları, saray hayatı yaşamaları, hayır işleri ve yardım hizmetleri yapmaları, erkekler ve augustus gibi otorite sahibi olmamaları bekleniyordu. Evdoksia ile Pulkeria'nın, yaşamlarında imparatorluğu yönetmek ve etkilemek için geleneksel rollerinden çıkmaya çalıştıklarını görüyoruz.

Pulkeria'nın bâkirelik yemini, yine daha evvel bir iki yerde belirttiğimiz gibi, büyük ihtimalle hem kendisini ve kız kardeşlerini istenmeyen cinsel ilişki tekliflerinden korumak hem de Teodosius Hanedanlığı'nı, Pulkeria veya kız kardeşleriyle evlenmek isteyen başka ailelere mensup erkeklerin kendi aralarındaki dedikodularından korumak için akıllıca bir hareketti. Pulkeria'yı kendini İsa'nın annesi Meryem ile özdeşleşmeye neyin ittiğini bilmiyoruz. Belki de Pulkeria'nın kendini koruyabilmesinin ve hane halkının ve imparatorluğun ruhsal yaşamında söz sahibi olabilmesinin tek yolu bu kimliğe sığınmaktı.

Yirmi birinci yüzyıl anlayışımızla Pulkeria'nın inancını pek oturmamış ve tam anlamıyla 'Hristiyan' değil diye reddetmek kolaydır, ancak beşinci yüzyılda kraliyet ailesinin bir üyesi açısından Hristiyan olmak ne anlama geliyordu? Yaşadığı döneme ve içinde bulunduğu koşullara uyumlanan kendi anlayışı ve kavrayışı doğrultusunda imparatorluğa, kiliseye ve ailesine hizmet etmişti. Ancak tarih Pulkeria'yı, Tanrı'ya duyduğu sevginin gücünden güç bulmuş biri olmak yerine, güç tutkusuyla tükenmiş bir kişi olarak algılıyor. Her şey bir yana, Rum Ortodoks Kilisesi, 10 Eylül'de Azize Pulkeria'nın hayatını kutlamaya devam ediyor.

Evdokia

Teodosius'un üç kadın akrabasından üçüncüsü, II. Teodosius ile evlenmeden önce Athenais[637] olarak bilinen İmparatoriçe Evdokia'dır

(401-460). Pulkeria, Teodosius'un ondan kendisine bir eş bulmasını ister istemez 420'de onu Teodosius ile tanıştırdı.

Athenais, babası Leontius'un kendisine sadece 100 altın bırakmasından ve erkek kardeşleri Gesius ile Valerius'un babalarından kalan mülkü onunla paylaşmayı reddetmesinden sonra adaleti sağlamak için Atina'dan Konstantinopolis'e gelen güzel bir genç kadındı. Leontius vasiyetinde, 'O şanslı olacak, hem de başka herhangi bir kadınınkinden daha iyisi'[638] yazmıştı. Pulkeria Athenais'ten etkilendi, Teodosius onu görünce ona delicesine âşık oldu! Athenais Hristiyan oldu, vaftiz annesi de Pulkeria oldu.

Vaftizinde adını Evdokia olarak değiştirdi.

Athenais'in babası Leontius, Atina'daki[639] retorik kürsüsüne atanmıştı; 'Athenais, büyük olasılıkla Atina'da, hatta belki İskenderiye'de de retorik ve edebiyat üzerine alışılmışın dışında ve seçkin düzeyde bir eğitim görmüştü. Öğretmenleri Mısırlı gramercilerdi: İskenderiyeli Hyperekius ve Tebesli Orion."[640] Eğitimi onun, Hristiyan ve İncil fikirlerini ifâde etmek üzere kullandığı Homeros literatürünü çok iyi kavramasını sağlamıştı.

Evdokia'nın, Teodosius'un uzun zamandır arkadaşı ve yoldaşı olan Paulinus tarafından zaten tanınıyor olması gayet mümkündür. Kardeşleri Gesius, Valerius ve dayısı Asklepiodotus Konstantinopolis'te yaşıyorlardı; Evdokia Teodosius ile evlendikten sonra yönetimde terfiler aldılar. Evdokia'nın Bizans sarayına girişinin ayrıntıları Kenneth Holum,[641] Lisa Gierlach-Walker[642] ve başka uzmanların araştırmalarında da gördüğümüz gibi, tam olarak net değildir. Muhtemelen Pulkeria'nın saray ve toplum üzerindeki etkisinden mutsuz olan pagan erkekler vardı. Buna göre Athenais'in kraliyet sarayına girişi sıradan bir romantik hikâye değil de, muhtemelen saraydaki paganların, oradaki atmosferi Grek ve pagan edebiyatı ve kültüründe usta bir kadını tanıtarak değiştirmek üzere yaptığı bir manevranın sonucuydu.

Evdokia, 7 Haziran 421'de II. Teodosius ile evlendi. Evliliklerinden bir yıl sonra, Teodosius'un merhum annesinin adını taşıyan Likinia Evdoksia (422) adında bir kız dünyaya getirdi. Evdokia, ilk çocuğunun doğumundan sonra 423'te augusta makamına yükseltildi. 431'de ölen ikinci çocuğu Flaccilla'yı ve bebekken ölen tek oğlu Arkadius'u doğurdu. Kızı Evdoksia, doğduğunda kuzeni Batı Roma İmparatoru Valentinianus ile nişanlandırıldı.

TÜRKİYE'DE HRİSTİYAN KADINLAR – TARİHÇE

Ekim 437'de Likinia Evdoksia ile Valentinian Konstantinopolis'te evlendi. Batı sarayı, düğünü kolaçan etmek için özel bir görevli gönderdi. Özel görevli Rufius Antonius Agrypnius Volusianus'tu, bir senatör ve eski bir valiydi, pagandı ve Hristiyan bir asetist olan Küçük Melania'nın amcasıydı. Melania da amcasının yanında olmak için Filistin'deki evinden Konstantinopolis'e gitmişti. Melania, Konstantinopolis'te düğünden sonra amcasına Hristiyanlığı kabul ettirmeyi başardı. Amcası Ocak 438'de aniden öldü, Melania kırk gün yas tuttu. Bu süre zarfında Evdokia ile Melania tanışıp arkadaş oldular. Bu dostluğun bir sonucu olarak Teodosius, Evdokia'nın Kutsal Topraklara hac seyahati yapmasına ve Melania'yı[643] manastırında ziyâret etmesine izin vermeye iknâ edildi. Görünüşe göre kadınların birlikte yaptıkları uzun konuşmalar, Evdokia'nın Hristiyan inancının daha derinleşmesini sağlamıştı. İmparatoriçelerle ilgili anlatılarda ilk kez kendi Hristiyan εὐσεβής'sının[644] bir ipucunu görüyoruz. Evdokia, iki[645] hacdan ilkini 483 yılının Şubat veya Mart ayında gerçekleştirdi. Sokrates Skolastikus bu haccın, Evdokia'nın Kutsal Yerlere gitmek ve kızının evliliğinden ötürü Tanrı'ya şükretmek üzere adağını yerine getirebilmesi için olduğunu açıklar.

Lisa Gierlach-Walker, Evdokia hakkındaki makalesinde Augusta'nın hem βασιλεία[646] (hükümranlık veya güç) hem de εὐσέβεια[647] (dindarlık) sahibi olduğunu anlatır. Teodosia'nın üç kadın akrabasının βασιλεία ile εὐσέβεια'larını farklı kullandıklarını öne sürer. Örneğin:

'Evdoksia gücünü saray duvarları içinde yüksek sosyeteyi eğlendirmek için kullanmıştı'... 'Pulkeria bunu tersine çevirdi ve sarayı daha çok bir manastıra dönüştürdü... Sarayın dışında nüfuzunu kullanarak ibâdethaneler, evsizler için sığınaklar kurdu ve manastır toplulukları için mâli destek sağladı. Evdokia'nın derinden Helen kültürü tarafından şekillendirilmiş yeni bir Hristiyan olarak girdiği imparatorluk câmiâsı böyleydi.'[648]

Evdokia Kutsal Topraklara giderken Antakya'yı ziyâret etti ve senatoya bir konuşma yaptı. Hitâbeti, her zamanki Homerosçu altılı dize ölçüsü stilinde yapılmış bir Antakya methiyesiydi. Sözler memnuniyetle karşılandı, ancak bu konuşmanın özellikle bir satırı akıllarda kalmıştı. Evdokia konuşmasının bir yerinde, "Sizin hem ırkınızdan hem de kanınızdan olduğumu iddia ediyorum"[649] demişti. Bu tek satır, doğrudan Homeros'tan alınmış satır, onun klasik Helen kültürüne bağlılığını gösteriyordu. Aynı zamanda Antakya halkıyla ve ortak kültürleriyle bağlantısını gösteren bir satırdı.

Buna karşılık şehir meydana onun bir heykelini dikti ve onu övgü yağmuruna tuttu. Karşılığında Evdokia, şehirdeki tüm insanlara şahsi servetinden yiyecekler alarak onları doyurdu. Bu yardımsever davranış onu diğer kraliyet hâmilerinden ayırdı:

> Pulkeria ve kendisinden önceki kraliyet kadınları ve hatta kraliyetten olmayan diğer kutsal kadınlar, şehirlerindeki yoksullara, dullara ve yetimlere yönelik hayırsever işlerle εὐσέβειαlarını gerçekleştirdiler, Evdokia şehrindeki tüm insanları doyurmak üzere servetinden verdi. Sınıfsal ayrım yapmadı; öylece verdi.[650]

Ancak Filistin'de "yabanî, okuma yazma bilmeyen Suriyeli bir başrahip"[651] olan Barsauma ile görüştükten sonra, herkese değil, yoksullara ve dışlanmışlara bağışta bulunmayı kabul etmişti.

Evdokia Filistin'e gitti, Sidon'da Melania tarafından karşılandı ve daha sonra onunla Zeytin Dağı'ndaki manastıra gitti. Evdokia, Konstantinos'un annesi Helena'yı çağrıştıracak şekilde, 15 Mayıs 438'de İskenderiyeli Kiril tarafından Aziz İstefanos Kilisesi'nin kutsanma törenine ve ertesi gün Melania'nın kutsal emanetleri tercüme ettiği büyük toplantıya katıldı.[652] Ant ettiği gibi, Kutsal Yerlerde ve özellikle Diriliş Kilisesi'ndeki Mesih'in boş mezarında dua etti. Oraya bir imparatoriçenin tüm şatafatıyla –yaldızlı arabası, kraliyet giysisiyle– gitti ama şöyle denildi: "Bir hizmetçi kız gibi, O'nun mezarının önünde diz çöktü, önünde bütün erkeklerin diz çöktüğü kadın."[653]

Holum, 'Evdokia'nın yolculuğundan, kendini gelecek dönemin Helenası kılmak üzere fayda sağladığını'[654] belirtir. Bu her ne kadar kendi çıkarı uğruna durumdan faydalanmak ve βασιλεία'sını büyütmek için sürdürdüğü bir 'güç oyunu' olsa da, Melania ve manastırda tanıştığı diğer kadınlarla yaptığı konuşmaların onun εὐσέβεια'sını geliştirdiği ve Filistin'den yeni ruhsal anlayışlarla ayrıldığı umulur. 439'da, beraberinde Barsauma pelerini ve ayrıca Aziz İstefanos'a ait başka kalıntılarla Konstantinopolis'e döner. Evdokia, Konstantinopolis'te iyi karşılanır, ancak dönüşünden kısa süre sonra saray entrikalarına karışır. Entrikalar, Evdokia'yı Teodosius'un Pulkeria'yı diyakonluğa atamaya iknâ etmesi için ele geçiren Krisafius tarafından başlatılmıştı; böylelikle Pulkeria augustalıktan ferâgat etmek durumunda kalacaktı.

443'ün başlarında Krisafius, görünüşe göre Evdokia'yı Teodosius'un kadim dostu Paulinus ile zina ilişkisi sürdürmekle suçladı. Teodosius

TÜRKİYE'DE HRİSTİYAN KADINLAR – TARİHÇE

suçlamalara inandı. Kısa süre içinde İmparatoriçe Evdokia, bir daha asla dönmemek üzere Kutsal Topraklara ikinci hac yolculuğuna çıktı. Paulinus Kapadokya'ya sürgüne gönderildi, ancak yaklaşık bir yıl sonra îdam edildi. Krisafius 450 yılının Mart ve Temmuz ayları arasında II. Teodosius'un gözünden düştü, böylece Pulkeria kardeşi Teodosius'un yanına dönebildi ve Teodosius ölmeden kısa süre önce 'güçlü Pulkeria etkisi'[655] ile yeni bir rejimin kurulmasında kardeşine yardımcı oldu.

Konstantinopolis'te bu entrika meydana gelmekteyken Evdokia Kutsal Topraklardaydı. Kocasının ölümünün ardından 10 yıl daha yaşadıktan sonra orada öldü. Yeruşalim'deki sürgün yıllarında aktif olarak βασιλεία'sını kullandı ve εὐσέβεια'sını geliştirdi.

Evdokia, yaşamının son on yedi yılını Yeruşalim'de geçirdi. Lisa L. Gierlach-Walker[656] ve Holum[657], oradaki hayatının bazı kilometre taşlarını kaydetmiştir. Yahudilerin dua etmek üzere kutsal yerlerine geri dönmelerine izin vererek βασιλεία'sını kullandı. Aynı kutsal yerler üzerinde hak iddia eden Hristiyan hacılar ve keşişler tarafından yerlerinden edilmişlerdi. Evdokia'nın Yahudi diasporasını Yeruşalim'e geri getirme hamlesi, Hristiyanlar arasında muhalefete yol açtı, ancak yerel yetkililerle birlikte çalışarak, inşâ ve hayır işlerine girişerek onları kendi tarafına çekmeyi başardı.

Evdokia'nın εὐσέβεια'sı, hacılar için hanlar inşâ ettiğinde, Aziz İstefanos Kilisesi'ni yeniden inşâ ettiğinde ve şehitlerin kemiklerini buraya getirdiğinde görüldü. Hem Hristiyanlara hem de Hristiyan olmayanlara karşı hayırseverdi. Melania gibi kadınlardan farklı olarak, çevresine diğer dindar kadınları değil, Yeruşalim'in aydınları olan dindar erkekleri toplamıştı.

Evdokia Yeruşalim'de geçirdiği yıllar boyunca kaleme aldığı birkaç Eski Antlaşma kitabında[658] kullanılan vezin ölçüsüne dair yorumlarını, Antakyalı Kyprian'ın hayatı hakkında bir şiirini, Yarmut Vadisi'nde bulunan Hamat Gader'deki hamamlarda taşa yazılmış kısa şiirini ve son olarak *Homerocentone*'lerini, klasik Helen eğitimini kullanarak yazmıştı. Bu yazmalardan sadece Aziz Kyprian'ın Şehitliği günümüze ulaşmıştır. *Homerocentones* uzmanları, metnin 3300 satırından kabaca 1000'inin Evdokia'ya atfedilebileceğine inanıyor.

Evdokia herhangi bir kutsal metin yorumu yazmadı, ancak *Homercentones*'inde kutsal yazı metnini yorumlamıştır. Her ne kadar kadınlar eğitim görmüşse de ve şiir yazmalarına izin verilmiş olsa da, Homeros dilini kullanarak şiir yazmaları nâmünâsip görülüyordu.

İlk kiliseler sürekli olarak kutsal yazı metinlerini kendi amaçları uğruna kullanan sapkınlıkla mücadele ediyordu ve Helenistik şiir biçimlerinin kullanılmasının kutsal yazılarda anlatılan inancının kaybolmasına yol açabileceğinden korkuluyordu.

Jerome ve İreneus gibi Kilise Babaları, Müjdeleri veya diğer kutsal yazı materyallerini yorumlamak için *Homerocentones* gibi yazıları kullanmanın, Hristiyanların Grek kültürünü benimsemelerine ve Müjde'nin özünü kaybetmelerine neden olabileceğinden korkuyorlardı. 'Jerome, diğer Ortodoks Kilise babaları gibi, Müjde'nin hikâyesine fazladan kanonik yazı eklenmesini onaylamadı'.[659]

On dokuzuncu yüzyıl İngiliz şairi Elizabeth Barret Browning, Evdokia'nın, 'Homeros'un cevherini birer birer yerden yere vurduğunu' söyledi ve bunu yapma tarzı hakkında 'çok fazlaydı ve niyeti geri tepti'[660] diyerek eleştirdi. Günümüze ulaşan *Homerocentones*'lerden biri kutsal metindeki yaratılış hikâyesiyle ilgilidir. Bu şiir, Tanrı'nın yaratma eylemini çok canlı anlatır.[661] Lisa Gierlach-Walker, Evdokia'nın *Homerocentones*'inin müjdeyi iletmede etkili olduğunu düşünüyor:

> Evdokia... Kutsal Yazıları açıklamak için Homeros'u, İncil hikâyesini anlatmak için ilk kiliselerin geleneğini maksimum ölçüde kullanır... onun teolojisi, onun *Homerocentones*inde inandırıcı derecede ortodokstur. Yaratılış ve düşüşle başlayan Müjdeyi ustalıkla anlatmış ve Mesih'in kurban oluşu sayesinde Tanrı'nın lütfuyla insanlığın kurtulduğunu göstermiştir. Evdokia, ilk dönemin Hristiyan kilisesi ile İyi Haber'i Homeros'un dilinde birleştirmek için, Elçilerin İman İkrarı ve Didake'nin rehberlikleriyle birlikte Kutsal Yazıları kullanır. Evdokia, çok açık ifâdelerle, Mesih'in önceden var oluşunu ve Baba ile Oğul arasındaki etkileşimi ilân eder, böylece çeşitli sapkınlıkları bertaraf eder. Jerome'un doktrin ile paganlık ifâdelerinin birleştirilmesine dair endişesi, Evdokia'nın yazılarında sergilediği ortodoksluğun derinliğini öngörememiştir.[662]

Gierlach-Walker bu sonuca bir yirmi birinci yüzyıl ilâhiyat öğrencisi olarak varmıştır. Kendisi Jerome, İreneus ve diğerleri gibi sapkınlıkla ve kilise konsilleriyle savaşmak durumunda kalmamıştır. Bugün yirmi birinci yüzyılda, İncil gerçeğini ifâde etmek üzere müjdeyi kültürün sanatsal biçimlerini kullanarak söz konusu kültüre uyarlamaya herhalde çok daha açığız.

Gierlach-Walker şuna kanaat getiriyor:
> Evdokia, büyük olasılıkla, şehir ve saray içindeki gelenekçilere destek ve güven verebilecek bir pagan olduğundan dolayı kraliyet ailesinin içine yerleştirilmişti. Teodosius ailesi ondan Helen kültüründen uzaklaşmasını ve yeni Hristiyan inancını tamamen benimsemesini beklemişti. Gerek gelenekçi gerek Hristiyan olsun iki grup da Evdokia'nın pagan ve akademik geçmişini Hristiyanlığıyla benzersiz şekilde biraraya getirmesini beklemiyordu. Fakat o direndi ve pagan köklerini Teodosius hânesinin yeni Hristiyan dünya görüşüne entegre etmenin eşsiz bir yolunu buldu. Evdokia, paganlıktan Hristiyanlığa ve ardından sapkınlıktan[663] ortodoksluğa, yaşamı süresince ve debdebeli 5. yüzyıl Roma İmparatorluğu boyunca ilerlemeyi başarmıştı.[664]

Bu üç güçlü kadının üçü de imparatoriçeydi; güç[665] sahibiydiler ve kültürlerine, mevkilerine ve kişiliklerine göre dindarlıklarını[666] anlamlı yolla ifâde etmeye çalışıyorlardı. εὐσέβεια'larını sürdürme kaygısı ile βασιλεία'ları arasında herhalde bitmeyen bir gerilim oluyordu. Bizans imparatorunun İsa'nın yeryüzündeki temsilcisi olduğuna inanıyorlardı. İmparator rahip değildi, fakat bir rahip gibiydi, rahipler ve diyakonlarla birlikte kilisenin En Kutsal Yerinde komünyon alma ayrıcalığına sahipti. Augustaya, yani imparatoriçeye yönelik buna benzer bir inanış yok gibi görünüyor. Buna en yakını, Pulkeria ve kız kardeşlerinin kendilerini Kutsal Bâkire Meryem ile bir tutmalarına yönelik olanıydı ve bu inanışın bu kadınların cemiyetindeki ve Kalkedon Konsili'ndeki tavırlarında etkiye yol açmasına izin vermeleriydi. Teodosius'un karısı Evdokia da, Helenci eğitimini İncil'deki gerçeği ve hikâyeleri Helenci yoldan ifâde etmek için kullanmıştı.

Teodora (527-548)

İmparatoriçe Teodora, İmparator Justinianus ile birlikte yirmi bir yıl hüküm sürdü. Her ikisinin de mütevâzı geçmişleri vardı. (Portreleri bugün İtalya'nın Ravenna kentindeki San Vitale Kilisesi'nde görülebilir.) Justinianus (482-565) bir Balkan köyünde doğdu; o zamanlar imparator olan amcası Justinus'un daveti üzerine Konstantinopolis'e geldi.

Justinianus Konstantinopolis'te eğitim gördü, amcası onu evlat edindi. Justinianus Teodora ile evlendikten sonra onunla ortak hükümdar oldu. Teodora geçmişi şaibeli görülen bir ailede doğdu. Norwich, 'babası ayı bakıcısıydı... annesi sirk göstericilerindendi... ve henüz çocukken ablasıyla sahneye çıkıyor, kaba komedi, fars ve vodvil oynuyordu.'[667] Ailece Konstantinopolis'te yaşıyorlardı ve Konstantinopolis halkı tarafından desteklenen iki rakip savaş arabacıları grubu Yeşiller ile Maviler arasından Yeşil fraksiyonun destekçileriydiler. Teodora'nın babası öldüğünde, üvey babası Mavi fraksiyon tarafından istihdam edildiğinden, aile Maviler'i desteklemeye başladı. O andan itibaren Teodora, Justinianus gibi Maviler'in destekçilerinden oldu.

Teodora'nın nerede doğduğu konusunda çeşitli fikirler vardır, ancak tarihçiler arasında görüş birliği pek bulunmaz. Teodora, on altı yaşında Hecebolus adlı Suriyeli bir memurun kapatması olarak Kuzey Afrika'ya gitmiştir.[668] Dört yıl onunla kalmış, şiddetin yaşandığı bir münâkaşanın ardından oradan ayrılmış ve İskenderiye üzerinden Konstantinopolis'e dönmüştür.[669] İskenderiye'de bir Miafizit olan Patrik III. Timoteos'la tanışmış olmalı ki kendisinin Miafizit Hristiyanlığa geçişi tahminen o sıralar olmuştur.[670] Doğu'nun Ortodoks Kiliseleri Miafizitti. Miafizit Hristiyanlar, Mesih'in tek bir doğaya sahip hem ilâhî hem insan olduğuna inanırken, Monofizit Hristiyanlar, Mesih'in tek bir doğası olduğuna ve bunun da ilâhî olan doğa olduğuna inanırlar. Bununla birlikte, Miafizit ile Monofizit arasındaki ayrım her zaman yapılmaz ve Kalkedon Konsili'nden çıkan bildiriye karşı çıkanlara çoğunlukla Monofizit denir.[671] Diofizitçilik terimi, Kalkedon Hristolojisini, yani Mesih'in hem insan hem de ilâhî[672] doğaya sahip olduğunu tanımlamak için kullanılır. Justinianus bir Kalkedon olmasına rağmen, Teodora evlilik yaşamları boyunca bir Miafizitti ve Doğu Roma İmparatorluğu sınırlarındaki diğer şehirlerden sürgün edilmiş keşişleri ve din adamlarını destekledi ve barındırdı.

Justinianus Teodora'yla büyük ihtimalle imparator vekili olmadan önce Maviler'den destek görmeyi garantilerken tanışmıştı.[673] Norwich, tanıştıkları zamanla ilgili şunları söylüyor:

> Teodora artık otuzlu yaşlarının ortasındaydı, her zamanki gibi güzel ve zekiydi ve önceki yıllarda gözle görülür biçimde noksanlığı fark edilen tüm bilgeliğe ve olgunluğa sahipti. Bir anda büyüsüne kapıldı ve kısa sürede de kölesi oldu. Onu

TÜRKİYE'DE HRİSTİYAN KADINLAR – TARİHÇE

metresi yaptı, bebekliğinde ölen bir çocuğun da babası oldu... onu karısı yapması gerektiğinde kararlıydı.[674] Justinianus'un Teodora ile evlenmesi ilk başta daha önce oyuncu olduğu için engellendi. Kanunlara göre senatörlerin ve yüksek rütbelilerin aktrislerle evlenmeleri yasaktı. Ayrıca, Justinianus'un hâlihazırdaki karısı olan imparatoriçe, kendisi de alt tabakadan olmasına rağmen evliliğe karşıydı. İmparatoriçe öldüğünde Justinianus, amcası İmparator Justinius'u 'yüksek saygınlık atfedilmiş emekli aktrislerin sevdikleriyle evlenmelerine' izin veren bir kanun çıkarmaya iknâ etti. 525'te Justinianus Teodora ile evlendi; 4 Nisan 527'de Teodora ile Justinianus eş hükümdar imparatoriçe ve imparator ilân edildiler. 1 Ağustos 527'de İmparator Justinius öldü ve Justinianus ile Teodora kendilerini Bizans İmparatorluğu'nun tek ve en yüksek hükümdarları olarak buldular. 'Justinianus'un ısrarıyla, onun yanında hüküm sürecekti, kararlar alacaktı ve onun adına adımlar atacaktı ve devletin en önemli işlerinde kocası onun danışmanlığından faydalanacaktı.'[675]

Ocak 532'de yetkililer, Nika isyânı sırasında avam takımı üzerindeki kontrolünü kaybetti. İmparator ile danışmanları, Teodora araya girip onlara fikrini anlattığı sırada kaçmaya hazırlanıyorlardı:

> Efendiler, şu anki durum, bir kadının bir erkeğin meclisinde konuşmaması gerektiği âdetine uymama izin vermeyecek kadar ciddi. Çıkarları olağanüstü tehdit altına alınanlar, sadece en hikmetli adım üzerinde düşünmelidir, âdetleri değil. Bence, bizi emniyete alacaksa bile, kaçış doğru bir adım değil. Bu dünyada doğmuş bir insanın ölmemesi mümkün değildir; fakat hüküm sürmüş birinin kaçak olması tahammül dışıdır. Bu mor kaftandan asla mahrum kalmayayım ve benimle tanışanların bana imparatoriçe demediği günü asla görmeyeyim! Siz kendinizi kurtarmak istiyorsanız, efendiler, zor değil. Bizler zenginiz; işte deniz, işte gemiler. Yine de bir an için düşünün, güvenli yere bir kaçtığınızda, öyle bir güvenliği memnuniyetle ölümle değiş tokuş etmez misiniz? Bana gelince, kraliyet morunun en soylu kefen olduğu vecîzesine katılıyorum.[676]

Bu konuşma, Justinianus ve danışmanlarını kaçmamaya ve hipodromda ayaklananları katletmek üzere ordu göndermeye iknâ etti. O gün ordu 30.000'den çok isyancıyı katletti, önceki imparatorun hayatta kalan iki oğlu da îdam edildi. Barış yeniden sağlandı, fakat bunun bir bedeli vardı.

Teodora'nın çığır açan konuşması Prokopius tarafından 'Savaşlar Tarihi'nde kaydedildi. Altıncı yüzyılın Bizans baş tarihçisi olan Prokopius[677] (ykl. 500 – ykl. 565), Savaşların Tarihi'ni, Justinianus'un Binaları'nı ve Gizli Tarih'i yazdı. 545'te tamamlanan *Savaşlar Tarihi*'nde Teodora, Justinianus adına tahtı kurtaran cesur ve ilham verici bir imparatoriçe olarak tasvir edilir. *Justinianus'un Binaları* Justinianus tarafından yazdırılmıştır; Teodora'nın güzelliği, dindarlığı ve çiftin hükümdarlıkları sırasında başardıkları her şey parlatılarak anlatılır. Justinianus'un ölümünden sonra yayımlanan *Gizli Tarih*'te Prokopius, Teodora ve Justinianus'un yönetimi altındaki yaşamı iğneleyici bir anlatımla aktarır. Şayet kitap Justinianus hayattayken yayımlanmış olsaydı, yazılanlardan ötürü ıstırap çekerdi. Prokopius, Binalar'ı ve Gizli Tarih'i yaklaşık aynı tarihlerde yazdı.

Nika isyânının ertesinde olanlara dönecek olursak, isyandan sonra Konstantinopolis harabeye dönmüş, Justinianus restorasyon programı başlatmıştı. Yeniden inşâ edilecek yapılardan en bilineni Kutsal Hikmet[678] Kilisesi'ydi. Çalışma 23 Şubat 532'de başladı ve kilise 563'ün Noel Arifesinde yeniden kutsandı.[679] Silentiarius[680] Pavlus kilisenin görünüşünden övgülerle bahseden bir şiir yazdı: '... birbirine bitiştirilmiş sayısız küçük altın kareler[681] ile kaplanmış. O parıldayan altından ışın huzmesi ırmağı aşağı akıyor ve adamın o kadar gözünü alıyor ki güç bela bakılabiliyor. Sanki baharda her dağı doruğuna değin yaldızlayan gün güneşinin yansımasına bakıyorsunuz.'

Hükümdarlığı sırasında Teodora'nın temel sosyal haklardan mahrum kadınlara yardım ettiği ve 'fuhuşa satılan kızları onları özgür bırakmak ve gelecekleri için imkân sağlamak üzere' satın aldığı biliniyordu.[682] Genelevleri kapattı ve kadın pazarlamayı suç haline getirdi. Çanakkale Boğazı'nın Asya yakasında Metanoia (Tövbe) adı verilen ve eski fahişelerin kendi geçimlerini sağlayabilecekleri bir manastır kurdu.[683] Prokopius, Binalar[684] kitabında anlattığı gibi Teodora'nın zorla fahişelik yaptırılmayı önlemek yerine, Gizli Tarih kitabında[685] 500 fahişeyi 'toplatıp' bir manastıra kapattığına dair bilgiyi de aktarır. Kadınlar sonrasında bu 'istenmeyen dönüşümden' kurtulmak üzere duvarların üzerinden atlayarak kaçmaya çalışmışlardır.

Justinianus, kadınlara boşanmada haklar ve mülk sahipliği tanıyan, tecavüze ölüm cezası getiren, istenmeyen bebeklere mâruz kalınmasını yasaklayan, annelere çocukları üzerinde veli olarak bazı haklar veren ve zina eden kadının öldürülmesini yasaklayan kanunlar çıkarttı. Bu yasal reformlara

TÜRKİYE'DE HRİSTİYAN KADINLAR – TARİHÇE

kendisinin müdâhil oluşu kaydedilmemiş olsa da,[686] Prokopius Savaşlar'da, Teodora'nın talihsiz kadınlara yardım etmeye doğal meylinden bahsetmiştir, Gizli Tarih'e göre de, kocaları tarafından zina ile suçlanan kadınlara davalarında destek olmuştur.[687]

Teodora saray seremonisi konusunda titizdi. Prokopius'a göre,[688] imparatorluk çifti, patrikler de dâhil olmak üzere tüm senatörleri, ne zaman huzuruna girseler, önlerinde secde ettirdiler ve yöneticilerin savaşabilecek sivillerle ilişkilerinin efendi köle ilişkisinden öteye gitmemesini kesin olarak salık verdiler. Hükümet yetkilileri bile yoğun zaman ve çaba harcamadan imparatoriçeye yaklaşamazlardı. Hizmetçi muamelesi görürler ve günlerce küçük, havasız bir odada bekletilirlerdi. Sonunda çağrıldıklarında, büyük korku içinde imparatoriçenin huzuruna girerler ve mümkün mertebe çabuk çıkarlardı. Saygılarını yüzüstü yatar halde dudaklarını onun ayaklarının üstlerine dokundurarak gösterirlerdi. İsteklerini ancak Teodora kendilerine konuşma izni verirse bildirebiliyorlardı. Sanki hükümet yetkilileri onun kölesiydi, o da onların köle efendisiydi.[689]

Teodora İskenderiye ziyâretinden sonra Monofizit[690] Hristiyanların sağlam bir destekçisi olmuştu.

Monofizit patrik Anthimos'u on iki yıl boyunca şüphe çekmeden kendi mahallesinde sakladığı söylenir; hikâye kesin uydurmadır, fakat anekdot, imparatoriçenin makamına aitmiş gibi görülen gizem ve entrikanın boyutunun ve gizliliğin herkesin gözünde ne ölçüde olduğunu aktarması bakımından açıklayıcıdır.[691]

Teodora Anthimos'a barınma sağlamanın yanı sıra, Saykai'de[692] bir Miafizit manastırı kurdu ve sekiz Miafizitçi episkopos gibi Konstantinopolis'e davet edilen Miafizit önderleri, imparatoriçe ve imparator olmalarından önce Justinianus'la birlikte ikamet ettiği Hormisdas Sarayı'nda ağırladı ve sarayda barınmalarını sağladı. İmparator III. Timoteos öldüğünde Teodora'nın, bir Monofizit olan Teodosius'un tahta çıkmasını kolaylaştırmak amacıyla augustus prefekti olan Dioskorus'tan ve Mısır dükü Aristomakhos'tan yardım aldığı, böylece patrik olarak Kalkedonlu bir halefi seçme niyetinde olan Justinianus'u alt etmeyi umduğu söylenir. Teodora'nın planı başarısız olur ve İskenderiyeli Miafizit patrik I. Teodosius diğer 300 Miafizitle birlikte Justinianus tarafından Trakya'ya sürülür; Teodora oradan patriği kurtarır ve onu kendi himâyesinde yaşamak üzere Hormisdas Sarayı'na getirtir. Patrik, Teodora'nın 548'de ölümünden sonra Justinianus'un himâyesi altında yaşamaya devam edecektir.

543'te Mısır'ın güneyinde bir krallık olan Nübye,[693] Miafizit Hristiyanlığı[694] kabul eder. Justinianus onlara Kalkedon Hristiyanlığını benimsetmeye kararlıdır, ancak Teodora Miafizit olmaları gerektiğine karar vermiştir. Justinianus, Kalkedon misyonerlerinin Nübye Kralı Silko'ya hediyelerle gitmelerini sağlar. Bunu duyan Teodora kendi misyonerlerini hazırlar ve Miafizit misyonerlerin önden varıp krallığı kazanması için Kalkedon misyonerlerini geciktirir.

Her nasılsa Teodora ile Justinianus, İsa'nın doğası hakkında farklı inanışlara sahip olabilmişlerdi, hatta Justinianus Teodora'nın ölümünden sonra da Teodora'nın himâyesine aldığı Miafizit din adamlarını korumaya devam etti. Tahminen ikisi kiliseye birlikte gidiyorlardı ve bir şekilde aralarındaki farklılığı kabul etmişlerdi. Bunu nasıl başardıkları veya aralarındaki görüş ayrılıkları hakkında herhangi bir tartışma yaşanıp yaşanmadığı konusunda herhangi bir veri bulunmamaktadır.

Garland, Teodora'yla ilgili şunları söylüyor:

> Pek çok imparatoriçe gibi, onun da en büyük faaliyet alanlarından biri din ve hayır işleriydi, ancak bir farkla; Teodora'nın dini tartışmalara yoğun ilgisi vardı ve sağlam bir Monofizit taraftarıydı... Buna karşın bağnaz değildi: Ortodoks Aziz Sabas 531'de sarayı ziyâret ettiğinde, kendisi de Justinianus gibi asetist çöl azizlerine gösterilen rutin saygı hareketiyle onun önünde yüzüstü yere kapandı ve bir çocuk için dualarını istedi.[695]

Teodora'nın βασιλεία[696] (saltanat veya güç) ve εὐσέβεια[697] (dindarlık) tutumlarına gelecek olursak... Justinianus'la birlikte βασιλεία'sını hayat kazandıran ve kadınların yeniden evlenmeleri, fuhuş, tecavüz, çocukların velâyeti, boşanma ve miras gibi sorunlarına değinen kanunları yazmak ve yürürlüğe koymak için nasıl kullandığını görebiliriz. Fakat yetkilileri küçük, havasız bir odada saatlerce bekletmesi, onun βασιλεία'sını kesinlikle kötüye kullandığının göstergesidir. Başkalarına karşı tutumları εὐσέβεια'sı tarafından mı belirleniyordu, yoksa kendi yolundan gitme, imparatoriçe konumunu güç ihtiyacını tatmin etmek üzere kullanma arzusu tarafından mı? Elimizde Teodora veya ona yakın biri tarafından onun motivasyonları hakkında bize fikir verebilecek yazılı hiçbir belge yoktur. Mevcut tek şey

TÜRKİYE'DE HRİSTİYAN KADINLAR – TARİHÇE

Teodora ile Justinianus'a dair oldukça kötüleyici, olumsuz bir bakış açısı sunan Prokopius'un *Gizli Tarih* kitabıdır.

İkona Karşıtlığı (711-843)[698]

Grekçe 'eikon klao' kelimelerinin birleşiminden oluşan kelimenin tam anlamı 'ikonların parçalanması'dır. İkonaklazm doktrini Monofizitçilikten çıkan bir fikirdi; monofizitler, Mesih'in yalnızca ilâhî doğaya sahip olduğuna, bunun da Mesih'in, yani ilâhî figürün, iki veya üç boyutlu bir temsilinin sunumunu imkânsız kıldığına inanıyordu. İkona karşıtlığını başlatan İmparator Leo[699] Suriyeli'ydi, dolayısıyla ilâhî olanın kutsal ve seküler temsiline karşı çıkan Müslüman düşüncesinden etkilenmiş olabilir. Kendisi ayrıca yakın tarihte uğradığı askerî yenilgileri, ibâdette bu görsellerin kullanılmasına izin verdiği için Tanrı'nın cezalandırması olarak yorumlamıştı.

Norwich, '... yüzyılın başından itibaren ikonalar kültü gittikçe kontrolsüzleşti, kutsal resimlere açıkça tapınıldı... ve hatta bazen vaftizlerde vaftiz anneliği babalığı görevini görme noktasına kadar geldi'[700] diye belirtmiştir. Küçük Asya'daki birkaç episkoposun bir ikonaklast bildirgesi benimsemelerinin ve şimdi fikirlerini imparatorluğun her bir köşesine değin yayma niyetinde olmalarının nedeni, bu apaçık putperestlik vakasıydı.

Teodosia

Teodosia zengin bir Konstantinopolisli ailenin kızıydı. Kimsesiz kalınca Konstantinopolis'teki Azize Anastasia Manastırı'nda yaşamaya başladı. Manastıra girdiğinde, Mesih'e olan bağlılığının ve zühdî bir yaşam sürme arzusunun göstergesi olarak servetini bağışladı.

O dönemde İmparator Leo ikonaklazmı desteklemeye başlamıştı. Leo 726'da Halki'nin[701] bronz kapılarının üzerindeki İsa'nın altından ikonasını yok etmesiyle ikonlara karşı seferberliğe girişmiş oldu. Halk hemen tepki gösterdi; yıkımdan sorumlu bir görevli, bir grup kadın tarafından saldırıya uğradı ve olay yerinde öldürüldü. Teodosia, saraya koşup askerin üzerinde durduğu merdiveni indiren kadınlardan biri olabilir. Teodosia'nın hikâyesinin başka bir versiyonunda, askerlerin Teodosia'nın yaşadığı Anastasia Manastırı'nın kapısı üzerindeki bir ikonayı kaldırmaya geldiklerinde Teodosia'nın kendi ölümüyle tanıştığı söylenir. Bu veya buna benzer yerlerden birinde Teodosia ikonaları indirilmekten ve yok edilmekten korumaya çalışırken hayatını kaybetmiştir.

Teodosia azize ilân edildi ve 29 Mayıs anma günü olarak belirlendi. Dualardan birinde, Dördüncü Makamla okunan Konstantinopolisli Bâkire Şehit Teodosia'nın Apolytikionu'nda şöyle denir:

> Ey Rab İsa, Senin kuzun Sana yüksek bir sesle haykırıyor: Ey damadım, sevdiğim Sensin; ve aradığım Sensin, şimdi tanıklık ediyorum ki Senin vaftizinle çarmıha gerildim ve gömüldüm. Senin uğruna ıstırap çekiyorum ki Seninle hüküm sürebileyim; Senin uğruna ölürüm, öyle ki Sende yaşayayım; Sana duyduğu hasretle sunulan beni lekesiz bir kurban olarak kabul et. Rabbim, onun şefaatleriyle ruhlarımızı koru, çünkü Sen merhameti büyük olansın.[702]

Bu dua hem Teodosia'nın motivasyonunu hem de Tanrı'ya duyduğu sevgiyi açıkça gösterir; bu ikisi onun ikonaların ibâdette kullanımını desteklemeye koşa koşa gitmesinin sebepleri olmalı.

Azize Teodosia'nın ikona karşıtlığına karşı çıkma cesareti nedeniyle, günümüzde Gül Câmi[703] olarak bilinen bir kilise ona adanmıştır. Konstantinopolis'in Osmanlı kuvvetleri tarafından ele geçirilmesinden hemen önce, Azize Teodosia Kilisesi, Azizler Günü'nü kutlamak üzere güllerle süslenmişti. Askerler kiliseye girdiklerinde hâlâ orada duran gülleri gördüler, bu yüzden câmiye dönüştürüldüğünde oraya Gül Câmi adı verildi.

İkonaklazm dönemi, İmparatoriçe Teodora tarafından 843'te sona erdirilene kadar devam etti. İmparatoriçe İrini'nin, oğlu Konstantinos'un (775-802) nâibi olarak hüküm sürdüğü sırada, ikona karşıtlarının susturulduğu ve kilisenin bir kez daha ibâdette ikonaların kullanımını desteklediği kısa bir dönem oldu. İmparatoriçe İrini ile oğlu İmparator Konstantin, görüşmelerin aşağıdaki konular üzerinde anlaşılarak sona erdiği ikinci İznik Konseyi'ne başkanlık etti:

> Kutsal ve hayat veren haç her yerde bir sembol olarak bulundurulduğundan, ayrıca İsa Mesih'in, Bâkire Meryem'in, kutsal meleklerin ve hatta azizlerin ve diğer dindar ve kutsal adamların görsellerinin de kutsal kaplar, duvar halıları, giysiler vb. yapılar üzerinde somutlaştırılmış halde kiliselerin duvarlarında, evlerde ve kolayca görülebilen bütün bariz noktalarda, yol kenarlarında ve her yerde, bunları görebilen herkesin saygılarını sunabilmesi için sergilenmesi gerektir. Çünkü onlar üzerinde ne kadar derin düşünülürse, temsil

TÜRKİYE'DE HRİSTİYAN KADINLAR – TARİHÇE
ettikleri şahıslara dair yoğun anılarına o kadar çok yönelirler. Bu sebeple, onlara yoğun ve hürmetkâr saygıları sunmak câizdir, ancak inancımız uyarınca, yalnız ve yalnız İlâhî Varlığa ait olan gerçek tapınmayı bunlara yöneltmek câiz değildir; çünkü görsele yönelik yapılmış onurlandırma onun temsiline yönelik olur ve görsele kim hürmetini göstermiş olursa onda temsil edilenin hakîkatine hürmet etmiş olur.[704]

Öneri, bir ikonanın ibâdet edilenin bir temsili olduğu, bizzat ikonaya ibâdet edilmeyeceği yönündedir. Belirtmekte fayda var ki, 'Protestanların pek çoğu, Fransız reformcu John Calvin gibi, putperestliği teşvik ettiğine inandıkları bu konsilin kanonlarını reddeder. Kendisi, hürmet (douleia, proskynesis) ile tapınma (latreia) arasındaki ayrımı 'İncil karşıtı safsata' olduğu gerekçesiyle reddetmiş ve 'görsellerin dekoratif kullanımını' bile kınamıştır.'[705]

İmparatoriçe İrini'nin tahttan indirilmesinden sonra, ikonaklazm yeniden ele alındı ve Teodora tarafından 843'te, İmparatoriçe İrini tarafından 787 yılında toplanmış Yedinci Ekümenik Konsil'in kararlarını onaylamak üzere, bir Kilise Konseyi'nin toplanmasıyla sona erdirilene kadar devam etti. İmparatoriçe Teodora kocası İmparator Teofilus öldükten sonra iki yaşındaki oğlunun nâibi olarak hüküm sürdü. Teofilus bir ikona karşıtıydı, fakat İmparatoriçe Teodora ikona taraftarıydı. Augusta olarak ikonaklazma son verme gücüne ve fırsatına sahipti. Bunu amcası Sergius Niketiates, erkek kardeşi Bardas ve Posta Nazırı Teoktistus'un yardımıyla yaptı.

Ortodoks Kilisesi'nde ikonaların yeniden kullanılmaya başlanması, 11 Mart'ta Konstantinopolis'teki Kutsal Hikmet Kilisesi'nde[706] kutlandı. O gün Oruç Devresi'nin ilk pazar günüydü; günümüzde halen Doğu Ortodoks Kilisesi tarafından ikonaların yeniden kullanımı anısına Ortodoksluk Bayramı olarak kutlanan bir gündür. 843'teki o ilk ibâdette ikonalar omuz hizâsında kiliseye taşınmış, diğer kiliselerde de tekrar ortaya çıkarılmaya başlanmıştır.

İmparatoriçe İrini hükümdarlığı sırasında Pavlusçuların zulmüne göz yumdu. Pavlusçular 'kurumlaşmış (bebekken) vaftiz, evlilik, Efkaristiya, haç işareti uygulamalarını, Eski Ahit'in tamamını, Yeni Ahit'in oldukça büyük bir kısmını ve kilise hiyerarşisini tümden reddeden[707] ikona karşıtlarıydı.' Manişeist[708] ve agnostiklerdi. 'İyi ile kötünün iki karşıtlığı ilkesine inanıyor, maddi dünyayı şeytanın bir eseri olarak kabul ediyorlardı; İsa'nın tek doğası vardı, yani onlar Monofizitlerdi, bu dünyaya hiçbir şey borçlu değildi; Annesine gelince, o, içinden 'su geçen boru gibi' akıttığı ilâhî töz için yalnızca fiziksel bir kap görevi görmüştü.'[709] Pavlusçulara hatalarını ölüm acısı çekerken ikrar etmeleri için bir ültimatom verilmişti. Sonuç olarak, 100.000 kişi katledildi, kalanlar Bizans sınırından Müslüman topraklarına kaçtı. Bu insanların Bizans İmparatorluğu içinde yaşamalarına izin verilseydi, sınır bölgesinde gelecekte yaşanacak Müslüman akınların lehine bir savunma hattı oluşturabilirlerdi. Katliam inanışlarına son vermelerini sağlamayacaktı; Bulgaristan ve Bosna Bogomilleri'nde ve Languedoc'tan çıkan Katharcılıkta da benzer inanışlar görülecekti.

20 Kasım 855'te İmparatoriçe İrini'nin saltanatı sona erdi. Eş hükümdarı Teoktistus, İrini'nin kardeşi Bardas ile oğlu Mihail tarafından düzenlenen bir saray darbesinde öldürüldü. Başlangıçta İrini gücünden, βασιλεία'sından yoksun bırakılmış halde, 'acılık ve affetmezlik'[710] içinde sarayda yaşamaya devam etti. Nihayetinde o ve kızları bir manastıra gönderildi. Peki ya onun εὐσέβεια'sına n'oldu? 867'de oğlu Mihail öldürüldü ve Makedonyalı Basileios imparator oldu.

İmparatoriçe Teodora ile İrini, değişim yaratmak için güçlerini (βασιλεία) dindarlıkları (εὐσέβεια) aracılığıyla kullanmaya motive olmuş iki önemli ikona karşıtıydı. Kendi dönemlerindeki kilisenin hayatını değiştirmek ve etkilemek üzere Bizans hükümdarları olarak güce sahip olma ayrıcalığına eriştiklerini pekâlâ hissediyor olmalıydılar.

Kassiani (810–865), Başrahibe, Konstantinopolis

Kassiya, Kasia veya İkasia olarak da bilinen Kassiani,[711] varlıklı bir Konstantinopolisli ailede doğdu, eğitimli bir kadındı. Kendisi bir çocuk ikrarcıydı, ikonaklazmın son dönemlerinden bir ikona savunucusuydu ve oldukça üretken biçimde ilâhiler ve dini olmayan şiirler bestelerdi.

Bizans'ta, genç bir imparator veya bir imparatorun oğlu için bir gelin seçmek üzere 'güzellik yarışması' düzenleme geleneği vardı. Güzellik yarışmasını çoğunlukla müstakbel damadın annesi düzenlerdi. İmparatorluğun her yerinden kadınlar davet edilirdi. 788'de VI. Konstantinos için, 807'de Staurakios için, 830'da Teofilus için, 855'te III. Mihail için, 881'de VI. Leo için ve Krisobalantonlu Azize İrini'nin hayatının hikâyesinde belirtilen biri daha için düzenlenmişti. 830'da Teofilus Kassiani ile tanıştı, fakat Teodora'yı seçti; 855'te III. Mihail'e Dekapoloslu Evdokia verildi ve 881'de İmparator I. Basileios, oğlu VI. Leo için Teofano'yu seçti.

TÜRKİYE'DE HRİSTİYAN KADINLAR – TARİHÇE

Mayıs 830'da Kassiani, İmparator Teofilus'a[712] eş bulmak üzere düzenlenen bir güzellik yarışmasına katıldı. Edward Gibbons, etkinliğin şu tarifini bir Bizans tarihçesinden tercüme etmiştir:

(Teofilus) Elinde altın bir elmayla yarışan iki güzellik arasında yavaşça yürüdü; gözü, Kassiani'nin cazibesine kapıldı ve ilk beyânın verdiği acemîlikle, prensin fikrini paylaştığı tek şey, kendi dünyasında kadınların pek çok kötülüğe vesile olduğu oldu [yaratılmış ilk kadın ve adamın günaha düşmesinin sebebi olan Havva'ya atıfta bulunuyordu]. "Pek tabii, efendim," diye kıvrakça yanıtladı kadın [Kassiani], "aynı şekilde pek çok iyiliğe de vesile oldular" [kadının kurtuluşunun sembolü olan Meryem Ana'ya atıfta bulunuyordu]. Bu yersiz nüktedanlık, imparatorluk âşığının hoşnutsuzluğuna yol açtı; tiksintiyle öbür yana döndü; Kassiani yaşadığı aşağılanmayı bir manastırda gizledi ve Teodora'nın mütevâzı sessizliği altın elma ile ödüllendirildi.[713]

Bu olayda Kassiani, kadın cinsiyeti adına zekâsını, dehâsını ve savunuculuğunu sergilemişti.

Kassiani güzellik yarışmasına gitmeden önce Konstantinopolis'teki Studios Manastırı'nın başrahibesi Teodore (759-826) ile yazışmıştı.[714] Başrahibe Teodore, Kassiani'nin adanmış inancını ve keskin teolojik zekâsını metheti.[715] Güzellik yarışmasından bir süre sonra Kassiani bir manastıra girdi ve 843'te Studios topluluğunun yakınındaki bir tepe olan Kserolofes'teki[716] bir manastırın başrahibesi oldu. Kassiani'nin ilâhilerinden bazılarının günümüze ulaşması ve onun adını taşımaları, büyük ihtimalle Başrahibe Teodore ve Studios Manastırı topluluğuyla bağlantısı sayesinde olmuştur. İlâhileri Studios'un Skriptoriumu tarafından kabul edildi ve sonraları Triodion ve Menaion haline gelen metinlere dâhil oldu.[717]

Kassiani, İsa'nın ölümünden kısa bir süre önce ayaklarını gözyaşlarıyla yıkayan, onları öpen ve kokulu yağla mesheden bir kadının hikâyesine dayanan bir ilâhi yazdı.[718] İsa kadını affetmiş ve kendisine olan sevgisinden dolayı onu övmüştür. Bu ilâhi[719] halen Doğu Ortodoks ibâdetinde Kutsal Hafta'nın çarşamba gününde söylenir. Metni şöyledir:

Rabbim, birçok günaha düşmüş o kadın, Senin İlâhiliğini tanımasıyla mür taşıyıcısı konumuna yükselir ve yas cenazenden önce sana mürünü getirir.

Vay bana, diyor, çünkü gece benim için ölçüsüzlüğün vecdini barındırıyor, kasvetli ve aysız bir günah arzusunu.

Gözyaşlarımın pınarlarını kabul et, bulutlarla denize suyunu serpen Sen:
Yüreğimin ağıtlarına, bana eğil de bir bak,
Sözle anlatılamaz bir aşağılanmayla gökleri eğdiren Sen.

Kutsal ayaklarını zarifçe öpeceğim, yine saçlarımla onları sileceğim;

O ayaklar Havva'nın cennetin öğleden sonrasında sesini işittiği ve korku içinde saklandığıdır, benim günahlarımın çokluğunu ve Senin yargının derinliğini kim bilebilir, benim Kurtarıcım, canların kurtarıcısı?

Beni, kulunu gözünden esirgeme, ey Sen merhameti ölçülemez olan.

Susan Arida, Kassiani hakkında şunları söylüyor:

... Metne, "Rabbim, birçok günaha düşmüş o kadın" sözüyle başlayarak, zerâfetle, günaha düşmüş bir kadının görüntüsünü tövbe edip Kurtarıcı'nın ayaklarının dibine ağlayan bir kadına dönüştürür. Artık Tanrı'dan Havva gibi saklanmayan bu ağlamaklı kadın Tanrı'nın huzurunda durmakta olduğunu algılar ve bunu bildiği için ayakta duramaz. Kassiani, kadının günahını döküşünü gözyaşlarıyla betimler. İlâhi, Rab'be "gözyaşı pınarını kabul etmesi" için yalvarırken bize toprağın yağmurdan sonra yenilenmesi gibi bir görüntü sunar; ancak bu yenilenme, "denizin sularını bulutlarda toplayan" Tanrı'dan kaynaklanan bir yenilenmedir. Tanrı'nın kenotik[720] sevgisini ifâde eden Kassiani, göğü ve yeri yaratışını ve yaratılışına dile getirilemez dâhiliyetini tarif eder. Yaratılış kitabında Tanrı cennette yürümektedir; Kassiani, Tanrı korkusuyla saklanan Havva ile Tanrı-Adam'ın ayaklarının dibinde ağlayan kadını karşılaştırır. Kassiani, "kulunu gözünden esirgeme, ey Sen, merhameti ölçülemez olan" diye yakarışında, Havva'yı bu ağlayan kadınla ilişkilendirir ve kadının nezâketle yaklaşımının ve İsa'yı meshetmesinin, meshedilmiş olanın ölümü ve dirilişi sayesinde, Havva'yı özgürleştirecek bir tövbenin doruk noktası olduğunu öne sürer. Birinci tekil şahıs ağzından konuşan Kassiani, kendini günahkâr kadından da Havva'dan da ayırmaz, onların sözlerine ses verir, böylece onlar da onun adına, tüm kadınlar adına ve aslında tüm insanlık adına konuşurlar ve bu eylemin kozmik ve eskatolojik bir niteliğe sahip olduğunu ifşâ ederler. Bu anda, bir kadın, Kurtarıcısından sözsüz feryadını duymasını isterken, tüm insanlık adına, kendisine hasret duyanları terk etmeyen Tanrı ile yakın bir ilişki gerçeğini ortaya çıkartır. "Vay bana!" diye haykırarak, Tanrı'ya yakınlıktan gayri düştüklerini keşfedenlerin kalplerini dolduran hüznü ifâde eder. Kassiani'nin ilâhisindeki ağlamaklı kadın, Havva'yı tuzağa düşüren korkuya karşı kendini hiçe saydıktan sonra, kendisini Kurtarıcı'nın insanı dönüştüren varlığına getiren sevgi gözyaşları döker. Birçok günahına rağmen, O'nun "ölçülemez merhametinden" alır.[721]

Efsaneye göre İmparator Teofilus (829-842) daha sonra Kassiani'yi gelin olarak seçmeme kararından pişman olur ve onunla manastırında buluşmaya çalışır. Teofilus geldiğinde Kassiani onunla karşılaşmaktan kaçar. Odasına girer ve yazdığı ilâhiye bazı dizeler ekler; Kassiani'nin bunları bestesinde de kullandığı görülmektedir.

Kassiani, Ortodoks litürjisinin gelişimine katkıda bulunan ilâhileri bestelemesini sağlayan keskin zekâya, derin imana sahip bir kadındı. Bizans tarihinin ikonaklastik döneminde büyümüş ve Studios'tan Teodore'nin ruhsal hikmetiyle beslenmişti. Kassiani hayatı boyunca teolojiye yoğunlaştı. İlâhileri özellikle enkarnasyon teolojisine odaklıdır.

Christos Yannaras[722] şuna işaret eder:

> ... insan şahsının günahındaki "keşfedilemez enginlik" ve şahsî bir Tanrı'nın gerçekten tövbe eden insana gösterdiği ölçülemez merhameti hakkındaki tartışmasında bu ilâhiye atıfta bulunur... ilâhi... "günahların çokluğuna" rağmen Mesih'in yarattıkları için duyduğu kenotik sevgiyi aktaran engin bir teolojik ifâde sunar.

Kassiani kendisinin serpilip ürün verebileceği bir yer bulmuştu. Onun besteleri hâlâ Hristiyanların kalplerine ve zihinlerine hitap etmeye ve tüm inananlara derin ve anlam yüklü ilâhiler yazmak üzere ilham vermeye devam etmektedir.

Teofano

Teofano[723] (866 – 7/10 Kasım 897), İmparator VI. Leo'nun ilk karısıydı. Leo'nun babası İmparator I. Basileios[724], 881'de bir güzellik yarışmasında Teofano'yu oğlunun karısı olarak seçmişti. Gelin seçiminin yapıldığı bu güzellik yarışmalarının bölgenin güçlü ailelerini Konstantinopolis'e bağlamayı sağlamak üzere yapıldığı söylenir.[725]

Teofano ile Leo, Leo henüz 16 yaşındayken evlendiler. Leo, 'ayrılmayı inatla reddettiği' 'güzel Zoe Zautsina'[726] ile zaten romantik bir ilişki yaşıyordu. Norwich Teofano'yu 'boğucu dindarlığın kötücül lütfu olan bir kız'[727] olarak tanımlar. Teofano kocası Leo'nun Zoe'den ayrılmadığını kayınpederi Basileios'a şikâyet ettiğinde, Basileios oğlunu kanını akıtana kadar kamçılamıştır. Basileios yaşadığı sürece Teofano ile Leo 'ellerinden gelenin en iyisini yapmakla yükümlüydüler; ancak Leo'nun tahta çıkmasından sonra aralarındaki ilişki hızla kötüye gitti.'[728]

Teofano'nun biyografisini yazan kişi bunu şöyle anlatıyor:

> Hastalıklı bir şevkle, Augusta, dünyevî yaşamın tüm zevklerini ayaklarının altındaki pislik olarak kabul ederek kendini ruhunun kurtuluşuna adadı. Gece gündüz mezmurlar okuyarak ve sürekli dua ederek ruhu Tanrı'ya yükseldi; ve durup dinlenmeksizin hayır işleri yaparak O'na yaklaştı. Halkın içindeyken mor çiçekler takınır ve kraliyetin tüm görkemini bürünürdü. Tek başınayken gizlice paçavralar giyinirdi. Asetist hayatı diğer her şeye yeğleyerek, zengin yiyecekleri hor görür, önüne leziz yemekler konulduğunda onların yerine ekmek ve sebzeden yerdi. Eline geçen tüm parayı, bu dünyanın insanlarının fazlaca değer verdiği her şeyi fakirlere dağıttı; muhteşem kaftanını ihtiyacı olana verdi; dulların ve yetimlerin ihtiyaçlarını karşılamak üzere hizmet etti; manastırları zenginleştirdi ve keşişleri öz kardeşleri gibi sevdi. Geceleri imparatoriçe kocasının yatağını terk etti, bir köşede kaba bir şiltede yatmayı tercih etti, dua etmek için saatte bir kalktı... bedeni ruhsal tefekkürden ötürü zayıflamış ve tükenmiş, artık kendini etin zevklerine teslim edemez halde olduğundan, (Leo) ondan başka bir çocuğa sahip olmayı umamazdı.[729]

886'da Basileios bir av kazasında öldü ve Leo imparator ilan edildi. 892 kışında Leo ile Teofano'nun tek çocuğu Evdokia da öldü. Bir veya iki yıl sonra Teofano,

TÜRKİYE'DE HRİSTİYAN KADINLAR – TARİHÇE

Blachernae'deki Azize Meryem Theotokos Kilisesi'ne bağlı manastıra çekildi ve 10 Kasım 897'de orada vefat etti. Leo onun için muhteşem bir cenaze töreni düzenledi[730] ve naaşı için bir türbe yaptırdı. Teofano azize ilan edilmiş ve 16 Aralık'ta anılmaya başlanmıştır.

Teofano çok sorunlu bir aileye gelin gitmişti. Leo'nun ebeveyninin kimliği belirsizdi; annesi İmparator I. Basileios ile evlenmeden önce İmparator III. Mihail'in metresiydi. I. Basileios öldüğünde Leo, III. Mihail'in naaşının kalıntılarını Krisospoli'den[731] Bizans yöneticilerinin geleneksel olarak gömüldüğü Kutsal Havâriler Kilisesi'ne taşıdı. VI. Leo Teofano'nun ölümünün ardından en kısa sürede eski metresi Zoe Zautsina'yla yeniden biraraya geldi, Zoe'yi saraya taşıdı ve onunla evlendi.

Teofano'nun βασιλεία'sı ve εὐσέβεια'sı vardı, ancak biyografisini yazan kişi bile bir eşin yükümlülüklerini ve görevlerini yerine getirmeye uygunluğu hakkında sevimsiz bir açıklama yapmıştı. Biyografi yazarı onun εὐσέβεια'sını kabul ediyor, yine de evlilik ilişkisini kötüleyen sözler kullanıyordu, ancak onun kendini içinde bulduğu bu oldukça sorunlu ailenin çapraşıklığı içinde yaşamanın zorluğuna da hiç değinmiyordu.

Küçük Meryem

Küçük Meryem[732] (875 – 16 Şubat 902) İmparator I. Basileios'un (867-886) hükümdarlığı sırasında imparatorun davetiyle Konstantinopolis'e yerleşmiş Ermeni bir ailedendi. Babası herhalde önemli[733] Ermeni ailelerden birinin mensubuydu.

Meryem'in hikâyesi, Bollandistlerin on yedinci yüzyılda[734] *'Acta Sanctorum'* (Azizlerin Yaşamı) adlı hagiografi (aziznâme) derlemesinde yayımladıkları *Vita Mariae Junioris*'te (Küçük Meryem'in Hayatı'nda) anlatılır. Meryem'in yaşam öyküsü muhtemelen on birinci yüzyılda[735] yazılmıştır.

Meryem, babasının ölümünden hemen sonra Konstantinopolis'te doğdu. İki ağabeyi, iki ablası vardı. O doğduğunda iki ablası da evliydi. Eniştelerinden biri, Vardas Vratzes, Trakya'da bulunan bir alay komutanı Nikeforus ile tanışmıştı. Arkadaşlıkları geliştikçe Nikeforus'a dostluklarını pekiştirmek için baldızı Meryem'le evlenmesini önerdi. Vardas Vratzes, Meryem'i ona 'hem görünüş hem de ruhen en güzeli, öyle ki iç güzelliği beden güzelliğine yansıyor' sözleriyle tarif etti.[736] Nikeforus'la evlendiğinde Meryem büyük ihtimalle ergenlik yaşlarında, hayat tecrübesi çok az olan bir kızdı, yine de herhalde gelin gittiği eve çekidüzen vermeye yardımcı olması için beraberinde bir hizmetçi veya köle de götürmüştü. Bizanslı kadınların on iki on üç yaşlarında evlenmeleri olağandı, Meryem'in annesi de bu evliliğe razı gelmişti.

Meryem, dindarlığını onunla tanışan herkesin açıkça fark edeceği ölçüde dindar bir kadındı. Biyografisinin yazarı buna dair şunları yazmıştır: O, yumuşak huyluluğun bir görseli, ağırbaşlılık sütunu, Tanrı sevgisinin bir timsâli, hayırseverlik örneği, herkes için bir dindarlık ölçütüydü. Hiç kimse onun hafifçe bile öfkelendiğini, hizmetçiye vurduğunu, ağzından hakaret çıktığını görmedi. Kutsal kiliseleri severdi... İhtiyacı olan herhangi birini hüzünlü ve eli boş göndermeye asla gözyummazdı... Rahiplere hürmet ederdi... Keşişlere babası gibi davranırdı... Evi güzelce çekip çevirmesini, üretkenliğini, kıyafetinin yalınlığını ve sadeliğini, masadaki ölçülülüğünü ve hayatının diğer tüm yapaylıktan uzak yönlerini de bir yana bırakıyorum.[737]
Küçük Meryem'in Hayatı kitabında şöyle aktarılır:

> ... her akşam ve sabah âyin sırasında şehrin ana kilisesine giderdi. Hiçbir şey şevkini kıramadı, ne dengesiz hava ne de mevsim değişikliği; ne yazın sıcağı ne de kışın soğuğu; ne yağmur ne kar; ne yolun uzunluğu ki bir stadiondan[738] uzundu ne de her gün aşmak zorunda olduğu nehir... Bunların hiçbirinden dolayı güçsüz düşmeyen ve ciddi bir hastalıkla alıkonulmadığı sürece bu güzel yolculuğunu bırakmayan kadın bedeninde erkeksi bir ruh taşıyan kadın. Kiliseye gittiğinde... gizlice kilisede saklı bir köşe arar, orada diz çöker ve bitkinliği yeryüzüne bolca damlayan teriyle kanıtlanana kadar durmazdı. Bu onun Tanrı'ya duyduğu büyük sevginin kanıtı olarak görülebilir.[739]

Meryem ile Nikeforus'un ikisi genç yaşta ölen ve ikisi her iki ebeveyni de hayatta kalan dört oğlu oldu. İlk doğan, beş yaşındayken ölen Orestes'ti.[740] Meryem, oğlunun ölümünü çok cesur tutumla, 'Rab verdi; Rab aldı; Rab'bin adına övgüler olsun,'[741] sözleriyle karşıladı. İkinci oğullarının adı Vardanes'ti. Aile daha sonra Trakya'nın Vizye[742] şehrine taşındı. Bu şehirde dindar ve hayırsever bir hayat sürmeye devam etti. İkinci oğlunun ölümünden sonra Meryem yine hamile kaldı ve ikiz doğurdu:

TÜRKİYE'DE HRİSTİYAN KADINLAR – TARİHÇE

Vaanes ile İstefan. Vaanes bir Ermeni, İstefan bir Grek ismidir. İkizlerden biri asker, diğeri keşiş oldu.

Vizye⁷⁴³ antik kenti, Trakya'da Istranca dağlarının güneybatı yamaçlarında yer almaktadır. Bizans'ın ilk döneminde bir sürgün yeri olarak biliniyordu ve 10. yüzyıldan itibaren Küçük Meryem'in ibâdet merkezi olarak tanınmaya başladı. Ne yazık ki, Vizye'nin Hristiyan cemaatinin tarihi hakkında Azize Küçük Meryem'in Hayatı'ndan öğrenebileceklerimiz dışında çok az şey biliniyor. Bizans Kilisesi ana binası akropolde bulunuyordu ve büyük ihtimalle şehrin ana ibâdet yeri ve herhalde şehrin katedraliydi.⁷⁴⁴

Meryem ile Nikeforus Vizye'de yaşarlarken, Nikeforus'un kız kardeşi Helena ile erkek kardeşi Aleksios, Meryem'i kocasının mülkünü kötüye kullanmakla ve kölesi Demetrios ile ilişkiye girmekle suçladı. Meryem, zina suçlamasını inkâr etti ve buna, 'açları doyurup fakirleri teselli ettiğimde, bunun bizim müşterek kurtuluşumuza sayılmasını ısrarla dilerim, çünkü hayatımız da müşterektir. Şimdi biz bu paylaşımı bir kayıp olarak mı, yoksa bir kazanç ve çok meyve verecek bir tohum olarak mı görelim?'⁷⁴⁵ diyerek cevap verdi.

Nikeforus, Meryem'den daha temkinliydi ve sadece, 'Muhtaçlara gösterdiğin cömertliğe köstek olmak istemiyorum... Benim şikâyet ettiğim şey aşırı eliaçıklılık ve asil ruhluluk, çünkü korkarım ki başkalarının ihtiyaçlarına bu kadar cömertlik göstere göstere kendimiz fakru zarurete uğrayacağız,'⁷⁴⁶ dedi.

Nikeforus, karısının açıklamalarından çok kardeşlerinin suçlamalarına inandı. Kendi hizmetçilerden biri olan Drosos'u ve bir cariyeyi, Meryem'e neler verildiğini ve onun bunları nasıl değerlendirdiğini gözetlemek üzere görevlendirdi. Ayrıca, Meryem'in yaptıklarını anlatması için Meryem'in hizmetçisine işkence etti ve ona tacizde bulundu, ancak hizmetçi Meryem'i suçlamayı reddetti. Kocası tarafından yatak odasında hapsedilen Meryem, o sırada neredeyse hiçbir şey yapabilecek durumda değildi.

Etten uzak durmanın âdet olduğu Oruç Devresi'nden⁷⁴⁷ önceki pazar günü mesele doruk noktasına ulaştı. Meryem âdetleri yerine getirdi, ancak Nikeforus evdeki diğer insanlarla ayrı ayrı et yedi. Meryem'in şöyle dediği duyuldu:

> Bakın, bize dokunan tüm kirliliklerden tövbe etme yoluyla kendimizi arındırdığımız, kendine hâkim olma günleri önümüzdedir. Fakat kocamın orucu ve duası, kendisi bu uzlaşılamaz düşmanlığa katlandığı ve semeresiz husûmetini

ısrarla sürdürdüğü müddetçe, nasıl makbul olunur? Yazıklar olsun sana Şeytan, kötü ve kıskanç olan, kurtuluşumuza düşman ve Tanrı'ya yabancılaşmış! Bu iş sendendir, insanların kalbini katılaştıran senden.[748]

Bu eleştiri Nikeforus'un kulağına ulaşır ulaşmaz Meryem'i sorgulamak üzere odasına gider. Kaçmaya çalışıran Meryem'e vurur, Meryem düşer ve yaralanır, on gün sonra da bu yaralardan dolayı ölür.

Ölümünden önce Nikeforus bir kez daha odasına gelir. Onu çok hasta halde bulduğu ve Meryem'in bazı borçluların vergi borcunu ödemek üzere kendi üstlüğünü satıp onların borçlarını ödemiş olduğu için üzgündür. Meryem, kadınlarının ve kocasının huzurunda ölür. Yıkanıp defin için hazırlanmadan önce bile bedeni tatlı bir koku yayıyordur. Meryem'in naaşını ölüme hazırlarlarken, onun fedâkâr vericiliği daha da net görülür. Evliliği süresince her şeyini verdiği için yanında getirdiği eşyalardan geriye hiçbir şey kalmamıştır. Onu örtecek tek bir giysisi kalmıştır, Nikeforus kendi giysilerinden karısının naaşını giydirmek üzere verir. Meryem, Vizye[749] Katedral Kilisesi olan Ayasofya'ya gömülür.

Meryem'in ölümünden sonra Nikeforus, erkek ve kız kardeşlerinin kendisini kandırdığını ve karısının masum olduğunu anlar. Meryem'in gömülmesinden sonraki dört ay içinde şifâ mûcizeleri görülmeye başlanır. İyileşen ilk kişi, bir cin tarafından ele geçirilmiş bir adam olan Stategios olur. Meryem'in gömüldüğü kiliseye gelir, kendisini iyileştirmesi için Meryem'e gözyaşlarıyla yakarır. Yakarışları o kadar seslidir ki, insanlar olup biteni izlemek için toplanmışlardır. Adam 'taşkın bağrışları ve hararetli hareketleri'[750] sona erdiğinde başepiskopos ve Nikeforus tarafından sorguya alınır.

Episkopos, Stategios'u sorgusuna, Meryem gibi dindar bir kadın bile olsa, bir kadının şifâ sunabileceğine kendisinin nasıl inanmadığını açıklayarak başlar:

> ... bu kadının iyi biri olduğunu ve erdemli bir yaşam sürdüğünü biliyoruz; ama onun böyle bir lütfa layık görüldüğüne inanamayız. Tanrı, mûcizeler gerçekleştirme armağanını iffetli adamlara, kutsal keşişlere ve şehitlere bahşetmiştir. Öte yandan, kendisi bir erkekle yaşamış ve yaşam tarzını değiştirmemiş, hiçbir zaman büyük veya olağanüstü şeyler yapmamıştır. Onun mûcizeler yaratma gücü olduğu nereden çıktı? Sana bu safsatayı yapmanı kim söyledi?

TÜRKİYE'DE HRİSTİYAN KADINLAR – TARİHÇE

Merhumun kocası mı, yoksa başka bir akrabası mı? Bu rolden vazgeçmezsen, oyununu ortaya çıkarmak ve sana sağduyu öğretmek için bu iş kırbaçlanmaya kadar gider.[751]

Nikeforus da neler olduğunu anlamaya çalışıyordur. Adamı hapse atar, işkence eder, neden Vizye'ye gelip merhum eşine yakardığını öğrenmeye çalışır. Görünen o ki Nikeforus bir sorunu çözmek veya olup biteni anlamak istediğinde hep hapse, işkenceye, dayağa ve zorbalığa başvurmuştu; pek de etrafındakileri dinleyecek veya güven uyandıracak türden sempatik biri değildi. Stategios, böyle kötü bir terbiyeye sahip olmadığını, bir cin tarafından ele geçirdiğini iddia eder. Kendine ait bir gücü yoktur, cinin kendisini götürdüğü yere gitmek durumunda kalmıştır; tüm eylemleri ve sözleri o cin tarafından yönlendirilmiştir. Kendisi hemen değil, ertesi pazar kilisede ibâdet esnasında iyileşir. Nikeforus'u çağırıp kendisinden lahdin içindeki naaşa dokunmasına izin vermesini ister, Nikeforus da mermer kapağın kaldırılmasına izin verir. Stategios, 'bunun ardından, kutsanmış olanın kalıntıları üzerine eğilerek, onun sağ elini kendi dudaklarına uzattı, oradan kendini kusturmaya başladı ve görünüşe göre oluk oluk kan, ayrıca da, görünmez bir şekilde, kendisine musallat olan cini tükürdü.'[752]

Talbot şunları söyler:

Şifâ isteyen bireylerin yaklaşık üçte birinin cin tarafından ele geçirilme durumu yaşadığı söylenmiştir. Bizanslılar, görünüşe göre, bu kategoriye sadece akıl hastalıklarını ve bunların bunama, nemfomani, fobiler ve müstehcen davranışlar gibi çeşitli anormal dışavurumlarını değil, aynı zamanda net bir açıklaması yapılamayan âni başlangıçlı ve bu nedenle cinlerin sorumlu tutulduğu fiziksel hastalıkları da dâhil etmişlerdi; örnekler, felç veya afazi ile sonuçlanan epilepsi ve inmedir. Şahsen histerik rahatsızlıkların veya psikosomatik sorunların yanı sıra belirli kronik psikolojik bozuklukların da telkin gücüne veya plasebo etkisine gayet iyi yanıt verdiğini, bunun da mantıksal olarak, bildirilmiş başarılı tedavilerin bu kadar yüksek bir yüzdede olmasına bir açıklama getirmiş olduğunu öne sürüyorum.[753]

Talbot, "Şifâ Mâbetlerine Hac" başlıklı makalesinde, her bir mâbette gerçekleştiği kaydedilen birkaç mûcizeyi özetler. Talbot'un listesine göre, Vizye'deki Küçük Meryem'in mezarında toplam otuz şifâ gerçekleşmiştir.

İyileşenlerin 18'i erkek, 11'i kadın ve birinin cinsiyeti belirsizdi. Bu şifâların hepsi onuncu yüzyılda gerçekleşmişti.

Sonuç olarak, Meryem'in mezarı şifâ arayanlar için bir odak noktası haline geldi ve Azize Küçük Meryem kültü doğdu. İyileşmek isteyenlerin vücuduna dokunması için lahitin örtüsü kaldırıldığında çoğu iyileşmişti. O zamanlar hasta insanlar, ölmeden önce şifâ için dua etmiş ve daha sonra manastırlarına gömülmüş olan eski manastır mensuplarından şifâ ararlardı ve manastır da bu inanca sahip çıkar ve insanları mezarlarına şifâ için gelmeye isteklendirirdi. O zamanlar manastırlar, azizlerin ve şifânın kaynağı olarak kabul edilen eski manastırların etrafında gelişen kültün koruyucularıydılar. Meryem'in hikâyesinde de, onun kültünü destekleyenler ailesiydi.

Şunu vurgulamakta yarar var:

Meryem, kutsal kabul edilen kadının yeni bir türünün temsilcisidir: Yaşamı boyunca evli kalan bu kadın, hiç rahibe olmamıştır, ancak yine de dindar yaşamı aracılığıyla kutsallığa ulaşmıştır. Bu durum, Orta Çağ'ın istikrarlı yapısının bir parçası olarak evliliğin yeni bir yolla onaylanması olarak kabul edilmiştir. VI. Leo'nun (895-896'da ölen) karısı Teofano, azize ilân edilen evli bir kadına diğer bir örnekti.

Meryem ilk önce Ayasofya'daki Vizye Katedral Kilisesi'ne gömüldü; ancak Meryem'in kocası Nikeforus, onun naaşını muhâfaza edecek bir kilise inşâ etti ve orası daha sonra Meryem ile ilişkilendirilen kültün merkezi haline geldi.[754] Meryem öldükten kısa bir süre sonra Nikeforus rüyasında, Meryem'in mezarının yer alacağı bir kilise kurduğunu gördü. İlk başta rüyayı önemsemedi ama kör olunca o rüyayı görmezden geldiği için başına bunun geldiğini anladı. Hemen bir kilise inşâ etmesine yardım etmeleri için insanları topladı. *Meryem'in Hayatı'*nda, insanların yakındaki -belki de zaten bir taş ocağı olan- bir tepeden taş bloklarını nasıl kazıp çıkarttıklarını anlatır. İş başlar başlamaz Nikeforus yeniden görmeye başladı. Bunu, rüyasında gördüğü merhum karısının talimatlarına itaat ettiğinin bir işareti olarak kabul etti. Kilise inşâ edildi ve bir dizi görüşmenin ardından Nikeforus bir grup adamla birlikte katedralden kutsal kalıntıları aldı ve yeni inşâ edilen kiliseye yerleştirdi.

TÜRKİYE'DE HRİSTİYAN KADINLAR – TARİHÇE

Meryem'in kocası 924 yılında Bulgarlar'ın Vizye kuşatması sırasında vefat etmiş, karısının da gömülü olduğu kilisede mermer bir lahite defnedilmiştir.[755] Vizye, 925 yılında Bulgaristan kralı Simeon liderliğinde Bulgaristan'ın Trakya'yı işgali sırasında düştü. Bulgarlar Meryem'in defnedildiği kiliseye girip mezarını açtıklarında mezardan çıkan ateşle kiliseye zarar vermeleri engellenmiştir.[756]

928'de Vaanes ile İstefan kardeşlerin Vizye'yi ziyaret edip ebeveynlerinin mezarlarını inceleme imkânları oldu. Mezarlar açıldı. Nikeforus'un mezarında sadece kemikler vardı, ancak Meryem'in kutsal kalıntılarının 'bütün ve eksiksiz olduğuna ve orada yirmi beş yıldır yatmakta olmasına rağmen hiçbir bozulmaya uğramadığına yemin ettiler.'[757]

İstefan bir keşiş oldu ve adını Simeon olarak değiştirdi. Vaanes ile Simeon, kilisenin ailelerinin kalıntılarını barındıran bir manastır haline gelebilmesi için kendilerine kalan mirası kiliseye bağışlamayı kabul etti. Meryem'in Hayatı'nda, muhtaçların onun kutsal emanetlerini saklayan kilisede dua etmeye gelmesiyle meydana gelen diğer mûcizelerin ayrıntıları verilir.

Onuncu yüzyılda, doktorlara veya tıbbi tedavilere başvurmadan, muhtaç insanların dua etmek ve acılarından kurtulmak için yerel veya daha uzak türbelere gitmeleri anlaşılabilir bir durumdur. Mesih yeryüzünde hizmetini sürdürürken birçok kişiyi iyileştirmiştir. Bu şifâlar Yeni Antlaşma'da ve Kutsal Kurtarıcı Kilisesi (Kariye) gibi kiliselerin güzel mozaiklerinde kanıtlanmıştır. Günümüzde bile, insanlar şifâ ve diğer ihtiyaçlar için Marmara Denizi'nde bulunan Büyükada'daki (Prinkipo'daki) Aziz George (Aya Yorgi) Kilisesi'ne 23 Nisan'da akın ederek duaya geliyor. Tepeye çıkana kadar dualarının bir göstergesi olarak yol kenarlarındaki çalılara iplik ve ağaçlara paçavralar bağlıyorlar. Hristiyanlar hâlâ özellikle o gün kiliseye çıkan ve birilerinin kendileri için dua etmesini isteyen hacılar için dua etmek üzere orada hazır bulunurlar.

Yirminci yüzyılda arkeologlar Ayasofya Kilisesi Vizye'yi incelediler. Mango ile Klein şu tespitte[758] bulunur:

... Narteksi dolduran toprağın çıkartılması, yalnızca dua eden bir figürün iyi korunmuş bir freskinin değil, aynı zamanda tam da ilk olarak Lampousiades tarafından yayımlanan ve daha sonra Mango tarafından Azize Küçük Meryem'e ait olduğu yönünde yorumda bulunulan yazıtın da geçici olarak meydana çıkmasıyla sonuçlandı. Hem fresk hem de yazıt keşfedildikten kısa süre sonra herhalde duvardan düştüler ve artık görülemiyorlar.[759]

Bu fresk ve yazıt parçaları, Küçük Meryem'in Vizye'de bulunduğuna tanıklık etmektedir.

Anlaşılan, yirminci yüzyılın sonlarına kadarki bazı kaynaklar, Küçük Meryem'in naaşının Vizye'de hâlâ görülebildiğinden söz etmektedir. Günümüzde Ayasofya Kilisesi'ni veya başka herhangi bir dini harabeyi ziyâret eden herhangi birinin bir şifâ deneyimi yaşayıp yaşamadığı henüz bilinmemektedir. Küçük Meryem'in hayatı ve mezarının önemi ile ilgili bu hikâye, Kutsal Kitap'ta kayıtlı şu olayı akla getiriyor: 'Bir keresinde İsrailliler, ölü gömerken akıncıların geldiğini görünce, ölüyü Elişa'nın mezarına atıp kaçtılar. Ölü Elişa'nın kemiklerine dokununca dirilip ayağa kalktı.'[760]

Meryem azize ilan edildi ve 16 Şubat'ta Rum Ortodoks Kilisesi tarafından anılmaya başlandı.

İrini

İrini (809-912), Orta Anadolu'da varlıklı, aristokrat bir Kapadokyalı ailede doğdu. İmparator III. Mihail[761] için potansiyel talipler arayan keşif avcılarının daveti üzerine Konstantinopolis'e[762] geldi. İrini'nin kız kardeşi, zaten İmparatoriçe Teodora'nın erkek kardeşi Vardis[763] ile evliydi. Mihail'in annesi İmparatoriçe Teodora, babası İmparator Mihail öldükten sonra oğluna nâiplik ederek hüküm sürdü. İmparatoriçe Teodora bir ikona yanlısıydı, kilisede yeniden ikonaların kullanılmasını sağlamıştı.[764]

İrini Konstantinopolis'e yaptığı yolculukta Küçük Asya'daki Olimpus Dağı'nda[765] yaşayan Büyük Yoannikios adıyla bilinen kutsal bir adamı ziyâret etti. Büyük Yoannikios her ziyâretçiyi kabul etmiyordu, ancak İrini'yi kabul etti; çünkü sadece onun ruhsal bir kadın olduğunu değil, aynı zamanda Konstantinopolis'e gitme hedefinde olduğunu Tanrı'dan bilmişti. Karşılaştıklarında ona şöyle dedi: "Hoş geldiniz Tanrı'nın kulu İrini. Başkente gidin ve Hrisovalantou Manastırı'nın sizin onun bâkirelerini gütmenize ihtiyacı olduğu için sevinin."[766]

İrini, Yoannikios'un onun adını bilmesine ve onun önerisiyle bir manastıra girmesi gerektiğine şaşırmış olmalı.

Görüşmelerinden sonra Konstantinopolis'e doğru yoluna devam etti ama vardığında İmparator Mihail'in zaten biriyle evli olduğunu öğrendi. Konstantinopolis'teki akrabaları onu karşılamıştı, onlarlayken reddettiği birçok evlilik teklifi aldı. Hrisovalantou Manastırı[767] hakkında daha çok bilgi edindikten sonra rahibe olmaya karar verdi. Bütün kıyafetlerini ve servetini bağışlayıp hizmetçilerini salıverdi, bir çırak olarak manastıra girdi.

Manastırda İrini duada sadıktı ve her zaman en mütevâzı işleri yapmaya hazır ve istekliydi.

Kendisi henüz çırakken, başrahibe Azize İrini'nin ruhsal olgunluğunu fark etti ve gece saatlerinde dua etmesine izin verdi. Gece duası vakitlerinde İrini kolları göğe uzanmış halde ayakta dururdu. Başrahibe olduktan sonra da bazen geceleri manastır bahçesine gider ve dua ederdi. Orada servi ağaçlarının ona doğru eğiliyorken onun da ağaca doğru havalanır halde görüldüğü kaydedilmiştir.

İrini, Patrik Methodius tarafından eski başrahibenin halefi olarak aday gösterilmişti. İrini kendini göreve layık hissetmemesine rağmen, Patrik Methodius onu aday göstermek üzere Kutsal Ruh tarafından yönlendirildiğine inanıyordu. Eski başrahibeler de onunla aynı fikirdeydiler, ölüm döşeğinde İrini'nin kendi yerine geçmesini tavsiye eden eski başrahibe de. Patrik Methodius İrini'nin korkularını bertaraf etti, onu diyakonluğa atadı ve başrahibe ilan etti.

Hayatı boyunca İrini duada gayretliydi. Kendisine bahşedilen Tanrı'nın gücü sayesinde, şifâ için ve bireylerin yaşamlarında görülen cin kaynaklı olaylardan onların kurtulmaları için dua edebilen biriydi. Ayrıca tanıştığı kişilerin kalplerini ve zihinlerini neyin rahatsız ettiğini anlayabilme yeteneğine de sahipti.

Ne zaman öleceğini Tanrı'dan bilen Azize İrini,[768] 28 Temmuz 912'de rahibeleri etrafına toplamış ve 103 yaşında onların huzurunda vefat etmiştir.

Muhtemelen onuncu yüzyılın son yirmi yılında yazılmış olan bir *Azize İrini'nin Hayatı* kitabı vardır. İsveçli Bizans uzmanı Jan Olof Rosenquist[769] metni tercüme etmiş ve içindeki bazı tutarsızlıkları ele almıştır.

John Sanidopoulos, blogunda, Hrisovalantou Manastırı'nı, "İstanbul'un beşinci tepesinde, o zamanlar manastıra adını veren Hrisovalantou olarak biliniyordu (gerçi Azize İrini'nin biyografisine göre bu manastırın resmî adı başmelekler Mikail ile Cebrail'e ithaf edilmiştir)" sözleriyle tarif etmiş ve şöyle devam etmiştir:[770] "Günümüzde Konstantinopolis'in yedi tepesinden beşincisi, Sultan Selim Câmii ve Theotokos Pammakaristos Kilisesi tarafından işgal edilmiş durumda... Manastırdan kalıntı bulunmamakla birlikte, elimizde onun varlığına yönelik tek topografik îmâ, Aspar sarnıcına yakınlığıyla ilgilidir ki Aspar, Azize İrini'nin biyografisine göre, '... (dördüncü tepede olan) Kutsal Havâriler Kilisesi'nin kuzeyindeki beşinci tepedeydi'."

Anna Komnini

Anna Komnini[771] 1 Aralık 1083'te doğdu ve 1153'te öldü. Babası Bizans imparatoru I. Aleksios Komnenos, annesi İrini Dukas'tı.[772] Anna, morlar içinde doğmaktan ve bir Bizans prensesi olmaktan son derece gurur duyuyordu. İlerleyen yaşlarında, babasının saltanatının tarihini anlattığı *Aleksiad*[773] adlı bir eser yazdı. Yedi çocuğun en büyüğüydü ve erkek kardeşi Yoanni doğana kadar Bizans İmparatorluğu'nu yönetmek üzere yetiştirilmişti. Küçük kardeşleri Maria, II. Yoanni, Andronikos, İshak, Evdokia ve Teodora'ydı.

Anna'ya doğumunda Konstantinos Dukas'la beşik kertmesi yapılmıştı; 1090'dan 1094'e kadar nişanlısının annesinin evinde yaşadı. Bizans döneminde beşik kertmesi çocukların aynı evde büyütülmesi yaygın bir uygulamaydı. Aleksiad'da Anna, 'Konstantinos'un Doğa'nın bir başyapıtı, adeta Tanrı'nın eserinin bir zaferi' olduğunu anlatır. 'Onu bir gören, diğer herkesi burada Greklerin mitsel Altın Çağı'nın soyundan gelmiş birinin olduğuna ikna edebilirdi.'[774] Anna ardından hemen, 'bu genç adamı bunca yıl sonra hatırladığımda bile gözyaşlarına boğulurum'[775] diye itiraf eder.

Aleksiad'da Anna'nın babasının kahramanlıklarını, kendi konumunu ve gücünü kaybettiği dönemleri anlattığı kısmında hüzünlü olayların peşpeşe yaşandığı görülür. Anna ile Konstantinos, Anna'nın küçük kardeşi II. Yoanni Komnenos doğup 1092'de vâris oluncaya kadar, tahtın bir sonraki vârisiydiler. Kardeşi doğduğunda Anna 9 yaşındaydı ve Konstantinos Anna ile evlenemeden 1094'te öldü. 1097'de Anna, bir asker ve tarihçi[776] olan Nikeforus Briennius ile evlendi. Anna'nın, babasının saltanatıyla ilgili kayıtlarında Nikeforus'un yazılarını kullandığına dair bazı tartışmalar olmuştur. Onlar entelektüel bir çiftti; Nikeforus Briennius Anna'nın âlimliğe ilgisini hoşgörüyor ve herhalde teşvik ediyordu ki onun âlimlerin biraraya geldiği çevrelerdeki tartışmalara katılmasına izin veriyordu.

Anna altı çocuk doğurdu: İrini, Maria, Aleksius, Yoanni, Andronikos ve Konstantinos; ancak yalnızca İrini, Yoanni ve Aleksius yetişkinliğe kadar hayatta kaldı. Nikeforus, Anna'dan önce, 1136 civarında öldü.

TÜRKİYE'DE HRİSTİYAN KADINLAR – TARİHÇE

Anna daha çok bir Roma Bizans prensesiydi, 'morlar içinde' doğmuş ve krallık yetkisini kullanmak üzere eğitim görmüştü. Bununla birlikte, en büyük başarısı, babasının 1081'den 1118'e kadar süren saltanatını ve dönemin olaylarını anlattığı, özellikle Haçlı Seferleri hakkında zengin bir bilgi kaynağı olan *Aleksiad*'ı yazmak oldu. *Aleksiad*, Grekçe yazılmıştır ve adından da anlaşılacağı gibi Homeros'un İlyadası'nın adına (İliad) gönderme yapmaktadır. Anna, *Aleksiad*'ı kardeşi İmparator II. Yoanni'nin ölümünden sonra 1143 ile 1153 yılları arasında kaleme almıştır. Anna, küçük erkek kardeşinin imparator olarak tahta çıkmasını kıskanan sevgi dolu bir kızın bakış açısıyla yazmıştı. *Aleksiad* aynı zamanda bir kadın tarafından yazılan ilk büyük tarih eseridir.

Anna, "Grek edebiyatı ve tarihi, felsefesi, teolojisi, matematik ve tıbbı"[777] üzerine iyi eğitim gördü. Babası Aleksius, büyük bir hastane ve yetimhane inşâ etti; buranın 10.000 hasta ve yetim barındırdığı söylenir. Anna o hastanede tıp[778] bilgisi öğretti. Babası gut hastasıydı, bu yüzden kendisi de bunda uzmandı; *Aleksiad*'da, son hastalığı sırasında babasının doktorlarıyla nasıl karşılıklı fikir alışverişi yaptığını kaydeder.[779]

Kardeşi İshak, anneleri Anna Dalassene ve diğerlerinin de desteğiyle 14 Şubat 1081'deki Kuinkuagesima Pazarı'nda başlayan iktidarı ele geçirme hareketinin sayesinde Aleksius imparator oldu. Aleksius ile İshak, Schiza'nın küçük bir köyünde Aleksius'u imparator ilan eden birlikleri ve destekçilerini biraraya topladı. Tahtını onaylamak için kendisine, 'İmparatora ayrılmış, Bizans'ın çift başlı kartallarıyla altın işlemeli mor potinler giydirildi.'[780] Aleksius 1081 Paskalya pazarında imparator olarak taç giydi. Karısı, on beş yaşındaki İmparatoriçe İrini Dukas, 'kocasının halkın huzurunda tahta çıkışından sonraki yedinci günde Ayasofya Kilisesi'nde' taç giydi.[781]

Aleksiad'da Anna babasını şöyle anlatır:

> Aleksius çok uzun boylu bir adam değildi, fakat geniş omuzlu ve yine de gayet orantılıydı. Ayaktayken ona doğru bakanlar açısından özellikle gözalıcı bir yönü yoktu, ancak onu imparatorluk tahtında otururken görenler için gözlerinin korkunç parıltısı amansız bir kasırgayı hatırlatıyordu... her yere onun güzelliği, zarafeti ve saygınlığı ve ulaşılmaz heybeti yansıyordu.[782]

Anna annesini de benzer şekilde şöyle anlatır:

Annem, İmparatoriçe İrini[783] o zamanlar sadece bir genç kızdı, henüz on beş yaşında bile değildi... Genç bir fidan gibi dimdik, ayakta ve dipdiri duruyordu, tüm uzuvları ve vücudunun diğer kısımları birbiriyle tamamen simetri ve uyum içindeydi. Güzel görünümü ve etkileyici sesiyle kendisini gören ve duyan herkesi her zaman büyülerdi. Yüzü ayın yumuşak ışığıyla parlardı; Asurlu kadınların yusyuvarlak yüzü gibi değildi veya İskitlerin yüzü gibi uzun da değildi, sadece hafif ovaldi. Yanaklarında güller açardı... Açık mavi gözleri hem şen hem haşindi; çekicilikleri ve güzellikleri cezbediyordu ama sebep oldukları korku o kadar göz kamaştırıcıydı ki insan ona ne bakabiliyor ne de yüzünü çevirebiliyordu.[784]

Aleksius imparator ilan edilip Konstantinopolis'e döndüğünde, hüküm süren imparator Nikeforus Botaneiates tahttan çekildi ve yedinci tepedeki Peribleptos Manastırı'na gönderildi.[785] Nikeforus Botaneiates Mart 1078'de İmparator VII. Mihail'i tahtından ederek imparator olmuştu. Saltanatının sona erdiğini bilen İmparator VII. Mihail, karısı Alaniali Meryem ile oğulları Konstantinos'u sarayda bırakarak Studios Manastırı'na kaçmıştı. Nikeforus tahtı ele geçirmekle kalmamış, aynı zamanda İmparatoriçe Maria ile de evlenmiştir. İmparatoriçe, IV. Bagrat'ın Gürcistanlı Marta olarak bilinen kızıydı; 1065 yılında Mihail Dukas ile evlenmek üzere Konstantinopolis'e gönderilmişti. Sonradan adı Alaniali Meryem olarak değiştirilmişti.[786] 1080 yılı civarında Maria, Nikeforus Botaneiates'in mâlûmatıyla Aleksius Komnenos'u oğlu olarak evlat edindi. Meryem ile oğlu Aleksius iktidara geldiğinde, tahmin edildiği gibi, sarayı boşaltmadılar. Aleksius kısa süreliğine saray kompleksi içindeki önemli saraylardan biri olan Bukoleon'da güzel Meryem ve oğlu Konstantinos ile birlikte yaşadı. Aleksius'un karısı İrini Dukas, annesi, kız kardeşleri ve baba tarafından dedesi, daha düşük bir seviyedeki daha küçük bir sarayda[787] ağırlandı.

İmparatoriçe İrini'nin Ayasofya'da taç giymesinden kısa süre sonra, Alaniali Meryem, Aleksius ile kendisinin ve oğlunun güvenliği konusunda yazılı bir mutâbakata vardı. Bu antlaşma ile Konstantinos, Aleksius ile eş imparator yapılacaktı. Bu noktada Meryem[788] ile oğlu, otuz beş yıl kadar önce IX. Konstantinos tarafından metresi için inşâ edilen Mangana Manastırı'nın bitişiğindeki bir köşke çekildiler.

TÜRKİYE'DE HRİSTİYAN KADINLAR – TARİHÇE

1094'te Alanialı Meryem, I. Aleksius Komnenos'u devirmek için bir komploya karıştı.[789] Bazı uzmanlar, Anna'nın Konstantinos Dukas'la nişanını sona erdiren olayın bu olmayabileceğini, çünkü Konstantinos'un Aleksius'a karşı düzenlenen o komploya karışmadığını,[790] ancak aynı yıl gerçekleşen ölümüyle nişanlılığın kesinlikle sona ermiş olduğunu iddia eder. Yedi yaşından on bir yaşına kadar Anna, Alanialı Meryem'in evinde yaşamıştır. Meryem, oğlunun beşik kertmesi Anna üzerinde acaba ne tür bir etkiye sahipti?

Aleksius, Nikeforus Botaneiates'i alaşağı ederken aile üyelerinden destek görmüştü, annesi Anna Dalassena (1020–1102) ve ağabeyi İshak da dâhil olmak üzere. Bu ikisi, Aleksius askerî seferler için Konstantinopolis dışındayken eş vekillerdi. Uygulamada, Aleksius'un yokluğunda hüküm süren kişi Anna Dalassena oluyordu. Aleksius annesine güveniyordu ve sanki o hükümdar, kendisi de köleydi, onun emirlerini yerine getiren kişiydi. Anna birkaç yıl daha tahtın ardındaki güç olmaya devam etti, ancak zaman geçtikçe Konstantinopolis'in sevilmeyen kişisi oldu. 1090 yılı civarında, görüntüde kendi özgür iradesiyle, Pantepoptes Manastırı'na çekildi, birkaç yıl sonra da orada öldü. Babaannesi cemiyet hayatından çekildiği ve daha sonra öldüğü sıralarda Anna gençti.

Anna Komnini *Aleksiad*'da babaannesini şöyle anlatır:

> ... babaannem cemiyet meselelerinde olağanüstü bir kavrayışa sahipti, organizasyon ve yönetim dehâsı vardı; aslında sadece Roma İmparatorluğu'nu değil, güneşin altındaki diğer tüm imparatorlukları dahi idâre yeteneğine sahipti. İnsanların güdülerinin, bunların nihai sonuçlarının ve çeşitli davranışların yol açacağı iyi ve kötü sonuçların birbiriyle ilişkileri hakkında engin bir deneyime ve geniş bir anlayışa sahipti, doğru çözüme hızla, ustaca ve güvenli bir şekilde nüfuz ediyordu. Dahası, entelektüel gücü, dile hâkimiyetiyle paraleldi. Gerçekten de hitâbeti oldukça iknâ ediciydi, lafını esirgemez veya uzatmazdı.[791]

'Aslında sadece Roma İmparatorluğu'nu değil, güneşin altındaki diğer tüm imparatorlukları dahi idâre yeteneğine sahipti' derken, çocuklarının, torunlarının ve onları Doğu Roma İmparatorluğu'nun önemli aileleriyle birleştiren diğer akrabalarının aralarında evlilik yoluyla ittifak kurulmasının idâresini yürüten anaerkilin, Anna Dalassena'nın becerileri hakkında örtülü bir dille ipucu vermiyor mu? Bu aileler, Aleksius'un iktidardaki imparatora karşı darbe girişiminde bulunduğunda olduğu gibi, çoğunlukla birlikte hareket ederlerdi. Lynda Garland,[792] Anna Delassena'nın 'Anaerkil Entrikalar'ı hakkında derin ayrıntılara girer. Runciman, Anna Delassena'nın 'oğlunu tahta geçirmeyi başarana dek entrika için yaşadığını' söyler.[793]

Aleksius imparator olmadan önce annesi bir rahibe olmuş ve Konstantinopolis'in dördüncü tepesinde bulunan Hristos Pantepoptes[794] (Her Şeyi Gören Mesih) Manastırı'nı kurmuştur. Kilisenin adı on birinci yüzyıl Konstantinopolisi ve Bizans dünyası için benzersizdir. Anna Dalassena, manastırına bu ismi vermekle hem teolojik hem de politik bir açıklama yapmış oluyordu. Manastır, oğlu Aleksius'un imparator olarak taç giymesine kadar geçen onlarca yıl içinde Bizans aristokrasisi, özellikle de Dukas ailesi üzerinde hâkimiyet kurmak amacıyla geniş kapsamlı bir siyasî mücâdele içindeyken çalışmalarını yürüttüğü merkezdi. Kendini 'Komneno matriarkı' olarak gören Anna Dalassena açısından Hristos Pantepoptes, herhalde hem kendi duruşunun ve eylemlerinin haklılığını hem de rakip aristokrat ailelerden hasımlarına karşı onları kaderine bırakmaya güvenebileceği bir yargıcın mevcut olmasını sembolize ediyordu.

'Mesih'in her şeyi gören olduğuna' yönelik inanış, aile tarihçisi Nikeforus Briennius tarafından Anna Dalassena hakkında kaydedilen bir olayda örneklendirilir. Olay, Romanus'u eski haline döndürmek üzere bir komploya karıştığına dair sahte mektupların üretildiği uydurma bir duruşmanın kurbanı oluşudur.[795] Aniden elbisesinin kıvrımlarından bir İsa ikonası çıkartması ve orada bulunanların duruşmanın gerçek yargıcına bakmalarını istemesi muazzam bir teatral hareket olarak alkışlanmıştır; ama bize söylendiğine göre, buzları eritmemiştir.[796]

Belki de Anna'nın *Aleksiad*'da kaydedilen bakış açısı, Anna Dalassena tarafından aile tarihini yazmakla görevlendirilen kocası Nikeforus Briennius'un etkisini taşımaktadır.

Anna Komnini'nin hayatındaki diğer kadın ise annesi İrini'ydi. İrini, imparatoriçe olarak taç giydiğinde sadece on beş yaşındaydı ve herhalde kayınvalidesi yetkilerinden çekilene kadar imparatoriçe kimliğini tam olarak üstlenememişti. İrini, Dukas ailesindendi ve Aleksius'un başarılı darbesinden sonra İrini'nin imparatoriçe olarak taç giymesini engellemeye çalışan kayınvalidesi kendisinden nefret ediyordu. Aleksius'un İrini'den boşanıp Alanialı Meryem ile evlenmesini tercih eden kişi herhalde Anna Dalassena'ydı.

TÜRKİYE'DE HRİSTİYAN KADINLAR – TARİHÇE

Babasının 1118'de ölümünün ardından Anna ile annesi, Anna'nın erkek kardeşi II. Yoanni Komnenos'un yerini alma girişiminde bulundular. Girişim, Anna'nın kocası kendileriyle işbirliği yapmayı reddettiği için başarısız oldu.

Hayatı boyunca Anna'nın çevresi babaannesi Anna Dalassena, annesi İrini ve 1090'dan 1094'e kadar birlikte yaşadığı İmparatoriçe Alanialı Meryem gibi güçlü, yetenekli ve kudretli kadınlarla çevrili olmuştu.

Anna, *Aleksiad*'da anne ve babasına duyduğu hayranlığını ve sevgisini açıkça ortaya koyar. Onları mutlu, birlik içinde, sevgi dolu bir çift olarak tasvir eder. Aleksius'un Nikeforus Diogenes tarafından ölümle tehdit edildiği sıralar da dâhil olmak üzere, Aleksius seferlerdeyken annesinin babasına ordugâhlarda nasıl eşlik ettiğini anlatır. *Aleksiad*'da, imparatoru 'gut hastalığından ötürü dayanılmaz bir acı çeken' biri olarak tarif eder ve 'en çok takdir ettiği şey, annemin, İmparatoriçe'nin dokunuşuydu. Onu nasıl yatıştıracağını biliyordu ve bunu, onun ıstırabını bir dereceye kadar dindiren nazik masajıyla yapıyordu,'[797] sözleriyle devam eder. Ama Norwich, Aleksius'un seferlerine İrini'nin eşlik etmesinin başka bir amacı olduğunu düşünüyor. Aleksius, 'onun ve kızının, kendisinin en büyük oğlu Yoanni Komnenos'a karşı kin beslediklerini biliyordu... ve onun yerine Anna'nın kocası Sezar Nikeforus Briennius'un Aleksius'un halefi olabilmesi için onu rezil etmenin ya da ortadan kaldırmanın hep bir yolunu arıyorlardı.'[798]

Yine de Anna, annesini, imparatoriçeyi, 'heybetin sûreti, azizliğin ikametgâhı'[799] olarak tanımlar. Yaşam tarzı, ev işleri dışında, zamanını 'azizlerin kitaplarını okuyarak' geçirecek şekildeydi... ya da dikkatini insanlığa, özellikle de hal ve tavırlarından, yaşam tarzlarından, Tanrı'ya hizmet ettiğini bildiği kişilere, duaya ve ilâhiler söylemeye adanmış keşişlere yönelik iyiliklere ve hayır işlerine çevirirdi.'[800] İmparatoriçe kendini Theotokos'la, Tanrı'nın taşıyıcısıyla bile denk görmüştü. Saray içinde Anna ile annesi İrini, hem Bizans İmparatorluğu'nun Hristiyan doğasını hem de saray hayatının bir parçası olan entrikayı yaşıyor ve soluyorlardı.

Norwich'e göre, 'İrini, Yoanni'yi babasının gözünde kötülemek için hiçbir fırsatı kaçırmadı, onu yönetmeye asla uygun olmayacak bir ayyaş ve hovarda biri olarak gösterdi.'[801] Aleksius ise Yoanni'yi seviyor ve ona güveniyordu ki kezâ Yoanni Aleksius'un ölümünün ardından yirmi beş yıl hüküm sürecekti. Böylelikle Aleksius'un arzuladığı gibi, oğlu aracılığıyla, yüz yılı biraz aşkın bir süreyle hüküm süren ve imparatorluğa istikrar kazandıran Komnenos hanedanını başarıyla kurmuş oldu.

Norwich,[802] Aleksius'un 'kadınlara yönelik zayıflığının' onun zaaflarından biri olduğunu yazıyor. Söz konusu kadınlar: Alanialı Meryem, Anna Dalassena ve İmparatoriçe İrini; 'hepsi onun üzerinde göz yumması gerekenden çok daha fazla güç kullandılar.' İrini ile arasındaki güç mücadelesi nedeniyle Aleksius karısına karşı dürüst değildi ve Yoanni'nin tahtta kendisinin yerine geçmesi gerektiği kararını dürüstçe ona açıklayamıyordu. Aleksius amacına, karısını yatağının başucundan ayrılmaya iknâ ederek ulaşmış, böylece imparatorluk yüzüğünü Yoanni'ye vermeyi ve imparator tacı giydirilmek üzere onu Ayasofya'ya göndermeyi başarmıştır. Aleksius kilisenin Bâkire Meryem'in Göğe Alınışı'nı kutladığı gün olan 15 Ağustos'ta öldüğünde Yoanni onun yanında değildi.

Aleksiad'da, Aleksius ölürken İmparatoriçe İrini'nin, 'imparatoriçelik peçesini nasıl çıkardığı ve güzelim saçlarını derisine yakınlaşana kadar bir usturayla nasıl kestiği,' anlatılır. 'Giydiği mor renkli ayakkabıları attı ve sıradan siyah sandaletler istedi,'[803] denir. İmparatoriçe kız kardeşlerinden birinden siyah bir elbise alıp giydi ve başını basit bir koyu peçeyle örttü.

Yoanni'nin atanmasından sonra Anna en az iki kez onu öldürmeye çalıştı: bir Aleksius'un cenazesinde, birkaç ay sonra da Nikeforus Briennius'un onu öldürmek üzere öncülük ettiği bir komployla. Briennius son anda Anna'ya, annesine ve komploya karışan diğerlerine haber vermeden komplodan caydı. Anna'nın yanıtı, 'histerik bir öfkeye kapılıp kocasına, kendisine çok daha iyisinin verilmiş olduğunu iddia ettiği, erkeklik iktidarlığının belirli niteliklerini bahşetmiş olduğu için İlâhi Takdir'e mümkün olan en kaba terimlerle lanet okumak'[804] oldu.

İmparator II. Yoanni, kendisine karşı komplo kuranlara karşı çok yüce gönüllüydü. Kimse kör edilmedi veya sakatlanmadı. Onun tahta geçmesine karşı çıkmaktan suçlu olanlar mallarını kaybettiler ki çoğu daha sonra bunları geri aldı. Anna imparatorluk sarayından sürgün edildi ve her ikisi de İmparatoriçe İrini tarafından kurulan Hristos Filantropos[805] Manastırı'na bitişik Theotokos Kekaritomene[806] Manastırı'na yerleşti. Bu son komplodan sonra İrini'nin bitişikteki manastırda yaşamış olması da muhtemeldir.

Aleksiad'da Yoanni'nin adı geçmez. Bunun 'sağır edici sessizlik' olduğu söylenebilir. *Aleksiad*'ın son cümlesi şöyledir: 'Öyleyse bu da benim geçmişimin son sözleri olsun, yoksa bu üzücü olayları yazarsam dünyaya daha da küserim.'[807] Bu sözler, Anna'nın kardeşine karşı duygularını kısmen kabul ettiğini düşündürür; kocası Nikeforus Briennius

TÜRKİYE'DE HRİSTİYAN KADINLAR – TARİHÇE

1137'de ölene kadar onun hükümdarlığını desteklemiştir, aynı şekilde kendisi de kardeşine hükümdarlığı boyunca destek olacaktır.

Thugater, Anna'nın erkek kardeşine karşı tutumuyla ilgili şu önemli soruyu sorar:

> Anna Komnini'nin Yoanni'yi tahttan indirmeye yönelik komplodan ötürü taşıdığı muhtemel suçluluk duygusundan ötürü yaşadığı ağır vicdan sorununu neye dayanarak çözdüğünü düşünürken, insan merak ediyor, tövbe unsurları içeren zorunlu manastır hayatı sürdüğü uzun yıllar boyunca, acaba erkek kardeşine karşı duyduğu garezle nasıl uzlaşmıştır diye.[808]

Hem Anna Dalassena hem de torunu Anna Komnini, kocalarını kendi dönemlerindeki imparatoru alaşağı etmek üzere saray komplosuna girişip imparator olmaya iknâ etmeye çalışmışlardı. İmparatoriçe İrini, kızını İmparator II. Yoanni'yi alaşağı etmeye çalışırken desteklemişti. Bu, saray entrikasının normal bir parçası mıydı?

Ioulia Kolovou, Anna Komnini hakkında şunları söyler:

> Geleneksel olarak eşitsizliğe ve üstünlük kurmaya dayanan güç ilişkilerinden oluşan cinsiyet ilişkileri ortamında, kendine güvenen, otoriter bir kadın tarih yazarı tehlike arz eder, çünkü toplumsal cinsiyet rollerini tersine çevirmiş, geleneksel olarak yalnızca erkek yazarlara ayrılmış otoriteye ve güce meydan okumuş biri olarak görülür. Diğer yandan onlar da kendilerini, Anna Komnini gibi kadınlar tarafından tehdit edilmiş, iğdiş edilmiş ve pasifize edilmiş hissederler.[809]

Anna kitabında hasta, kötürüm gazilerin yanı sıra yetimlerin de yaşadığı yetimhaneyi anlatıyor. Binaların çember oluşturacak biçimde inşâ edildiğini ve yetimhane ile Aziz Pavlus Kilisesi arasında bir bağlantı olduğunu söylüyor. Muhtemelen bu, Anna'nın çalıştığı ve tıp öğrettiği hastanedir. Yetimhane âtıl durumdaydı, Aleksius enerjisini ve coşkusunu kurumu yeniden inşâ etmeye ve orada yaşayanların iyi beslenmesi ve bakılması için orayı donatmaya kullandı. Anna bu kurumdan bahsederken 'Süleyman'ın Eyvanı'na[810] atıfta bulunur; Süleyman'ın Eyvanı, Aziz Petrus ile Aziz Yuhanna'nın yürürken yerde yatan bir adamı iyileştirdiği, Yeruşalim'de bulunan tapınağın bir kısmıydı.

Anna şöyle yazıyor:

> Belki daha cüretkâr bir şekilde, imparatorun girişiminin Kurtarıcımın mûcizesiyle (yedi ve beş bin kişinin

doyurulduğu[811]) karşılaştırılabileceğini söyleyebilirim. İkinci durumda, elbette, binlerce insan beş ekmekle doydu, çünkü mûcizeyi gerçekleştiren Tanrı'ydı, dolayısıyla burada yardım girişimi İlâhî buyruğun sonucuydu; dahası, o bir mûcizeydi, ama burada bir imparatorun iman kardeşlerine rızık dağıtma konusundaki eliaçıklığını söz konusu ediyoruz.[812]

Anna, Mesih'in şifâsı konusuna başka atıflarda da bulunur:
İmparator felçliye, 'Kalk ve yürü!'[813] diyemezdi. Kör adamı gördüremez, kötürüm adamı yürütemezdi (çünkü bu, bizim uğrumuza insan olan ve burada yeryüzünde biz insanlar için yaşayan Biricik Oğul'un ayrıcalığıydı), ama elinden geleni yaptı.[814]

Aleksiad'daki bu iki parça, Anna'nın iyi derecede Yeni Antlaşma bilgisine sahip olduğunu ve Mesih'e Kurtarıcısı olarak inandığını göstermektedir. Bu atıfların Aleksiad metnine işlenme biçimi, Anna'nın Mesih'in yaşamını ve hizmetini anladığı ve babasının çalışmalarına hayran olmasına rağmen babasının sınırlılığını ve Mesih'in şifâ hizmeti ile babasının hayır işleri arasındaki farkı ayırt ettiği duygusunu taşır. *Aleksiad*'da kendi hayır işlerinden veya daha doğrudan ifâdelerle Tanrı'ya yönelik inanışından ve kendi imanından bahsetmez. Yaklaşık otuz beş yılını manastırda geçirmiş, sadece ölüm döşeğindeyken 'peçeyi takmıştır', yani rahibe olmuştur.

Bizans döneminde devlet kilisesinin dışında da -Bogomiller ve Pavlusçular gibi- Hristiyan imanlılar vardı. Bogomil, Slavcada 'Tanrı'nın sevdiceği' anlamına gelir. Aleksius hükümdarlığı sırasında -herhalde yaklaşık 1117-1118 yıllarında- Bogomillerin lideri Basileos'u Konstantinopolis'e davet etti. *Aleksiad*'da,[815] Basileos'un nasıl da kendisini kandırıp onu suçlamak için konuşmayı kaydettiren imparator ile yemek yediği yazılıdır.

Aleksiad'da Bogomiller Manişeist ve Marsilyalı oldukları için dışlanırlar. Diğer yandan Broadbent,[816] onların resmî kilise yapısının dışında faaliyet gösteren, komünyon ekmeğinin ve şarabının İsa'nın gerçek bedeni ve kanı olduğuna inanmayan veya rahiplere ve görsellerin kullanımına ihtiyaç duyulmasına katılmayan Hristiyan inananlar olduklarını öne sürer.

Basileos, Aleksius ile yaptığı görüşmeden sonra tutuklanır ve hapsedilir. İtirafa yanaşmadığı için 1119'da hipodromda yakılmıştır. Bu

TÜRKİYE'DE HRİSTİYAN KADINLAR – TARİHÇE

muhtemelen Doğu Kilisesi'nde birinin sapkınlıktan ötürü diri diri yakıldığı son örneklerden biriydi. İroni şu ki, bu andan itibaren Batı Kilisesi'nde sözde sapkınlar inanışları uğruna daha da çok yakılmaya başladılar. Anna, bu olayı, babasının Basileos'a zulüm etmesinden ve ardından yakılmasına sebep olmasından büyük zevk almış gibi anlatır.

Son olarak Anna'nın kendi dindarlığını da ele alalım. Giriş bölümünde kendisi hakkında şöyle der: 'Ne doğanın ve benim bilgiye duyduğum hevesimin bana sağladıklarını ne de Tanrı'nın bana yukarıdan pay ettiklerini ve koşullar aracılığıyla bana sağlananları anmak, övünmek değildir.'[817] Bu sözler, kendisinin yetenekli ama hırslı bir kadın haline gelmesinde doğanın, yetiştirilmenin ve Tanrı'nın lütfunun rolünün farkında olduğunun bir ifâdesidir. Ayrıca sürgünün 'kendimi kitaplarıma ve Tanrı'ya tapınmaya adamak'[818] için bir fırsat olduğunu belirtmiştir.

Anna, yazılarında babası imparator ilan edildikten sonra askerleri tarafından Konstantinopolis'in yağma edilmesinin ardından babasının itirafını, tövbesini ve kefâretini[819] de anlatmıştır. Ya Anna'nın kendi tövbesi? Tracy Barrett,[820] Anna Komnini'yle ilgili romanında, manastıra şifâ için gelenlere hizmet eden, sıcak ve şefkatli bir kadının sempatik bir tasvirini çizmektedir. Gençliğinde tıp okurken şifâlı otlar hakkında bilgi sahibi olmuştu. Gerçek hayatta, ihtiyacı olanlara hizmet eden daha sıcak, daha nazik bir insan haline mi geliyordu? Bunu asla bilemeyeceğiz ama umut ediyoruz ki zamanla, günlük âyinlere katıla katıla itiraf, tövbe ve bağışlama sözleri kalbine, zihnine ve ruhuna işleyip onda etkisini göstermiştir.

Anna makamını, konumunu ve imparatoriçe olma beklentisini kaybetmenin acısını çekiyordu. Kocasını bir daha görüp görmediği belli olmadığına göre, manastıra sürülmesi, büyük olasılıkla evliliğini ve aile hayatını kaybetmesiyle sonuçlanmıştı. Ama en azından diğer darbe teşebbüslerinden sonra yapıldığı gibi sakat bırakılmamıştı.

Anna'nın kocasını tanımlama tarzından, onu yürekten umursadığı ve onun hakkında yazarken gerçek bir üzüntü duyduğu görülüyor:

> Şanlı Sezar Nikeforus... ve Aleksius imparator olduktan sonra (Aleksius'un) kızıyla evlendi. Ama bu anılar beni üzer; kalbim kederle dolar, çünkü Sezar kendisine danışılan bir adamdı ve yazılarında da bunun mükemmel kanıtını sunmuştur. Her şey –güç, çeviklik, fiziksel çekicilik, aslında zihnin ve vücudun tüm iyi nitelikleri– o adamı yüceltmek için bir araya gelmiştir. Doğa onu doğurdu ve Tanrı, akranları

arasında öne çıkan, benzersiz bir kişilik yarattı; Homeros'un Akalar arasından Aşil'i övdüğü gibi, benim Sezarımın da güneşin altında yaşayan tüm insanlar arasında üstün kılındığı söylenebilir. Muhteşem bir askerdi, ama edebiyattan da hiçbir şekilde bihaber değildi; bütün kitapları okumuş ve her bilim üzerinde detaylı çalışmalar yaparak onlardan hem kadim hem de çağdaş pek çok bilgelik çıkarmıştı. Bundan sonrasında kendini yazmaya adadı ve hatta değeri olan ve okunmayı hak eden bir tarihi çalakalem yazdı. Bunu annem İmparatoriçe İrini'nin emriyle yaptı ve içinde babamın iktidar dizginlerini ele geçirmeden önce ulaştığı başarıları anlattı.[821]

Anna, vasiyetinin[822] önsözünde kısaca, aslında bekâr kalmayı tercih edebileceğini, ancak ebeveynlerine itaatinden ötürü evlendiğini belirtti.

Nikeforus Briennius kültürel seçkinlere mensuptu, bu sebepten Anna'nın sürgüne gönderilmesinden önce onu kültürel meseleleri tartışmak üzere biraraya gelen seçkin gruplara katılmaya teşvik etmiş olması pek mümkündür. Anna, sürgüne gönderildikten sonra bile bu seçkinlerin bir parçası olmaya devam etmiş olabilir. Görüştüğü kişilerden biri de 1155 yılında Efes metropoliti olarak atanan Georgios Tornikes'ti. Browning şunları söyler:

> Kendisi, Anna Komnini'nin, babası Aleksius Komnini'nin[823] 1118'de ölümünden sonra cemiyet hayatından çekildiği uzun yıllar boyunca hem onun hem ailesinin yakın bir arkadaşıydı. Görünüşe göre Anna'nın çevresinde biraraya gelen edebî ve bilimsel câmiânın bir üyesiydi.[824]

Tornikes, onun Anna'nın cenaze törenindeki konuşmasında, 'gül gibi görünümünü sonuna kadar koruduğunu'[825] söylediğini belirtir. Anna'nın eğitiminin üç aşamada ilerleyişini açıklar. İlkin saray hadımlarından birinden dilbilgisi dersleri alarak anne ve babasını kurnazlığıyla nasıl alt ettiğini anlatır. İkinci olarak, evlendikten sonra dilbilgisi ve felsefe üzerinde çalışmaya devam ettiğini belirtir. Son olarak, babasının ölümünden sonra 'zamanının en bilgili adamlarından bazılarını etrafına toplamış ve onlarla birlikte Aristoteles, Platon, Öklid ve Batlamyus'tan —onun Hristiyanlığın reddettiği öğretileri dışında— retorik ve tarih üzerine çalışmıştır.'[826]

Anna otuz beş yıl boyunca saray dünyasından kopmuş olmasına rağmen, herhalde derslerin veya uzmanların gözetiminin de dâhil olduğu çalışmalarına devam etti. O da bir hâmi olmuştu ve Mihail Tornikes onun himâyesinden yararlanan biriydi. Herhalde başkalarının çalışmalarını da organize etmiş, onlara ilham vermiş ve masraflarını karşılamıştı. 'Kendisinden husûsî olarak Aristotelesçi yorumcuların desteğini ve özellikle antik çağlardan günümüze hiçbir yorumu elimize ulaşmamış eserlerin yorum çalışmasını duyuyoruz.'[827] Tornikes, Aristotelesçi yorum çalışmaları yazan etkili bir âlim topluluğundan biriydi. 'Anna'nın idâresindeki kaynaklar olmasaydı bu hareket pekâlâ sönüp gidebilirdi.'[828] Browning makalesini şu sözlerle bitiriyor: 'Açıkça, kendisinin anıları yalnızca babasının hükümdarlığının ölümsüz tarihinde değil, aynı zamanda sade anlatımlı ciltlerden oluşan *Commentaria Graeca in Aristotelem* eseriyle de büyük saygınlık kazanmış olan, bu hayranlık uyandırıcı hanımın azmine ve ilhâmına çok şey borçluyuz.'[829] Anna'nın saraydan kovulmasının gerekçesi olarak bu iki büyük eserden sorumlu olması oldukça şaşırtıcıdır! Efes Metropolit Episkoposu Georgios Tornikes gibi çağdaşları, Anna'yı 'hem dünyevî hem de ilahî hikmetin en yüksek mertebesine[830] ulaşmış kişi bir olarak görüyorlardı.

Anna ölüm döşeğindeyken[831] tuniği giydi ve rahibe oldu. Son günlerine kadar neden beklediğine dair hiçbir gerekçe gösterilmez. İmparatoriçe olmak için başka bir fırsat daha verilmesi ihtimaline karşı ölüm döşeğine kadar bekleyip beklemediğini insan merak ediyor; çünkü rahibe olsaydı bu mümkün olmazdı. *Aleksiad*, onun 'dünyayı değiştiren olayların katılımcısı; şiddetli ve politik olarak dalgalı dönemlerde yaşayanların karşılaştığı kayıpları ve acıyı aktaran bir yazar'[832] olduğunu ortaya koymaktadır.

Yine de *Aleksiad*'da ve diğer metinlerde zaman zaman sanki bir peçe kalkar ve içten dindarlığı olan bir kadın, Kalkedon imanına göre yetiştirilmiş ve buna uyan bir iman kadını, erkeksi de olsa[833] bir kadın ortaya çıkarak parlar.

Maria Palaiologina ve Moğolların Azize Meryem Kilisesi

Maria Palaiologina, İmparator VIII. Mihail Palaiologos'un (1259-1282) gayrimeşrû kızıydı. 1265 yılında Maria, Moğol İlhânı Hülâgû ile beşik kertmesiyle nişanlanmıştı. 13. yüzyılda Cengiz Han tarafından kurulan Moğol İmparatorluğu, Cengiz Han'ın torunlarının her birinin önderliğindeki dört hanlığa bölünmüştü. Bunlardan ikisi Hülâgû ve Nogay Han'dı. Hülâgû kendisiyle evlenemeden öldü, Maria onun yerine oğlu Abaka ile evlendirildi. İmparator VIII. Mihail, bir başka gayrimeşrû kızı olan Evofrosine'yi de 1272 civarında[834] Altın Orda Hanı Moğol Nogay ile evlendirdi.

Maria, Moğol sarayındaki birkaç Hristiyan câriyeden biriydi. Bir diğer saygın kadın ise Hülâgû'nün Moğollar tarafından 'Despoina Hatun' (Δέσποινα Grekçede Hanım anlamına gelir) olarak adlandırılan eşi Dokuz Hatun'du. Kendisi dinî lider olarak görülüyordu. Hülâgû karısının muhâkemesine büyük saygı duyardı; Dokuz Hatun 1258'de Moğolların Bağdat'ı yağmalamasından sonra Hristiyanlar için aracılık da etmişti. Dokuz Hatun Hülâgû'nün hemen ardından öldü ve Maria Hülâgû'nün oğluyla evlendiğinde, Dokuz Hatun'la aynı hürmeti görerek, Despoina olarak da anıldı.

Maria'nın dindar bir yaşam sürdüğü ve çoğu zaten Nestûrî olan Moğolların siyaseti ve dinî görüşleri üzerinde etkisi olduğu söyleniyordu. Nestûrî Hristiyanlar, Nestorius'un öğretisini takip ettikleri için bu şekilde adlandırılıyorlardı. Orta Asya ve Çin'de bu Hristiyanların varlığına dair arkeolojik kanıtlar bulunmaktadır.

Maria Palaiologina, yaklaşık 15 yıl boyunca Pers topraklarında egemenlik süren Moğolların sarayında yaşadı, hanın ve sarayındaki diğerlerinin Hristiyan olmaları yönünde etkisi bulundu. Kocası Abaka Han, Moğollar arasında etkili bir Hristiyan lider olarak biliniyordu. 1281'de Abaka Han kardeşi Ahmet tarafından öldürüldü, Maria da Konstantinopolis'e dönmek zorunda kaldı.

Maria, 1307'de, II. Andronikus'un hükümdarlığı sırasında, Orta Doğu'nun Moğol hükümdarı Moğol Prensi Olcaytu'ya gelin olarak teklif edildi. Bu girişim, o dönemde Bizans kenti İznik'i tehdit eden Osmanlıların yükselen gücüne karşı bir ittifak elde etme amacını taşıyordu. Maria'nın hem savunmayı teşvik etmek hem de Moğollarla aralarında düğünüyle ilgili müzâkereleri hızlandırmak için İznik'e[835] gittiği söylenir. Osmanlı pâdişahı Osman ile görüşmüş, ancak Maria'nın tehditkâr davranışları Osmanlıların ruhunu uyandırmıştır. Moğollar tarafından yardımına gönderilen 30.000 asker şehre ulaşamadan, Osmanlılar İznik'in ön hattı olan Tricocca kalesini basar ve fetheder. Freely, Maria'nın Olcaytu ile evlenmeyi reddettiği[836] görüşündedir.

Maria Konstantinopolis'e döner, burada rahibe olur ve günümüzde Moğolların Azize Meryemi olarak bilinen kilisenin bulunduğu yerde bir manastıra[837] çekilir. Kilise Moğolların Hanımı'na, Moukhliotissa'ya adanmıştır. Moğolların Despoinası olarak da bilinen Maria Palaiologina, kilise kompleksinin bir parçası olan manastırın kurucusu ve velinimetiydi. Maria rahibe olduğunda Melane adını aldı. Kendisi muhtemelen

TÜRKİYE'DE HRİSTİYAN KADINLAR – TARİHÇE

Kariye'deki Aziz Kurtarıcı Kilisesi'ndeki[838] Deisis'te[839] tasvir edilen Melane'dir. Başının üzerindeki yazıt parçasında şöyle yazar: 'Moğolların Hanımı, Rahibe Melane.'

Alice-Mary Talbot, Moğolların Meryemi'nden Maria Palaiologina olarak bahseder:

Maria Palaiologina'nın on dördüncü yüzyılın başlarında Kariye Manastırı'na on birinci yüzyıldan kalma bir İncil armağan etmesi, Manuel Philes tarafından 48 satırlık bir vecizeyle anılır. Moğol hanı Abaka ile evliliğinden dolayı çoğunlukla "Moğolların Meryemi" olarak anılan Maria, en çok Kariye Kilisesi'nin dış narteksindeki Deisis mozaiğine dâhil edilmesiyle tanınır. Philes'in mısraları bize onun Kariye'ye altın dokumalar bağışladığını ve ayrıca İncil için yeni bir lüks cilt yaptırdığını bildirir (on dokuzuncu yüzyılın sonlarında Serres yakınlarındaki Prodromos Manastırı'nda olduğu doğrulanmıştır, günümüzde Sofya'daki Dujcev Merkezi'nin kütüphanesindedir). Philes'in şiiri, kitabın sonuna eklenen iki sayfada iki sütun halinde alıntılanmıştır (yk. 246sa–so). Bu elyazması üzerine yayınlanmamış bir tanıtım kaynakçasının yazarı Jean-Marie Olivier, şu an fena halde bozulmuş durumdaki mor ipekten cildin Palaiologos ciltlemesinin kalıntıları olabileceği konusunda beni bilgilendiriyor.[840] Diğer pek çok kadın bağışçıyı örnek alan Maria, bu hediyeleri Meryem Ana'dan memnuniyetle aldığı bereketler ve lütuflar için şükran olarak ve belki diplomatik bir piyon olarak bir Moğol hanının sarayına gönderilmekten kurtarılmasını îmâ ederek, pek çok tehlikeden kurtuluşunun karşılığı olarak Bâkire Kariye'ye sunduğunu belirtmiştir.[841] Maria'nın Panagiotissa Manastırı'na 'çok değerli (litürjik) muhâfaza kutuları ve kitaplar' bağışladığını da biliyoruz.[842]

Günümüzde Moğolların Azize Meryemi olarak anılan Kilise, muhtemelen ilk olarak İmparator VIII. Mihail'in amcası ve dolayısıyla Maria Palaiologina'nın büyük amcası İshak Dukas tarafından yaklaşık 1261'de kurulmuştur. Bu durumda Moğolların Despoinası zaten var olan bir kiliseye eklenivermişti. Bu kilisenin şaşırtıcı yanlarından biri, 1453'te İstanbul'un fethinden sağ sâlim çıkması ve diğer Bizans kiliseleri gibi hiçbir zaman câmiye dönüştürülmemesidir. Halen cemaati olan bir kilise olmaya devam etmektedir. Kilisede Theotokos Pammakaristos'un, Tanrı'nın Sevinç Dolu

Annesi'nin, çok güzel bir taşınabilir Bizans mozaiği bulunmaktadır. Bu mozaik büyük olasılıkla 11. yüzyılda çalışmış bir sanatçı tarafından yapılmıştır.

Kilise, uzun tarihi boyunca çok değişikliğe uğramış ve şimdi sadece küçük bir cemaate sahip olsa da, Hristiyan direncinin bir sembolü olarak, Hristiyan inancının yüzyıllar boyudur sürüyor olmasının bir örneği olarak kabul edilebilir. Benzer şekilde aynı direnç, Cengiz Han'ın bir torununun sarayında Hristiyan nüfuzunu kullandığına göre, Moğolların Maria Despoinası'nın hayatında da muhakkak görülmüş olmalı. Maria muhakkak ki Hristiyan adanmışlığına sıkı sıkıya bağlı, cesur ve güçlü bir kadındı. Ben Moğolların Maria Despoinası'nın, İsa'nın 'tuz ve ışık'[843] olarak yaşama buyruğuna uygun yaşamaya bir örnek teşkil ettiğine inanıyorum.

Sonuç

Bu kutsal kadınlar, bu güçlü kadınlar, kendilerinin Bizans'ta kutsanmalarıyla sonlanan kariyerlerinde bambaşka yollardan geçmişlerdir. Bu yollara bazen bedenin çilecilikle terbiyesi, üste sorgusuz sualsiz itaat, tövbe, hayır işleri, peygamberlik ve mûcizeler de dâhil olmuştur ve bu kadınlar bu tecrübelerle harmanlanmış ve güçlenmişlerdir. Aynı zamanda bu kadınlara karşı Bizans ikiyüzlülüğü sergilendiği de görülür; çünkü kadınlar bir yandan Havva'nın kızları olduklarından dolayı aşağılanırken diğer yandan bir başka kadın olan Meryem, Tanrı'nın Annesi olarak ve erkeğin kurtuluşunun aracı olarak yüceltilmiştir.[844]

Bölüm notları

[479] John Freely & Hilary Sumner-Boyd, İstanbul'u Dolaşırken (Pan Yayıncılık, İstanbul, Dördüncü Baskı, 2019), s.20

[480] Grekçe Κωνσταντινούπολη ve Konstantinopoli

[481] 'Bizans İmparatorluğu' ile 'Doğu Roma İmparatorluğu' imparatorluğun yıkılmasının ardından belirlenmiş tarihçilik terimleridir; imparatorluğun vatandaşları ülkelerini Roma İmparatorluğu olarak tanımlıyorlardı. Bkz. https://en.wikipedia.org/wiki/Byzantine_Empire (Son erişim tarihi: 23.08.2022)

[482] Günümüzde Türkiye'nin batısında bulunan İznik

[483] Diğer bilinen adıyla İznik İman İkrarı'nı bu kitabın Ekler kısmında bulabilirsiniz.

[484] Averil Cameron, Byzantine Christianity: A Very Brief History (London, SPCK. Kindle Versiyonu, 2017), Lok. 170

TÜRKİYE'DE HRİSTİYAN KADINLAR – TARİHÇE

485   Kutsal Hikmet Kilisesi, günümüzün Sultan Ahmet Câmii, İstanbul
486   A.g.e.
487   A.g.e. Lok. 301
488   A.g.e. Lok. 170
489   Dix, Dom Gregory. The Shape of the Liturgy, New Edition (s. 745). Bloomsbury Publishing, Kindle Versiyonu
490   John Julius Norwich, *Byzantium: The Early Centuries* (UK, Penguin Books, 1988), s. 32-33
491   Niş, Sırbistan
492   Saints on Earth: A Biographical Companion to Common Worship, Lok. 2226, Kindle Versiyonu
493   https://en.wikipedia.org/wiki/True_Cross (Son erişim tarihi: 23.08.2022) Ecclesiastical History Chapter xvii
494   Philip H. Pfatteicher, Journey into the Heart of God: Living the Liturgical Year, Oxford University Press, Kindle Versiyonu
495   Diarmaid MacCulloch, A History of Christianity: The First Three Thousand Years (s. 194-195). Penguin Books Ltd. Kindle Versiyonu
496   Chapter XXIII.—Conversion of the Iberians, s.90
Writings by Theodoret, Jerome, Gennadius, & Rufinus: Historical translated by Philip Schaff. Şuradan ulaşılabilir: http://www.ccel.org/ccel/schaff/npnf203.html (Son erişim tarihi: 23.08.2022)
497   https://en.wikipedia.org/wiki/Saint_Nino (Son erişim tarihi: 23.08.2022)
Grekçe Αγία Νίνα, Agía Nína (Aya Nina), bazen de Azize Nune veya Azize Ninny denir.
498   Sokrates, Sozomen ve Teodoret ayrıca Nino'nun hayatına ve İberya'nın inanç değiştirmesine dair anlatılar yazmışlardır.
499   Latince Bakurius
500   Yani Gürcistan'da
501   Rufinus, *Historia Ecclesiastica*, 1. Kitap, 10. Bölüm. Rufinus 402 veya 403'te, Eusebius'un *Ecclesiastical History* (Kilise Tarihi) kitabının Latince tercümesinin bir özetini hazırlamış ve anlatıyı iki ek kitapla İmparator I. Teodosius'un 395'teki ölümüne değin uzatmıştır. Rufinus, 10. kitapta Konstantinos'un hükümdarlığını tarif ettiği kısımda, İberya'ya müjdenin duyurulması anlatısını da ele almıştır.
502   Allen W.E.D., A History of the Georgian People from the beginning down to the Russian Conquest in the Nineteenth Century, 1932, s.91. Burada, Güneş tutulmasının oluşturduğu karanlık tarif edilmektedir.
503   Jefferson Sauter, Irakli Simonia, F. Richard Stephenson, and Wayne Orchiston 'The Legendary Fourth-Century Total Solar Eclipse in Georgia: Fact or Fantasy?' In W. Orchiston (eds.), New Insights From Recent Studies in Historical Astronomy: Following in the Footsteps of F. Richard Stephenson, Astrophysics and

Space Science Proceedings (Switzerland, Springer International Publishing, 2015), 43, s.25-45

[504] O dönemdeki İberya, Roma ve Sasaniler arasındaki karmaşık ilişkiler hakkında daha çok bilgi için bkz. Braund, Georgia in Antiquity, s.238-267 ve Beate Dignas and Engelbert Winter, Rome and Persia in Late Antiquity: Neighbours and Rivals (Cambridge: Cambridge University Press, 2007), özellikle s.128-129 ve 188-192. Kadının kimliğine dair detayların verilmemiş olmasına karşın, uzmanlar onu Roma tutsağı olarak tanımlamayı sürdürürler. Örneğin, Haas, "Mountain Constantines," s.106-109'da, onu "tutsak Romalı kadın," "genç tutsak" ve "köle bir kız, bir Roma tutsağı. . . İberyalı sahiplerini etkilemiş [olan]," sözleriyle tanımlar, yine de ne Rufinus ne de başka beşinci yüzyıl kilise tarihçisi onun etnisitesi, gençliği veya iddia edildiği gibi İberyalı sahipleri hakkında herhangi bir bilgi verir.

[505] Socrates, HE 1.20.2.

[506] Sozomen, HE 2.7.1

[507] Theodoret, HE 1.24.1: Jackson, Ecclesiastical History, 3:418. Asetist yaşam, asetizmi, yani zühdîliği benimsemiş zâhidlerin yaşam tarzı.

[508] Andrea Sterk 'Mission from Below: Captive Women and Conversion on the East Roman Frontiers', Church History 79:1 (American Society of Church History, March 2010), s.20

[509] http://www.batsav.com/pages/oracular-speech-gvrini-kadagoba.html (Son erişim tarihi: 23.08.2022)

[510] http://www.batsav.com/pages/oracular-speech-gvrini-kadagoba.html (Son erişim tarihi: 23.08.2022)

[511] Andrea Sterk, s.k.e. s.37

[512] https://www.cambridge.org/core/journals/church-history/article/representing-mission-from-below-historians-as-interpreters-and-agents-of-christianization/ 975205D08A0BABC445B72129657CA097 (Son erişim tarihi: 23.08.2022)

[513] Matta 13:33

[514] Matta 5:13-18

[515] Yani hagiografilerde. https://en.wikipedia.org/wiki/Saint_Nino veya http://www.goarch.org/chapel/saints_view?contentid=2463&type=saints (Son erişim tarihleri: 23.08.2022)

[516] https://www.georgianweb.com/st-nino-and-the-conversion-of-georgia/ (Son erişim tarihi: 23.08.2022)

[517] 1. Petrus 1:1

[518] M. R. Fairchild, Christian Origins in Ephesus and Asia Minor (Arkeoloji ve Sanat Yayınları, İstanbul, 2015), s.251

[519] Veya Niksar

TÜRKİYE'DE HRİSTİYAN KADINLAR – TARİHÇE

520 İkrarcı: İnançlarından ötürü zulüm görmüş ama iman ikrarlarından vazgeçmemiş kişiler.

521 306 ve 308'de Maksiminus herkesin pagan ilâhlara kurbanlar sunmasını emretti; karşı gelen Hristiyanlar sakat bırakıldılar ve madenlere ve taş ocaklarına gönderildiler. Bkz. https://www.britannica.com/biography/Galerius-Valerius-Maximinus (Son erişim tarihi: 23.08.2022)
Maksiminus, Galerius'un yeğeniydi ve Galerius Valerius Maksiminus adıyla da biliniyordu. Ayrıca kendisine Maksiminus Daza (veya Daia) da denirdi. Kendisi Konstantinos'la birlikte Likinius tarafından 308'de 'filii Augustorum' ('Augusti'nin oğulları') ilân edilmişlerdir.

522 Annen olarak da bilinir. The British Academy Black Sea Initiative, buranın İris Nehri (Yeşilırmak) ile onu oluşturan ana ırmak olan, Neosezariye'nin kuzeybatısındaki Likus (Kelkit) Nehri'nin birleşme noktasındaki dar boğazda yer aldığını da ekler. Bkz. Christian Saints in Turkey, s.168.

523 Alban Butler, Lives of the Saints (s.328), Waxkeep Publishing, Kindle Versiyonu

524 P.A. Schaff, Select Library of the Nicene and Post-Nicene Fathers of the Christian Church, Second Series, Vol VIII. Basil: Letters and Select works, s.709; 2785. dipnot

525 *https://www.ewtn.com/catholicism/library/st-macrina-the-elder-5632>* (Son erişim tarihi: 23.08.2022)

526 Günümüzde Kayseri

527 Schaff, s.k.e. s. 739

528 Tekla Konyalı bir kadındı, Elçi'nin vaazını dinleyerek Hristiyan oldu ve Silifke'de yaşamı son buldu. Bizans döneminde ve Orta Çağ'da hayranlık uyandıran örnek bir Hristiyan'dı. İmparator Leo Silifke'de onun anısına bir bazilika yaptırdı.

529 Bkz. http://tertullian.org/fathers/gregory_macrina_0_intro.htm (Son erişim tarihi: 23.08.2022)

530 http://tertullian.org/fathers/gregory_macrina_1_life.htm (Son erişim tarihi: 23.08.2022)

531 http://tertullian.org/fathers/gregory_macrina_1_life.htm (Son erişim tarihi: 23.08.2022)

532 A.g.e.

533 Hristiyanlığı tanımlamak üzere 'felsefe' kelimesinin kullanılmasına dördüncü yüzyıl yazmalarında sık rastlanırdı ve belki geçmişte Origen'in Müjde ile felsefeyi bir arada ele almasına dayanıyordu. İfade iki yönlü anlayış taşıyordu: genel anlamda Hristiyan dini ve özel olarak da asetizm. Krş. Greg. Naz., Or., VII, 9 (kardeşi Kresarius'un asetistliğini anlatışı): 'Meslekler arasında felsefe en büyüğü olduğundan dolayı en zorudur da, ancak ve ancak ilâhî yüce gönüllülük tarafından çağrılmış çok

azı tarafından ele alınabilir.' 'Boulenger' için özenle yazılmış nota bakınız, Gregoire de Nazianze, Discours funèbres (Paris, 1908), s. lvi.

534 A.g.e.

535 Veya Teosevia. Bkz. https://orthodoxwiki.org/Theosebia_the_Deaconess; https://www.johnsanidopoulos.com/2011/01/saint-theosevia-deaconess-of-nyssa.html (Son erişim tarihi: 23.08.2022)

536 https://en.wikipedia.org/wiki/Theosebia (Son erişim tarihi: 23.08.2022)

537 Philip Schaff, (Ed) Nicene and post-Nicene Fathers, Vol V: Cyril of Jerusalem, Gregory Nazianzen (Grand Rapids, MI: Christian Classics Ethereal Library), s.912-913

538 Ayrıca Karbella/Güzelyurt diye de bilinir.

539 Ayrıca Arianzus diye de bilinir. https://en.wikipedia.org/wiki/Nazianzus (Son erişim tarihi: 23.08.2022)

540 Ayrıca Georania diye de bilinir.

541 Ayrıca Nazianzuslu Gregorios diye de bilinir.

542 305-374

543 https://oxfordre.com/classics/view/10.1093/acrefore/9780199381135.001.0001/acrefore-9780199381135-e-3208 (Son erişim tarihi: 23.08.2022)

544 Hypsistosçular

545 MS 276'dan 374'e

546 http://ww1.antiochian.org/node/19290 (Son erişim tarihi: 23.08.2022)

547 Mezmurlar 122:1

548 MS 379'da

549 Alıntı: Benedictines, Delaney, Encyclopedia, https://web.archive.org/web/20070206180426/http://www.saintpatrickdc.org/ss/0805.htm (Son erişim tarihi: 23.08.2022)

550 Ayrıca Georania diye de bilinir.

551 Ayrıca Nazianzuslu Gregorios diye de bilinir.

552 Philip Schaff (çevirmen), Nicene and Post-Nicene Fathers Series II, Vol. 7, s.493-505. Şu sayfadan indirilebilir: https://www.ccel.org/ccel/schaff/npnf208.html (Son erişim tarihi: 23.08.2022)

553 A.g.e. s. 495

554 A.g.e. s. 497

555 A.g.e. s. 500

556 A.g.e. s. 501

557 Matta 9:20

558 A.g.e. s. 502

559 A.g.e. s.503

TÜRKİYE'DE HRİSTİYAN KADINLAR – TARİHÇE

560   Wilkinson, s. 167-168

561   Latincesinin adı Peregrinatio veya Itinerarium Egeriae'dir ve şu web adresinden erişilebilir: https://www.thelatinlibrary.com/egeria.html (Son erişim tarihi: 23.08.2022)

562   Egeria'nın günlüğü: https://ccel.org/ccel/mcclure/etheria/etheria (Son erişim tarihi: 23.08.2022)

563   J. Wilkinson, Egeria's Travels (Wiltshire, Aris & Phillips, 1999). Egeria'nın yaşamına dair bu anlatıdan yapılan alıntılar, Wilkinson'ın 1999 basımlı Egeria's Travels kitabındaki doğrulanmış halleriyle verilmiştir. Egeria hakkında daha çok bilgi için bkz. McGowan & P. F. Bradshaw, Pilgrimage of Egeria (Liturgical Press Academic, Minnesota, US, 2018) ve http://www.egeriaproject.net/main.aspx (Son erişim tarihi: 23.08.2022)

564   Wilkinson, s.38

565   Karnea, Egeria'nın Eyüp'ün yaşadığı şehir diye görmeye gittiği yerdir. Günümüzdeki adı Sheikh Sa'ad'dır.

566   İstanbul

567   Edessa

568   Elyazmasında Charris olarak geçer, kutsal yazılarda Charra veya Harran'dır. Wilkinson, s.136'daki 6. dipnot.

569   Efes yakınında, Selçuk. Wilkinson s.142, 10-13. satırlar.

570   Bu hediyeler çoğunlukla onun ziyaret ettiği kutsal mekânların bulunduğu bölgede yetişen meyvelerdi. 571 Yaratılış 15:18

572   Rhone, muhtemelen Egeria'nın daha önce geçtiği bir nehirdir.

573   Wilkinson, s. 131

574   Egeria bir şehre vardığında ilk işi dualarını yönetecek bir papaz veya episkopos bulmak olurdu (örnekler için bakınız Wilkinson s.126, 137, 141).

575   Tomas Müjdesi Doğu Kilisesi tarafından gnostik olduğu için hükümsüz kılındığından dolayı, bu muhtemelen Tomas'ın İşleri'dir.

576   Wilkinson, s.132-133.

577   Zulüm döneminde imanını inkâr etmemiş olanlara ikrarcı deniyordu.

578   Wilkinson, s. 133

579   Yaratılış 12:1-5

580   Episkopos Protogenes'in 'ikrarcı' oluşu, Edessa episkoposu Evlogios'la birlikte Tebaid'e sürgün edilmesindendir. (Theodoret, HE IV.18.14; V.4.7).

581   Harran'ın kuzeybatısında Harrani Şeyh'i Hayat'ın Müslüman türbesi bulunur ve Lloyd ve Brice'ın s.86'da belirttiğine göre, Harran'ın kurucusu Aran'ın kitâbesinin bulunduğu yerdir. Egeria'nın bu kısımda bize anlattığı 'İbrahim'in Evi'nin hemen bitişiğinde veya içinde yer alan şehit kitâbesi de olabilir.

582   Yaratılış 24:15-20.

583   Anma günü Egeria'nın öne sürdüğü gibi 23 Nisan'da değil, 3 Mayıs'ta yapılan Elpidios olabilir. Wilkinson s. 137.

584   Wilkinson s. 137

⁵⁸⁵ Azize Tekla Şehit Anıtı Kilisesi Türkiye'nin güneydoğusunda, günümüzdeki Silifke'dedir.

⁵⁸⁶ Büyük olasılıkla Elçi Pavlus'un İkonium (Konya) ziyareti sırasındaki vaazı aracılığıyla iman etmiş İmparator Zeno tarafından Azize Tekla anısına inşâ ettirilmiştir (Bkz. Elçilerin İşleri 14:1-7).

⁵⁸⁷ Wilkinson s.141

⁵⁸⁸ Asetist, yani zâhid, dünyasal zevklerden vazgeçip dini yaşam yolunu göstererek diğer 'insanlardan ayrı' olmayı, asetizmi, zühdî yaşamı, uzleti benimsemiş kişi anlamına gelir.

⁵⁸⁹ A.g.e.

⁵⁹⁰ Wilkinson s.142

⁵⁹¹ Günümüzde Antakya

⁵⁹² Günümüzde İstanbul

⁵⁹³ https://tr.wikipedia.org/wiki/Praefectus_praetorio#:~:text=Praefectus%20praetorio%2C%20Roma%20%C4%B0mparatorluk%20muhaf%C4%B1zlar%C4%B1n%20%C4%B1n%20liderine%20verilen%20bir%20unvand%C4%B1r. (Son erişim tarihi: 29 Ağustos 2022)

⁵⁹⁴ Nektarius 381-397 yıllarında episkoposluk yaptı. Episkoposluğa atanmadan öncesinde, episkopos ilan edilmeden evvel vaftiz olmak durumunda kalan üst zümreden bir vatandaştı. Bkz. Henry Chadwick The Penguin History of the Church: The Early Church (London, Penguin, 1993), s.150-151, 186-187. ⁵⁹⁵ A.g.e. s.188 ⁵⁹⁶ A.g.e.

⁵⁹⁷ A.g.e. s.190

⁵⁹⁸ Alıntı: https://catholicexchange.com/st-olympias> (Son erişim tarihi: 23.08.2022)

⁵⁹⁹ Palladius of Helenopolis, Lausiac History (BHG 1435-1438v; CPG 6036), s.56.
Alıntı: Efthymios Rizos, Cult of Saints, E03332 - http://csla.history.ox.ac.uk/record.php?recid=E03332 (Son erişim tarihi: 23.08.2022)

⁶⁰⁰ http://www.tertullian.org/fathers/palladius_dialogus_02_text.htm#C17
(Son erişim tarihi: 23.08.2022). Palladius'un Olympias'ın hayatı hakkında yorumda bulunduğu bölüm.

⁶⁰¹ Efthymios Rizos, Cult of Saints, E03332 - http://csla.history.ox.ac.uk/record.php?recid=E03332 (Son erişim tarihi: 23.08.2022)

⁶⁰² Bkz. https://www.britannica.com/biography/Arcadius (Son erişim tarihi: 23.08.2022)

⁶⁰³ 'Hükümdarın gardıropu, altın sofra takımları, imparatorluk yemeğinin düzenlenmesi, kutsal divanın serilmesi, pırıl pırıl süslenmiş uşaklar sınıfının idâresi; iç perdenin önünde, hükümdarın uyuklamalarını koruyan, miğferi ve zırhıyla dikilen otuz sessizliği; bunlar Roma İmparatorluğu'nun bir hükümet yetkilisinin katî

TÜRKİYE'DE HRİSTİYAN KADINLAR – TARİHÇE

dikkatini gerektiren çok önemli sorumluluklardı.' (T. Hodgkin, Italy and her Invaders, 1. Kitap, 3. Bölüm). Dipnot olarak alıntılandığı eser: John Julius Norwich, Byzantium: The Early Centuries (London, Penguin, 1988), s.121.

[604] A.g.e. s. 121

[605] A.g.e. s. 125

[606] A.g.e. s. 127

[607] O dönemdeki İstanbul şehir sınırından yaklaşık 14 km uzaklıkta küçük bir yerleşim yeri; günümüzdeki Bağcılar olabilir.

[608] John Chrys. PG, LXIII, s.467-472. Alıntının yapıldığı eser: Kenneth G. Holum, Theodosian Women, (University of California Press, California USA, 1988), s. 57

[609] S.k.e. Holum, s. 57-58

[610] Poli, şehir-devlet anlamına gelir.

[611] S.k.e. Holum, s. 58

[612] Resimde Episkopos Yuhanna Krisostom, İmparatoriçe Evdoksia'ya karşı Ayasofya'da vaaz verirken görülür. Ressamı Jean-Paul Laurens'tir (1838-1921), resmin adı Aziz Yuhanna Krisostom ve İmparatoriçe Evdoksia'dır (1893), 131x164 cm ölçülerinde yağlı tablodur, Toulouse, Fransa'da, Musée des Augustins'tedir. Wikimedia Commons.

[613] A.g.e. s.130

[614] Markos 6:22-25'ten

[615] Praetorian Prefekt. https://tr.wikipedia.org/wiki/Praefectus_praetorio#:~:-text=Praefectus%20praetorio%2C%20Roma%20%C4%B0mparatorluk%20muhaf%C4%B1zlar%C4%B1n%C4%B1n%20liderine%20verilen%20bir%20unvand%C4%B1r. (Son erişim tarihi: 29 Ağustos 2022)

[616] John Julius Norwich, Byzantium: the earlier centuries, (London: Penguin Books, 1990), s. 140

[617] A.g.e. s.140 [618] S.k.e. s.140

[619] K. Holum, Pulcheria's Crusade and the Ideology of Imperial Victory, Greek, Roman and Byzantine Studies 18 (1977), s.153-172

[620] Ayasofya, İstanbul'un Katedral Kilisesi

[621] K. Holum, Theodosian Empresses (University of California Press, USA, 1982), s. 153-154.

[622] Elbette onun kandırıldığını söyleyenler olabilir.

[623] Dünyaya günahın girişinin 'Düşüş' olarak adlandırılması tesadüf değildir; Düşüş dendiğinde anlatılmak istenen Lütuftan Düşüş, Lütfu Kaybetmek'tir.

[624] K. Holum, s.k.e. s. 153

[625] Sisinnius tarafından Kizikos (günümüzdeki Misya, Erdek) episkoposluğuna atanmış, fakat yerel din görevlileri ve halk kendi adaylarını görevlendirdiklerinden dolayı makamına adım atamamıştır. Bkz. a.g.e. s.155

[626] A.g.e. s. 199

[627] İmparatoriçe olarak gücü
[628] A.g.e. s. 207
[629] Günümüzde İznik
[630] The modern Asian Side suburb of Kadıköy
[631] Holum s.k.e. s.213
[632] A.g.e. s.215
[633] A.g.e. s.216
[634] Holum s.k.e. s.216
[635] Şehit Evfemia'nın kalıntıları İstanbul Fener'deki Rum Ortodoks Patrikhanesi'ndedir.

[636] Martijn Icks'in, 'Teodosius'un kifâyetsiz mirasçıları' başlıklı çalışması, Honorius ile Arkadius onuruna onların Batı'nın ve Doğu'nun saygıdeğer imparatorları olmak üzere Tanrı tarafından çağrıya sahip olduklarını vurgulayan konuşmalar yapılmasına sevk eder ve onların, saraydaki diğerleriyle imparatorluğu imparatorluk toprakları sınırlarını ihlâl edebilecek düşmanlara karşı güvende tutmak üzere çıkıp savaşmak konusunda ittifak halinde, daha tecrit bir 'saray imparatorluğu' (s.2) olduklarını doğrular.

[637] Veya Atina
[638] John Julius Norwich: Byzantium: The Early Centuries (London, Penguin 1988), s. 420-421

[639] Kenneth G. Holum, Theodosian Empresses: Women and Imperial Dominion in Late Antiquity, ed. Peter Brown, vol. III, The Transformation of the Classical Heritage (Berkeley & Los Angeles: University of California Press, 1982), s.114-117. Geleneksel olarak, Evdokia'nın asıl ismi Athenaïs olduğundan dolayı Atina'da doğduğu düşünülür. Fakat Holum onun Antakya'da doğduğu ve çocukluğunu babasının Atina'da asetizm hocalığına başlamasıyla Atina'da geçirdiği fikrindedir. Attika kültürüne bağlı bir asetistin kızına Athenaïs adını vermesi gayet anlaşılırdır. Evdokia'nın da Attik kültürüne bağlı olduğu, kendisinin de vaftizinden ve Teodosius'la evliliğinde sonra bile Atina'daki asetizm hocalığını sağlama almasıyla kanıtlanmıştır. Bkz. Holum, s.118. Alıntı yaptığı eser: Gierlach-Walker s. 85.

[640] A.g.e. s. 85
[641] Kenneth G. Holum, Theodosian Empresses (University of California Press, USA, 1988)

[642] Lisa L. Gierlach-Walker 'Empress Eudocia: A Mole enters the Theodosian Household' Stromata: The Graduate Journal of Calvin Theological Seminary 59.1 (2017), s.84-103

[643] Holum, Theodosian Empresses, s.182-184.
[644] Evsebees diye okunur; Tanrı'ya hürmet eden, hürmetkâr, dindar anlamına gelir.
[645] Fakat ikinci hac yolculuğu hacdan ziyâde bir sürgündü.

TÜRKİYE'DE HRİSTİYAN KADINLAR – TARİHÇE

646 βασιλεία: Okunuşu 'basileia'; hükmetmek veya güç anlamına gelir.

647 εὐσέβεια: Okunuşu 'Evsebeia'; hürmetkâr anlamına gelir. CSB ve NIV'de godliness (tanrısayarlık), CEB'de piety (dindarlık), KJV'de holiness (kutsallık) diye geçer.

648 A.g.e. s.88

649 ὑμετέπης γενέης τε καί αἵματος εὐξόμαι εἰναι

650 A.g.e. s. 92

651 Holum, Theodosian Empresses, s. 186

652 Holum, Theodosian Empresses, s.186

653 A.g.e. s.187

654 A.g.e. s.188

655 A.g.e. s.207

656 Lisa L. Gierlach-Walker, s. 95-101

657 A.g.e. s. 217-225

658 Oktatuk (Pentatuk, Yeşu, Hakimler ve Rut). Zekeriya ve Daniel peygamberler.

659 Lisa Gierlach-Walker, s. 99

660 Elizabeth Barrett Browning, The Greek Christian Poets (London, Chapman & Hall, 1863), s.55. Alıntılandığı eser: Lisa Gierlach-Walker, s. 99

661 M. Usher, Homeric Stitchings: The Homeric Centos of the Empress Eudocia, (Lanham: Rowman and Littlefield. 1998).

662 A.g.e. s. 100-101

663 Evdokia'nın Teodosius'u Nesturîleri desteklemeye iknâ ettiği zamanlar olmuştur; herhalde bu Evdokia'nın görümcesi Pulkeria'yla zıtlaşmasının yollarından biriydi.

664 Lisa L Gierlach-Walker, 'Empress Eudocia: A Mole enters the Theodosian Household' Stromata: The Graduate Journal of Calvin Theological Seminary 59.1 (2017), s. 101-102

665 βασιλεία: basileia; hükmetmek veya güç anlamına gelir.

666 εὐσέβεια: Evsebeia; hürmetkâr anlamına gelir. CSB ve NIV'de godliness (tanrısayarlık), CEB'de piety (dindarlık), KJV'de holiness (kutsallık) diye geçer.

667 A.g.e. s. 191

668 https://en.wikipedia.org/wiki/Theodora_(6th_century) (Son erişim tarihi: 23.08.2022)

669 A.g.e. Norwich, s. 193

670 https://en.wikipedia.org/wiki/Theodora_(6th_century) (Son erişim tarihi: 23.08.2022)

671 Kalkedon'u reddedenler arasında Yakubî Süryaniler, Ermeniler, Kıptîler ve Etiyopyalılar vardı. Bkz. Chadwick, s. 210

672 https://en.wikipedia.org/wiki/Chalcedonian_Definition (Son erişim tarihi: 23.08.2022)

673 A.g.e. Norwich, s. 193 674 A.g.e.

675 A.g.e. s. 194
676 Procopius, History of the Wars I, xxiv, s. 33-37.
677 Kendisine Belisarius, Justinianus'un başkomutanlarından biri olan resmî danışmanı eşlik ediyordu.
678 Ayasofya
679 Genel olarak kilisenin o anki hali, Ayasofya'nın günümüzdeki hali gibidir.
680 Susturucu anlamına gelir. Sarayda sessizlik sağlamakla sorumlu altmış görevli bulunurdu.
681 Norwich, a.g.e. s. 203. Tahmini on altı dönümlük bir alan mozaikle kaplanmıştı; yer yer som altın, yer yer de kırmızı, mavi ve yeşil mozaik parçalarıyla dekoratif desenler oluşturulmuştu.
682 Anderson & Zinsser, Bonnie & Judith (1988). A History of Their Own: Women in Europe, Vol 1. New York: Harper & Row. s. 48.
683 https://en.wikipedia.org/wiki/Theodora_(6th_century)> (Son erişim tarihi: 23.08.2022)
684 Procopius, Buildings, 1.9.3vd
685 Procopius, Silent History, s. 17
686 Lynda Garland: Byzantine Empresses: Women and Power in Byzantium, AD 527–1204. (London 1999), s. 18
687 https://en.wikipedia.org/wiki/Theodora_(6th_century)> ve http://www.byzconf.org/the-empress-theodora-of-the-byzantine-empire/> (Son erişim tarihleri: 23.08.2022)
688 https://en.wikipedia.org/wiki/Procopius (Son erişim tarihi: 23.08.2022)
689 https://en.wikipedia.org/wiki/Theodora_(6th_century)> (Son erişim tarihi: 23.08.2022)
690 İskenderiye'de tanıştığı patrik bir miafizitti.
691 Garland, Lynda (2002-01-03, T22:58:59). Byzantine Empresses, Taylor and Francis, Kindle Edition, Part I, Chapter 1. 'Justinianus'un karısı Teodora' kısmında (527-548), Teodora ile Justinianus'un kadınların lehine yasalar çıkarttığı hakkında detaylı bilgiler verilir.
692 Galata
693 https://en.wikipedia.org/wiki/Theodora_(6th_century) (Son erişim tarihi: 23.08.2022)
694 Kıptî Hristiyanlığı
695 Garland, Lynda (2002-01-03, T22:58:59). Byzantine Empresses, Taylor and Francis, Kindle Versiyonu
696 βασιλεία: basileia; hükmetmek veya güç anlamına gelir.

TÜRKİYE'DE HRİSTİYAN KADINLAR – TARİHÇE

697 εὐσέβεια: yüsebiya; hürmetkâr anlamına gelir. CSB ve NIV'de godliness (tanrısayarlık), CEB'de piety (dindarlık), KJV'de holiness (kutsallık) diye geçer.

698 İkonaklazm 711'den 843'e dek sürmüştür.

699 İmparator III. Leo, 717-741.

700 Norwich, s. 355

701 Halki, Ayasofya'nın (Kutsal Hikmet Kilisesi'nin) karşısına yaptırılan imparatorluk sarayıydı.

702 http://www.goarch.org/chapel/saints_view?contentid=553 (Son erişim tarihi: 23.08.2022)

703 https://en.wikipedia.org/wiki/Gül_Mosque Kilise asıl olarak Azize Teodosia'ya adanmıştı. https://en.wikipedia.org/wiki/Theodosia_of_Constantinople ve https://oca.org/saints/lives/2008/05/29/101564-virginmartyr-theodosia-the-nun-of-constantinople Yavuz Selim Mahallesi, Gül Cami Sk, Fatih, İstanbul (Son erişim tarihi: 23.08.2022)

704 https://en.wikipedia.org/wiki/Second_Council_of_Nicaea. Ayrıca bkz. Norwich, Byzantium: The Early Centuries, s. 371 (Son erişim tarihi: 23.08.2022)

705 https://en.wikipedia.org/wiki/Second_Council_of_Nicaea (Son erişim tarihi: 23.08.2022). Krş. John Calvin, Institutes of the Christian Religion, 1.11

706 Büyük Kilise olarak da adlandırılırdı. Konstantinopolis'in katedral kilisesiydi ve o tarihlerde Rum Ortodoks Kilisesi bu kiliseye halen din adamları atıyordu; ancak 1453'ten beri orada Hristiyanlar ibâdet edememektedir.

707 Norwich, Byzantium: The Apogee, s. 57. Ayrıca, E. H. Broadbent, The Pilgrim Church (Gospel Folio Press, USA, 1931), s. 74

708 Manişeistler ilk yüz yılda Perge'den çıkmışlardı.

709 A.g.e. s. 57-58

710 A.g.e. s. 60

711 http://blogs.bl.uk/digitisedmanuscripts/2016/03/kassia.html (Son erişim tarihi: 23.08.2022)

712 İmparator Teofilus 829-842 yıllarında hüküm sürmüştür.

713 Kassiani'nin ilâhilerinin bulunduğu bir CD'yi de içeren derleme bir albümde yer alır (Kassia: Byzantine Hymns of the First Female Composer of the Occident by Diane Touliatos.)

714 Bkz. Susan Arida, 'The Theological Voice of Kassiani', The Wheel 9/10 (Spring/Summer 2017), s. 72-76

715 A.g.e. s. 73

716 Diane Touliatos, s.k.e. s.12. Konstantinopoli'nin Konstantinos Duvarı'na yakındı, fakat yirminci yüzyıl ortalarında yıkıldı.

717 Susan Arida, s.k.e. s. 72-74

718 Luka 7:36-50

719 http://saintandrewgoc.org/home/2015/4/7/holy-and-great-tuesday-hymn-of-kassiani-the-nun Bu web sitesinde ilâhilerin yorumlamaları bulunmaktadır.

Daha çok bilgi için bkz. Father George L. Papadeas, Protopresbyter, Greek Orthodox Holy Week & Easter Services. (Daytona Beach, FL, 1979), s. 104-105. Alıntılandığı yer: https:// www.goarch.org/-/hymn-of-saint-kassiani Şu adresten dinleyebilirsiniz: https://www.youtube.com/watch?v=DHIqvNngR2cc (Son erişim tarihleri: 23.08.2022)

[720] Kendini hiçe saymak, tümden feda etmek, teslim etmek, kendini yok saymaktır. Oğul bunu, kendi ululuğunu bir yana bırakıp (Flp.2:7) insan benzeyişinde doğmasıyla ve çarmıhta kendini hiçe sayarak insan uğruna feda etmesiyle göstermiştir. İmanlılar açısından kenosis, Tanrı ile birliği deneyimlemek için benliğin hiçe sayılmasıdır. Kassiani, dinleyicileri tövbe etmeye, kendilerini hiçe saymaya ve Mesih ve yaşayan Tanrı ile birleşmeye yöneltmek amacıyla gözlerinde bunu canlandırmaya çalışır.

[721] A.g.e. s. 74-75

[722] Christos Yannaras, The Freedom of Morality (Crestwood: St Vladmir's Seminary Press, 1984), s.45. Söz edildiği yer: Susan Arida, s.k.e. s.72

[723] Θεοφανώ

[724] http://www.oxfordreference.com/view/10.1093/acref/9780195046526.001.0001/acref-9780195046526-e-5444?rskey=03kMWm&result=1 (Son erişim tarihi: 23.08.2022)

[725] Treadgold, Warren T. "THE BRIDE-SHOWS OF THE BYZANTINE EMPERORS." Byzantion, vol. 49, 1979, s. 395–413. JSTOR, www.jstor.org/stable/44172691 (Son erişim tarihi: 19 Ağustos 2020)

[726] Norwich, John Julius, Byzantium: The Apogee, (London, Penguin Books, 1993), s. 98

[727] A.g.e. s. 98

[728] A.g.e. s. 112

[729] A.g.e. s. 112 [730] A.g.e.

[731] İstanbul'un Asya yakasında bulunan günümüzün Üsküdarı.

[732] Kendisine, Mısırlı Azize Meryem'den ayırmak için Küçük Meryem denmiştir.

[733] https://en.wikipedia.org/wiki/Mary_the_Younger (Son erişim tarihi: 23.08.2022)

[734] https://sourcebooks.fordham.edu/basis/maryyounger.asp (Son erişim tarihi: 23.08.2022)

[735] Bkz. Angeliki E. Laiou, 'The Life of St Mary the Younger' in Holy Women of Byzantium: Ten Saints' Lives in English Translation, Editör: Alice-Mary Talbot (USA, Dumbarton Oaks Research Library and Collection Washington, D.C., 1996), s. 242-244

[736] A.g.e. s. 256

[737] A.g.e. s. 257

[738] 185 metre

739 A.g.e. s. 257
740 A.g.e. s. 258
741 Eyüp 1:21
742 Vizye, günümüzdeki Vize'dir. Büyük olasılıkla 896'da gerçekleşen Bulgarofugon'daki Bizans yenilgisinin ardından oraya taşınmıştır.
743 Veya Bizye
744 Alıntı: https://www.thebyzantinelegacy.com/hagia-sophia-bizye (Son erişim tarihi: 24.08.2022) 745 A.g.e. s. 263.
746 A.g.e.
747 Büyük oruç.
748 A.g.e. s. 265
749 Günümüzde Trakya'da bulunan Vize. Oradaki Bizans Kilisesi kalıntıları ya Ayasofya ya da Süleyman Paşa Câmii olarak bilinir ve eskiden Bizans şehri akropolü olan yerin üzerine kurulmuştur.
750 A.g.e. s. 268 751 A.g.e.
752 A.g.e. s. 269
753 Alice-Mary Talbot, Pilgrimage to Healing Shrines: The Evidence of Miracle Accounts (USA, Dumbarton Oaks, 2002), Vol. 56, s. 158
754 A.g.e. s. 249
755 A.g.e. s. 248. Fakat ölümünün kuşatmanın başında mı, yoksa sonunda mı olduğunu bilmiyoruz.
756 A.g.e. s. 240
757 A.g.e. s. 281
758 F. Bauer & H. Klein, (2006). The Church of Hagia Sophia in Bizye (Vize): Results of the Fieldwork Seasons 2003 and 2004. Dumbarton Oaks Papers, 60, 249-270. Alıntı: http://www.jstor.org/stable/25046217 s. 258
(Son erişim tarihi: 26 Ağustos 2020)
759 Ayşegül Kahramankaptan ve Özkan Ertugrul, "Vize", s. 28-29. İki fresk parçası iddiaya göre Vakıflar Genel Müdürlüğü'nün gerçekleştirdiği son restorasyon çalışması sırasında bulunmuş, içlerinden birinin anlatılana uyduğu Özkan Bey tarafından belirtilmiştir. Şu anda Kırklareli Müzesi'nde bulunmaktadır.
760 2. Krallar 13:21. Elişa, Eski Antlaşma dönemi peygamberlerinden biriydi.
761 III. Mihail 842'den 867'ye dek hüküm sürmüştür.
762 Günümüzdeki İstanbul
763 Bardas according to John Julius Norwich, Byzantium: The Apogee, Penguin Books, 1991, s. 54
764 İkonalar 11 Mart 843'te yeniden kullanılmaya başlandı; Rum Ortodoks Kilisesi halen 11 Mart'ta Ortodoksluk Bayramı olarak kutlamaktadır.
765 Bir Olimpos dağı Akdeniz kıyısında Antalya yakınlarında bulunmaktadır, biri de Konstantinopoli'nin doğusunda Bursa yakınlarındadır. Burada söz edilen Olimpos'un ikincisi olması daha muhtemeldir.

[766] http://www.stirene.org/life-of-st-irene---beta943omicronsigmaf-tauetasigmaf-alphagamma943alphasigmaf.html (Son erişim tarihi: 23.08.2022)

[767] Bu manastırın Konstantinopoli'nin tam neresinde olduğu net değildir. Bunun da tıpkı Havariler kilisesi gibi veya diğer büyük Bizans kiliseleri gibi metruk bırakılmış olması muhtemeldir ve manastırın şehirde bulunduğu yer artık bilinmemektedir. Fakat biri New York, Amerika'da, diğeri Yunanistan'da iki Chrysovalantou Manastırı bulunmaktadır.

[768] Daha geniş bilgi için bkz. http://full-of-grace-and-truth.blogspot.com/2009/07/st-irene-righteous-abbess-of-monastery.html
https://www.johnsanidopoulos.com/2009/07/miraculous-icon-of-saint-irene.html
http://www.stirene.org/life-of-st-irene---beta943omicronsigmaf-tauetasigmaf-alphagamma943alphasigmaf.html# (Son erişim tarihleri: 24.08.2022)

[769] The life of St Irene Abbess of Chrysobalanton: A critical edition (Studia Byzantina Upsaliensia), 1 Jan 1986, by Jan Olof Rosenqvist

[770] https://www.johnsanidopoulos.com/2009/07/miraculous-icon-of-saint-irene.html (Son erişim tarihi: 24.08.2022)

[771] Grekçesi: Ἄννα Κομνηνή; Romen harfleriyle: Ánna Komnēnḗ; Latin harflerle: Anna Comnena

[772] Ayrıca Dukaina

[773] Anna Komnene, The Alexiad (Penguin Classics), Penguin Books Ltd., Kindle Edition.

[774] Alexiad, s. 35 [775] A.g.e.

[776] Emily Albu Hanawalt (1982), "Anna Komnene". In Strayer, Joseph R. ed. The Dictionary of the Middle Ages. 1. New York: Charles Scribner's Sons, s. 303-304.

[777] S.k.e.

[778] Laura Lynn Windsor, Women in Medicine: An Encyclopedia. (US ABC-CLIO, 2002), s. 45

[779] *Alexiad, s. 465*

[780] John Julius Norwich, Byzantium: The Decline and Fall (Knopf, New York, USA, 2000), s. 7. Ayrıca: Anna Komnene, The Alexiad (Penguin, London, 2009), s. 66-68

[781] Norwich, s. 11

[782] Alexiad, s. 109-110

[783] İrini, Sezar'ın en büyük oğlu Andronikos'un kızıydı ve şanlı bir soydandı; çünkü ailesinin soyu meşhur Andronikos ve Konstantinos Dukas ailelerinden geliyordu. Alexiad, s. 110

[784] Alexiad, s. 110

[785] Norwich, s. 9

[786] Anna Komnene, The Alexiad (Penguin Classics), Penguin Books Ltd., Kindle Edition. Book II, 5.dipnot. Psellus ondan büyük hayranlıkla söz etmiştir (Chronographia, vii 9).

[787] Büyük Konstantinopolis Sarayı tek binadan oluşmuyordu. Aynı bölgede bulunan Topkapı Sarayı gibiydi, küçük saraylar ile köşklerden oluşuyordu ve Ayasofya'dan Marmara Denizi'ne dek tepelik alandan aşağı kadarki bütün alanı kaplıyordu. Bukoleon bu sarayların en önemlilerinden biriydi, aşağıda kendine ait limanı dahi vardı. Norwich, dipnot, s. 10

[788] Norwich, s. 12

[789] Garland and Rapp, 2006, s. 110

[790] Leonora Neville (2016), Anna Komnene: the life and work of a medieval historian. New York: Oxford University Press, s. 3.

[791] Alexiad, s. 94

[792] http://www.roman-emperors.org/annadal.htm (Son erişim tarihi: 24.08.2022)

[793] S. Runciman, (1984) 'Women in Byzantine Aristocratic Society', in The Byzantine Aristocracy IX to XIII Centuries, ed. M. Angold, Oxford: British Archaeological Reports, 10-22, 16'da.

[794] 1453'ten sonraki dönemlerde Eski İmaret Câmii denmeye başlanmıştır. Bkz. https://www.thebyzantinelegacy.com/pantepoptes (Son erişim tarihi: 24.08.2022) ve Hilary Sumner-Boyd, John Freeley, İstanbul'u Dolaşırken, s.232-233

[795] 1071'den sonra

[796] Norwich, John Julius, Byzantium: The Apogee (UK, Penguin 1991), s.336, 1. dipnot

[797] Alexiad, s.338

[798] Norwich, Byzantium: the decline and fall, s. 60

[799] Alexiad, s. 338

[800] Alexiad, s. 337 [801] S.k.e.

[802] S.k.e. s. 62

[803] Alexiad, s. 471

[804] S.k.e. s. 64

[805] John Freely İstanbul'u Dolaşırken kitabında 'Hristos Filanthropos' manastırının Bizans surlarının denize doğru aşağı kısmında bulunduğu kanısında olduğunu belirtir (s.143). Fakat Byzantine Legacy (Bizans Mirası) sitesinde Theotokos Kekaritomene ile Hristos Filanthropos manastırlarının şehrin başka bir kısmında, Fatih semtindeki Hristos Pantepoptes'e yakın olduğu belirtilir (Bkz. https://www.thebyzantinelegacy.com/ christ-philanthropos) (Son erişim tarihi: 24.08.2022)

[806] İki kelimeden oluşan ismin anlamı, Tanrı'nın Lütuf Dolu Annesi'dir. [807] Alexiad, s. 473

[808] Kale Thugater, Family, Marriage and Love In Eastern Orthodox Perspective.

Anna Komnene's Alexiad: Legacy from the Good Daughter, s.5
[809] http://dangerouswomenproject.org/2016/04/20/anna-komnene/ (Son erişim tarihi: 24.08.2022)
[810] Alexiad, s. 452; krş. Elçilerin İşleri 3:11
[811] Yuhanna 6:1-13
[812] Alexiad, s. 453
[813] Elçilerin İşleri 3:6 [814] Alexiad, s. 453 [815] Alexiad, s. 455-463.
[816] Broadbent, The Pilgrim Church (USA, Gospel Folio Press, 1999), s. 78-80
[817] Alexiad, s. 3, #1
[818] Alexiad, s. 422
[819] Alexiad, s. 90-91
[820] Barrett, Tracy Anna of Byzantium (Laurel Leaf Books, USA, 2011) [821] Alexiad, s. 189
[822] Stratis Papaioannou, 'Anna Komnene's Will' in Byzantine Religious Culture: Studies in honour of Alice-Mary Talbort ed. by Denis Sullivan, Elizabeth Fisher, Stratis Papaioannou, (Boston, Brill, 2012), s. 106
[823] Komnena
[824] R. Browning, 'An unpublished funeral oration on Anna Comnena' Proceedings of the Cambridge Philological Society New Series No. 8 (1962), s. 2
[825] A.g.e. s. 4
[826] A.g.e. s. 5
[827] A.g.e. s. 6
[828] A.g.e. s. 10
[829] A.g.e. s. 10
[830] https://en.wikipedia.org/wiki/Anna_Komnene (Son erişim tarihi: 24.08.2022) Georgios Tornikes, 'An unpublished funeral oration on Anna Comnena', İngilizce çevirisini yapan: Robert Browning; Kaynak: Aristotle Transformed: The Ancient Commentators and Their Influence, ed. R. Sorabji (New York: Cornell University Press, 1990)
[831] Browning, s.k.e. s. 5
[832] Ellen Quandahl & Susan C. Jarratt, 'To Recall Him . . . Will be a Subject of Lamentation: Anna Comnena as Rhetorical Historiographer' Rhetorica, Vol. XXVI, Issue 3, (2008 The International Society for the History of Rhetoric. University of California Press), s. 301
[833] Harry Magolias, Niketas Choniates, Manly Women and Womanly Men, indirildiği kaynak: wayne.akademia.edu (Son erişim tarihi: 29.08.2022)
[834] John Julius Norwich, Byzantium: Decline and Fall Knoff, New York, 2000, s. 253
[835] İznik

TÜRKİYE'DE HRİSTİYAN KADINLAR – TARİHÇE

836   Olcaytu, Sumner-Boyd ve Freely'nin kitabının bu çevirisinde Karabanda ismiyle geçer. Hilary Sumner-Boyd ve J. Freely, İstanbul'u Dolaşırken (Pan Yayıncılık, İstanbul, Dördüncü Baskı, 2019), s. 314

837   Büyük olasılıkla 1285'te

838   Kariye Müzesi veya Kariye Câmii. Yapının günümüze ulaşan duvar kalıntıları İstanbul, Edirnekapı yakınlarında görülebilir.

839   Deisis, Mesih'in, sağ elinde annesi ve sol elinde –burada görülmez, fakat çoğunlukla böyle resmedilir– Aziz Yahya ile gösterildiği resme denir.

840   1 Eylül 2008'deki birebir görüşme esnasında. Cildi ve şiirin yer aldığı elyazması sayfalarını fotoğraflama girişimi sonuçsuz kaldı.

841   Bu şiir üzerine, ilk edisyon P. N. Papageorgiou, Byzantinische Zeitschrift, 3, 1894, s. 326–327; bkz. N. Teteriatnikov, The Place of the Nun Melania (the Lady of the Mongols) in the Deesis Program of the Inner Narthex of Chora, Constantinople, in: Cahiers Archeologiques, 43, 1995, s. 163-180; s. 177'de ve ekler kısmında L. F.Sherry/ C. Asdracha, s. 181-184. Ayrıca bkz. Talbot, Building Activity in Constantinople under Andronikos II (cit. n. 1), s. 334-346.

842   F. Miklosich / J. Muller, Acta et diplomata graeca medii aevi sacra et profana, I, Vienna 1860, s. 313. Ayrıca, A-M Talbot, 'Female Patronage in the Palaiologan Era',
Female Founders in Byzantium and Beyond ed.by Lioba Theis, Margaret Mullett and Michael Grunbart with Galina Fingarova and Matthew Savage, (Vienna, Bohlah Verlag Wien, 2011/12), s. 272

843   Matta 5:13-14

844   https://leeds.summon.serialssolutions.com/?q=theophano&fvf=ContentType%2CBook+Review%2Ct#!/search?ho=t&l=en&q=Holy%20women%20of%20byzantium (Son erişim tarihi: 24.08.2022)

Kitap özeti, Holy women of Byzantium: ten saints' lives in English translation by Talbot, Alice-Mary Maffry (Dumbarton Oaks, 1996)

6. BÖLÜM – OSMANLI DÖNEMİNDE

HRİSTİYAN KADINLAR (1453 – 1923)

Bu kısımda Osmanlı İmparatorluğu'nda yaşadıkları süre içinde inançlarına sadakatleriyle anılan Hristiyan kadınlardan bazılarını tanıyacağız. Osmanlı İmparatorluğu sultan tarafından yönetiliyordu ve sultan aynı zamanda Müslümanların önderi olan halifeydi.

80'lerde, oyuncu Yıldız Kenter, İstanbul'da Kenter Tiyatrosu'nda Ben *Anadolu*[845] adlı oyunun İngilizce tercümelisini icrâ etti. Monolog, Anadolu tarihini asırlar boyu yaşamış farklı kadınların gözünden dile getirmektedir. Doğu Roma İmparatorluğu'nun çöküşünü ifâde etmek üzere kadınlardan biri, bir Bizans prensesi, bir gün evvel Bizans prensesiyken o gün artık Müslümanla evli bir Osmanlı oluşuna ağıt yakar. Hristiyan inancını saklamak zorunda kalan, adını bilmediğimiz, mezarında aslında Khione'nin mezarındaki şu sözlere benzer yazıtlar bulunabilecek herhalde bir sürü kadın vardır: 'Burada, pek çok duanın nihayetinde Yeruşalim'e kavuşmuş olan muhterem Khione yatmakta.'[846]

Müslüman ve Pers ordularının Bizans ordusuna karşı giriştiği uzun yıllar alan savaşlar boyunca Anadolu ve Balkan topraklarının çehresi yavaş yavaş değişti. Son ölümcül darbe, 'Fatih' unvanıyla bilinen Sultan II. Mehmet ve ordusunun Konstantinopolis'i 29 Mayıs 1453'te fethetmesiyle gerçekleşti. Bu fetih, çağdaş Türkiye Cumhuriyeti'nin 1923'te kurulmasına dek dört yüz yetmiş seneyi aşkın süreyle varlığını sürdürecek dönemin habercisiydi.

Sultan'ın, 'Fatih' Mehmet'in ilk işi atını Konstantinopolis'in Katedral Kilisesi'ne, Kutsal Hikmet'e, Ayasofya'ya sürmek oldu. Freely sonrasını şu sözlerle anlatır: 'Kilisenin kapısında atından inmiş, eğilip bir avuç toprak almış ve Allah'ın karşısında alçakgönüllülüğünü göstermek için toprağı sarığının üzerine serpmiştir.[847]' Evliya Çelebi de şöyle anlatır:

Ama Fatih gazi, Ayasofya ismiyle adlanan kiliseyi seyrettikte gördü ki bu makam büyük bir yapı ve eski sağlam eserdir ki usta mühendis ve Mimar Ağnados adlı temiz huylu, anlayış sahibi, bu binanın sağlamlığına hayran olur ve kendinden geçer. Hemen Gazi Mehmed Han bu eski mabedi pisliklerden, keşişlerin kanı lekesinden, heykel ve resimlerden kilisenin içini temizleyip nice bin yerde amberlikler ve

TÜRKİYE'DE HRİSTİYAN KADINLAR – TARİHÇE

micmerdanlar ile ud ve amber yakıp câmi içre Müslüman gazilerin dimağları kokulanıp az saatte bu mabet, muhtazar, mihrap, minber, mahfil ve minare ile o cennet benzeri makamı ibret verici eserlerle Müslüman câmii edip.[848]

O andan itibaren Müslümanlar orada namaz kılmaya başladılar ve şehir, kendisi aynı zamanda Halife[849] olan sultanın hükümdarlığı altında Osmanlı İmparatorluğu'nun başkenti haline geldi.

Osmanlı İmparatorluğu'nun[850] sınırları Orta Doğu'dan Balkanlara değin uzanıyordu. Osmanlı ordusu 1683'te Viyana'yı da fethetmek üzere kuşattı, fakat bu girişimi sonuçsuz kaldı. Norman Stone 'Fatih' Mehmet'le ilgili şunları söyler:

> ...genç Napolyon'la aynı niteliklere sahipti; hızla odaklanabilen, emrindekilere yönelik muhâkemesi mükemmel olan ve onlara ilham verme yetisi taşıyan biriydi. Kendisi, elbette, büyük bir askerî komutandı fakat, tıpkı Napolyon gibi, kendini hukuk da dâhil olmak üzere devlet işlerini ilerletmeye de verebiliyordu.[851]

Kur'an'a dayanan Şeriat kanunları Müslüman hâkimiyetindeki bölgelerde geçerli olan kanundu. Konstantinopolis'in fethiyle birlikte, Şeriat Kanunları Bizans kanunlarının yerini aldı. On yedinci ve on sekizinci yüzyıldan itibaren gayrimüslim toplumların her biri *millet* adıyla etnisitelerine ve dinlerine göre birbirinden ayrıldı. Yahudi, Ermeni ve Rum Ortodoksların her birinin, kendi içlerinden seçtikleri biri tarafından yönetildikleri bağımsız toplumları, kendi *millet*leri oldu. Her *millet* kendi vergisini kendi topluyordu, kendi *millet*inden insanların aralarında çıkan anlaşmazlıklarla ilgili şikâyetleri ilettikleri kendi mahkemeleri ve günlük işler için izin tahsis eden kendi yetki mercîleri vardı. Johan Strauss *millet* teriminin, 'Osmanlı sistemini ve özellikle de gayrimüslimlerin konumu anlamak için oldukça mühim'[852] bir terim olduğunu yazmıştır. On dokuzuncu yüzyılda Üniat Hristiyanlar, Protestanlar için ve Bulgar Ortodoks Kilisesi toplulukları için ayrı *milletler* oluşturuldu. Birinci Dünya Savaşı öncesinde imparatorluk dâhilinde on yedi millet bulunuyordu. Sultan, Müslümanları Şeriat kanunlarıyla yönetiyordu ve bir gayrimüslimin bir Müslüman'la yasal bir mevzû olursa mesele Şeriat kanunları bağlamında ele alınıyordu.

Fatih Mehmet Konstantinopolis'i ele geçirdikten sonra, Justinianus'un hüküm sürdüğü Doğu Roma İmparatorluğu'nu geri almaya girişti. Askerî seferlerin masrafları, Hristiyan tebaanın askerlikten muaf olma vergisi olarak ödediği cizyeyle karşılanıyordu. Fatih Mehmet ve ondan sonraki hükümdarların yönetiminde Konstantinopolis şehri zenginleşti; 1580'e gelindiğinde nüfus iki kat artıp 750.000 kişiye ulaşmıştı. Daha önce şehirde yaşamaları mümkün olmayan Yahudiler ile Ermeniler, artık sur içinde oturabiliyorlardı, sürgündeki Rumlar da geri dönebilmişlerdi. Cenevizlerin mahallesi Galata, Avrupalıların yaşadığı semt haline gelmişti. Fatih Mehmet'in imparatorluk sarayındaki hükümdarlığı boyunca Topkapı inşâ edilmişti. Bu saray günümüzde müzedir ve Osmanlı kıyafetleri, mücevherleri, dini emanetleri, Harem ve Çin porselenleri sergileriyle Osmanlı İmparatorluğu'nun zenginliğinin tarihini barındırmaktadır.

İşte, bizim birazdan tanıyacağımız cesur Hristiyan kadınların yaşadıkları ve imanlarını yaşamlarında sürdürmeye çalıştıkları Osmanlı İmparatorluğu'nun genel ortamı böyleydi.

Mary Fisher (ykl. 1623-1698)

IV. Mehmet'in[853] hükümdarlığı döneminde, bir Kuakır olan Mary Fisher, başından Tanrı'nın mesajını paylaşması için sultanın huzuruna çağrılma deneyimi geçmiş bir kadındır.

IV. Mehmet, kendisinden önceki sultan ile annesinin öldürülmesinin ardından, altı yaşında sultan olmuştu. Mehmet'in annesi güçlü bir kadındı. 1656'da yetmiş yaşında bir Arnavut olan Mehmet Köprülü'yü başvezirliğe getirdi. Mary Fisher'ın pâdişahla görüşmesi, bu Sadrazam Mehmet Köprülü'nün yönetimi döneminde oldu.

Mary Fisher,[854] İngiltere ve İskoçya kralı I. James'in hükümdarlığı döneminde Pontefract'ta doğmuştu. Doğumundan on iki sene evvel, 1611'de, Kutsal Kitap'ın Resmî Tercümesi[855] yayımlanmıştı. Doğumundan iki sene sonra I. Charles kral oldu, 1649'da îdam edilene dek hüküm sürdü. Ardından Oliver Cromwell, vekil lord olarak 1658'e dek yönetimde kaldı. Monarşi, Eylül 1658'de I. Charles'ın oğlu II. Charles taç giydiğinde eski haline döndü. Mary tam da bu karmaşa ve değişim döneminde yaşamıştı.

1647'de, Din Dostları Cemiyeti kurucusu —yaygın olarak Kuakırlar olarak tanımlanan— George Fox[856], gezici vaaz hizmetini başlattı. Mesajı, her bireyin Tanrı'yla birebir bir ilişkiye sahip olmaya ve birlikte geçirdikleri toplantılar sırasında deneyimledikleri 'içsel ışık' doğrultusunda yaşamlarını sürdürmeye ihtiyacı olduğu yönündeydi. Kuakırlara katılmaya başlayan insanlar, kendilerini inanç değiştirmiş birinden ziyâde iknâ edilmiş biri olarak tasvir ediyorlardı.

George Fox Aralık 1651'de Selby'ye geldiğinde, Mary Fisher Selby'de Richard Tomlinson'ın mâlikânesinde hizmetçi olarak çalışıyordu. Onun vaazlarını dinleyen Mary de bütün ev halkı da Kuakırlara katıldı. Brailsford bunu şöyle anlatır: 'Sonrasında Fox ile genç takipçisinin arasında sıkı bir bağ oluştu. Kız kendisinden on iki ay büyüktü ama buna rağmen ona 'kıymetli Babacığı' gibi bakardı, o da kendisini unutmaması için dua ederdi.'[857]

Mary ilk Kuakır vaizlerden biri olarak Yiğit Altmışlar üyesiydi. İlk Kuakırlar hapse ve fiziksel cezalandırmaya mâruz kalmışlardı. Örneğin, 1653'te ve 1654'te[858] Mary de tutuklanmıştı.

York'taki daha uzun süreli tutukluluğu sırasında birlikte olduğu kişiler;

... eskiden Arayışta olanlardan, sonrasında Fox'un Yorkshire'daki ilk takipçilerinden[859] biri [olmuş], Thomas Aldam, ayrıca 'Kuakırlar arasından ilk kadın vaiz olan ve Mary'nin ileride yaptıklarına herhalde ilham kaynağı sayılabilecek Elizabeth Hooton ve Jane Holmes... 'Herhalde eylemsiz kalmaya mecbur bırakıldığı bu aylar boyunca Mary, kargacık burgacık da olsa, mükemmel yazmayı öğrenmişti.[860]

1653'ün sonbaharında, hapisten salıverildiğinde, Mary Fisher Elizabeth Williams'la birlikte imanlarını teoloji öğrencilerine anlatmak üzere Cambridge'e gitti. Tutuklandılar ve kırbaçlandılar. Brailsford onların sözlerini şöyle aktarır: 'Cezalandırılmaları esnasında ilâhi söyleyip sevinçle, "Rab kutsansın, Rab'be tapınılsın, bizi böyle onurlandıran, ve Adı uğruna acı çekmek üzere bizi kuvvetlendiren" diyorlardı.'[861]

Mary Cambridge'ten döndükten sonra, 'Pontefrett'te bir papazla konuştuğu'[862] için bir kere daha tutuklandı. Thomas Aldam, hapishane arkadaşı kendisi hakkında, 'Son hapsinden bu yana epeyce güçlenmiş,'[863] demiştir. İmanını anlatması, imanı uğruna eziyet görmesi, onu hizmet ettiği Rabbine daha da yaklaştırmıştı.

Mary'nin imanı ve direnci, Ann Austin'le birlikte Amerika'ya giden gemiye binmesiyle daha da sınandı. Önce Barbados'a uğradılar, ardından Mayıs 1656'da Boston'a vardılar. Fakat yolculuklarına devam etmelerine izin verilmedi. Bavulları Kuakır kitapları var mı diye arandı, bulunanlar imhâ edildi. Tutuklandılar, vücutlarında cadılığa dair herhangi bir iz var mı diye çıplak arandılar ve ardından aynı gemiyle Barbados'a geri gönderildiler.

Bu yaşadıkları Mary Fisher'ı Türkiye'ye gidip Osmanlı İmparatorluğu hükümdarıyla, sultanla tanışacak takıma dâhil olmaktan alıkoymadı. Margaret Fell tarafından Genel Fon ayarlanıyor ve düzenleniyor, Cambridge, Boston ve Türkiye gibi yerlere misyon seyahatlerinin masrafları karşılanıyordu. Brailsford buna dair, 'Bu seferi tümden karşılayacak olan Hesap "Türkiye" başlığı adı altında listelenen kalemlerden oluşuyordu ve toplam tutarı 177 pound 5 şilin 7 pens ediyordu.'[864] Braithwaite, Mary Fisher'ın bu fondan diğerlerinin aldığından daha az miktar almasının, onlara kıyasla daha tutumlu ve sade yaşadığını gösterdiğini öne sürer.

İmanlarını Osmanlı Türklerine anlatmak isteyen Kuakır takımı 1657 yazında İngiltere'den yola çıktı. Takım üç erkekten –Perrot, Luffe ve Buckley– ve içlerinden biri Mary Fisher olan üç kadından oluşuyordu. Diğer iki kadının adları net bilinmemektedir, fakat biri herhalde Beatrice Beckly'dir.[865] Takım Akdeniz'de yol alıp 1657 Temmuzunun sonlarında Leghorn'a[866] vardı ve 20 Ağustos'ta Zante'ye[867], oradan da Smirna'ya[868] doğru yola devam etti. Smirna'da kısa süre kaldıktan sonra, İngiltere konsolosluğunun üçkâğıdıyla, Zante'ye uğrayan bir Venedik gemisine geri bindirildiler. Zante'de Mary Fisher, Beatrice Beckly ve Buckley gemiden ayrıldılar. Beatrice Beckly ile Buckley oradan deniz yoluyla Konstantinopolis'e[869] gittiler, Mary Fisher da yaya olarak Hadrianopoli'ye[870], sultan ile ordusunun ordugâh[871] kurduğu yere doğru yola çıktı.

Rycaut,[872] Smirna'nın eski İngiltere Konsolosu, Tarih başlıklı kitabında o dönemdeki seyahati kaleme aldı; gerçi kendisi itimatnâmelerini İngiltere kralını temsîlen kullanmıştır. Brailsford, Rycaut ile Mary'i karşılaştırır ve Mary Fisher'ın kendini "'En Yüce Tanrı'dan Kral'a mesaj" taşıyan kişi' olarak tanıttığını belirtir ve nasıl karşılandığını tarif ettiği sözlerinden, seyahati esnasında tanıştığı 'kafası karışmış köylüler'in bu ifâdeyi duyduklarında ya bunu onun kimliği olarak kabul ettiklerinin ya da onu, öyle bir ilkel toplumda diğeriyle eşit derecede ürkütücü gelen, deli bir kadın olarak gördüklerinin anlaşıldığını söyler.'[873]

Nihayetinde Mary Fisher Hadrianopoli'ye vardı. Mary'nin ordugâha varışı herhalde 14 Haziran 1658'den önce olmalı, çünkü o gün Sadrazam Köprülü Mehmet Hadrianopoli'den ayrılıp Transilvanya'ya yola çıkmıştı.[874] Oraya vardıktan hemen sonra sadrazamla temasa geçti ve ertesi gün için sultanla görüşme ayarladı.

TÜRKİYE'DE HRİSTİYAN KADINLAR – TARİHÇE

Sultan Mary Fisher'ı, herhalde kendisinin ve saray erkânının herhangi bir yabancı devlet görevlisine yaptıkları gibi, nezâketle kabul etti. Rycaut, sultanın devlet meselelerinde görüşmek üzere hazırlanmaktan nasıl keyif aldığını şöyle anlatıyor:

> ... kontrast oluşturacak koyulukta samur siyahı şeritli, altından bir kumaş yelek giyinmişti. Etrafında Seraglio (Saray) hizmetlileri sıralanmıştı: kraliyetin yanında en yüksek makamdan uşaklar, işlemeli kaftanları ve dövülmüş altından başlıklarıyla "Peykler" ve tüylerle süslenmiş, oklarla ve yayla silahlanmış "Solaklar". Arkalarında çok sayıda hadım ve mızrak taşıyan Saray iç oğlanları birarada duruyordu. Bunların yalnızca kraliyet erkânından olanlara has tuhaf yapılı saç stilleri vardı ve lülelerinin üzerine altın işlemeli uzun kırmızı şapkalar giymişlerdi.[875]

Mary, mesajı sultana iletmeye hazır olan dragomanlar[876] eşliğinde, sultanın ve erkânının huzuruna çıkarılacaktı. Sultanın huzuruna çıktığında otuz beş yaşında genç bir kadındı. 'İç ışığı' duymayı beklerken tereddüt etti; Sultan, maiyetinin kendisini korkuttuğunu düşünerek, bazılarını göndermeyi teklif etti, ama o, 'Hayır' cevabını verdi.

Kuakır tarihçisi William Sewel, Mary'nin sultanla karşılaşmasına dair şu anlatıyı iletir:

> Sonra ona Rab'bin sözünü onlara bildirmesini ve korkmamasını buyurdu, temiz yürekli oldukları için sözlerini işitebilirlerdi. Ayrıca onu Rab'den, ne azını ne de fazlasını, iletmesi gereken kadarını söylemekle vazifelendirdi, çünkü ne diyecekse dinlemeye razıydılar. Böylelikle o da aklındakileri söyledi. Türkler, o sözlerini bitirene dek ona büyük bir dikkatle ve ciddiyetle kulak verdiler; ardından sultan ona söyleyecek başka bir şeyi olup olmadığını sordu, o da dediklerini anlayıp anlamadıklarını sordu. Sultan da, "Evet, her kelimesini" dedi ve hatta onun söylediklerinin doğru olduğunu söyledi. Daha sonra, Rab Tanrı'nın mesajını ta İngiltere'den onlara iletmek üzere gelme zahmetine girmiş birine saygı göstermeyecekler de kime göstereceklerdiyerek, ondan ülkede kalmasını istedi. Ayrıca gitmeye niyetlendiği Konstantinopolis'e götürmek üzere hizmetine bir muhafız vermeyi teklif etti. Ama o bu teklifi kabul etmeyince, seyahat etmenin özellikle de onun gibi biri için tehlikeli olduğunu ve buraya gelişinde olduğu kadar

güvenli bir şekilde gidip gidemeyeceğini merak ettiğini söyledi; kendisine hürmetinden ötürü bunları ona söylediğini ve iyi niyet göstergesi olarak o teklifte bulunduğunu ve kendi toprakları dâhilinde onun en ufak bir incinmeye mâruz kalmaması için daha ne yapabilirim diye de ekledi. Söyleyecek başka bir sözü olmayınca, Türkler ona peygamberleri Muhammed hakkında ne düşündüğünü sordular.

Mary, bu soruyu yanıtlarken, Kuakır yandaşları arasında pek alışıldık olmayan bir zarafet gösterdi ve kendisiyle ilgili "yalnızca akıl ve kıvrak zekâ bakımından değil, yolu yordamı çok iyi bilme ve tecrübe bakımından da tanrı vergisi niteliklere sahip olduğu"na dair îtibarını haklı çıkaran bir yanıt verdi:

> ... ihtiyatla, onu tanımadığını, ancak gerçek Peygamber Mesih'i, Dünyanın Işığı olanı ve dünyaya gelen her erkeği aydınlatan Tanrı'nın Oğlu olanı tanıdığını söyledi. Ve Muhammed hakkında, kendilerinin onun söylediği sözlere ve peygamberliklere bakarak söylediklerinin doğru mu yanlış mı olduğuna karar verebileceklerini şunu ekleyerek söyledi: 'Eğer bir peygamberin söylediği söz yerine gelirse o peygamberi Rab göndermiştir; fakat eğer yerine gelmezse bileceksiniz ki Rab asla onu göndermemiştir.' Türkler bu sözün doğruluğunu kabul ettiler; böylece Mary mesajını ilettikten sonra, ordugâhtan Konstantinopolis'e yanında muhafız olmadan ayrıldı, en ufak bir incinme veya hakarete mâruz kalmadan gideceği yere geldi.[877]

Sultan onu nezâketle ve içtenlikle kabul etmişti. Bu karşılaşmanın pâdişah ve maiyeti üzerindeki uzun vadeli etkisinin ne olduğunu bilmiyoruz. Ancak on yedinci yüzyılda farklı inançlara sahip insanlar arasında saygılı, samimi bir uzlaşmanın gerçekleşmiş olduğunu görmek cesaret verici.

Sultanın refâkatçi teklifini reddeden Mary Fisher, arkadaşlarıyla buluşmak üzere Konstantinopolis'e doğru 250 km'lik bir yolculuğa çıktı. 24 Temmuz 1658'de, Konstantinopolis'teki İngiltere Büyükelçisi Sir Thomas Bendish, eylemleriyle İngiltere'nin Osmanlı İmparatorluğu ile ticaretini potansiyel olarak tehlikeye attıkları için eve göndermek zorunda kaldığı Konstantinopolis'teki Kuakırlar hakkında İngiltere'ye bir mektup

TÜRKİYE'DE HRİSTİYAN KADINLAR – TARİHÇE

yazdı.[878] Bunlar, zorla ülkesine geri gönderilen Buckley ile iki kadın, Mary Fisher ve Beatrice Beckley'di.

Kuakır tarihçisi Sewel, Mary Fisher'ın İngiltere'ye sağ sâlim döndüğünü anlatır. Mary, 13 Ocak 1658/59'a tarihlenen bir mektupta, Londra'dan, aralarında York Kalesi'nden eski arkadaşı Thomas Aldam'ın da bulunduğu üç Kuakır vaize şunları yazmıştır:

> Kıymetlilerim, hepinizi birden selamlıyorum, sizden ayrıldığımdan beri sizi sık sık anıyorum. Şimdi İngiltere'ye dönmüş bulunmaktayım ve daha önce hiç yaşamadığım birçok sınanmaya tâbi tutulmuşum, yine de senin uğruna Rab, huzuruna gönderildiğim Kral'a tanıklığı götürmüş oldum ki o bana pek karşı pek alicenaptı ve onunla alâkalı herkes de aynı öyleydi; o ve onunla alâkalı olanların hepsi senin çelişkisiz gerçek sözlerini aldılar. Onlar Tanrı'dan korkarlar, birçoğu korkar ve O'nun elçilerini dikkatle gözlerler. Aralarında Tanrı'nın zamanla büyüteceği asil tohum var. Gerçeğe birçok ulustan daha yakınlar, bende onlara karşı sonu gelmeyen bir sevgi doğdu, ama benim onlarla ilgili umudum budur ki, beni onları başka birçoklarından daha çok sevmek için büyüten, tohumunu da onlarda başka birçoklarından daha çok büyütecek, ayrıca benim sevgim kadar onların içlerindeki tohumunu büyütecek. Her ne kadar Türkler olarak adlandırılsalar da, onların tohumu Tanrı'ya yakındır ve onların nezaketleri bir ölçüde onun hizmetlilerine gösterilmiştir. Rab'bin sözünü onlara bildirdikten sonra, benim ülkelerinde kalmamı gönüllü olarak istediler ve bana baskın gelemediklerinde, Konstantinopolis'te olan beş günlük yolculuğa gitmem için bana bir adam ve bir at teklif ettiler, ama ben onların teklifine baskın geldim, selâmetle de gittim; yine de onların üzerlerine iyi söz gitmiş oldu ve bazıları onu aldı, ama pek azı; bu yüzden gerisini bırakıyorum hepinize kıymetli sevgilerimi gönderiyorum. Sevgili kızkardeşiniz Mary Fisher.[879]

Mary Fisher'ın Sultan IV. Mehmet'le görüşmesine ilişkin hiçbir kayıtta Fisher'ın sultana ilettiği mesajın tam içeriği hakkında herhangi bir ayrıntı verilmez. Croese,[880] bunun ne olabileceğini bir türlü belirleyememiş olmaktan yakınır. Yine de, bu dönemin belli Kuakır mesajından, yani Mesih'in Işığı'nın tüm insanlarda mevcut olduğu ve yaklaşan yargıyı düşüne rek herkesin bu mesaja kulak vermesi gerektiği şeklindeki mesajdan ibâret olması kuvvetle muhtemeldir. Kendisi Muhammed ile ilgili soruya verdiği yanıtta buna değinmiştir. Yanıtında Kuakırların Hristiyanlığın heterodoks yorumlarını haklı çıkarmak üzere kullandıkları bilindik Kutsal Kitap kanıt metinlerini kullanmıştır.[881] Bu mesaja bir örnek, Fisher'a misyon hizmetinin ilk adımında eşlik eden Kuakırlardan biri olan John Perrot'un Müslümanlara hitâben yazdığı yazılarda bulunur.[882]

Bizler şu soruyla başbaşa kalıyoruz: Tanrı'dan aldığı mesajını ileten Mary Fisher'ın sultan ve maiyeti üzerindeki kalıcı etkisi ne olmuştu? Görünen o ki belirgin bir etkisi olmamıştı. Osmanlı'nın Hristiyanlara karşı tutumu aynı kaldı; orduları bir Avrupa ulusuna saldırmak uğruna Viyana kapılarına değin gitti.

1650'de Hollanda Büyükelçisi'nin, sultanın tercümanı Ali Bey'e Kutsal Kitap'ı Osmanlı Türkçesine tercüme etme izni verilmesi talebi reddedilmişti. Mary Fisher'ın ziyâretinin ardından, sonucunda kabul gören ikinci bir talepte bulunuldu. Kutsal Kitap'ın Osmanlı Türkçesine tercümesinin bu aşamadaki kabulünde Mary Fisher'ın ziyâretinin bir etkisi olmuş olabilir mi? Asla bilemeyeceğiz.

Mary Fisher'ın sultanı ziyâreti, İsa'nın bir benzetmede[883] anlattığı, tohumunu farklı topraklara, kayalık zemine, tarla kıyısından geçen yola, dikenli çalılara ve iyi toprağa eken ekinciye benzetilebilir. Mary Fisher, karşılaştığı herkese kendi müjde anlayışını korkusuzca ve sadakatle paylaşmıştı. George Fox'un öğretişleri aracılığıyla edindiği, seyahatleri ve deneyimleriyle bilenmiş inancına sıkı sıkıya bağlıydı. Kendisi Yiğit Altmışlar'dan; hayatlarını yönlendiren kaynak olarak Mesih'in içsel ışığına inanışlarını başkalarıyla paylaşan Kuakır kadın ve erkeklerden biriydi. İlk vaizler Birleşik Krallık, Avrupa, Amerika ve Orta Doğu'da seyahat etmişlerdi. Korunmasız, fedâkâr ve insanların yaşamlarını zenginleştiren hayatlar sürmüşlerdi.

Mary İngiltere'deki evine döndükten sonra, 'William Bayly'yle, usta denizci ve Kuakırlar arasında saygın bir vaiz'[884] olan dul bir adamla evlendi. William Bayly 1675'te öldü; Mary 1678'de, ABD'deki Charleston, Güney Carolina'ya birlikte seyahat ettiği John Crosse ile evlendi. 1698'de yetmiş beş yaşında öldü.

Mary'nin görevi, Kuakır arkadaşları arasında ona -asla amaçlamadığı ve muhtemelen bilincinde olmadığı- onur ve ün kazandırmıştı;

Charlestown'da yaşlı bir dul olduğunda, 1697'de dahi kendisinin hâlâ diğerlerinden ayıran, 'adını duyduğun o kişi, Mary Fisher, Büyük Türk'le konuşan kadın'[885] şeklindeki üne sahipti.

Rum Ortodoksların Yeni Şehitleri

Sonraki hikâyeler, Rum Ortodoks Kilisesi tarafından tanınan üç yeni şehit[886] hakkında. Yeni Şehitler, kendilerini Konstantinos'un Milano Fermanı'nı ilân etmesinden önceki Roma döneminde şehit olanlardan ayırt etmek üzere kullanılmış bir terimdir. Bunlardan biri Hristiyanlığa geçen bir Müslüman'dı. Müslüman Şeriat yasalarına göre, Hristiyan olan bir Müslüman, Müslüman inancına dönmeyi reddederse îdam edildi.

On dokuzuncu yüzyılda Amerikalı Dr. Barton, bir Osmanlı yetkilisine Müslümanlar ve gayrimüslimler açısından din özgürlüğü hakkında sorular sordu. Ona, "Bir Müslüman'ın Hristiyan olma özgürlüğü hakkında ne diyebilirsiniz?" diye sorduğunda yetkili;

"Bu mesele, konunun doğası gereği imkânsız. Bir kişi bir kez İslam'ı kabul edip Peygamber'e tâbi olunca bunu değiştiremez... Bu nedenle, bir Müslüman'ın dinini değiştirme ayrıcalığına sahip olduğunu söylemek saçmadır, çünkü bunu yapmak onun gücünün ötesindedir."[887] demiştir.

Osmanlı döneminde Hristiyan olan Müslümanlar, Müslüman olup da asıl Hristiyan inançlarına dönmek isteyen Hristiyanlar ve Müslüman olmakla suçlanıp da Hristiyan olarak yaşamaya devam etmek isteyen Hristiyanlar, Müslümanların Mürted Yasası'na tâbiydiler. Hristiyanlığa geçen bir Müslüman îdam edilirdi.

Rus Kapatma (1682)

Mary Fisher'ın Sultan'la görüşmesinden yaklaşık yirmi beş yıl sonra, genç bir Rus kadın, Osmanlı İmparatorluğu'nun dönemin Hâriciye Nâzırlığı'nda kâtip olarak çalışan bir adamın kapatması olarak İstanbul'da yaşıyordu.[888] Adamın adı Ahmet'ti. Ahmet ile Rus metresi, II. Süleyman döneminde[889] birlikte yaşamışlardı.

Rus kadının adını bilmiyoruz ama efendisinin inancını değiştirmesinin sebebi olmuştu. Ahmet, metresinin kiliseye gitmesine ve inancının gereklerini yerine getirmesine izin veriyordu. Kiliseden eve döndüğünde ağzından çıkan tatlı kokuyu giderek daha çok merak etmeye başlamıştı. Kadın ona bunun komünyon sırasında aldığı kutsanmış ekmek ve âyin den sonra içtiği kutsal su nedeniyle olduğunu söyledi.

Ahmet zamanla, metresinin kilisesini ve onun Hristiyan olarak yaşadığı deneyimleri daha çok merak etti. Sonunda rahiplerden birinden kendisine oturması için özel bir yer ayırmasını istedi, böylece patriğin Konstantinopolis'teki Patrikhane'de İlâhî Litürji'yi nasıl gerçekleştirdiğini görebilirdi.

İlâhî Litürji'ye katıldığında, insanları kutsarken sanki patrikten ışık yayıldığını gördü. Bu ışık, cemaatte bulunan tüm Hristiyanların başlarında duruyordu. Bu deneyim onu duygulandırdı ve sonunda bir Ortodoks Hristiyan olarak vaftiz edildi. Yeni inancının âdetlerini gizlice yerine getiriyordu.

Bir gün bazı Müslüman arkadaşlarıyla konuşurken, Hristiyanlığın en büyük din olduğunu iddia etti. Sonunda kendisini yetkililere bildiren bu arkadaşlarla girdiği daha uzun görüşmeler sonrasında, Hristiyan inancından vazgeçmediği için ölüme mahkûm edildi. 3 Mayıs 1682'de Ahmet imanı uğruna şehit oldu ve ödülünü Rab İsa Mesih'ten aldı. Adı bilinmeyen Rus kadınının sadakati sayesinde Ahmet, inancının nihai bedelini ödemeye hazır bir Hristiyan olmuştu.

Arjeri (1688 - 5 Nisan 1721)

Arjeri, Küçük Asya'da bulunan Prusa[890] doğumludur. II. Süleyman (1687–1691) döneminde doğmuş ve halefleri II. Ahmet (1691–1695), II. Mustafa (1695–1703) ve III. Ahmet (1703–1730) döneminde yaşamıştır. Prusa, Osman'ın şehri fethetmesinin ardından 1326'dan itibaren Osmanlı İmparatorluğu'nun başkentiydi. Osman'ın yerine, yeni doğan Osmanlı İmparatorluğu'nu Konstantinopolis'i çevreleyecek şekilde genişleten ve kendisi de sultan unvanını alan oğlu Orhan[891] geçmişti. Osman ile Orhan'ın ikisi de, günümüzde bile turistlerin ilgisini çeken Bursa'da, türbelerde gömülüdür.

Argyre (Arjeri diye okunur) 'gümüş kadar değerli' anlamına gelir. Evlendiğinde Prusa'da yaşamaya devam etti; evliyken komşularından Müslüman bir adam onu gördü ve ona deli gibi âşık oldu. Ona sürekli hamlelerde bulundu, sürekli de reddedildi. Nihayetinde komşusu, onun İslam'a geçmek istediğine dair yetkililere yanıltıcı bir bilgi iletti.

Hristiyanlar, Osmanlı İmparatorluğu'ndaki en büyük gayrimüslim gruptu. İslamiyet'e geçmek zorunlu değildi, ancak ihtidâ edenler Hristiyanlardan daha az vergi ödüyorlardı ve bazı avantajlara sahip olabiliyorlardı. Örneğin, Müslüman olan küçük erkek kardeş, Müslüman olmayan ağabeyini mirastan mahrum edebiliyordu. Gayrimüslimler askerlikten muaf tutuluyorlardı ve bu nedenle daha ağır vergi ödüyorlardı.

Arjeri, inancını değiştirme niyetinde olmadığını belirtmesine rağmen tutuklandı ve mahkemeye çıkarıldı. Kocası, Prusa'dan uzakta başka bir şehirde daha âdil yargılanacağını düşünerek, davasını Konstantinopolis'e aldırdı. Kocasının bunu yapabilmesi onun zengin olduğunu gösterir. Arjeri, Konstantinopolis'te Hasköy Hapishanesi'nde hapsedildi. Düzenli olarak dövüldü ama yine de inancını inkâr etmeyi reddetti. Hapisteyken, diğer Ortodoks Hristiyan kadın mahkûmlara hizmet etti. Ama Müslüman kadın tutsaklar, onun yaptığı iyiliklerden ve iyi hal ve tavırlarından dolayı ondan nefret ediyor ve onu hor görüyorlardı; anlaşılan, ona hayatı dar etmişlerdi.

Arjeri'ye hapisten çıkma teklifi edildi, ancak hapsedilen diğer Hristiyan kadınlara yardım etmek için hapishanede kalmayı tercih etti. 5 Nisan 1721'de, yıllarca süren işkence ve hapis hayatının sonunda öldü. 1725'te naaşını Konstantinopolis'teki Aziz Paraskeve Kilisesi'ne naklettiler.

Ortodoks Kilisesi ona Azize Arjeri olarak hürmet gösterir ve onu hem Mesih'e inancına sıkı sıkıya bağlı kaldığı için hem de evlilik yeminine bağlı kaldığı için evliliğin koruyucusu[892] olarak kabul eder.

Helen Bekiaris

Helen Bekiaris, on sekizinci yüzyılda Sinope'de[893] yaşayan genç bir Rum Ortodoks kızıydı. Helen'in babası yerel Rum Ortodoks Okulu'nda öğretmendi. Bir gün annesi Helen'i örgü ipliklerinden almaya çarşıya gönderdiğinde Helen, valinin o anda bulunduğu yerden geçmişti. Helen'i sokaktan geçerken gören Vali Ukuzoğlu Paşa ondan etkilendi ve hizmetçilerinden onu bulup kendisine getirmelerini istedi. Onu baştan çıkarmaya çalıştı ama gizemli bir şekilde bunu yapması engellendi. Helen'in zamanla tekliflere karşı koyamayacağını, onu baştan çıkarmayı başaracağını umarak evinde hapsetti. Helen bir şekilde valinin evinden kaçtı ve eve döndü.

Helen'in aile üyeleri onu gördüklerinde sevinçten coştular ama Helen kendisini kaçıranı açıkladığında hem onun için hem de kendileri için korktular. Vali, Helen'in evinden kaçtığını ve pençelerinden kurtulduğunu fark edince, Ortodoks Hristiyan Konseyi'ni topladı ve geri dönmesini emretti. Dönmezse şehirdeki tüm Ortodoks Hristiyan cemaatini cezalandıracağı tehdidinde bulundu.

Konsey üyeleri Helen'in ailesini ziyâret etti ve babasına cemaati korumak adına Helen'i valinin konutuna geri göndermesi için yalvardı. Helen'in babası gönülsüzce kabul etti. Helen Ukuzoğlu Paşa'nın konağına döndü. Yine bir güç, genç kızı baştan çıkarmasına engel oldu. Helen'le yaşadığı bu deneyime öfkelenen vali, hapiste geçireceği bir günün onun aklını başına getireceği düşüncesiyle Helen'i hapse attı. Bir gün sonra vali Helen'i ziyâret etti, halen onu baştan çıkaramıyordu. Bu sefer işkence edilip öldürülmesini emretti. Helen'in cesedi bir çuvala konarak denize atıldı.

Üç gün sonra, Hristiyan mürettebatlı bir gemi suda bir ışık gördü. Işık, Helen'in iki çiviyle delinmiş kafasının bulunduğu cesedini buldukları bir çuvaldan geliyordu. Görünüşe göre, gemideki Müslümanlardan ikisi, şehit edilen Helen'den haberdardılar ama başlangıçta onu teşhis etmekten korkmuşlardı.

Helen'i öldürenler, kesilmesinden hemen önce kafasına çivi çakmışlardı. Müslüman yetkililerden korkan kaptan, Helen'in cesedini Rusya'ya gitmekte olan Hristiyanların bulunduğu başka bir gemiye aktardı. Helen'in başı daha sonra gizlice Sinope'ye gönderildi ve burada Theotokos Kilisesi'ne yerleştirildi.

1922'de Rum Ortodoks Hristiyanlar ile Türk Müslüman nüfus arasındaki mübâdele gerçekleştiğinde, Sinop Rum Ortodoks cemaati başkanı Helen'in başını Yunanistan'a götürerek Selanik'in Ano Toumba semtindeki Azize Marina Kilisesi'nin himâyesine bıraktı. Orada her yıl 1 Kasım'da Helen'in hayatı ve şehit edilişi anılmaktadır.[894]

Helen Bekiaris,[895] güçlü bir adamın baştan çıkarmalarına ve fiziksel saldırılarına direnerek öldü. Doğaüstü güç onu bu adamın girişimlerinden korudu, o da şehitlik tacını aldı.[896]

Kırım Savaşı (1853–1856)

19. yüzyılda Ruslar, Boğaz üzerinden Akdeniz'e ulaşmak istediler. Britanya, bu girişimin Hindistan'a tedarik hatlarını tehlikeye atabileceğini

anlayarak Ruslara karşı Türklerle güçlerini birleştirmeye karar verdi. Fransa ve daha sonra Sardunya da müttefiklere katıldı. Çatışmanın çoğu Karadeniz kıyısındaki Kırım'da gerçekleşti. Müttefiklerin Rus ordusunu yenmek için Türk ordusuyla işbirliği yapması sonucunda Türkiye Batılı güçlere borçlu kalmış, ülke Avrupa'dan etkilenmeye ve Batı ürünlerine daha açık hale gelmiştir.

Florence Nightingale[897]

Florence Nightingale (1820–1910) Türkiye'de tanınan bir isimdir. Hemşirelik ve hastane reformuna katkılardan dolayı Türkiye'deki bazı hastanelere onun adı verilmiştir. 1854'te Florence Nightingale'e, İngiliz Hükümeti tarafından Konstantinopolis'e gitmek ve Kırım Savaşı'nda yaralanan askerlere bakmak üzere teklifte bulunuldu. Hizmet ettiği hastane, İngiliz Ordusu tarafından Haydarpaşa'daki Selimiye Kışlası'nda[898] kurulmuştu. Florence Nightingale, bu deneyimin ardından hastanelerin ve kışlaların hijyenik olması gerektiğini savunarak ve hemşirelerin eğitimine önemli katkılarda bulunarak çalışmalarına başladı.

Anglikan Kilisesi Florence Nightingale'in hayatını, 1910'da öldüğü gün olan, 13 Ağustos'ta anmaktadır. Florence, 12 Mayıs 1820'de İtalya'nın Floransa kentinde doğmuş ve bu şehrin adını almıştı. O ve kız kardeşi doğduğunda, ailesi üç yıllık bir Avrupa turundaydı. Florence'ın babasının servetinin kaynağı, kurşun madenine ve taşra mülklerine sahip olan bir amca ve bir Sheffield bankacısı olan babasıydı. Zengin mirası nedeniyle Florence'ın babasının çalışmasına gerek yoktu, ailesini Avrupa'nın moda yerlerine götürebiliyordu. Ailenin ayrıca İngiltere'de iki mâlikânesi vardı: Derbyshire'daki Lea Hurst ile Hampshire'daki Embley Park. 'Sezon' boyunca Londra'da da kalıyorlardı. Nightingalelerin çoğunlukla partiler ve sosyal etkinlikler için bir araya gelen kalabalık bir akraba grubu vardı.

On dokuzuncu yüzyılda Florence Nightingale'inki gibi varlıklı aileler, yaşadıkları yörede eğitim ve tıbbi bakım konularında veya hasta ya da ölmek üzere olan kişilere yardımda bulunurlardı. Florence Nightingale, ailesinin evinin yakınındaki yerel okullarda öğretmenlik yaptı. Annesiyle birlikte hasta veya ölmek üzere olanlara yiyecek götürmeye de giderdi.

Muhtemelen altı yaşındayken, aile evi Embley'de kaldığı sırada Cap adlı bir çoban köpeğiyle ilgilenmesi hakkında bir hikâye vardır. East Wellow'daki St. Margaret Kilisesi'nden yerel papaz Jarvis Trigge Giffard,

Florence'ın Embley yakınlarındaki tepeliklerde Cap adlı bir çoban köpeğini bulmasını anlatır. Papaz köpek hakkında şunları söylemiştir:

    Okul öğrencilerinin attığı taşlar bacağını kırmıştı, çoban onu asarak çektiği acıdan kurtarmaya niyetliydi. Ancak, yerel papazın eşliğinde, Florence yaralı hayvana müdâhale etti, şişliğin azaltmasını hızlandırmak üzere sıcak bezler koydu, böylece bacağını kurtardı ve Cap'in çiftlik köpeği görevine devam etmesini sağladı.[899]

TÜRKİYE'DE HRİSTİYAN KADINLAR – TARİHÇE

Florence Nightingale'in gençliğindeki bu ve diğer olaylarla, kendisi hasta ve muhtaç olanlara bakmaktan büyük zevk ve memnuniyet duyduğunu anlamış oldu. Yaşı ilerledikçe, aile partilerinden, Londra ziyâretlerinden ve yurtdışına seyahat etmekten giderek daha az hoşnut kalır hale geldi. On dokuzuncu yüzyılda, Genç Hanım Nightingale'in sosyal statüsündeki bir kadından eğitimli olması veya bir mesleği olması beklenmiyordu. Florence gibi kadınların müzikte, resimde ve ev idâresinde başarılı olmaları bekleniyordu, ancak kesinlikle hemşirelik veya hastane yönetimiyle uğraşmaları beklenmiyordu.

Florence Nightingale'in ailesi Üniteryen'di, ancak gittikleri yerin yakınlarında Üniteryen şapeli yoksa çoğunlukla yerel bir Anglikan kilisesinde ibâdet ederlerdi. Florence'ın babaannesi bir Üniteryen'le evli olmasına rağmen Anglikan geleneğine göre ibâdet etmeye devam eden dindar bir Anglikan'dı. Bu büyükanne sabah kalkar kalkmaz ve öğle yemeğinden sonra dua ederdi. Yıllar sonra Florence şunu hatırlamıştı: 'Biz çocuklar... büyükannenin dua etmeye çıktığını biliyorduk ve koridorda onun sesini, Tanrı'yla büyük bir tutku ve içtenlikle konuştuğunu duyabiliyorduk; sanki O odadaymış gibiydi ki kesinlikle öyleydi.'[900]

Florence Nightingale, otuzlu yaşlarında kiliseye düzenli olarak gitmeyi bırakmasına rağmen, hayatı boyunca bir Anglikan olarak kaldı.

Tanrı'nın kendisini hizmete çağırdığını sezdiğinde henüz 16 yaşındaydı, tarih 7 Şubat 1837'ydi. Kendisi bunu, 'Tanrı benimle konuştu ve beni hizmetine çağırdı'[901] sözleriyle anlatır. Bu çağrı hissi onda yıllar boyunca sürecektir; Roma'da inzivâya çekilmesi ve Mısır'ı ziyâreti sırasında hizmet etme hissi gelişecek ve büyümeye devam edecektir. Roma'daki inzivâsında ve manastıra[902] yaptığı diğer ziyâretlerde, manastırın başındaki Başrahibe Santa Colombe ile konuşurdu:

> Florence'ın ev yaşamı hakkında kendisine anlattıklarını yakînen dinleyerek şöyle yanıt vermişti: 'Kendini Tanrı'nın irâdesini yerine getirmeye çalışmak ve bunu yapmak adına insanlardan ayırman iyi değil. O'nun kutsamasını kazanmanın yolu bu değil. Bizi çaresiz kılan insanlarla birlikte olsak bile bunun ne önemi var? Tanrı'nın isteğini yerine getirdiğimiz sürece, hiçbir önemi yok.'[903]

On günlük inzivânın sonunda Florence Nightingale günlüğüne Başrahibe ile şu diyaloğunu kaydetti:

'BAŞRAHİBE: Bu inzivâ sırasında Tanrı seninle konuşmadı mı? Sana bir şey sormadı mı?
FLORENCE: Benden irâdemi teslim etmemi istedi.
BAŞRAHİBE: Peki kime?
FLORENCE: Yeryüzündeki her şeye.
BAŞRAHİBE: O seni çok yüce bir mükemmelliğe çağırıyor. Kendine dikkat et. Eğer buna direnirsen çok suçlu çıkacaksın.'[904]

Bostbridge, onun 1850'de Mısır'a ziyâreti esnasında başına gelen ruhsal ve entelektüel aydınlanma anını şöyle anlatıyor: 'Bundan çıkardığı ders açıktı. Tanrı yasalar yapar, insanoğlu bunları çiğner ve insanın hatasıyla denk olan kötücüllüğü, Tanrı'nın her birimizi mükemmelliğe ulaştıracak öğretişin gerekli bir aracıdır.'[905]

Yaşadığı bu ruhsal deneyimler ile hastanelerin, okulların ve hijyenin iyileştirilmesi meselelerine dâhil olan insanlarla tanışması; hepsi bir olup onu Britanya'daki ve dünyadaki hemşirelik dünyasında gelecekteki rolüne hazırlamaya yardımcı oldu. Temmuz 1851'de arkadaşları, Bracebridgeler yakındaki bir kaplıcada tedavi görürken, Florence Nightingale iki haftalığına Kaiserswerth'e giderek hastanelerini, okullarını ve bir Protestan kurumunda hemşirelik bakımının nasıl yapıldığını gözlemledi.

Hemşirelik câmiasında ilk gerçek çalışma fırsatı, 1853'te Londra'da, Harley Caddesi'ndeki Hasta Hanımefendilerin Bakımı Kurumu'nun idârecisi olarak atandığında oldu. Bu ona Avrupa'daki hastanelerde gözlemlediklerini uygulama ve ileride İstanbul Selimiye Kışlası'ndaki Askeri Hastane'de geçireceği süre boyunca oldukça önem kazanacak yöneticilik becerilerini geliştirme fırsatı verdi. İdâreci olarak atanması, sadece hastanenin yönetim kurulu tarafından seçilmiş olmasını değil, babasının açık iznini de gerektiriyordu. Babası atanmayı almasına izin verdi ve ona yıllık 500 poundluk bir ödenek ödemeyi de taahhüt etti. Bu adım ailede bir sürü tartışmaya ve çatışmaya yol açtı, ancak nihayetinde ailesi idâreci olarak işi almasına razı geldi.

Mart 1854'te Kırım Savaşı patlak verdi. Ekim 1854'te Harbiye Bakanı Sidney Herbert, Florence Nightingale'den Selimiye Kışlası'na[906] gelip hemşirelik hizmetinin idâresini yürütmesini istedi. Hızla hemşireler atandı; otuz sekiz hemşirenin, Florence Nightingale'in ve arkadaşları

TÜRKİYE'DE HRİSTİYAN KADINLAR – TARİHÇE

Bracebridgelerin hep beraber İstanbul Boğazı'nın Asya yakasında, o zamanki Konstantinopolis'in karşı yakasında bulunan Askeri Kışla'ya seyahat etmeleri sağlandı. Kışla Haydarpaşa'da bulunuyordu.

Üsküdar'daki o kışla hâlen askerî kurum olarak kullanılmakta ve Boğaz'a, Marmara Denizi'ne dimdik halde gururla bakmaktadır. Orada, Florence Nightingale'in Kırım Savaşı'nda savaşan İngiliz askerlerine bakmasının anısına bir müze bulunmaktadır.

Kadınlar hastaneye geldiklerinde temizliğe ve gömlek dikmeye başladılar. Söz verilen malzemeler gelmemişti ve düzgün yiyecek yoktu. Florence Nightingale ve hemşireleri durumu ele aldı ve nihayetinde de ordu doktorları onların koğuşlara girmelerine ve erkeklere bakmalarına izin verdi. Florence Nightingale için sağlık personelinin desteğini kazanmak, birlikte etkin bir şekilde çalışabilmeleri açısından hayatîydi. Florence Nightingale, Haydarpaşa hastanesinde başhemşire olarak çalıştığı süre boyunca, gecenin köründe hastaları kontrol etmek için koğuşları gezdiğinden dolayı, Lambalı Kadın olarak tanındı. Florence Nightingale Ağustos 1856'da Britanya'ya döndüğünde, İngiliz halkı ona hasta ve yaralı askerlere bakan ve ölüm oranını önemli ölçüde düşüren Lambalı Hanım lakabıyla hitâp ederek saygısını göstermişti.

Londra'ya dönüşünde, hastanelere değişiklikler ve askerî kışlalara hijyen getirmek için tecrübesini ve nüfuzunu kullandı. Oldukça saygın biriydi ve inanılmaz ölçüde geniş çapta bir etkisi vardı. Tanrı'nın kendi yaşamına yönelik hizmet çağrısını yerine getirme kararlılığı, sadece Kırım'da yaralanan askerler hakkında yaptığı çalışmalarda değil, sonraki yıllarda o raporları incelediğinde, hastanelerde, kışlalarda değişiklik yapmak üzere girişimlerde ve tavsiyelerde bulunduğunda ve hemşirelik öğrettiğinde de kendini gösterdi. Hemşirelik eğitimi için *Hemşireler İçin Notlar* ders kitabını yazdı ve hemşireler için bir okul kurdu.

Florence Nightingale ne yapmak istediğini biliyordu, ailesinin ve daha geniş toplumun güçlü muhalefetine rağmen seçtiği mesleği sürdürmekte ısrar etti. 21. yüzyıl Türkiyesi'nde de Florence Nightingale'in adını taşıyan hastaneler, onun öncü ve girişimci çalışmalarının başarısına tanıklık etmektedir.

Tanrı hepimizi kendi sûretinde yaratmıştır ve elinde sadece bizim gerçekleştirebileceğimiz bir görev vardır. Bizler de Florence Nightingale'in kendi görevini anlamak için verdiği ve ardından anne babası ile ablasının başlangıçtaki güçlü muhalefetine karşın çağrısını yerine getirdiği uzun mücâdele yolundan cesaret bulalım. Ailesi sonunda onun Kırım Savaşı'ndaki askerlere hizmet etmek üzere gitme ve onlara iyi hemşirelik etme çağrısını desteklemiş ve onun başarısından büyük gurur duymuştu. Florence Nightingale gibi Tanrı'yla güreşen ve yaşamlarında O'nun öncülüğünü takip eden kadınlar sayesinde dünya daha da zengin.

Kırım Savaşı'ndan Sonra

Kırım Savaşı 1856'da Paris Antlaşması'nın imzalanmasıyla sona erdi. Kırım Savaşı'ndan sonra İngilizler ve diğer güçler, kanunu güncelleştirmesi ve Müslüman Türk tebaasına din özgürlüğü tanıması için Osmanlı sultanına ve sadrazama baskı yaptı. 1819'da, Amerikan Cemaat Misyonları tarafından, Türkiye'deki misyonerlik çalışmalarının potansiyelini araştırmak üzere iki Amerikalı Türkiye'ye gönderildi. Bu araştırma sonucunda William Goodell, misyonerlik kariyerine başlamak üzere 1830'da Konstantinopolis'e geldi.

Türk Müslümanlarının Hristiyan olma özgürlüğü, sultan tarafından çıkarılan iki fermanla sağlandı. 1839 yılında Sultan I. Abdülmecit tarafından çıkarılan Gülhane Hatt-ı Şerifi, Tanzimat[907] reformu dönemini başlatmıştır. Bu ferman, 'ırkı ve dini ne olursa olsun tüm tebaanın canını, namusunu ve malını korumayı'[908] vaat ediyordu.

23 Mart 1844'te Sultan Abdülmecit, yazılı olarak şu taahhütte bulundu: 'Babıâli, bundan böyle, mürted olan Hristiyan'ın zulmünü ve ölümünü önlemek için etkili tedbirler alacaktır.'[909]

Sultan Abdülmecit, 1856'da Hatt-ı Hümayun olarak bilinen bir ferman daha yayınladı ve şöyle dedi: 'Osmanlı topraklarında her türlü din özgürce dile getirilmekte olduğu ve mutlaka da dile getirileceği için, Haşmetlileri sultanın tebaasından kimse, ikrar ettiği dini icrâ etmekten alıkonmayacak ve bu nedenle hiçbir şekilde rahatsız edilmeyecektir. Hiç kimse dinini değiştirmeye zorlanamaz.'[910]

Amerika Misyon Temsilcileri'nin[911] başkanı Dr. James L Barton
... bir keresinde yüksek bir Müslüman makamına, bir mürtedin artık îdam edilemeyeceği gerçeğini Kutsal Kanun'un sözde değişmezliği ile nasıl bağdaştırdığını sordu. Adamın cevabındaki vicdan muhasebesi bir İspanyol Engizisyoncuyu pek onurlandırırdı. Kadı,[912] Kanun'da herhangi bir değişikliği tanımadığını söyledi. Bir mürted durumunda, Kanun'a göre

TÜRKİYE'DE HRİSTİYAN KADINLAR – TARİHÇE

ölüm cezası verirdi, ancak bu cezayı yerine getirmek laik makamların göreviydi. Onlar görevlerinde başarısız olurlarsa, Kanun'a itaatsizliğin günahı onların boynuna olacaktı.[913]

On dokuzuncu yüzyılda Türkiye'de çalışan Hristiyan Misyonerler, Müslümanların İrtidat Yasası'nın Müslümanları Hristiyan olmaktan caydırdığına inanıyorlardı. Hristiyanlığı kabul eden Müslümanlara ölüm cezası verilme tehdidi ortadan kalktığı için birkaç Türk Müslüman Hristiyan oldu, vaftiz edildi, hatta sultandan Müslüman kökenli Hristiyanlar olarak özgürce ibâdet edebilecekleri bir câmi talebi bile oldu. 1860'a gelindiğinde Konstantinopolis'te on beş Müslüman mühtedî vaftiz edilmişti. Türk yetkililerle yapılan bir konuşmada bir imam,[914] Konstantinopolis'te kendisi gibi kırk mühtedî olduğunu iddia etmişti.[915]

Pek çok Müslüman'ın inancını terk edip Hristiyan olması yetkilileri alarma geçirdi. 'Sultan Abdülaziz kuşkulandı ve korktu, misyonerleri gözetlemek için casuslar görevlendirdi.'[916] Sonuç olarak bir Türk evanjelist olan Selim Efendi ile mühtedî yirmi Müslüman tutuklanarak hapse atıldı. Bazıları sürgüne gönderildi, bazıları hapse atıldı, bazıları da gözlerden kayboldu. Böylece Müslüman nüfus, inanç özgürlüğünün bir gerçeklik olmadığını anladı.

Amerikalı bir öğretmenin başından da şunlar geçmişti:

Yakındaki bir kız okulundan bir Türk kadın, Amerikalı bir öğretmene gizlice gelip anlamadığı bir kitabı okumasını istedi ondan. Bu İncil'di. Bir yıl sonra açıkça İsa'yı Efendisi olarak gördüğünü itiraf etti ve öğretmenler onu koruyabilirse Hristiyan olacağını söyledi. Kendi tanıdıklarının önünde Mesih'i ikrar etmeye cesaret edemedi, çünkü bu ölüm ve ıstırap anlamına gelebilirdi. Hiçbir güvence verilemezdi ve ülkeden çıkmaya yetecek parası yoktu. Geri adım attı, bir Türk'le evlendi; ve bu perdelerin arkasında bir yerlerde bir Türk kadını sessizce Efendi'ye bakıyor ve hasret çekiyor. Ona ne söylerdin?[917]

Bu kadının gizli bir imanlı olmasına rağmen yine de Hristiyan olarak yaşamaya devam edip etmediğine dair bir detay yok. Yüzyıllar boyunca gizlice Mesih'e inanmış birçok kadın ve erkek olması mümkündür. 1923 yılında Cumhuriyet'in kurulmasıyla ve laik bir anayasasının kabulüyle inanç özgürlüğü güvence altına alınmıştır.

Mary Mills Patrick

Mary Mills Patrick (1850–1940), öğretmenlik eğitimi aldığı Amerika'nın Iowa kentinden 1871'de Türkiye'ye geldi. Amerika Yabancı Misyon Temsilcileri Birliği, Erzurum'da bir okulda öğretmenlik yapması için onu işe aldı.

1871 yazında New York'a gittiğinde Iowa'dan başlayan uzun yolculuğuna ilk adımını atmış oldu, ardından on dört kişilik bir gruptan biri olarak 9 Ağustos 1871'de New York'tan gemiyle Liverpool'a geçti. Grup Liverpool'dan Londra'ya gitti. Mary Londra'dayken Spurgeon'un vaazını dinledi ve turistik yerleri ziyâret etti. Yolculuk, kanallar arası feribotla Ostend'e, ardından Köln ve Viyana üzerinden Budapeşte'ye giden trenle devam etti. Budapeşte'de gezginler bir tekneye bindiler ve Tuna boyunca Konstantinopolis'e yol alıp Karadeniz'e doğru, Boğaz'a geçtiler. Konstantinopolis'e[918] direkt tren henüz yoktu.

İstanbul'a vardıktan birkaç gün sonra tekneyle Trabzon'a üç günlük bir yolculuğa çıktı. Trabzon'da Erzurumlu arkadaşları onunla buluştu, birlikte bir hafta boyunca at sırtında yolculuk yaptılar. Mary 21 Eylül 1871'de Erzurum'a vardı. Dört yıl Erzurum'da çalıştı ve bu süre içinde Ermenice öğrendi; Ermenice konuşarak ders verebilmek ve İncil'i Ermeni kadınlarla paylaşabilmek istiyordu.

Patrick, bekâr kadın misyonerlerin öğretmen olarak işe alındığı dönemde Erzurum'a geldi ve Amerika Temsilciler Birliği'nin Türkiye'deki misyonunun bir parçası olan eğitim çalışmalarında değerli bir rol oynadı. Erzurum, kız okulunun bulunduğu misyonerlik merkezlerinden biriydi. Patrick orada dört yıl çalıştı; Antep'te, Maraş'ta, Kapadokya'daki Talas'ta, İzmir'de ve İstanbul'da da kız okulları vardı.[919]

1890'da İsviçre Berne Üniversitesi'nden doktora derecesi alan Mary Hanım, Türkiye'deki hayatı hakkında iki kitap yazdı. *Beş Sultanın Hükümranlığında*[920] başlıklı eserinde Sultan Abdülaziz,[921] V. Murat,[922] II. Abdülhamit,[923] V. Mehmet,[924] VI. Mehmet[925] ve halife olarak görev yapan ancak pâdişahlık yapmayan II. Abdülmecit'in[926] hükümranlığı altında Türkiye'de sürdürdüğü yaşamının bir özetini anlatır. 1922'de VI. Mehmet bir İngiliz savaş gemisiyle İstanbul'dan kaçmış ve ayrılmasıyla padişahlık sona ermiştir. Kendinden önceki bütün pâdişahlar da İslam dünyasının önderinin unvanı olan halifelik görevini yürütmüştür. VI. Mehmet'in tahttan çekilmesinin ardından Abdülmecit, halifeliğin kaldırıldığı 1924 yılına kadar iki yıl süreyle halifelik görevini üstlenir ve sonra da sürgüne gönderilir. Ekim 1923'te Türkiye'de artık cumhuriyet olduğu ilân edilir ve Mustafa Kemal Atatürk ilk cumhurbaşkanı olur. Mary Mills Patrick 53 yıl bu sultanların yönetimi altında yaşamıştır. 1924'te İstanbul Boğazı'nın batı kıyısındaki Arnavutköy'de laik bir beşerî ilimler koleji olan Konstantinopolis Kadın Koleji'ni kurup ABD'ye döner. Dr. Patrick *Bir Boğaz Macerası*[927] kitabında, Konstantinopolis Kadın Koleji'nin kuruluşunu, hayalini gerçeğe dönüştürmek için çabaladığı dönemde Amerika Temsilciler Birliği'yle, okul yönetim birliğiyle ve Osmanlı yetkilileriyle girdiği uğraşları anlatır.

Mary Mills Patrick Erzurum'a Ermeni kızlara eğitim vermek ve İncil'i öğrencileriyle ve Ermeni kadınlarla paylaşmak üzere gitmişti; öğretmen ve evanjelist olarak iki rolü vardı. Goffman, 'Ermeni kadınların yaşamlarında çok az bir düzelme görmekten dolayı hayalkırıklığına uğradığını ve dört yıl sonra Amerika Yabancı Misyon Temsilcileri Birliği (ABCFM)[928] tarafından finanse edilen ve yönetilen Constantinople Home[929] okuluna transfer edildiğinde büyük bir rahatlama hissettiğini itiraf ettiğini' yazmıştır. Okul, 1876 yılında Üsküdar'da,[930] halen okulun bulunduğu arazide kurulmuştur.

Sonraki 40 yıl boyunca Mary Patrick Konstantinopolis'te yaşadı ve çalıştı. Önce Constantinople Home okulunda çalıştı, fakat ardından Amerikan Kız Koleji adıyla da bilinen Constantinople Women's College'ı (Konstantinopolis Kadınlar Koleji'ni) kurdu. Bu okul Amerika Misyon Temsilcileri tarafından finanse ediliyor ve destekleniyordu, ancak Mary 1908'de Amerika Temsilciler Birliği'nden bağımsız bir beşerî ilimler okulu kurdu.

Patrick'in okulu 1914'te Boğaz'ın batı kıyısındaki Arnavutköy'e taşındı; Patrick, bireysel olarak Amerika Temsilciler Birliği üyesi olmaya devam etmesine ve çeşitli görevlerde bulunmasına rağmen, okulu artık Temsilciler Birliği'nin denetiminde değildi.

Patrick öğrencilerini kendisi gibi Tanrı'yla ilişki kurmaya teşvik ederdi ama kitaplarından hiçbiri bu ilişkinin net bir resmini veren geleneksel evanjelik ruhanî biyografilerden olmadı. Bununla birlikte, *Bir Boğaz Macerası*, on yıllar içinde değişen bakış açısıyla sürdürdüğü eğitim yolculuğuna ışık tutmaktadır. Mary Türkiye'ye esas olarak Hristiyan kökenli öğrencilerinin ve ailelerinin, Tanrı'yla bireysel bir ilişkiye sahip olma gereksinimleri olduğunu vurgulayarak, Protestan olmalarını sağlamak üzere misyoner bir öğretmen olarak gelmişti. Yıllar içinde, Türkiye'nin önde gelen kadın okullarından birinin kurulmasına ve fon sağlanmasına yardımcı olan uluslararası bir eğitimci oldu. Patrick'in odak noktası Amerikan değerlerine, demokrasisine ve on dokuzuncu ve yirminci yüzyıl Osmanlı İmparatorluğu'nun yeni modernleşen dünyasına uyacak şekilde bir eğitim kurumu geliştirmeye yönelerek değişti.

Carolyn Goffman, 'Dinden Amerikan Proselitizmine' adlı makalesinde, Patrick'in düşünce ve meslek yaşamının gelişimini üç aşamaya ayırır. İlk aşamadaki halini, "Constantinople Home okulunda ateşli bir evanjelist ve öğretmen" olarak nitelendirir. İkinci aşamada Patrick, Amerikan Kız Koleji'nin ilk yıllarında Hristiyan bir laik olarak karakterize edilir. Üçüncü aşamada Patrick, 1908 Jön Türk Devrimi'nin oluşum adımlarına karşıt şekilde İlerici Eğitimci olarak tanımlanır.

Patrick'in odağındaki ve düşüncesindeki değişiklik, değişen çalışma koşulları -ister birinci ve ikinci aşamalardaki gibi bir okul, ister gelişiminin üçüncü aşamasındaki çağdaş siyasî durum olsun- karşısında gayret sarf etmesiyle sıkı sıkıya bağlantılıdır.

Patrick'in 1876'dan beri çalıştığı okul olan Constantinople Home, Kadın Misyonları Birliği (WBM) tarafından kurulmuştu. Üsküdar Bağlarbaşı'nda bulunan okulun misyonerlik, akademisyenlik ve tıp bölümünden oluşan üç kollu role sahip olması planlanmıştı. Doktorluk ve tıp bölümü hayata geçirilemedi, ancak diğer iki kol -misyon ve akademisyenlik- planlandığı gibi devam etti. Catherine Pond Williams'ın müdürkenki (18751883) amacı, 'Amerika'daki Genç Hanımlar İlâhiyat Okulları'nda (Young Ladies Seminaries) önemli kabul edilen hemen hemen her şeyi' benimseyene kadar 'eğitim katmanlarını genişletmek'ti.[931]

Tanzimat (yeniden yapılanma) dönemi olarak bilinen reform dönemi 1839'dan 1876'ya kadar sürdü. Bu reform döneminin sonuna doğru, Mary Hanım, Constantinople Home okulunda öğretmenlik yapmaya başlamıştı ve sonraki yıllarda eğitime yaklaşımı, onun Müslüman bir ülkede yaşayan ve çalışan bir Hristiyan misyoner olma anlayışıyla birlikte gelişmişti.[932]

Patrick 1876'da Konstantinopolis'e geldiğinde, okulda eğitim dili Ermeniceydi ki bunu zaten biliyordu, ancak, eğitimin İngilizce olabilmesi için İngilizceyi iyice öğretmeye karar vermişlerdi. Bu da, Ermenice konuşmayanların okula ilgi duyabileceği ve birliğin gönderdiği öğretmenleri bir yıl veya daha uzun süreyi dil öğrenmeye harcamaktan kurtaracağı anlamına geliyordu.

Goffman, makalesinde Amerikalı öğretmenlerin öğrencilerine hayatlarını Mesih'e adamaları ve evanjelik, Protestan, Hristiyan olmaları için nasıl baskı yaptıklarını ele alır. Bir Bulgar olan Penka Racheva'nın günlüğünden yararlanmıştır. 1882 Noeli'nde Penka, üzerinde 'M.M. Patrick ve C.H. Hamlin'den[933] sevgilerle' yazılı bir günlük alır. Günlük kayıtları, edindiği Hristiyan öğretişi karşısında hayatında gerçekleşen değişimleri içerir. Altı ayı aşkın süre boyunca, Penka'nın ruhsal mücadelelerine ilişkin kayıtlar, öğrencilerinin evanjelik Hristiyan inanışını benimsemeleri için topluca yaptıkları baskıyı ortaya koyuyor. Penka günlük hatırlatma olarak 'Mesih'i tüm yüreğimle sevmek' sözlerini kaydetmişti; bu sözler misyonerlerin 'yürek Hristiyanlığı' nakaratlarıydı, evanjelik inancın hem entelektüel olarak anlaşılması hem de duygusal olarak deneyimlenmesi gerektiğini îmâ ediyordu.[934]

Penka'nın günlüğü, kendisinin ve sınıf arkadaşlarının yaşadıkları bireysel dini zorlukları sürekli irdeleme baskısı altında olduklarını, öğretmenlerinin onları partilere ve balolara gitmek gibi günahlardan kaçınmaları konusunda uyardığını kaydeder. Bir eylemi gerçekleştirmeden önce ölçüt olarak kendilerine, 'Tanrı'nın ruhu orada olacak mı?'[935] diye sormaları istenmiştir. Yatılı okulda bu bir sorun olmuyordu, ancak Penka eve geçtiğinde partilere veya balolara gitmenin isteğe bağlı olabileceğini fark etti. Kızlara keyif alabilecekleri bir yaşam sürmek ile nahoş bir karaktere sahip olmanın aynı şey olduğunu öğretmişlerdi.

Goffman, Penka'nın günlük kayıtlarından birinden yola çıkarak, Patrick'in duygusal bir çöküşün eşiğinde olduğuna kanaat getirir:

[Mary Hanım] solgun görünüyordu ve sesi mülâyimdi, gözleri bir anlık yaşlarla dolmuş, sonra gülümsemeye çalışmıştı. Güzelliğin mükemmel bir resmini sergiliyordu. Sadece bu kadar da değil. Pek güzel konuşuyordu... pak olanlar, sadece yukarıdaki güzel evde Tanrı'yı ebedîyen görmenin bereketli vaadine sahip olmakla kalmıyor, onu yüreklerinde de görebiliyorlar [dedi Mary]. Yüreğini Mesih'e adadığını söyleyen her kız her geçen gün daha pak oluyor, İsa yardım ediyor, onların yüreklerini hazırlıyor. Pak bir yürek beyaz bir elbise gibidir, onu kirletmemeye çok dikkat etmeliyiz.[936]

Patrick ile meslektaşları, öğrencilerine hayatlarını Mesih'e adamaları için, Tanrı'yla bireysel bir ilişki kurmaları için çok baskı yapıyorlardı. Bir

Bulgar olan Penka, Doğu Ortodoks bir ailedendi ve okul bittikten sonra geleneksel Ortodoks Hristiyan evine dönecekti. Öğretmenler ile öğrenciler birbirlerine yakın mesafede oturuyorlardı, öğretmenler ile öğrenciler arasında sık sık görüşmenin yanı sıra düzenli olarak dualar, İncil dersleri ve vaazlar yapılıyordu. Penka Racheva günlüğünde bu görüşmelerden bazılarını kaydetmiş, sık sık da Clara Hamlin'den bahsetmiştir.

Bayan Hamlin bana iyi geceler dedikten sonra ağlıyorum... Yatağıma bakıp 'İyi geceler Penka' derken o kadar tatlı ki dört hafta sonra sesini duyamayacağımı düşünmekten kendimi alamıyorum. Ama gerçekten de gücü hissediyorum.

.. ondan sonra da Mesih'in olmayı arzuluyorum.[937]

Constantinople Home'da öğretmen olarak çalışan kadınlar hem misyonerdi hem de öğretmendi. Türkiye'ye iki yönlü amaçla gelmişlerdi: müjdeyi öğretmek ve paylaşmak ile öğrencilerin ve ailelerinin inançlarını değiştirmelerini sağlamak. Amerika Yabancı Misyon Temsilcileri Birliği, Amerika'da on dokuzuncu yüzyılın başlarında meydana gelen 'ikinci uyanış'ın bir sonucu olarak ortaya çıkmıştı.

Mary Mills Patrick sadece bir öğretmen değil, aynı zamanda 1890'da Iowa Üniversitesi'nden yüksek lisans derecesi ve 1897'de İsviçre'deki Berne Üniversitesi'nden doktora derecesi almış bir akademisyendi. Yaz tatillerinde ve izin günlerinde Heidelberg, Zürih, Leipzig ve Berlin'de okumuştu. Erzurum'da öğretmenlik yaparken hem modern hem de klasik Ermenice öğrenmişti. Ayrıca Yunanca öğrenmiş ve *Sappho ve Midilli Adası* (1912) ve *Yunan Septikler* (1929) kitaplarını yazmıştı. Eğitimli ve kültürlü bir kadın olarak, dini geçmişleri ne olursa olsun Türkiye'nin genç kadınlarına Sosyal Bilimler Eğitimi sağlamak için iyi okullara ihtiyaç duyulduğunu gördü. Bu nedenle Constantinople Home'un bir Doğu Yakası Sosyal Bilimler Koleji standardına yükseltilmesini önerdi.

Mart 1890'da, Massachusetts yasama organı, Konstantinopolis'teki Amerikan Kız Koleji'ne, halk arasında Konstantinopolis Kadınlar Koleji olarak adlandırılan bir kolej tüzüğü sağladı. Şehrin adı İstanbul olunca koleje İstanbul Kadın Koleji adını verdiler. Böylece daha önce Constantinople Home (Konstantinopolis Evi) olarak adlandırılan okul yeni bir varoluş aşamasına girdi.

Dr. Patrick *Bir Boğaz Macerası* kitabında, Konstantinopolis Evi'nin 1871'de Konstantinopolis'e ilk gelişinden 1924'te kolej başkanlığı görevinin sonuna kadar gelişip bir koleje dönüşürkenki dönemde kendisinin ve destekçilerinin yaşadığı aşamaları anlatıyor. Mücâdelesinin ödülü, yani Massachusetts Yasama Meclisi tarafından sağlanmış kolej tüzüğü, okulun gelişiminde bir dönüm noktası oldu. 1890'dan itibaren Patrick, ABD'deki Kadın Misyonları Birliği'ni, okul açıkça okula kaydolmuş kızların inançlarını değiştirmeye çalışmasa da, okulun yapı olarak Hristiyan değerler göz önünde bulundurularak kurulduğuna ve öğrencilere topyekûn iyi bir akademik eğitim sağlarken aynı zamanda Protestan ve Amerikan değerlerini çocuklara öğretmeye çalıştığına iknâ etmeye çalıştı. Birliğin amaçları ile Patrick'in hedefi farklıydı ve Patrick ile Birlik arasında anlaşmazlık olmuştu. 1908 yılına kadar kolej, Kadın Misyonları Birliği çatısında kaldı. Birlik koleji finanse etmek ve oradaki çalışmaları denetlemek üzere para topladı. 1890'da Patrick, Amerikan Kız Koleji'nin başkanı olarak atandığında, 'muhâfazakâr kurul üyelerinin[938] evanjelik duyarlılıklarını tırmalamadan bir dini okulu akademik bir koleje dönüştürmek üzere hassas bir süreç başlattı'. 1890'daki raporunda Patrick, 'misyonerlik eğitimine dair yeni bir vizyon ve Osmanlı ortamına dair yeni bir farkındalık duygusu sergiledi, dini ve kültürü dönüştürmek arasında zaten çorba olan ayrımı daha da bulanıklaştırdı, bu da Patrick'in eğitim kadrosunu yeni misyonerlik alanına yöneltti.'[939]

Patrick okulunu mezhep dışı olarak tanımladı; bu da kendi çocuklarını yabancı okulların kendi yollarına dönüştürmelerinden korkan Osmanlı hassasiyetine merhem gibi gelmişti. Aynı zamanda Patrick, 'birliğe, kolejin her zaman olduğu gibi özünde hâlâ aynı Hristiyan kurum olduğunu îmâ etti'. Misyonerlerin teşvik etmiş olduğu 'yürek Hristiyanlığı'nın bir şekilde hâlâ amacın bir parçası olsa da ondan 'Patrick'in kolejin Protestan kimliğinden ödün vermeden "mezhepçi" olarak adlandırdığı dini kurumu da aşmış'[940] biçimiyle ayrıldığını belirtti.

Konstantinopolis Evi'nin son mezuniyet sınıfında bir Müslüman kız vardı, Gülistan İsmet Hanım; okuldan mezun olan ilk Müslüman'dı. 1889-1890 okul raporunda Patrick, Gülistan'ın sınıf arkadaşlarından nasıl ayrı oturduğunu, gizlendiğini, örtündüğünü ve diplomasını almak üzere sınıf arkadaşlarıyla birlikte kalkmadığını, diplomasının koltuğunda kendisine verildiğini anlatır. Patrick, diploma 'kendisine verildiğinde, seyircilerin alkışlarının neredeyse kontrolden çıktığını ve yoğun biçimde onu görme merakı olduğunu'[941] söyler.

Gülistan'ın mezuniyeti, okulun yapısında yeni bir dönemin başladığına işaret ediyordu. Okul artık Müslüman kızları kabul etmekle, korumakla ve aydınlatmakla görevliydi, dönüştürmekle değil.[942] 'Patrick'in ilgisi artık kolejin büyümesine ve onun Osmanlı ahâlisi arasındaki yerine yönelmişti ve odağı 'yürekten Hristiyanlık'tan çıkıp Osmanlı kadınlarını eğitmeye dair hem bireysel hem de meslekî bir misyona kaymıştı'[943]. Patrick evanjelist proselitist (dönüşümcü) birinden, benimsediği Amerikan Protestan değerleri okulun temel değeri olmak üzere, kültürel proselitist (dönüşümcü) biri haline gelmişti. Patrick'in kültürü dönüştürme misyonu, din değiştirme fikrini dışlamıyor, ancak ön planda da tutmuyordu. 'Patrick, iyimser bir bakış açısıyla, Müslüman öğrencileri ve 'yerel' dini âdetlerini kararlılıkla sürdürenler arasında bile Protestan inanışlarının ve tutumlarının işaretlerini görüyordu.'[944] Patrick'in Amerikan Protestanlığına bağlılığı, onun dünya görüşünü de etkilemişti. Osmanlıları Batılı, yani Protestan ve Amerikan aydınlanmasına muhtaç insanlar olarak görmüştü. Ayrıca, 'Osmanlı dünyasını gerileyen ama şimdilerde Batı'nın yollarına yöneldiği için bu gerilemesi yavaşlamakta olan bir medeniyet olarak'[945] görüyordu. Patrick kolej raporlarında öğrenci numaralarını etnik veya dil gruplarına göre ve aynı zamanda etnik gruplarına göre kategorileştirerek kaydetmişti. Bununla birlikte, kurtuluşlarının Amerikan Protestan eğitimi almaları sayesinde gerçekleşeceğine kuvvetle inanıyordu; alenen evanjelik kurtuluşa benzemese de. Patrick müfredâtı ve eğitim yöntemini geliştirirken sanki belirgin bir çatışma içinde, yani evanjelist ile bilim insanı, oryantalist ile liberal, misyoner ile laik öğretmen arasındaki bozuk dengenin oluşturduğu çatışmanın içinde çalışıyormuş gibiydi.

Üsküdar'daki okuldan mezunlar olanlar arasında bildik isimler de vardı:

1. 'Dünyaca ünlü bir kadın devlet yetkilisi olma yolunda ilerleyen Halide Edib.[946] Kendisi tanınmış bir yazar, öğretmen ve öğretim görevlisiydi; eserleri Türkiye, Amerika Birleşik Devletleri ve diğer ülkelerde meşhur olmuştur. Dünya Savaşı sırasında Konstantinopolis sokaklarında askerlerden oluşan kalabalığa hitâp eden ve halkın huzurunda konuşan ilk Türk kadınlardan biriydi... Kocası Dr. Adnan Bey'le birlikte Mustafa Kemal Paşa'ya yeni Türkiye Cumhuriyeti'nin düzenini oluşturmada büyük yardımı dokunmuştu.'[947]

TÜRKİYE'DE HRİSTİYAN KADINLAR – TARİHÇE

2. Nazlı Halid mevkî sahibi bir memurun kızıydı; kızını okutmak isteyen bir annesi vardı.[948] Angora'da[949] meclis üyesi ve İngiltere Büyükelçisi olan Yusuf Kemal Bey ile evlendi.[950]
3. Osmanlı İmparatorluğu'nun farklı bölgelerinden gelmiş öğrenciler:
    - Sevastia ve Paraskevi Kyrias kardeşler Arnavut'tular; daha sonra ders kitaplarını tercüme ederek Arnavutluk'ta bir okul açtılar.
    - Zaruhi Kavalcıyan[951] Adapazarı doğumluydu. Üsküdar'dan mezun olduktan sonra ABD'de tıp okudu ve çalışmak üzere Anadolu'ya geri döndü.
    - Amalie Frisch Viyana'da tıp okumuş, daha sonra Konstantinopolis'teki Avusturya hastanesi personeli olarak çalışmış bir Avusturyalı'ydı.
    - Cleonike Clonari, hemşirelik eğitimi almış bir Yunan mezundu ve Yunanistan kraliçesi Sophie tarafından Atina'daki bir hemşire eğitim okulunun idâresini yürütmek üzere davet edilmişti.

Patrick'in aklındaki son aşama ve kolejin eğitim felsefesinin gelişimi, 1908'de Patrick'in Amerikan Kız Koleji için yeni bir yönetim kuruluna sahip olacak şekilde özel, misyoner olmayan bir kurum olmuş haliyle yeni bir tüzük almak üzere ABD'ye gitmesiyle ortaya çıktı. Patrick ABD'deyken Jön Türkler[952] Sultan Abdülhamit'i tahttan indirerek bir parlamento kurdular. Osmanlı İmparatorluğu Balkanlar, Arnavutluk, Yunanistan ve Bulgaristan'ın Osmanlı İmparatorluğu'ndan bağımsızlıklarını kazanmasıyla dağılmaya başladı. Bu çarpıcı değişimler esnasında Patrick okulunu, yeniden şekillenen Türkiye ulusuna kadınların eğitilmesi ve daha Batılılaştırılması konusunda yardımcı olabilecek potansiyel bir modernleştirici etki olarak gördü. Patrick, 1908 devriminin sonucunu şöyle anlatıyor:

> [Devrimden sonra] kolej hayatımızdaki değişim muazzam derecede çarpıcıydı. Otuz iki yıldır Türk [Müslüman] öğrencileri kabul etmemiz yasaktı. O dönemde bizimle birlikte okuyan üç seçkin Türk kadını, hükümetlerinin yasakladığı bir kuruma devam ettiklerinden ötürü birçok açıdan sıkıntılar çekmişti. Şimdi bir gecede engeller kaldırılmıştı. Türk yetkililer, ilerici kolejimiz için bizi tebrik etmek üzere aradılar. Kapımızda, birçoğunun masrafları bizzat devlet tarafından karşılanan yeni Türk öğrencilerden

oluşan bir güruh belirdi ve onlar adına mühim mevkîlerden Türk yetkililerinden sık sık mesajlar alındı.[953]

Goffman makalesinde, Patrick'in anlatısındaki ayırt edilir ölçüde Hristiyanlık izleri taşıyan, neredeyse eskatolojik denebilecek imâlara dikkat çekiyor:

> "Acı çekmiş" aydınlanmamış kadınlar şimdi kurtarıldı ve tıpkı uzun zamandır beklenen İkinci Geliş'teki gibi, "engeller kaldırıldı". Şimdilik bu vahiysel an elbette Mesih'ten değil, ilerici entelektüel aydınlanmadan kaynaklanmıştı. Sevinç, seçkin Müslüman sınıfı gücendirmek yerine memnun edecek laik bir eğitim arzulama özgürlüğünde yatıyordu.[954] 1908'de okul Amerika Misyon Birliği'nden ayrılmış olsa da, yeni 1908 tüzüğünde, Amerikan Kız Koleji'nin 'müspet bir Hristiyan kurumu' olarak kalacağı ve 'çalışmasını misyonerlik hizmetleriyle uyum ve işbirliği içinde sürdüreceği' belirtildi.[955] Şapele öğrencilerin ve personelin katılması bekleniyordu, ancak zorunlu değildi ki böylelikle Hristiyan hâkimiyeti gevşetilmiş oluyor ama yine de ruhsal bir duruş sergileniyordu. Patrick, koleji yalnızca müspet bir etki olarak değil, dönemin kültürel dalgalanmalarının önemli bir aktörü olarak tanımlamaya devam etti.

En kalabalık öğrenci grubu haline gelen bir Müslüman Türk öğrenci akını vardı. Kolejin rolü, bu kadınları çağdaşlık kazandırmak üzere eğitmek, donatmak ve çağdaş Türk devletinin büyümesine, gelişmesine ve değişmesine yardımcı olmak, kolejde eğitim gören kadınların çağdaş demokratik bir devlette yerlerini almalarını sağlamaktı.

Patrick, 1909-1910 raporunda, ülkenin ve öğrencilerin, eski yaşam biçiminin ortadan kalktığı ve yeni, daha çağdaş bir yolun geliştiği, önemli bir değişim ve dalgalanma döneminden geçtiğini belirtti. Aradaki boşluğa Amerikan Kız Koleji kendi Amerikan değerlerini dökebilirdi. Kolejdeki eğitimi tanımlarken, hâlâ Hristiyan ibâdeti de mevcutken, laik terimini kullanması büyük olasılıkla onun Hristiyan bağlılığını, misyonerlik geçmişini ve kolejin Türkçe eğitimin değişen dünyasında önemli bir aktör olma hevesini bir arada tutmaya çalıştığını gösteriyor. Herhalde o ve Hamlin, Konstantinopolis Evi'nin idâresini devraldıklarından dolayı okulları ve öğrencileri için büyük heves duyuyorlardı. Türk toplumu değiştikçe ve Müslümanlar kızlarının İngilizce dilinde eğitim görmesini istemeye başladıkça eğitim felsefeleri ve benzersiz bir okula ve talipler çeşitliliğine sahip olma potansiyelleri yavaş yavaş açıklığa kavuşacaktı. Fikirlerini on dokuzuncu yüzyılın sonları ile yirminci yüzyılın başlarındaki Konstantinopolis'te geliştirmişlerdi. İstanbul Kadın Koleji'nin devamının hâlâ Arnavutköy'de, 1914'te Kadın Koleji'nin taşındığı yerde duruyor olması, bağlılıklarının, vizyonlarının ve sıkı çalışmalarının bir ürünüdür. Amerikan Kız Koleji 1971'de, yüzüncü yılında, eski yeri İstanbul Boğazı'nın biraz üstünde olan erkek lisesi Robert Koleji'yle birleştirildi ve yeni bir kurum olarak Robert Koleji adıyla Arnavutköy'de yerini aldı.[956]

Patrick'in otobiyografi kitaplarının hiçbirinde kendi kişisel Hristiyan yolculuğunun ayrıntılı bir açıklaması bulunmaz. Çalıştığı okullarda büyük bir sadakatle hizmet etmiş ve gelişmekte olan Türk ulusuna hizmet ulaştırma potansiyelini görmüştür. Patrick, yarattığı kolejden orayı bir Hristiyan ibâdeti sığınağı haline getirmeden ayrılacağından ötürü memnuniyetsiz gibiydi. Bunun nedeni, bir ibâdethaneye sahip olmanın, hayatının herhalde ona Osmanlı İmparatorluğu'nun son yıllarında bir okul kurma ve geliştirme gibi zorlu ve zahmetli bir işi sürdürmesi gerektiğinden dolayı ihtiyaç duyduğu gücü ve cesareti veren önemli bir unsuru olmasıydı.

1924'te, çağdaş Türkiye Cumhuriyeti'nin Mustafa Kemal Atatürk tarafından şeklini almasından bir yıl sonra, Dr. Patrick İstanbul'dan ayrıldı, Amerika Birleşik Devletleri'ne döndü. Çalışmaları tamamlanmıştı, koleji kurulmuştu ve Türk tarihinde yeni bir dönem açılmaktaydı.

Araksi Cebeciyan[957] (1880-1916)

Araksi, Antep'te yaşayan Ermeni Apostolik Kilisesi'ne mensup Ermeni bir ailenin çocuğu olarak dünyaya geldi, ailenin diğer üyeleri Ermeni Evanjelik Kilisesi'ne katılıyordu. Çocukken Hayganuşyan Ermeni Okulu'na, daha sonra Ayıntab'daki (Antep'teki) Amerikan Kız Ruhban Okulu'na gitti. Orta öğrenimini Maraş'ta Amerikan Kız Koleji'nde tamamladı.

Araksi, hayatında Tanrı'nın varlığını bilmeyi ve deneyimlemeyi derin bir arzuyla isteyen bir kadındı. Kutsal Ruh'ta vaftiz edildikten sonra bile, Tanrı'yı daha derinden deneyimleme arzusu dinmedi. Ayıntab'da bir 'İncil kadını' olarak görev yaptı; bu kadınlar, evanjelizme (müjdeciliğe) katılıyor, evleri ziyâret ediyor ve kiliselerde toplantılar düzenliyordu. Ayıntablı Apraham Hoca'nın yazarı, 'Bu toplantılar dikkat çekici sayılara ulaştı' demiştir.[958]

Araksi'nin çalışmaları kilise yetkilileri tarafından fark edilmişti; bir gün episkopos Araksi'ye vaaz etmeyi bırakmasını söyledi. Elinde güzel kokulu bir gül tutan Araksi şöyle cevap verdi:

> Muhterem Efendim, bu gülden çevresine kokusunu yaymamasını isteyebilir miydiniz? Gül, insanın böyle bir tavsiyesine uymayı imkânsız bulmaz mı? Mesih'in, Şaron'un Gülü'nün ve Vadi Zambağı'nın güzel kokularını her bir yana yaymaktan kendimi alıkoyamadığım için beni bağışlayın.

Episkopos hiçbir şey diyemedi ve onun hizmetine bir daha asla karışmaya çalışmadı.

1912'den 1914'e kadar Araksi, İngiltere'de Birmingham'daki Woodbrooke İlâhiyat Okulu'nda okudu. Türkiye'ye döndüğünde Maraş[959] Kız Okulu'nda öğretmen olarak çalışmaya başladı.

Hayatına ve hizmetine dair birçok unutulmaz anı vardır:

> 'Bir keresinde Maraş'ta büyük bir toplantıda kendisinden dua etmesi istendi. Duası öyle güçlüydü ki, toplantı alanı Tanrı'nın görkemiyle dolmuştu. Orada bulunanlar, Tanrı'nın oradaki hayretler verici gücünü ve varlığını asla unutmadılar. Cennetin yeryüzüne inmesi gibiydi.'[960]

Araksi, tanıştıklarına ve komşularına müjdeyi etkili bir şekilde vaaz eden alçakgönüllü bir kadın olarak tanınıyordu. Ermenilerin tehciri başlayınca Maraş'tan, ardından ailesiyle ve diğer tehcir edilenlerle birlikte Ayıntab'dan ayrıldı.

Bab kasabasından geçerlerken güzelliğine, eğitimine ve zekâsına hayran kalan kaymakam, ondan karısı olmasını istedi. Araksi onu şöyle yanıtladı: 'Annemden ve aile üyelerimden ayrılmak istemiyorum. Hristiyan olmayan birinin karısı olmaktansa onlarla Der Zor'a gidip çölde ölmeyi tercih ederim.'[961]

Sonunda Der Zor'a vardılar; Araksi, Ermeni kalabalığın arasında çalışabilmiş, onlar için dua etmiş, onların ihtiyaçlarını Beatrice Rohner'den[962] gelen fonlarla karşılamıştı. Beatrice Rohner, 1916'da yaklaşık 3.336 çocuk sürgünden hayatta kalan 720 Ermeni yetimi kurtarmayı başaran İsviçreli bir kadındı. Araksi, yaklaşık 250.000 Ermeni'nin Der Zor'da[963] yaşadığı bir yıl kadar orada kaldı. Mutasarrıf[964] Ali Suad Bey, Araksi'nin mâli yardım aldığını farkındaydı, ancak bunu durdurmamayı tercih etti. Ali Suad Bey Bağdat'a nakledilince yerine daha ırkçı, daha az hoşgörülü bir yetkili olan Zeki Bey geçti.

TÜRKİYE'DE HRİSTİYAN KADINLAR – TARİHÇE

Sonunda Ermeniler, son yolculuklarının son aşaması için Der Zor'dan Cidde ve Şengal'e yürüdüler. Zeki Bey Araksi Cebeciyan, Hagop Zeytinciyan, (ayrıca bir okul müdürü) ve Araksi'nin yirmi yaşındaki kardeşi Yervant'ın da üyesi olduğu gençlerden oluşan bir müzik grubunun dokuz üyesini tutuklamak üzere asker gönderdi. Hepsi Der Zor'da hapsedildi, burada Zeki Bey onlara işkence etti, onları değnekle kamçıladı ve kendisiyle evlenmeyi reddettiği için Araksi'yi tabancasıyla vurdu. Tutukluların hepsi orada îdam edildi.

Cebeciyan ailesinin dokuz üyesinden sadece Araksi'nin küçük kardeşi Dikran Cebeciyan hayatta kaldı. 23 Nisan 2015'te Ermeni Kilisesi, Araksi'yi ve bu olaylarda öldürülenleri aziz ilan etti.

Woodbrooke Koleji[965] Araksi'nin anısına Birmingham okul salonuna Araksi'nin büyük bir fotoğrafını astı. Müdür Araksi Cebeciyan'ı ölümünden sonra şu övgü dolu sözlerle andı:

> Her Hristiyan kilisesinin bir şehit geçmişi bulunur, ancak neredeyse tüm geçmişi şehitlikten oluşan kiliseler vardır. Ermeni şehitler listesi, herhalde diğer tüm Hristiyan kiliselerinin birbirine dikilmiş ve hâlâ yazılmaya devam eden listelerinden daha uzundur. Araksi, böyle bir şehitlerden oluşan ana kilisenin çocuğuydu. Çünkü Ermeni Kilisesi'nin kadim tarihinin ilk günlerinden ta günümüze kadar, bu kilisenin üyeleri çağrılmış, seçilmiş ve sadık bulunmuştur. Der Zor'daki sayısız şehitler arasında, sevgili dostumuz Araksi Cebeciyan'ınkinden daha belirgin, daha âli, daha cesur veya muzaffer inancın parıltısıyla daha parlayarak öne çıkan bir figür olmamıştır.[966]

Aneta Bostancıoğlu

Yirminci yüzyılın başlarında Kapadokya'da, Güneydoğu Anadolu'da, Karadeniz kıyısında, Konstantinopolis'te ve Türkiye'nin diğer bölgelerinde gelişmekte olan Evanjelik kiliseler vardı. Bu dönemin kahramanlarından biri de Haralambos Bostancıoğlu ile evlenen Aneta Serafimides'tir (1892–1981).

Aneta'nın hikâyesini anlatan birbirine benzer iki kaynak vardır. Birincisi: Kıbrıs'ta basılmış küçük bir ciltsiz kitap olan 'Anatolia, Anatolia'[967]. Önsözünü L.H. kısaltma adı imzasıyla biri yazmış ve 'Aneta Bostancıoğlu'nun anlattığı gibi' diyerek hikâyenin kaynağı olarak Aneta'yı göstermiştir. Bu ifâde, anlatının gerçekliğinin teminâtıdır. Basım tarihi yoktur, ancak Aneta'nın Atina'da yaşadığı yirminci yüzyılın ikinci yarısında yazılmış olabilir. Kitabın İnternet versiyonu da vardır.[968] Her iki versiyonu da okurken Aneta'nın anlatısını dinlemiş oluyoruz, fakat Son Söz kısmında hayat hikâyesinin nasıl oluşturulduğunun anlatılması bize onun sözlerinin bir aracının -bir yazmanın- kulaklarının süzgecinden aktarıldığını gösteriyor: '... sevgili bir misyoner arkadaşımın azmi ve büyük gayreti sayesinde oluşturuldu. Karı koca, bunun üzerinde çok çalıştılar.'[969] Arka kapağın dış kısmındaki tanıtım ve özetin her ikisinde de öncelikle Aneta'nın kocası Haralambos'un hikâyesine odaklanılır. Buna karşın kitap her ikisinin de hayatı ve hizmetiyle ilgilidir. Aneta kocası öldükten sonra Orta Doğu, Yunanistan, Kıbrıs ve Amerika'da seyahatler etti. Seyahatleri esnasında, yirminci yüzyılın başlarındaki kargaşada Türkiye'yi terk etmiş Hristiyanlara hizmet etti.

Aneta Bostancıoğlu 1892'de[970] Kapadokya'da doğdu. 'Beş yüz hâneli'[971] küçük Zincidere[972] köyündendi. Babası Andreas, annesi Eleni Serafimides'ti; Aneta altı çocuktan biriydi. Aneta'nın babası Paris'te şapka yapımı eğitimi almıştı. Çalışmaları onu Karadeniz kıyısındaki Batum'a ve Yunanistan'ın Atina kentine götürdü. Evanjelik bir Hristiyan oldu, Aneta da Zincidere'deki Rum Evanjelik Okulu'na gitti. Müstakbel kocası Haralambos'la ilk kez Zincidere'de vaaz etmeye geldiğinde tanıştı. Bu ziyâret sırasında Aneta ve sınıf arkadaşlarının Haralambos'un vaazını dinlemeleri için derslere bir gün ara verilmişti. Aneta bu anısını şöyle anlatır:

> Karşımda uzun boylu, yakışıklı, azmi açıkça belli olan canayakın bir delikanlı gördüm... "Epeyce âşinâ olduğumuz ve açıkçası pek de meraklı olmadığımız uzun duaları dile getirmemesiyle beni daha da etkiledi; vaazını da okumadı. Ama en etkileyici şey, Kutsal Kitabını hiç açmamış olmasıydı. Kutsal metinler onun dudaklarından basitçe dökülüyordu.[973]

Aneta, 1904'ten 1910'a kadar orta öğrenimini Talas'taki Amerikan Koleji'nde gördü. 1909'da Aneta ortaokula giderken diğer öğrencilerle birlikte Haralambos'un Mesih'in ikinci gelişi hakkındaki kitabını[974] okumuşlardı. Kitap dönemin Hristiyan câmiâsında çok eleştirilmiş, ancak Aneta ve diğer kızlar, 'akıl hocası'[975] diye andıkları öğretmenlerinden birinin yardımıyla kitabı okuyup üzerinde çalışmışlardı.

Liseden mezun olan Aneta, bir yıl boyunca Zincidere'deki Siyon Yetimhanesi'nde öğretmenlik yaptı. Maria Anna Gerber adında bir İsviçreli kadın, Siyon Yetimhanesi'ni kurmuştu ve işletiyordu. Haralambos Bostancıoğlu da yöneticiydi. Zincidere'deki yetimhanede çalıştığı bir yıl boyunca Haralambos ile 'benim (Aneta'nın) ruhsal hayatımın gelişimi'[976] hakkında sadece bir kez özel bir görüşme yaptı.

1911'de Aneta yetimhanedeki görevinden istifâ etti ve Talas'taki eski ortaokuluna geri döndü. Okuldaki yabancı misyonerler liberal Hristiyanlıktan o kadar etkilenmişlerdi ki, hastanede çalışan daha evanjelik misyonerler artık okulda çalışamıyorlardı. Sonuç olarak 1906'da hastane kapandı, misyonerler İkonium'a[977] taşındılar ve Ermeni Haygazyan Koleji'yle[978] işbirliği içinde bir hastane kurdular. Aneta Talas'ta üç yıl öğretmenlik yaptıktan sonra 1914'te istifâ etti. Okulun atmosferinin liberal Hristiyanlığın etkisiyle oldukça değiştiğini kaydetmiştir.

Aneta olanları görmezden gelmeye ve eğitimciliğine yoğunlaşmaya çalıştı. Kızlara büyük bir ruhsal derinleşme arzusu gelmişti. Her sabah erkenden ve yine her öğleden sonra birlikte dua ederek vakit geçiriyorlardı. Fakat bu uzun sürmedi. Öğrencilere papazlık eden görevli bu toplantılara derhal son verdi. Böylece, kızların ruhsal teşvik alabilecekleri sadece pazar âyinleri kalmıştı. Bu noktada Talas Evanjelik Kilisesi, kendisini misyonerlerden ayırdı. Misyonerler, kilisenin kararını, meselelerin algılanamaması olarak yorumladılar.[979]

Aneta, İncil'e Dayanan Yüksek Standart'a inanan öğretmen misyonerlerin 'sanki yeni bir vahiy almış gibi davrandıklarını ve kendilerini buna tam bir coşkuyla uymaya zorlayan bir etki altındaymış gibi olduklarını'[980] söyler… 'İçlerinden biri öğretmenler, doktorlar ve hemşireler için bir Kutsal Kitap dersi düzenlemekle görevlendirilmişti… İlk kez bu derslerde Kutsal Kitap'ın özgün halinde olmadığını ve bununla ilgili başka çeşitli dogmaları duymuştum… Bir gün toplayabildiğim kadarıyla tüm cesaretimi topladım ve çalışma sırasında söylenen her şeye Romalılar 11:33'ten alıntı yaparak meydan okudum.'[981]

Aneta'nın bu müdâhalesinden sonra onun derslerden çekilmesine izin verildi, katılmaya devam eden arkadaşları okutmanın kendilerine "bazılarının bu tür bir öğretiş için henüz olgunlaşmamış" olduğunu belirttiğini bildirdi. Bundan sonra okutman fikirlerini onlara o kadar da kabul ettirmeye çalışmadı ama öğretişini ortodoks teolojiyle de değiştirmedi.'

Liberal Hristiyanlık ile Evanjelik Hristiyanlık arasındaki gerilim, Türkiye'de 19. yüzyılın sonları ile 20. yüzyılın başlarında karşılaşılan yaygın bir sorundu. Amerika Misyon Birliği tarafından gönderilen Amerikalı misyonerler, New England'daki Reformcu Presbiteryen kiliselerden gelmiş postmilenyumcu veya amilenyumcu inanca sahip olan ve Haralambos'un İsa'nın ikinci gelişi hakkındaki premilenyumcu öğretişine katılmayan kişilerdi. Aneta Talas'ta çalışırken, daha liberal olan Amerika Misyon Birliği ile Haralambos gibi Evanjelikler arasındaki çatışmayı yaşadı. Haralambos da, daha liberal görüşleri olan hem Amerikalı hem de yerel kilise liderlerinden muhalefet gördü. Konstantinopolis'teki Evanjelik yayınevi Rehnüma'nın –'yol rehberi' anlamına gelir– sahibi Profesör H. Krikoryan, dergisini Haralambos'un *Mesih'in İkinci Gelişi*[982] kitabını eleştirmek üzere kullandı.

1913'te Haralambos, Zincidere yetimhanesindeki işinden istifâ etti. Daha sonra İshak Parnakyan ile birlikte Kayseri'den Yozgat'a kadar gidecekleri üç aylık bir vaaz turuna çıktı. Haralambos döndüğünde, Aneta'yı ziyâret etti ve onunla Rab'le ilişkisi hakkında konuştu, onu liberal teolojiye karşı uyardı ve ona mektup göndermek için izin istedi. Aneta, sonrasında Adana'ya ve kısa bir süre sonra da Ayıntab'a[983] giden Haralambos'tan haber almayı seve seve kabul etti.

Aneta, kolejde daha uzun süre çalışırsa meslektaşları tarafından benimsenen liberal Hristiyan inanışlara karşı tutumunun yumuşayabileceği ihtimalinin kendisini Talas Koleji'ndeki işinden istifâ etmeye yönlendirdiğini hissetti. Bunu sürdüremeyeceğini hissetti, onlar da sözleşmesini feshettiler. Bugünkü çalışma ortamında olsaydı durum 'istifâya zorlanma' olarak tanımlanır ve karşılığında tazminat alırdı. Elbette, Tanrı'nın onun hayatı için sonraki aylarda kendini gösterecek başka planları vardı.

Bu arada Haralambos Ayıntab'da vaaz veriyordu. İlk başta, şehirdeki çeşitli Protestan kiliselerine vaaz vermek üzere davetler almıştı. Zamanla, vaazına muhalefet edilmeye başlandı. Haralambos'a karşı yükselen muhalefetten haberdar olan Türk ordusunun yerel komutanı Osman Bey, ona şehri terk etmesini tavsiye etti. Bu adamın tavsiyesini düşünüp dua ettikten sonra Ayıntab'dan ayrılmaya, Adana'daki annesinin yanına dönmeye ve onunla birlikte, bir an önce Aneta'yla evlenmek üzere, Zincidere'ye gitmeye karar verdi. Haralambos'un Aneta'ya bu planlarını yazacak zamanı yoktu. Haralambos ile annesi 28 Eylül'de Zincidere'ye geldiler ve hemen Aneta'nın evine gittiler, ailesinden Aneta'yı istediler. Aneta'nın babası işi dolasıyla evden uzaktaydı, ancak Aneta ile annesine kendi yokluğunda evlilik kararı alabileceklerini söyleyen bir mektup bırakmıştı. Aneta ile komşuları ertesi gün yapılacak düğün için evi hazırlarken, Haralambos evlilik izni belgesi almaya gitti.

29 Eylül 1914'te Haralambos ile Aneta Zincidere'de evlendiler.[984] Düğünden iki gün sonra Haralambos, üç gün boyunca vaaz etmek için Kayseri yakınlarındaki Muncusun'daki bir kiliseyi ziyârete gitti.[985] Sanki zamanın daraldığını hissediyor gibiydi. Ekim ayı başlarında Aneta, Haralambos ve annesi Adana'ya gidip oradan da Ayıntab'a varmak üzere yola çıktılar; yolculuk at arabasıyla Adana'ya beş gün, oradan da Ayıntab'a yaklaşık iki gün sürüyordu.

Haralambos, Ayıntab'a vardıklarında Aneta'nın desteğiyle yoğun vaaz gezilerinden geri adım attı. Haralambos'un annesi Anastasia da, Aneta ile Haralambos'un yanına olmasa da, yaşamak için Ayıntab'a geldi.

Kilise hayatı yoğundu; önce cumartesi hariç her gece toplantı yapmaya başladılar, ardından sekiz kız ve dört erkek çocukla bir İncil okulu açtılar. Kilise ile Haralambos, bir dergi ve Hristiyan kitapları yayımlamanın yanı sıra kiliseden olup Protestan Okulu'na kabul edilmeyen ailelerin çocukları için bir koro kurdular ve ilkokul başlattılar. Haralambos artık şehirdeki diğer kiliselerde vaaz vermek üzere çağrılmamaya başladığında, ancak eski bir Anglikan Kilisesi'nde[986] toplanabilir oldular. Bütün bunlar, Birinci Dünya Savaşı ve Ermenilerin Suriye'nin doğusunda bir çöl olan Der Zor'a[987] ilk sürgün edilmelerinin hemen öncesinde yaşanıyordu.

Haralambos, şehirde kendisine karşıt olanlar olduğu için Ayıntab'ı terk etmesi konusunda uyarıldı. Ataları Yunan'dı, sınırdışı edilmekten korkmuyordu. Evlenmelerinden on ay sonra, Ağustos 1915'te bir cuma günü tutuklandı ve Aralık 1916'da -evlendikten iki yıl üç ay sonra- îdam edildi. Yaklaşık on sekiz ay boyunca Aneta ile Anastasia, Haralambos'un serbest bırakılması için kiliseyle birlikte dua ederek ve umut ederek belirsizlik içinde yaşamışlardı.

Polis Haralambos'u tutuklamak üzere geldiğinde, silah arama bahanesiyle evi aradı, ancak evlilik cüzdanları da dâhil olmak üzere tüm belgeleri Haralambos'la birlikte alıp götürdüler. Hapishane müdürü, Anastasia'ya her sabah oğluna süt götürmesi için izin verdi. Her gün dönüşte Aneta'ya bir mektup getirirdi. O sırada kilisenin ihtiyar heyetinin başı da dâhil olmak üzere başkaları da tutuklandı. Kocasının tutuklanmasının ardından cumartesi akşamı Aneta, ertesi gün kilisede kimin vaaz etmesi gerektiği konusunda dua etmek üzere Rab'bin huzuruna geldi. Dua ederken nasıl Yakup gibi güreşmeye başladığını şöyle anlatıyor: 'Sabahın üçüne kadar devam eden ıstırap verici bir deneyimdi. Kısık bir ses kulağıma ulaştı, "Minberin dibinde yerini alacaksın." Yönlendirme açıktı. Bu benim çağrım haline geldi.'[988]

Aneta sadece iki saatlik uykuyla sabahın beşinde vaazını hazırlamak üzere uyandı. Bu onun ilk vaaz etme deneyimi olacaktı.

Haralambos'un karşıtları Aneta'ya şunları demeye başlamışlardı: "Ne kadar yüzsüz bir kadınsın! Kocanın durumuyla ilgilenmiyorsun; gitmiş bir de onun yerini alıyorsun." Ancak, çoğu insan ona minnettardı. "Aferin ona," dediler, "Kendine acıyarak kabuğuna çekilmedi, kocasından boşalan yeri doldurmaya râzı olduğunu gösterdi". Evin önünden geçen bazı aşağılık tipler uzaklaşırken tehdit ederek, "Bir daha vaaz vermeye cüret etme. Yetkililere haber veririz, seni sınırdışı ederler" dediler. Aneta, hükümet resmî olarak kapatmaya karar verene kadar kilisenin açık kalacağını söyleyerek onlara yanıt verdi. Her pazar Haralambos, Aneta'nın cemaate okuması
için ona pastörlük mektupları gönderirdi.[989]

Aneta altı hafta boyunca, hükümet tüm kiliseleri kapatana kadar, vaaz etmeye devam etti.

Kısa süre sonra diğer üç kilise önderi de tutuklandı ve Haralambos ile kilise ihtiyarının bulunduğu hapishanede onlara katıldı. Hepsi birlikte Edessa'ya[990] gönderildi. Oradan tekrar getirildikten sonra dördü serbest bırakıldı, ancak Haralambos cezaevinde kaldı.

Dr. Yusuf Bezciyan'ın valiye Haralambos'u hapiste tutması halinde ücretsiz tedavi teklif ettiği ortaya çıktı. Bu doktor, Hristiyan müjdesine karşı olması ve ahlaksız bir yaşam sürmesiyle tanınıyordu.[991]

Haralambos'un Mesih'in ikinci gelişi hakkındaki kitabı yayımlandığında, Küçük Asya'daki Evanjelik topluluğundakiler çok farklı tepkiler göstermişlerdi. Bazıları öğretişin Haralambos'un hayal gücünün ürünü olduğunu söylemişti. Protestan topluluğuna kitabı görmezden gelmelerini tavsiye etmişlerdi. Çok geçmeden hem kitap hem de makale büyüyen bir karşıtlığın odak noktaları haline gelmişti.[992]

Protestan dergisi *Rehnüma*, konuyu ve Haralambos'u sivri bir dille ele almıştı. Daha önce kapılarını Haralambos'a açan papazları artık onu davet etmemeleri için uyarmışlardı. Hatta Haralambos Ayıntab'a kiliselere zarar vermek üzere gelmekle suçlanmıştı. Çağdaş teolojinin etkisi, daha önce Evanjelik Protestan inanışın merkezi olarak bilinen bir şehirde derinden hissediliyordu.[993]

Haralambos Ayıntab'dan uzaktayken Aneta'yla evlendiğinde, düzenli Protestan yayını *Rehnüma*'nın editörüne mütevâzı, sevgi dolu, açık bir mektup yazmıştı. İnançlarını açıkça ortaya koymuş olsa da kimseye karşı hiçbir kötü duygu veya kin beslemediğine dair okurlarına güvence vermiş, aleyhinde kampanya yürüttükleri ve bu yönde gayret ettikleri için Protestanları dava etmesinin tavsiye edildiğini ama kendisinin bu öneriyi reddettiğini belirtmişti. *Rehnüma* için bir dizi makale yazma teklifinde de bulunmuştu. Bu teklif kabul edilmemişti, o da ilgilendiği tek şey İsa Mesih'in çarmıha gerildiğini, dirildiğini ve tekrar geleceğini vaaz etmek olduğu için onlardan kendisine saygı göstermelerini ve aleyhine hareket etmemelerini istedi. Aslında basitçe ilişkilerinde yeni bir başlangıç olmasını istiyordu. Anlaşılan editör onun yaklaşımından etkilenmişti; dergisinde Haralambos'a karşı çıkan yazılar yayımlamamayı kabul etti. Haralambos zafer kazanıldığına inanıyordu ama ne yazık ki ufukta başka sorunlar da vardı.

Yıllar sonra Aneta'nın o sırada yaşanan bu olayla ilgili anıları yeniden canlanacaktı. Aneta, 1926'da ABD'nin Philadelphia kentinde yaşadığı beklenmedik bir karşılaşmayı şöyle anımsıyor:

Aneta Kayserili yaşlı bir hanımın evindeydi. Toplanan misafirler salonda otururken birden kapı açıldı, içeriye uzun boylu, iri yarı bir adam girdi. Bütün hanımlar saygıyla ayağa kalktı. Ev sahibesi adamı, 'Rahibe Aneta' olarak tanınan Aneta'nın dışında her biriyle tam adlarını vererek tanıştırdı. Aneta da tokalaşmak üzere adama doğru uzanıp, "Ben Bayan Bostancıoğlu'yum," dedi; adamı süzerken içinden, "Evanjeliklerin dergisi *Rehnüma*'nın editörü Profesör Krikoryan bu!" dedi. Haralambos'la *Mesih'in İkinci Gelişi* kitabından ötürü uğraşan kişiydi. Adamın gözleri düştü, başını eğdi ve benzi attı. Elini çekti ve hemen oturdu. Birkaç saniye sonra izin isteyerek oradan ayrıldı. Şüphesiz, geçmişin utanç verici olayını pişmanlıkla hatırlamıştı.[994]

Bu olaydan kısa süre sonra 1926'da Aneta, *Rehnüma*'da yazan, aynı zamanda editörün kayınbiraderi olan kişiyle karşı karşıya geldi.[995] İyi bir doktor olmasına rağmen 'kutsal şeyleri hor gören'[996] biriydi. Onunla tanıştığında kendisine bakıp 'Ah, ne yazık, çok gençmiş' dedi. 'Hemen kayınbiraderini memnun etmek uğruna kocama karşı o saçma sapan yazıları yazdığı için kendini küçültücü ifâdelerle suçlamaya başladı.'[997]

Haralambos hapisteyken Aneta ile Anastasia'ya, Dr. Yusuf Bezciyan'a Haralambos'u salıvermesi için yalvarmaları söylendi, ancak onlar ona borçlu kalmak istemedikleri için bunu yapmayı reddettiler. Müslümanların gözünde Hristiyan olan birinin, Dr. Yusuf Bezciyan'ın, şehrin en yüksek yetkilisine Haralambos'u hapisten çıkartmaması için baskı yapması inanılmazdı! Bu korkunç entrikadan kaçış yoktu.[998]

Kasım 1916'da Haralambos Maraş'a götürüldü, onlar yola çıkmadan Aneta ile Anastasia'nın Haralambos'la vedalaşıp ona biraz para verme fırsatları oldu. Aneta, Haralambos'a nazik davranan hapishane müdürünün Haralambos ayrılırken yanında nasıl ağladığını anlatıyor. Haralambos Maraş'a vardığında, şehirde kalan birkaç Hristiyan kadından biri onun gelişini Maraş'ta bulunan Alman misyonerlere bildirdi. Derhal gayrimüslim tutsakları ziyâret etme izni olan Ermeni bir kadını, Katrin'i yanına gönderdiler. Katrin Haralambos'u duymuştu; ona bir şilte, battaniye, yiyecek ve Kutsal Kitap da dâhil olmak üzere diğer temel malzemeleri götürdü.

Haralambos'un tanıklığı sayesinde yeniden doğmuş bir Hristiyan oldu. İki hafta sonra Haralambos'u diğer on altı adamla birlikte asılmak üzere dışarı çıkardılar. İdam edilecekleri meydana doğru yürürken, Haralambos diğer adamları hayatlarını Mesih'e adamaya çağırdı. En son îdam edilecek kişiydi, onu öldürmelerinden önce konuşmak için izin istedi. İp boynuna geçirildikten sonra altından çekilecek sandalyenin üzerinde durdu. Bu onun son minberiydi!

Son sözleri şunlar oldu:

'Bugün için Rabbim'e hamdediyorum, çünkü O'nun üstün Adı uğruna acı çekmeme izin verildi. Beni göksel Babam'a kısa yoldan gönderiyorsunuz. Benimki çetin bir deneyim oldu. Ben Müjde vaiziyim ve üzerime yüklenen suçla hiçbir ilgim yok.' Sonra başını eğdi ve tıpkı Rabbinin yaptığı gibi son duasını etti: 'Baba, onları bağışla, çünkü onlar ne yaptıklarını bilmiyorlar.'[999]

TÜRKİYE'DE HRİSTİYAN KADINLAR – TARİHÇE

Aneta daha sonra şunu duydu:

Yanında duranlardan biri yüksek rütbeli bir Osmanlı subayıydı. Bu cesur vaizin kısacık mesajı üzerinde düşünmeye başladı. Bir Alman askerine yaklaştı ve îdam edilen kişinin inancının neye dayandığını sordu. Görünüşe göre Türkçe Kutsal Kitap'a âşinâ olan Alman askeri sonunda ona bir tane verdi. "Bu adam nasıl bu kadar yiğitçe ölebildi?" diye sordu yetkili. Ölüme, özellikle de savaş zamanında, pek de yabancı olmayan bir askere göre Haralambos'un ölümle yüzleşme usûlü anlaşılmaz geliyordu. Aneta ve diğer iman kardeşleri daha sonra söz konusu yetkilinin Tanrı'nın Sözü'nü özenle araştırdığını ve Hristiyan olduğunu öğrendi.[1000]

Haralambos, Aralık 1916'da, otuz iki yaşındayken îdam edildi. İman ettiğinden beri on altı yıldır vaizlik yapıyordu. Aneta'yla iki yıl üç ay evli kalmışlar, bunun sadece on ayını birlikte geçirmişlerdi. Haralambos Maraş'ta toprağa verildi.

Aneta kocasından son bir mektup aldı:

İnfazdan bir hafta sonra, iple bağlanmış, adresi olmayan küçük bir deri parçası elime geçti. İçinde dört sayfalık bir mektup vardı. Sağlam bir şekilde bana ulaşmadan önce birkaç elden geçmişti. Bugün bile benim için bu merhamet meleğinin kim olduğu ve mektubun bana nasıl ulaştığı hâlâ bir muamma, ama bu en değerli hazineyi,[1001] yaralı kalbime merhemi aldım ya, Tanrı'ya şükrediyorum.

Mektubun bir kısmında şunlar yazıyordu:

"Maraş Hapishanesi,

27 Kasım 1916

Benim incim Aneta,

Bir gece daha geçti, değişen hiçbir şey olmadı. Bu günlerden birinde îdam edileceğim. Uzun ömrüm olacağını, Mesih'in görkemli Müjdesi'ni başka yerlerde de vaaz edeceğimi düşünüyordum. Ben otuz iki yaşımda ölebilirim ama Tanrı'nın Sözü tutuklu değildir. Rab, bağı için birçok işçi yetiştirecektir. Sen de benim diğer yarım olarak onlardan birisin. 'Ben sadece zayıf bir kadınım; ne yapabilirim?' deme. Rab seni görkemi uğruna boş bir kap olarak kullanabilir; II. Timoteos 2:15'i aklında tut. Kendini Tanrı'nın Sözü'yle ve tüm yararlı ve zenginleştirici bilgilerle süsle. Tanrı'nın Sözü'ne uygun olarak, *'Karşılıksız aldınız; karşılıksız verin'*, sözü sloganın olsun. Yaşamını sürdürmek için ellerinle emek ver. "Türkiye'de yaşamaya devam etmeni istemiyorum. İngiltere'ye veya Amerika'ya git. Nereye gidersen git, tüm imanlılara candan bir sevgi besle, ama modernizmden ölümcül, zehirli bir yılandan kaçar gibi kaçın.

Göksel Babamız ne kadar büyük ve lütufkâr! Yeşaya 65:24,[1002] Maraş'taki hapishaneye vardığımda gerçekleşti. Ben daha hücreye yerleşemeden Katerina adında biri beni arıyordu. Tanrı onu kutsasın ve ödüllendirsin.

Anneme sevgiler; bana emekleri sınırsız. Sana dair her şeyden ziyâdesiyle hoşnudum. Seni orada yukarda bekliyor olacağım.

Elveda sevgilim, elveda!!

Sevgilin Haralambos"[1003]

Haralambos'un mektubu sadece Aneta'ya duyduğu derin sevgisinden bahsetmekle kalmıyor, onu Rab'bin bir hizmetkârı olarak, bir Hristiyan olarak yapacağı işler olan biri olarak da onaylıyordu. Haralambos kendisinin tutukluluğunun ardından Aneta'nın haftalar boyunca vaaz verdiğini ve kiliseye önderlik ettiğini biliyordu. Onu, 'Rab'bin bağında çalışan' biri olarak gördüğünü temin ederek güçlendirdi. Onu, 'Ben zayıf bir kadınım; ne yapabilirim?' dememesi için uyardı. Kendini küçümsememeliydi. Haralambos ona, 'Rab'bin onu görkemi uğruna boş bir kap olarak kullanabileceği'ne[1004] dair güvence verdi; Evanjelik Hristiyanlar, kadınların kilise önderliğinde aktif rol almasına her zaman izin vermediler, ancak Haralambos, karısını önder olarak çok net kabul etti. Ayrıca Halep'teki Mihran Balian[1005] gibi bazıları da Aneta'nın önderlik etme yeteneğini fark ettiler ve kocasının anma töreninde ona Haralambos'un anısına bir araya gelen imanlı kardeşler grubunun önderliğini sundular. O grup büyüdü ve Halep'te farklı farklı noktalarda buluştu, o kritik dönemde Ermeni cemaatine hizmet etti.

Halep'te yaşarken Aneta'ya Jessie Penn-Lewis'in *The Story of Job*[1006] kitabı verildi. Aneta kısa evlilik hayatında çok kayıp yaşamıştı; kocasının kaybı, düşük ve sinirsel çöküş dönemi... Aneta'nın Ayıntab'da yaşadığı iki yıl boyunca çektiği ıstırabı hayal etmek zor. Herhalde ancak Eyüp'ün yaşadıkları, Aneta ile Aneta'nın Halep'te ve diğer yerlerde tanıştığı

Ermenilerin yaşadıklarına karşılık gelebilir. Aneta'nın Tanrı'ya duyduğu iman çok gerçekti ve hayatının her alanında O'nun varlığına ve tesellisine güveniyordu.

1921'de Smirna'dayken, Aneta ilk kez Rumca konuşan bir kilise toplantısına katıldı. Şimdiye dek hep Ermenice veya Türkçe âyin yapılan kiliselere katılmıştı. Türkiye'deki Hristiyan topluluklarının ortak dili Türkçe'ydi. Hristiyan kitaplar Türkçe kelimelerin Rum veya Ermeni harfler kullanılmasıyla yazılmıştı. Aneta, Amerika'nın farklı bölgelerine, Beyrut, Kıbrıs ve Yunanistan'a yaptığı ziyâretleri uzun uzadıya yazdı. Bütün bu yerlerde Osmanlı vatandaşı olarak doğmuş ve Antep, Maraş, Sinop, Kilikya, Kapadokya, Trabzon, Giresun, Ordu ve Pontus'un[1007] başka yerlerinde gelişen Hristiyan topluluklarına mensup olmuş 'eski memleketten' Hristiyanlarla karşılaştı. Aneta'nın pek istatistiksel veri sunmaması günümüz okurlarının hevesini kursağında bırakır. Ancak bu şehirlerde önemli denecek sayıda Hristiyan olduğu hissedilmektedir. Ümit Kurt çalışmasında[1008] 1915 öncesi Antep'te toplam 17.000 ile 18.000 Ermeni arasından yaklaşık 5.100 ile 5.500'ünün Protestan Ermeni olduğunu öne sürüyor. Şehrin toplam nüfusu, 19. yüzyılın sonunda muhtemelen yaklaşık 45.000'di.[1009]

Aneta, kendini o an nerede bulursa bulsun, bir pastör olarak, bir evanjelist olarak oldukça etkin hizmet etmişti. Kayınvalidesi Anastasia Boston'da kolunu kırıp da hastanede kalması gerektiğinde, kadıncağız İngilizce bilmediği için Aneta onu her gün ziyârete gitti. Aynı hastanede çeviri ve bakım konusunda yardımcı olabileceği Türkçe konuşan başka hastalar da olmuştu. Kocası Haralambos'un kendisine yazdığı son mektubunda, kendisi hakkındaki söylediği vizyonunu pek çok yönden yerine getirmişti.

Aneta'nın kendi evliliğini ve devamındaki hizmet hayatını anlattığı yazısında, karşılaştığı durumlarla ilgili olarak sık sık Kutsal Kitap'ta geçen hikâyelere atıfta bulunur. İlk olarak, Haralambos Dr. Yusuf Bezciyan'ın fitnesiyle hapsedildiğinde, Haman'ın nefret ettiği Mordekay'ı öldürtmek için bir darağacı diktirdiği Kutsal Kitap hikâyesine[1010] atıfta bulunur. İkincisinde, Haralambos îdam edildikten sonra Aneta, kendisi ile kayınvalidesini Rut ile Naomi'ye benzetir.[1011] Aneta, o an yaşadıklarını açıklamak ve anlamak için bu Kutsal Kitap anlatılarını kullanmıştı. Aneta da, tıpkı Kutsal Kitap'taki karakterlerin Tanrı'yı ve O'nun kurtarış sağlayan gücünü deneyimlemesi gibi, Tanrı'nın kendisiyle olacağına ve durumu telâfi edeceğine dair beklentiye sahipti.

Aneta kayınvalidesi Anastasia ölene kadar onunla kaldı. Halep'ten doğrudan Amerika'ya göç etmemişler, Adana, Mersin, İzmir ve Yunanistan rotasında adım adım ilerlemişlerdi. Aneta'nın kayınbiraderi Yakovos'un desteğiyle Amerika'ya göç etmişlerdi. Anastasia, Mart 1937'de ABD, Boston'da öldü. Aneta gibi Kapadokya'da doğmuş olan Anastasia, evlenmiş, okumayı öğrenmiş ve kocası gibi Rum Evanjelik Kilisesi'nin[1012] bir üyesi olmuştu. Zor bir hayatı olmuş, üvey annesinin ellerinden çok acı çekmişti. Aneta'nın hikâyesinde, onunla yaşamanın pek kolay olmadığına, ancak Aneta'ya çektiği tüm acılar ve zorluklar sırasında yürekli bir yoldaş olduğuna dair bazı ipuçları görülür; Anastasia Aneta'ya Haralambos'un hapsedildiği dönemde, geliniyle seyahatleri ve Amerika'daki yaşamları sırasında eşsiz bir destekçi olmuştu, tıpkı kayınvalidesini kayıtsız şartsız destekleyen Aneta gibi. Aneta, Anastasia'nın ölümü hakkında şunları söyler: 'Onun bu dünyadan ayrılışı, aldığım en ağır darbelerden biriydi,' der ve sözlerine, 'Ertesi sabah Yeşu 1:2'yi, 'Kulum Musa öldü; şimdi kalk, git,' sözlerini okuduğunu belirterek devam eder. Tanrı'nın mesajı kendi hayatında gerçek hale gelmişti ve kayıp yaşadığı o dönemde kendisine hayat ve yön veriyordu.

Aneta Boston'u memleketi olarak görüyor, ancak Amerika'nın diğer bölgelerine de seyahat ediyordu. İki yılını Kaliforniya'da, bir yazı da Şikago'daki Moody İncil Okulu'nda geçirdi. Boston'a dönerek Ermeni Kardeşlik Kilisesi'ne katıldı. Ayrıca gönüllü olarak Boston'daki gaziler hastanesinde hemşire yardımcılığı yaptı. Hastalarla din üzerinde konuşmak yasak olmasına rağmen, kaçınılmaz olarak hastanedeki gazilerin ruhsal ihtiyaçlarını karşılamak üzere Aneta'ya fırsatlar çıkıyordu. Gaziler ona 'gün ışığı'[1013] adını vermişlerdi; Aneta'nın bu hastanedeki hizmeti 1948'de sona erdi.

Gaziler hastanesindeki işi sona erdiğinde Aneta Yunanistan'a doğru yola çıktı. Orada 1922 nüfus mübâdelesinde Anadolu'dan Yunanistan'a göç etmiş Rumlarla zaman geçirdi. Annesi, kız kardeşi, erkek kardeşi ve diğer yakın akrabalarıyla yeniden bir araya gelmişti. Herkesi görmeyeli otuz üç yıl olmuştu. Atina bölgesindeki bir yıllık hizmetin ardından Aneta Makedonya bulunan Katerini'ye gitti. Burada Pontus bölgesinden gelmiş göçmenleri buldu; kasabaya ilk geldiklerinde bir kilise ve bir okul inşâ etmişlerdi. Aneta, 'Hristiyan hizmetinin olağanüstü geliştiği Karadeniz kıyısındaki şehirlerde büyük evanjelik topluluklar olduğunu'[1014] hatırladı. Kiliseye, İngiliz pasaportu olan Kıbrıslı bir Rum papaz papazlık ediyordu. Yerel halk bunu ona karşı kullanmış ve sonunda on yedi yıldır papazlık yaptığı kiliseden ayrılmak zorunda kalmıştı. 1950'de Aneta Katerini'ye geldiğinde, altı yüzü çocuk ve genç olmak üzere yaklaşık iki bin kişi kapasiteli dopdolu büyük bir kilise bulmuş oldu. Aneta derhal onlara odaklandı ve yaklaşık on yıl onlarla kaldı.

1952'de Aneta Kutsal Kitap Konferansı için Lübnan'a, ardından Yeruşalim'e davet edildi. Lübnan'da eski ve yeni birçok arkadaşla buluştu; aralarında Maraş hapishanesinde Haralambos'a bakan Katrin de vardı, onun hizmeti aracılığıyla Katrin yeniden doğmuş bir imanlı olmuştu. Kutsal Topraklarda Aneta'nın Bahçe Mezar'ı ziyâreti özellikle unutulmazdı. Mezarda diz çöküp Tanrı'ya tamamladığı kurtarış için şükretti, dudaklarında 'Seni daha çok sevmek, ah Mesih' şarkısıyla mezardan ayrıldı.

Bu gezi sırasında Aneta Mısır'ı ziyâret ederek Kahire'ye ve İskenderiye'ye gitti. Kahire'de akrabalarıyla tanıştı, Rum ve Ermeni Hristiyan topluluklarını ziyâret etti. İskenderiye'de Adana, Tarsus, Antep ve Kayseri'den birçok Hristiyan kardeşle tanıştı. Kıbrıs'ta ayrıca Adana, Tarsus, Kayseri ve hatta doğduğu yer olan Zincidere'den bir aileyle de görüştü.

1964'te Aneta hâlâ Atina'da yaşıyordu. Oradan bir aylığına İstanbul'u ziyârete geldi ve burada hâlâ Haralambos'un kitaplarını okuyan inanlılarla tanıştı. Orta Doğu seyahatlerinin hepsinde Haralambos'un kitaplarına değer veren inanlılarla tanışmıştı; onun hizmeti halen aynı dirilikle devam ediyordu.

Aneta ilk kez 1910'da iman etmiş ve yeniden doğmuş bir Hristiyan olmuştu. Evliliği boyunca ve yaşlılığına kadar Rab'be sadakatle hizmet etmeye devam etti. Hikâyesinin sonunda, şimdilerde küçük kız kardeşi Adriana Serafimidu'nun kendisine nasıl baktığını anlatır. Aneta 1981'de vefat ettiğinde Atina'da yaşıyordu. Sık sık "hayatın birçok bereketinin, dikenli hatıralar tarlasında ışık saçan güller olarak göze çarptığından" söz ederdi.

Aneta'nın yaşamının hikâyesi, hayatının sonuna yaklaşırken duygularını özetleyen ilâhisinin[1015] şu sözleriyle sona erer:

1. Zamanın kumları batıyor, cennetin şafağı kırılmakta,

İç çekerek beklediğim yaz sabahı, o zarif tatlı sabah uyanmakta;
Karanlık, gece yarısı karanlık oldu, ama bahar yaklaşmakta, Ve
görkem, görkem İmmanuel'in topraklarında yaşamakta.

2. Güzelliğiyle işte orada Kral, peçesiz haliyle görülmekte; İyi geçen bir yolculuktu, aralarda yedi ölüm yatmış olsa da: Kuzu zarif ordusuyla Siyon Dağı'nda dimdik durmakta Ve görkem, görkem İmmanuel'in topraklarında yaşamakta.

3. Ah Mesih, O sevgi pınarı, sevgi kuyusu derin, tatlı!
Yukarıda daha derininden içeceğim, yeryüzünde tattığım ırmakları:
O'nun orada merhametinin enginliği, okyanuslar dolusu olmakta Ve görkem, görkem İmmanuel'in topraklarında yaşamakta.

4. Gelinin baktığı esvabı değil, yüzü sevgili damadının;
Benim bakacağım görkem değil, lütfu Kralımın;
Bakacağım şey O'nun armağanı olan taç değil, delinmiş eli; Kuzu, İmmanuel'in topraklarının tüm görkemi.

Kutsal Kitap Kadınları

Amerika Misyon Birliği misyonerlerinin görüştüğü Türk kadınları çoğunlukla evlerinden rahatlıkla pek çıkamıyorlardı. Türk evlerinde *haremlik* ve *selamlık* olarak iki ayrı bölüm vardı. Haremlik, kadınların oturduğu ve diğer kadınları ağırladığı bölümdü. Selamlık, evin erkeklerinin, özellikle de eve gelen erkek ziyâretçilerin oturduğu bölümdü. Alışverişi yapan çoğunlukla erkekler olurdu; 21. yüzyılda bile bazı Türk hanelerinde halen böyledir.

Türk kadınları evlerinden çıkarken yüzlerini, kimliklerini gizlemek için peçe takarlardı. 1908 devrimiyle birlikte pek çok kadın, "Özgürlük" haykırışına katılmak üzere kocalarıyla birlikte sokaklara döküldü. Peçelerini attılar ve yeni bir dönemin başladığını düşündüler.'[1016] Ancak kısa süre sonra, din önderlerinin bunun gerçekleşmesinden memnun olmadığı ortaya çıktı. Kadınlara, evlerinden peçesiz çıkmaları halinde bunun sonuçlarından yetkililerin değil kendilerinin sorumlu olacağı söylendi.

Behind the Lattice in Turkey,[1017] yirminci yüzyılın başında Türk kadınlarının nasıl da müjdenin ulaşamayacağı derecede örtülü ve uzakta yaşadıklarını anlatıyor. Bu makale, 'kafesin ardındaki' kadınların, Türkiye'de

TÜRKİYE'DE HRİSTİYAN KADINLAR – TARİHÇE

şehirlerde yaşayan yabancı kadınların ve Hristiyanların sahip olduğu özgürlükten yoksun, kocalarının yetkisi altında, Rab'be duydukları ihtiyaçlarından ve sınırlı hayatlar yaşamalarından ötürü duyulan sızıyı anlatan güçlü bir vurguyla yazılmıştır. Ancak yazıda şu da kabul edilir ki;

> Müslüman kadınlar, dinlerinin kuralları gereği dış dünyadan ve kendi aileleri hariç tüm erkeklerden neredeyse tamamen tecrit edilmiş olsalar da, medeniyetin gittikçe yayılan ışığından güçlü bir şekilde etkileniyorlar; bu ışık onların karanlıklarını ortaya çıkarmakla kalmadı, Hristiyan işçiler ve okullar aracılığıyla Hristiyanlığın ışıldayan parıltısı ve sevgisi, dönüşüm girişimlerinden çok dahasını yapmış olurken, bu karanlığa bir nebze nüfuz etmiş de oldu.[1018]

Yazar ayrıca, 'Kocaları ve aileleri tarafından sıkça fiziksel ve duygusal istismara uğrayan Türk kadınlarının acı durumundan' keder duyar.

Başka bir gözlemci, Türkiye'nin daha ilerici bölgeleri hakkında şunları yazmıştır:

> Eğitimin gücü, Müslüman sosyal hayatının inzivâ yönüne kesin bir darbe olduğunu kanıtlıyor. Türk kadınları, ulusun yazarları arasında imrenilecek yerlerini çoktan almıştır. Müzisyenler, doktorlar, hemşireler de gittikçe artan sayıda Alman, Fransız kurumların ve Konstantinopolis'te, Smirna'da ve Osmanlı İmparatorluğu'nun başka yerlerinde kurulan diğer yabancı kurumların sağladığı eğitim olanaklarından yararlanmaktadırlar. Konstantinopolis'te Üsküdar'ın tepelerinde bulunan güzel Amerikan Kız Koleji'nde, Türk kızlarının yanı sıra Doğu'nun ve Frenklerin her milletinden olanlar derslerden büyük hevesle yararlanmaktadır, bunlardan birkaçı onur derecesiyle mezun olmuştur. Ne var ki, onlardan çok dahası genç kızlık çağına yaklaştıkça evlerine inzivâya çekilmektedir.

Öğretmenler şu deyişi iyi biliyorlardı: "Kızını ya on altı yaşında evlendir ya da göm!" Konstantinopolis ve Smirna gibi büyük şehirlerden uzakta yaşayan aileler arasında hâlâ yönlendirici etkiye sahip bir lâftı bu. Öğretmenler, '(kız öğrencilerin) okulda geçirecekleri kısa sürede edindikleri şeylerin, karşılaşacakları birçok durumda onlara hayat gıdası olması gerekeceğinin' farkındaydılar.[1019]

Misyonerler müjdenin hem kadınlara hem de erkeklere ulaşması gerektiğini de fark etmişlerdi; bir erkek müjdeyi evin dışında duyabiliyorken, karısının sadece evde olduğundan dolayı hiç duymaması ve kocasını müjdeyle alâkalı daha çok şey öğrenmekten caydırması söz konusu olabiliyordu.

On dokuzuncu ve yirminci yüzyıl Müslüman dünyasında, kadın olduklarından dolayı haremliğe rahatça girebilen ve görüştükleri kadınlarla müjdeyi paylaşabilen Kutsal Kitap Kadınları vardı ve bu kıymetli çalışmalarıyla biliniyorlardı. Yazar bu kadınlardan birinden şöyle bahseder: Yetmiş yaşında bir Kutsal Kitap Kadını, Fatima Hatun ("hanımım Fatima"), evden eve gezer, bunu hâlâ yapabilecek gücü bulduğu için Rab'den sevinç duyararak, Tanrı'nın her insana duyduğu sevginin hikâyesini müzikal dille Türkçe anlatır ve herkesi bunu kabul etmeye çağırır. Kış günlerinde birbirleriyle sık sık görüşür, misafirler ile ev sahipleri olarak bir arada mangal ateşi etrafında hayata dair harika sözler paylaşırlar. Tanrı, Türk İmparatorluğu'nun her yerinde Kendisine böyle sadakatle tanıklık edenlerin sayısını kat kat arttırsın![1020]

Bulgar Müslüman kadınlar arasındaki Hristiyanlık çalışmaları hakkındaki bir araştırma yazısında, 'Yazar, Bulgaristan'daki Müslüman kadınlar arasında uzun yıllar Kutsal Kitap kadını olan Fatima Hatun'dan öğrendiklerini anlatmaktadır'[1021] denir. Devamında şunlar söylenir: 'Fatima Hatun'un sadece okumayı değil, Kitabı sevmeyi de öğrettiği on yedi yaşlarında başka bir kız, uzun süreli hastalığı boyunca bu değerli dostunun dualarıyla ve Hristiyan ilgisiyle büyük teselli bulmuştu. Ölüm döşeğinde annesine şöyle dedi: "Biz karanlıkta yaşadık ama ışık var ve ben onu gördüm!"'[1022]

Yazar Fatima Hatun'un hizmetini anlatmaya devam eder. Cuma günleri hava müsait olduğunda Müslüman kadınlar ağaçların altında hoş bir yerde toplandıklarında sık sık Fatima Hanım'a, "Bugün dışarı çıkıyoruz. Bizimle gelin, Kitabı da getirin," haberini de ilettiklerinden söz eder. Fatima Hatun Türkiye topraklarında doğmuş büyümüştü ve muhtemelen hayatından endişe ettiğinden dolayı Bulgaristan'a taşınmak zorunda kalmıştı.

Yirminci yüzyılın başlarında Türkiye'de çok az sayıda kadın okuryazardı, ancak yazar şu gözlemde bulunur:

Sağda solda okumayı bilen yetişkin bir kadın bulabilirsiniz, ancak büyük bir çoğunluk kızlarının birkaç yıl okula gitmesine izin verdikten sonra yavaş yavaş tüm öğrendiklerini unutmasına alışıktır... Bayram kutlaması sırasında bir oda dolusu kadını ziyâret ettiğimi hatırlıyorum da, bir Kutsal Kitap kadınının elindeki İncil-i Şerif -Yeni Ahit- genç bir kızın dikkatini çekmişti, kitabı açmış ve Luka on sekizinci bölümün tamamını, o bir oda dolusu epeyce meraklı dinleyiciye yüksek sesle okumuştu. Bitirdiğinde, kitabı bağrında sımsıkı tutmuş ve şöyle demişti: "Ah, bu harika kitabı bana ver de hepsini okuyayım!" Ayrıldığımızda beni kapıya kadar yolcu etmiş ve kitabı yakında ona ileteceğimize söz verdiğimizi ciddiyetle hatırlatmıştı. O kitabın enine boyuna okunmuş olduğundan eminiz.[1023]

Yazar şöyle diyor: 'Son seyahatte birkaç Türk evine konuk oldum ve Protestan komşularından olan kadınlardan sıcak bir karşılama gördüm; ve tekrar gelmem ve onlara Büyük Öğretmenimiz'in Kitabı'ndan okumam için bana yalvardılar.'

Lucknow'da 1911 konferansı için hazırlanan sunum yazılarında, yıllar önce din değiştiren, hayatını haremlerde dantel satarak geçiren ve bunu yaparken de müşterilerine Rab İsa'dan bahsetme fırsatını değerlendiren bir Türk Kutsal Kitap kadınından söz edilmektedir. Hizmet dolu hayatından sonra yetmiş yaşını geçtiğinde ölmüştür. Kendisini Türk Şabatı olan bir cuma gününde, tarlalarda kadınların ortasında, onlara Kurtarıcısı'ndan bahsederken görebilirdiniz. Hayatının esirgenmiş olması muazzam bir şey!'[1024] Burada yine Fatima Hatun'dan veya başka bir Kutsal Kitap kadınından bahsediliyor olabilir.[1025]

1911 Lucknow konferansının tavsiyelerinden biri, 'kişisel hizmet yürütmenin en etkili yollarından birinin, adanmış Hristiyan kadınların Türk evlerine mürebbiye olarak girmeleri olacağıydı. Bununla birlikte, bunu yapan herhangi bir hanım, hayatî tehlikede olacağı için kendi başının çaresine bakmak durumunda kalacaktı.'[1026]

1923'te İstanbul'da Amerika Misyon Birliği'yle[1027] çalışan Kutsal Kitap Kadınları vardı. Beşiktaş, Kumkapı, Kocamustafapaşa,[1028] Ortaköy ve Galata'da çalışıyorlardı. Bu kadınlar, ortak yaşam alanlarında ve vahim koşullarda yaşayan Rum ve Ermeni kadın ve çocuklarla çalışmışlardı. Raporda şöyle denir: 'Galata'da ziyaret edilen kadın bebeğini yeni kaybetmişti. Kutsal Kitap Kadını'nın çevresine ölümden sonrası hakkındaki konuşmasını dinlemek üzere bir kalabalık toplandı. Ermenice-Türkçe İnciller istendi.'

Bu raporda atıfta bulunulan Kutsal Kitap Kadınlarının insanlara yakınlık gösterdikleri ve onlarla anlamlı bir iletişim kurabildikleri anlaşılıyor. Bu Kutsal Kitap Kadınlarının sesi yürürlükten kaldırılmış misyonerlik girişimleri arasında pek de duyulmamıştır, ancak erkeklerin asla yapamayacağı şekilde kadınlarla yan yana gelerek yer aldıkları değerli bir rolleri olmuştur.

Osmanlı Dönemi, 1923 yılında Mustafa Kemal Atatürk tarafından Türkiye Cumhuriyeti'nin[1029] kurulmasıyla sona erdi. Osmanlı kadınlarının bazı hikâyeleri bu yeni çağda da devam etti.

Bölüm notları

[845] Güngör Dilmen, 'I Anatolia' (Feryal Basımevi, Ankara, 1991)

[846] Dom Gregory Dix, The Shape of the Liturgy, New Edition (s. 745), Bloomsbury Publishing, Kindle Edition.

[847] Hilary Sumner-Boyd ve John Freely, İstanbul'u Dolaşırken: İstanbul Gezgininin Rehberi (Pan Yayınları, İstanbul, 2019), s. 69

[848] A.g.e. s. 69-70

[849] Halife, Muhammed'in halefi olarak kabul edilen, toplum ve din önderidir. Osmanlı sultanları 1517'den itibaren Atatürk'ün 1924'te kaldırmasına dek halife makamının da sahibi olmuşlardır.

[850] Daha detaylı bilgi için tavsiye kitaplardan: Kinross, The Ottoman Centuries:
The Rise and Fall of the Turkish Empire.

[851] Norman Stone, *Turkey: A Short History* (Thames and Hudson Ltd. Kindle Edition), s. 34

[852] *Johann Strauss (2010),* 'A Constitution for a Multilingual Empire: Translations of the Kanun-ı Esasi and Other Official Texts into Minority Languages'. In *Herzog, Christoph; Malek Sharif (eds.). The First Ottoman Experiment in Democracy.* Wurzburg: Orient-Institut Istanbul, *s. 21-51* (Martin Luther University'de bulunan bilgilendirme sayfasından) // Alıntılandığı yer: s. 44-45 (PDF s. 46-47/338).
Alıntı: https://en.wikipedia.org/wiki/Millet_(Ottoman_Empire)
(Son erişim tarihi: 29.08.2022)

[853] IV. Mehmet 1648'den 1687'ye dek hüküm sürdü.

[854] Mary'nin çarpıcı hikâyesini bana Mary Fisher'ın akrabası olan bir arkadaşım anlattı.

[855] King James tercümesi

[856] George Fox; 1624 Leicester doğumlu, ölümü 1691.

TÜRKİYE'DE HRİSTİYAN KADINLAR – TARİHÇE

857 Mabel Richmond Brailsford, *Quaker Women 1650-1690* (London, Duckworth & Co, 1915), s. 96-97

858 Joseph Besse, *Facsimile*, A Collection of the Sufferings Of The People Called Quakers. Yorkshire 1652–1690; 1753 edition (Bk Trust, York, England, 1998), s. 90

859 Brailsford, s. 97
860 Alıntı: A.R.B. MSS., 173; Brailsford'un dipnotu, s. 97-98
861 Brailsford, s. 101
862 Brailsford, s. 106
863 Brailsford, s. 107
864 Brailsford, s. 119
865 William Charles Braithwaite, *The Beginnings of Quakerism* (London, Macmillan & Co Ltd, 1923), s. 422
866 Günümüzde Livorno, Toskana (Brailsford, s. 118)
867 Zakynthos, Peloponnese Yarımadası, Yunanistan
868 Günümüzde İzmir
869 Günümüzde İstanbul
870 Günümüzde Edirne
871 Brailsford, s. 120
872 Paul Rycaut, Esq., late Consul of Smyrna, *History of the Turkish Empire from the year 1623 to the year 1677* (London, 1680); Brailsford alıntılamıştır, s. 121.
873 Brailsford, s. 124
874 Brailsford, s. 125
875 Rycaut, *History: Reign of Sultan Mahomet*, vol. iv., s. 120; Brailsford alıntılamıştır, s. 127
876 Drogman da denir. Tercüman anlamına gelir.
877 Sewel, vol. i., s. 472-474, First Edition 1717.
878 Sewel, vol. i., s. 472-474; Brailsford alıntılamıştır, s. 129
879 Barclay MSS. i, 165; Brailsford alıntılamıştır, s. 130
880 Croese, *General history of the Quakers*, s. 276
881 Bishop, *New England judged*, s. 20; bkz. Yuhanna 1:9; 8:12
882 Justin Meggitt, "Letter describing the audience with Sultan Mehmed IV"; Alıntılandığı yer: *Christian-Muslim Relations 1500-1900*, Baş Editör: David Thomas (brillonline.com, 2015) https://referenceworks.brillonline.com/browse/christian-muslim-relations-ii (Son erişim tarihi. 29.08.2022)
883 Matta 13:1-23
884 Brailsford, s. 131
885 Brailsford, s. 132
886 Veya Yeni Şehitler

[887] James Levi Barton, *Daybreak in Turkey* (Library of Alexandria. Kindle Edition, 1908). Lok. 2475/3078.

[888] https://www.johnsanidopoulos.com/2010/10/saint-ahmed-calligrapher-and-antidoron.html ve https://www.johnsanidopoulos.com/2010/10/saint-ahmed-calligrapher-and-antidoron.html (Son erişim tarihleri: 29.08.2022)

Nomikos Michael Vaporis, *Witness for Christ: Orthodox Christian Neomartyrs of the Ottoman Period 1437-1860* (New York, St Vladimir's Seminary Press, 2000), s. 136

[889] 1687–1691

[890] Bursa

[891] 1326–1359 yıllarında hükümdarlık yaptı.

[892] http://full-of-grace-and-truth.blogspot.com/2020/04/paraklesis-to-st-argyre-new-martyr.html (Son erişim tarihi: 29.08.2022)

[893] Günümüzdeki Sinop

[894] Nomikos Michael Vaporis, *Witness for Christ: Orthodox Christian Neomartyrs of the Ottoman Period 1437-1860* (New York, St Vladimir's Seminary Press, 2000), s. 235, 2.dipnot

[895] Bu anlatının kaynakları Osmanlı İmparatorluğu döneminde şehit edilmiş kadınlara ve erkeklere dair daha eski kaynaklara dayanır: Nikodemos Hagiorites, *Neon Martyrologion hetoi martyria ton neophanon martyron ton meta ten halosin tes Konstaninoupoleos kata diaphorous kairous kai topous martyresanton* (Venice, 1794), s. 216-217; *Synaxaristes Neomartyron: Ergon psychophelestation kai soteriodestaton* (Publisher: Stylianos N. Kementzetzis), s. 119-122; John Perantonis, *Lexicon neomartyron: Hoi martyres apo tes haloseos te Constantinoupoleos mechri tes apeleutheroseos tou doulou ethnous. Ekklesiastikai ekdoses ethnikes ekatonpentekontaeteridos, Arith. 8, 9, 10* (Athens, 1972), s. 414. Üç kaynak daha: Eustratiades, s.372; Papdopoulos, s.84; Enkyklopaideia, 9, col. 1112. Ayrıca, Nomikos Michael Vaporis, *Witness for Christ:Orthodox Christian Neomartyrs of the Ottoman Period 1437-1860* (New York, St Vladimir's Seminary Press, 2000), s. 240.

[896] Vahiy 20:4: '…İsa'ya tanıklık ve Tanrı'nın sözü uğruna başı kesilenlerin canlarını da gördüm…'

[897] Florıns Naytingeyl diye okunabilir.

[898] Çoğunlukla Üsküdar denirdi.

[899] Mark Bostridge, *Florence Nightingale: The Woman and Her Legend* (Penguin Books Ltd. Kindle Edition), s. 46.

[900] A.g.e. s. 32

[901] A.g.e. s. 54

[902] 1847/8'de Bay ve Bayan Bracebridge'le Roma'ya ziyareti sırasında. Bracebridgeler, Florence'a Selimiye Kışlası'ndaki hastanede çalışma üzere İstanbul'a giderken de eşlik etmiş olabilirler.

[903] Bostridge, s.k.e. s. 120

TÜRKİYE'DE HRİSTİYAN KADINLAR – TARİHÇE

904   A.g.e. s. 121

905   A.g.e. s. 137

906   Çoğunlukla 'Üsküdar'la anılan kışlaların adı günümüz Türkçesinde Selimiye (veya Haydarpaşa) Kışlası olarak da söylenir; III. Sultan Selim Kışlaları diye de tercüme edilebilir.

907   Tanzimat, 1839'da başlayan ve 1876'daki İlk Anayasa döneminin başlamasıyla sona eren reform dönemiydi.

908   James Levi Barton, *Daybreak in Turkey* (Library of Alexandria, Kindle Edition) Lok. 7659

909   S.k.e.

910   Zwemer, s.k.e. s. 40

911   Amerika Temsilciler Birliği on dokuzuncu ve yirminci yüzyıllarda Türkiye'de çalışma yürüten başlıca misyonlardan biriydi. Bazıları değişime uğrayarak günümüze dek ulaşmış olan okullar ve hastaneler açmışlardı.

912   İslâm hâkimi

913   James Levi Barton, *Daybreak in Turkey* (Library of Alexandria. Kindle Edition). Location 26.

914   Müslüman vaiz

915   Barton, s.k.e. Lok. 2178

916   Barton, s.k.e. Lok. 2717

917   Zwemer, s.k.e. s. 87

918   İstanbul

919   İzmir'deki ve İstanbul'daki Amerika Temsilciler Birliği okulları yetenekli Türk gençlerine lise eğitimi sunmaya devam etmektedir.

920   Mary Mills Patrick, *Under Five Sultans* (USA, The Century Co, 1929)

921   1861–1876

922   1876

923   1876–1909

924   1909–1918

925   1918–1922

926   1922–1924

927   Mary Wills Patrick, *'A Bosphorus Adventure'* (İstanbul, Türkiye, Boğaziçi Yayınevi, 2015 (yeniden basım 2015, fakat ilk basım tarihi 1934).

928   Amerika Temsilciler Birliği de denir.

929   Carolyn Goffman, 'From Religious to American Proselytism', *American Missionaries and the Middle East*, Editör Mehmet Ali Doğan & Heather J Sharkey (USA, University of Utah Press, 2011), s. 84

930   Bağlarbaşı adıyla da bilinir. 1914'ten 1921'e dek kampüs boştu, fakat 1921'de Amerika Temsilciler Birliği okullarından biri Adapazarı'ndan Bağlarbaşı'na taşındı.

[931] Katherine Pond Williams, "Ten years Review of the Constantinople Home," Typescript, File 1-C, Robert College Archives, Istanbul, 17 May 1881. Alıntılayan: Carolyn Goffman, s. 90.

[932] Goffman, s.k.e. s. 90

[933] A.g.e. s. 91. C.H. Hamlin'in adı Clara H. Hamlin'dir, 1883'ten itibaren Mary Mills Patrick'le beraber Constantinople Home'un müdireliğini üstlenmiştir.

[934] A.g.e.

[935] A.g.e. s. 92

[936] Penka Racheva, Diary, 19 May 1883; Goffman, s.k.e.'de, s. 93

[937] Carolyn McCue Goffman, *Masking the Mission: Cultural Conversion at the American College for Girls* Erişme adresi: http://www.geocities.ws/muntzer2/penka.html (Son erişim tarihi: 29.08.2022)

[938] Carolyn Goffman, A.g.e. s. 94 [939] A.g.e.

[940] A.g.e. s. 96

[941] A.g.e. s. 100

[942] A.g.e. s. 101

[943] A.g.e. [944] A.g.e. s. 106 [945] A.g.e.

[946] A.g.e. s. 192-193

[947] A.g.e. s. 193

[948] A.g.e. s. 193-194

[949] Şimdiki Ankara

[950] S.k.e.

[951] Zaruhi, *Under Five Sultans* [952] Jön Türk de denirdi.

[953] Mary Wills Patrick, '*A Bosphorus Adventure*' (İstanbul, Türkiye, Boğaziçi Yayınevi, 2015 (yeniden basımı 2015, ilk basım 1934), s. 121

[954] Goffman, A.g.e. s. 108

[955] *Charter of the Trustees of the American College for Girls at Constantinople in Turkey; also the By-Laws* (Boston, Fort Hill Press, 1908). Alıntılandığı yer: 5 alıntı, a.g.e. s. 108

[956] Hilary Sumner-Boyd ve John Freely, İstanbul'u Dolaşırken: İstanbul Gezgininin Rehberi (Pan Yayınları, İstanbul, 2019), s. 447

[957] http://ragmamoul.net/hy/news-in-english/2015/06/23/in-memoriam-of-araxie-araxi-jebejian-djebedjian-1880-aintab-1916-der-zor/ ve https://www.iammedia.am/hy/post/Miss-Araxie

Alıntı: Apraham Hoja of Aintab, s.35-37. İndirildiği sayfa: http://www.cosmades.org/articles/aphram%20hoja/apraharnhojaindex.htm (Son erişim tarihleri: 29.08.2022)

[958] Apraham Hoja of Aintab, s. 35-36. Bu tür kitaplarda tam sayıya dair herhangi bir bilgi verilmemesi insanın hevesini kursağında bırakıyor.

[959] Şimdiki Kahramanmaraş

[960] Apraham Hoja of Aintab, s. 36

[961] http://ragmamoul.net/hy/news-in-english/2015/06/23/in-memoriam- of-araxie-araxi-jebejian-djebedjian-1880-aintab-1916-der-zor/

(Son erişim tarihi: 29.08.2022)

TÜRKİYE'DE HRİSTİYAN KADINLAR – TARİHÇE

962 Halep'te 1915 ile 1917 yılları arasında olanları kayıt altına alabilmiş ve raporları Almanya Dışişleri Bakanlığı'yla ve Amerika Yabancı Misyon Temsilcileri Birliği'yle paylaşmıştır. Bkz.: https://en.gariwo.net/righteous/the-righteous-biographies/metz-yeghern/exemplary-figures-reported-by-gariwo/beatrice-rohner-7531.html>
(Son erişim tarihi: 29.08.2022)

963 https://www.iammedia.am/hy/post/Miss-Araxie
(Son erişim tarihi: 29.08. 2022)

964 Yörenin mülkî âmiri 965 Kuruluşu 1903.

966 http://ragmamoul.net/hy/news-in-english/2015/06/23/in-memoriam- of-araxie-araxi-jebejian-djebedjian-1880-aintab-1916-der-zor/
(Son erişim tarihi: 29.08.2022)

967 Aneta Bostancıoğlu'nun yaşamına dair detaylar 'Anatolia, Anatolia'dan alıntılanmıştır (Yayımcı: Light and Salvation Ministry, PO Box 534, Limassol, Cyprus).

968 http://armenianbiblechurch.org/food%20corner/anatolia/anatolia_index.htm (Son erişim tarihi: 29.08.2022). Bu linkte 'Anatolia, Anatolia!'nın başka bir versiyonu bulunur ve büyük olasılıkla Thomas Cosmades tarafından yazılmıştır. Bkz. cosmades.org

969 A.g.e. s. 134

970 A.g.e. s. 11. Aneta'nın doğum tarihi onun, 'Ben on sekiz yaşındayken ve 1910'da okuldan mezun olmak üzereyken...' sözünden yola çıkılarak tahmin edilmiştir.

971 A.g.e. s. 8

972 'Anatolia, Anatolia!'da Aneta'nın memleketinin Zincidere olduğu söylenir.

973 A.g.e. s. 16

974 A.g.e. s. 11. Vaiz Haralambos Bostancıoğlu tarafından Türkçe yazılmış 'Mesih'in İkinci Gelişi' kitaplarının yayım tarihi büyük ihtimalle 1909'dur.

975 A.g.e. s. 12

976 A.g.e. s. 22

977 Günümüzde Konya

978 Sonraları Lübnan'a taşınmıştır.

979 A.g.e. s. 34

980 A.g.e. s. 35

981 A.g.e. s. 35. Romalılar 11:33: 'Tanrı'nın zenginliği ne büyük, bilgeliği ve bilgisi ne derindir! O'nun yargıları ne denli akıl ermez, yolları ne denli aşılmazdır!'

982 1910 civarında Grek harfleri kullanılarak Türkçe yayımlanmıştır; Web Version, s. 4.

983 Günümüzdeki Gaziantep

984 A.g.e. s. 43

[985] Günümüzdeki adı Güneşli Mahallesi; Kocasinan, Kayseri'dedir. Haralambos'un son kitabı 'Çarmıhını Yüklendiğin Yaşam!'ı yazmış olduğu yer burasıdır.

[986] Bayan Katy Frearson anahtarları Haralambos'a vermişti. Bu kilise binası günümüzde konser mekânı olarak kullanılmaktadır.

[987] Anatolia, Anatolia, s. 53. Der El-Zor diye de bilinir.

[988] Anatolia, Anatolia, s. 59

[989] A.g.e. s. 63

[990] Bugünkü Urfa

[991] Anatolia, Anatolia, s. 66-68

[992] Anatolia, Anatolia, s. 11 ve s. 4 (Web Versiyonu) [993] Anatolia, Anatolia, s. 28 ve s. 12 (Web Versiyonu) [994] Anatolia, Anatolia, s. 143 ve s. 49 (Web Versiyonu).

[995] Bu adam doktordu, ancak Ayıntablı Dr. Yusuf Bezciyan olup olmadığı net değildir.

[996] A.g.e. s.143

[997] A.g.e. s. 144

[998] A.g.e. s. 67-68

[999] Anatolia, Anatolia, s. 85

[1000] A.g.e. s. 85-86

[1001] Grek harfler kullanılarak Türkçe yazılmıştır. Osmanlılar Arapça harfler, Ermeniler kendi harflerini, Rumlar da Grekçe harfler kullanırlardı ve hepsi kendini ortak dilde ifade etmiş olurlardı!

[1002] "Onlar bana yakarmadan yanıt verecek, daha konuşurlarken işiteceğim onları."[1003] A.g.e. s. 89-90 [1004] A.g.e.

[1005] A.g.e. s. 92

[1006] Kitabın adı "İşin Hikâyesi" diye tercüme edilebilir. İndirildiği sayfa: https://www.google.com/url?sa=t&rct=j&q=&esrc=s&source=web&cd=&ved=2ahU KEwj 2n9WI3ovsAhUUUBUIHdXRAyQQFjAPegQIARAB&url=https%3A%2F%2Fwww. classicbiblestudyguide.com%2FEnglish%2FJobA2.pdf&usg=AOvVaw1qJV1AUodu-BqyJ_w6VpE3i (Son erişim tarihi: 29.08.2022)

[1007] Pontus; Karadeniz bölgesinin eski adı. Bkz. Elçilerin İşleri 2:9; 18:2; 1. Petrus 1:1.

[1008] Ümit Kurt'un 'From Aintab to Gaziantep: The Reconstitution of an Elite on the Ottoman Periphery' adlı çalışmasını alıntılayan: Hans-Lukas Kieser et al., ed., The End of Ottomans: The Genocide of 1915 and the Politics of Turkish Nationalism (New York, London: Bloomsbury, I.B.Tauris, 2019), s. 287-319. Ümit Kurt, Sarafian'ın çalışmasından alıntıladığı bilgiyi dipnotunda belirtmiştir (Sarafian, Badmo'wt'iwn Ah'nt'abi Hah'o'c, vol. 1, s. 552). Sarafian'a göre, Aintab'daki 5.500 Protestandan 2.450 kişi kurtulmuştur.

[1009] https://en.wikipedia.org/wiki/Gaziantep (Son erişim tarihi: 29.08.2022) [1010] Eski Antlaşma'da bulunan Ester kitabındadır.
[1011] Eski Antlaşma'da bulunan Rut kitabındadır.
[1012] İstanbul'daki Rum Evanjelik Kilisesi birkaç yıldır İsveç Konsolosluğu şapelini kullanmaktadır. Smirna'daki Rum Evanjelik Kilisesi 1920'de Atina'ya taşınmıştır.
[1013] Anatolia, Anatolia, s.125
[1014] A.g.e. s. 127
[1015] Yazarlar: Samuel Rutherford ve A. R. Cousin (1857) [1016] A.g.e. Chapter 1: A New Era for Muslim Women.
[1017] Türkiye'de Kafesin Ardı diye tercüme edilebilir. A.g.e. Chap XV, s.107
[1018] A.g.e. s. 109
[1019] A.g.e. s. 111-112
[1020] A.g.e. s. 113
[1021] A.g.e. Chapter XVI, A Voice from Bulgaria, s.114 [1022] A.g.e.
[1023] A.g.e. s. 114-115
[1024] Annie Van Sommer, Samuel M Zwemer, Daylight in the harem: a new era for Moslem women (New York: Fleming H. Revell. Kindle Edition, 1911) Chapter 1: A New Era for Muslim Women. Bu çalışma metinleri, 23-28 Ocak 1911 tarihlerinde Lucknow, Hindistan'da ikincisi gerçekleşen Müslümanlara Yönelik Misyon genel konferansı için hazırlanmıştır.
[1025] Our Moslem Sisters: A cry of Need from Lands of Darkness Interpreted by Those Who Heard It, Editörler: Annie van Sommer and Sammuel M Zwemer, Pub Library of Alexandria, Egypt, 1907; Google Books Yayımı.
[1026] A.g.e. s. 30
[1027] Near East Mission in Turkey annual Station Reports. Sunum tarihi: 8 Haziran 1923. https://archives.saltresearch.org/handle/123456789/46645 (Son erişim tarihi: 29.08.2022) [1028] Samatya olarak da bilinir.
[1029] Türkiye Cumhuriyeti

ROSAMUND WILKINSON

7. BÖLÜM – CUMHURİYET DÖNEMİNDE
HRİSTİYAN KADINLAR (1923-2021)

1923 yılında Türkiye Cumhuriyeti'nin kurulması, Türkiye toprakları için yeni bir dönemin habercisi olmuştur.

Türkiye Cumhuriyeti'nin oluşumu, 1836'da Tanzimat dönemiyle başlayan reform ve modernleşme sürecinin bir devamıydı. Okullar, hastaneler ve diğer kurumlar Türk makamlarının kontrolüne girdi ve bu nedenle Amerika Yabancı Misyon Temsilcileri Birliği (ABCFM) tarafından kurulmuş okulların ve diğer kurumların yapısı kaçınılmaz olarak Türkiye Cumhuriyeti'nin yeni siyasî ve sivil koşullarına uyum sağlamak zorunda kaldı. Diğer değişiklikler Latin alfabesinin getirilmesi ve dini kıyafetlerin yasaklanmasıydı; Türkiye'nin başkenti İstanbul yerine Ankara oldu ve parlamenter demokrasi ve Fransız tarzı laikliği muhâfaza eden bir anayasa getirildi. 20'lerde, Rumca konuşan Rumların (yerli Rumların) Türkiye'den Yunanistan'a, Türkçe konuşan Müslümanların da Yunanistan'dan Türkiye'ye gönderildiği bir nüfus mübâdelesi yaşandı. 1934'te birçok Avrupa ülkesinden önce Türk kadınlarına oy kullanma hakkı verildi.

Osmanlı Türkiyesi uzun zamandan beri sadece Türk Müslümanların değil, Rum, Ermeni ve Süryani Ortodoks, Katolik ve Protestan Hristiyanların da yuvası olmuştu. Bugün Türkiye'de halen 200.000 ile 320.000 arasında Hristiyan'ın yaşadığı tahmin edilmektedir.

Kutsal Kitap Kadınları

Kutsal Kitap Kadınları'nın, Kutsal Kitap'ın veya Kutsal Yazıların bazı bölümlerinin Türk evlerinde kadınların alanları olan 'haremlik'e alınmasındaki rolü devam etti. Constance Padwick'in Türkiye Kitabı Mukaddes Şirketi Müdürü Lyman MacCallum biyografisi, 'herhalde yüzyılın başlarında kimsesiz kalmış öksüz yeğenleri olan Ermeni bir Kutsal Kitap Kadını'na atıfta bulunur. MacCallum onlara kömür getirir ve her seferinde "Cesur olun, Tanrı büyüktür!"[1030] diyerek oradan ayrılırdı. Hayatı hakkında daha çok ayrıntı yoktur. Misyoner arşivlerinde Kutsal Kitap Kadınlarından kadınlara etkin biçimde ulaşmalarıyla kısaca bahsedilir.

Bursa'daki Amerika Misyon Temsilcileri Okulu

1908'de Dr. Patrick, Konstantinopolis Kadın Koleji için yeni bir tüzük alırken, okulun Protestan, Amerikan ve Hristiyan değerlerine sahip olmasına rağmen, burayı bilerek laik bir okul olarak kurmuştu. Kendisi, fakültesi ve mütevelli heyeti Ermeni ve Rum öğrencileri evanjelik Protestan anlayışına sahip birer Hristiyan'a dönüştürmek üzere kurulan on dokuzuncu yüzyıl Hristiyan okulları modelinden uzaklaşmaya başlıyordu. Okula giden kadınlar artık Penka Racheva'nın günlüğünde yazdığı türden baskıya mâruz kalmayacaktı. Arnavutköy'deki İstanbul Kadın Koleji kadınlara kaliteli bir eğitim vermeye devam etti. 1971 yılında Rumeli Hisarı'nda bulunan erkek okulu Robert Akademi'yle birleşti. Birleşmeden bu yana karma eğitim veren lise Robert Koleji olarak bilinir ve Arnavutköy yerleşkesinde halen mevcûdiyetini sürdürmektedir.[1031] Rumeli Hisarı yerleşkesi daha sonra Boğaziçi Üniversitesi'ne ev sahipliği yapmaya başlamıştır.

Türkiye Cumhuriyeti'nin kurulmasından sonra işlevini sürdüren Amerika Misyon Temsilcileri okullarından laik okullar olarak faaliyet göstermeleri istenmiştir. Artık dua toplantıları ve ibâdetler düzenleyemeyecek, öğrencilere Hristiyanlığı öğretemeyecek, onlara Hristiyanlıkla ilgili (Kutsal Kitap dâhil) kitaplar veremeyecekler veya öğrencilerini Hristiyanlaştırmaya çalışamayacaklardır. Dr. Mary Mills Patrick laikliğin getirileceğini, Massachusetts Yasama Meclisi tarafından verilen 1908 tüzüğü doğrultusunda Konstantinopolis Kadın Koleji'nin laik bir okul haline getirilmesiyle sanki öngörmüş gibiydi.

Osmanlı İmparatorluğu döneminde Amerika Misyon Temsilcileri ve Boston Kadın Misyonu gibi misyon kurumları okul, hastane, yetimhane, kilise kurma ve eski öğrenciler ve yetimler için çalışma fırsatları oluşturma özgürlüğüne sahipti. Misyonerlik çalışmaları, 'onlara bir tür sınırötesi korunma garanti eden (ki o da) 1914'te kaldırılmış olan asırlık bir kapitülasyon sistemi tarafından korunuyordu. Kapitülasyonların Lozan Barış Konferansı sırasında yeniden yürürlüğe girebileceği umutları boşa çıktı.'[1032]

Böylece 1923'ten sonra Türkiye'de görev yapan misyonerler yeni ortama uyum sağlamak zorunda kaldılar. 'Türk hükümeti, Amerikan eğitim kurumlarına ancak Türk kurumlarıyla aynı seviyede olmaları ve Türk yasa ve yönetmeliklerine uymayı kabul etmeleri halinde devam etmelerine izin verdi.'[1033]

20'lerde Hristiyanlar için alternatif bir yol olarak, Türkiye'de öğretmen olarak çalışmanın kapısı açıldı.

Türk yetkililerle ve kendi aralarında yapılan görüşmeler, misyonerlerin kendi çalıştıkları okullarda Hristiyanlığın görünür halde olamayacağını ve 'kutsal yazılardan okumanın, dua etmenin, Hristiyan ilâhileri söylemenin, Hristiyan semboller kullanmanın' mümkün olmadığını fark etmelerini sağladı, ancak bireysel olarak Müslüman öğrencilere Hristiyan yaşamının ve kültürünün birer temsilcisi olarak hizmet edebileceklerine inandılar ve Müslümanlar arasında 'Hristiyan karakteri oluşturma'[1034] zorluğuna girişmeyi memnuniyetle kabul ettiler. Bu yeni yaklaşım enkarnasyonel yaşam olarak adlandırılabilir; yani öğretmenler, mesleklerini günlük olarak icrâ ederken Mesih'i enkarne ediyorlar, yani Mesih'i yansıtıyorlardı. Yaşayan Mesih'i vaaz vermeden, kendi imanlarını anlatmadan, öğrencilerle dua etmeden, ilâhiler söylemeden sergilemeye çalışıyorlardı.

1928'de üç Amerika Misyon Birliği öğretmeni Edith Sanderson, Lucille Day ve Jeannie Jillson yetkili makamların emirlerine itaatsizlikten yargılandılar.[1035] Duruşma 14 Şubat 1928'de başladı. 30 Nisan 1928'de suçlu bulundukları açıklandı.

Amerika Misyon Birliği ile Türk makamları tarafından yürütülen soruşturmalarda, 'Bursa'da öğretmenler ile öğrenciler arasında Hristiyanlık hakkında gayriresmî konuşmalar geçtiği ve öğretmenlerin belirli dini âdetleri de empoze ettiği'[1036] tespit edildi. Eski öğretmenlerden Behice Hanım, Amerikalı öğretmenlerin ve beş öğrencinin aleyhine deliller sundu. Öğrenciler şunlardı:

> Hepsi de şehrin mevkî sahibi şahsiyetlerinden, emekli bir subay olan Rıza Bey'in kızları Kameran ile Nemika, yayımcı Vasıf Necdet'in kızı Madelet, Konstantinopolisli Miralay Talat Bey'in kızı Seniha ve Konstantinopolisli Dr. Yusuf Sadi'nin kızı Sabiha. Kameran ile Seniha Bursa'daki okuldan 1926'da mezun olmuşlardı, Sabiha İstanbul Üniversitesi'nde öğrenciydi. Okula devam etmekte olanlar yalnızca Madelet ile Nemika'ydı.[1037]

Sadece iki kişinin okulda halen öğrenci olmasına rağmen, yetkililer, öğretmenlerin bir süredir Türk mevzuatlarına uymadıklarına dair yeterli kanıt olduğu için kovuşturmayı sürdürdü. Behice Hanım delil sundu, davanın delil kaynağı M(u)adelet'in günlüğü oldu. Ancak günlük daha sonra Türkiye'de devam eden Amerika Misyon Birliği çalışmaları için para toplamak amacıyla Amerika'daki destekçiler arasında gizlice elden ele dolaştırıldı, çünkü Amerika Misyon Birliği'ne göre Hristiyan misyonun bu kızlara etkisini yansıtıyordu.

Okul Behice Hanım'ı Türk yasalarına göre öğretmenlerin gerektirdiği niteliklere sahip olmadığından dolayı görevden almıştı. Bu nedenle Temsilciler Birliği'nin nezdinde kadının eski işverenlerine karşı önyargılı olduğu yönünde bir görüş vardı. İddiaları şunlardı: 'Öğretmenler Türk çalışanları cuma günleri çalışmaya zorluyor, cumaya riâyet eden öğrencilerle alay ediyor, pazar gününe riâyet etmeyen kızları cezalandırıyor, yemekten önce dua etmek zorunda bırakıyor, kızlara Kutsal Kitaplar veriyor ve Hristiyanlığa ilgi duyan kızlara özel yakınlık gösteriyor.'[1038]

Sanıklardan biri olan Lucille Day (1901–1961), Konstantinopolis'e 1924'te gelmişti.[1039] Bir sene Türkçe öğrendi ve Bursa'daki okulda ev idâresi ve kimya dersleri vererek Eylül 1925'e kadar çalışmaya devam etti. Day, duruşmada savunması esnasında şunları belirtti:

> Kâmran'ın zaten bir İncil'i vardı ve başka bir tanesini de bir öğrenciye onun mezuniyetinden sonra vermişti. Nemika Madelet ve Sinha ile dışarıya yürüyüşe çıktıklarında bir veya iki kez dua ettiğini ve İncil okuduğunu kabul etti. Savunmasında, okulda öğrencilerin düzenlediği törende haftada iki kez Türk bayrağına selam durduğunu, Türk bir aileyle yaşadığını, Türkçe öğrendiğini, İslam'a ilgi duyduğunu ve zaman zaman Kuran okuduğunu vurguladı. Ona göre, okulları 'tamamen laik'ti.[1040]

Sanıklardan bir başkası Jeannie Jillson[1041] altmış bir yaşındaydı ve yargılama sırasında Bursa Okulu'nun müdürüydü. Türkiye'de yirmi dört yıl yaşamış ve Bursa Amerikan Koleji'nin yanı sıra İzmir ve İstanbul'da öğretmenlik yapmıştı. Mayıs 1924 tarihli raporunda, Türk yetkililerin okulda yaptıklarını incelemek üzere okula geldiklerini ve günlük ibâdetlerin okuldan oturdukları evlerin salonlarına taşındığını belirtmiştir.[1042] Jillson müdire olarak personelini denetimde tutmak üzere gerekli önlemleri almamış olmakla suçlandı. Duruşmada aleyhindeki tüm suçlamaları reddetti. Savunmasının kaydı yoktur. Jillson'ın 'içten adanmışlığıyla zarif bir Hristiyan hanımefendi'[1043] olduğu söylenir.

Davalılardan Edith Sanderson okula nispeten yeni gelen biriydi: California Üniversitesi'nden mezun olmuş ve daha önce Genç Hristiyan Kadınlar Derneği'nde (YWCA) ve Öğrenci Gönüllüleri Hareketi'nde (SVM) kâtiplik yapmıştı. Türkiye'ye yeni gelen tüm misyonerler gibi o da beden eğitimi öğretmenliği görevine başlamadan önce bir yılını İstanbul'da

Türkçe öğrenerek ve İslam'ı inceleyerek geçirmişti. Beden eğitimi genel misyon komitesinin başkanlığına atanmış ve vakit kaybetmeden misyon okulları için, erkekler ile kızlar için bir program hazırlamıştı. Meslektaşı Lucille Day, başarısını "Edith'in kaydettiği harika ilerlemeyi" anlatarak övdü ve heyecanla "kızların çoğunun kısa şalvarlı düşük yakalı bluzlu formaları olduğunu, voleybol ve tenis oynadıklarını, bir atlama havuzunun kazılmış olduğunu"[1044] belirtti.

Jeannie Jillson, Eylül 1924–Haziran 1925 öğretim yılı okul raporunda Sanderson'ın spor ve halk dansı öğrettiğini bildirmiştir.[1045] Nisan 1924'te[1046] Sanderson, 1923–1924 öğretim yılında dil eğitiminden geçerken Konstantinopolis'ten Bursa Okulu'nu ziyârete gitmişti. 1924 yılının sonbaharında Bursa Amerikan Kız Koleji'nde öğretmenliğe başladı. Duruşmanın yapıldığı sırada öğretmenliğinin dördüncü yılı, Türkiye'de oluşunun beşinci yılı olacaktı. Duruşmadan önce 'Sanderson, Hristiyanlık hakkında bilgi verdiğini ve Kutsal Kitap dağıttığını itiraf etti'. Böylece Türk hükümetinin din yayma yasağını çiğnemiş oldu.

Reeves-Ellington, Sanderson'ın mahkemeye çıkışını şöyle anlatır:

> Sanderson, savunmasına kendini tanıtarak, Türkiye'de geçirdiği kısa sürede yaptıklarını anlatarak başladı. İngilizce Kuran'a sahip olduğunu ve okuduğunu belirtti. Laik bir karma eğitim kurumunda eğitim gördüğünü ve Türk kızlarını Amerikalı yapmak gibi bir niyetinin olmadığını vurguladı. Görevi, 'kuvvetli bedenler, yüksek ideâller, tarafsızlık, sportmenlik ve sağlık' için beden eğitimi programları geliştirmekti. Son olarak, Türkiye'ye ve İslam'a derin saygısını dile getirdi ve Türk adalet sistemi altında beraat edeceğinden emin olduğunu ortaya koydu.[1047]

30 Nisan 1928'de üç öğretmen Türk yasalarına aykırı olarak din yaymaktan suçlu bulundu.[1048] Öğretmenler Türk hukukuna tâbi olduklarını düşünmelerinin yanı sıra, "resmî öğretim ile gayriresmî sohbet arasında bir ayrım yapmayı seçmişler ve bu nedenle kanuna uyduklarına inanmışlardı. Ne yaptıklarını anlıyorlardı, ancak hem hükümetin kararlılığını hem de halkın tepkisini yanlış değerlendirmişlerdi."[1049] Bursa Amerika Temsilciler Birliği Okulu öğretimini, müfredâtını ve öğrencilerine yaklaşımını gereken şeffaflıkta laik hale getirmede başarısız bulundu.

TÜRKİYE'DE HRİSTİYAN KADINLAR – TARİHÇE

Yeni Türkiye Cumhuriyeti'nin bu aşamasında İslam'ın devletten mesâfeli tutulmasını doğru bulmayanlar vardı. Halifelik 1924'te kaldırılmıştı ve Türk hükümeti Fransız laikliğine benzer bir laik değerler sistemi geliştirmeye çalışıyordu. Bu üç Amerikalı öğretmenin yargılanmasında başka faktörler de rol oynamıştı.

Birincisi, bu dava Türk hükümetinin eğitim alanını yeniden elinde tuttuğunu temsil ediyordu. İkincisi, Türk toplumunda Hristiyan olmak ile Türk olmanın bağdaşmayacağına dair bir inanç vardı.[1050] Ayrıca, Hristiyanların Türk devletini devirmeye çalıştıklarına dair derin bir şüphe vardı. Üçüncüsü, bu davayla hükümet, sadece İslam'ın değil, tüm dinlerin lağvedildiğini gösteriyordu.[1051]

Daha sonra bir Hristiyan yayım organında Sanderson;

Hristiyanlık hakkındaki sohbetlerini kesmemesinin deneyimsizliğinden kaynaklandığını söyledi. Kâmran'ın, annesinin evlenmeden önce Hristiyan olmasından dolayı Hristiyanlıkla ilgilendiğini ve okula geldiğinde de bir İncil'i olduğunu ileri sürmeye devam etti. Ayrıca, Tanrı'ya şükretmek isteyen öğrencilere yemeklerden önce her zaman bir anlık süre verildiğini de kabul etti. Duruşmada bu noktada söz konusu 'an'a 'dini bir tören' denmesi gibi bir sürü şey uydurulduğunu da belirtti.[1052]

Kararın ardından okul yeniden açılmadı ve üç öğretmen Bursa'dan ayrıldı. Jillson Beyrut'a gitti, Day bir yıl Selanik'te öğretmenlik yaptı ve ardından ABD'ye döndü ve Sanderson duruşmadan hemen sonra ABD'ye döndü.

Bu üç kadın kendi ülkelerinden ayrılmış, Türkçe öğrenmiş ve tanıştıkları kişilerle inançlarını paylaşmaya hazır ve istekli olan sadık Hristiyanlardı. Yirminci yüzyılın önemli bir değişim dönemine denk gelmişler, öğrencileriyle ilişki kurmaya ve meslekî rollerine dair anlayışlarını bu yeni koşullara göre uyarlamada ve değiştirmede güçlük çekmişlerdi. Bu genç kadınların öğrencileri üzerinde ne gibi kalıcı etkileri olduğu bilinmiyor. Duruşma, elbette asıl sorgulanan ve yargılanan Amerikalılar açısından olduğu kadar, Türk çalışanlar açısından da, ifâde veren öğrenciler açısından da yıpratıcı bir deneyim olmuş olmalı. Bursa'nın muhâfazakâr bir Müslüman şehir olduğu ve 1453'te Konstantinopolis'in fethinden önce Osmanlı başkenti olduğu da unutulmamalı. Bazı ilk pâdişahların mezarları dahi burada bulunur.

Türklerin genç öğretmenleri açısından 1928'deki bu dava, Türk laikliğini ve öğretmenlerin öğrencilerine özenle göstermeleri gereken sorumluluğu hatırlatıyor. Günümüzde de yerel Protestan kiliselerinde, yeni iman eden gençler on sekizinci yaş günlerini doldurup reşit olana dek pek vaftiz edilmezler.

Rahibe Meryem (1901-1991)

Rahibe Meryem, Zübeyde İsmet Faik Topuz adıyla dünyaya geldi. Annesi Fatma Aliye Hanım[1053] ile babası Kolağası[1054] Mehmet Faik Bey'in dördüncü çocuğuydu. Baba tarafından dedesi on dokuzuncu yüzyıl tarihçisi ve dâvâlar vekili Ahmet Cevdet Paşa'ydı. Rahibe Meryem'in annesi Fatma Aliye Hanım, Osmanlı'nın ilk kadın romancılarındandı.

Zübeyde İsmet Faik Topuz[1055], İstanbul Harbiye'deki Notre Dame de Sion Lisesi'ne gitmişti. Annesi onu okuldan almaya çalışsa da Zübeyde eğitimine devam etmek istemişti, çünkü kız kardeşlerinin aksine okulda çalışan rahibeleri seviyordu. 1926'da evden ayrıldı ve onlara katıldı. Bıraktığı notta şöyle yazıyordu: 'Gidiyorum, çünkü özgür olmak istiyorum.'[1056] Annesi babası onu bulmaya çalıştılar ama bir daha hiç göremediler. Tek bildikleri, rahibe olmak üzere bir Fransız ruhban okuluna girdiğiydi.

Fransızca bilen yazar Ümit Meriç[1057], bir vakitler Katolik bir rahip olan Peder Luce'yle tanışmıştır. Peder Luce kendisinin bir Müslüman olarak nasıl bir eğitimden geçtiğini ve Müslüman kimliğinin nasıl geliştiğini merak etmiştir. Bu sohbetlerin sonucunda Meriç İstanbul'daki Saint Antoine Latin Katolik Kilisesi'ndeki[1058] bir konferansa katılımcı olarak davet edilir. Konferans şapelin zemin katında ve şehirde bulunan Katolik kiliselerinden ve Saint Joseph ve Saint Benoît gibi okullarda çalışan yaklaşık yirmi papaz ve rahibenin katılımıyla gerçekleşir.

Ümit Meriç konuşmasının sonunda soluk benizli rahibe kıyafetli bir kadının yanına geldiğini belirtir; tahminine göre altmış beş yaşlarındadır.[1059] Kendisiyle Türkçe konuşup kendini Cevdet Paşa'nın torunu İsmet Hanım olarak tanıtınca şaşıp kalır. Ümit Meriç tanıştığına memnun olduğunu söyler. İsmet Hanım da, nasıl Hristiyan olduğunu sormaması koşuluyla, yaşadığı yer olan Notre Dame de Sion'a kendisini ziyârete gelebileceğini söyler. Meriç kabul eder.

Meriç İsmet Hanım'ı ziyârete gittiğinde oldukça sıcak karşılanır, İsmet Hanım ona Notre Dame de Sion'u gezdirir, birlikte uzun uzun sohbet ederler. Çıkmak üzereyken İsmet Hanım dedesi Cevdet Paşa anısına basılmış bir Türkiye Cumhuriyeti posta pulu verir. Meriç İsmet Hanım'ı bir daha görmez.

Fakat bir yaz Meriç Yahudi bir kadınla tanışır, kendisi İsmet Hanım'ın bir arkadaşıdır. Meriç'e, İsmet Hanım'ın bir gün Büyükada'dan[1060] ayrılmak üzere tekneye binerken denize düştüğünü, neredeyse boğulacağını anlatır. İsmet Hanım'la ilgili bir de onun Notre Dame de Sion'da okuduğunu, sonra okulu bitirdiğinde Cezayir'e gidip rahibe olmak üzere manastıra katıldığını biliyordur. Kurumun resmî kayıtlarında İsmet Hanım'ın Cezayir'e gidişinden söz edilmez.

1920'lerde, laik Türkiye Cumhuriyeti kurulduğu sıralarda, Zübeyde İsmet Topuz'un Katolikliği benimseyip vaftiz olduğu tahmin edilir. Belki de ülke dışında vaftiz edilmiştir. Resmî kayıtlarda yalnızca vaftiz tarihi bulunur, yeri belirtilmez.

Notre Dame de Sion kurumunun Paris merkezinde bulunan kayıtlarında, sonraları Rahibe Meryem adıyla bilinen İsmet Hanım'ın 1922'de vaftiz edildiği ve vaftiz adı olarak Marie'yi[1061] seçtiği ve cemaate katıldıktan sonra Meryem adını kullandığı belirtilir. Rahibe Meryem, Brugge'da bulunan Sacre Coeur Rahibe Okulu'na kabul edilmiştir. Kuruma katılım tarihiyle ilgili bilgi verilmez. 1991 yılında, doksan yaşında, Marseilles yakınlarında bir manastırda vefat eder. Cemaatin kayıtlarında kendisinin Koroist Rahibe olarak atandığı ve dikişte ve ev idâresinde yetenekli olduğu, Kuran'ı bildiği belirtilmiştir.

İsmet Hanım 70 sene kadar Hristiyan olarak yaşam sürmüş, bu yılların çoğunu Latin Katolik rahibesi olarak geçirmiştir. Vaftiz olmak gibi büyük bir adım atmak bir yana dursun, Hristiyan olarak çağrısına göre yaşamak üzere evden, hatta ülkeden ayrılmak bile sahiden büyük cesaret ister! Ailesiyle son temâsı, 'Gidiyorum, çünkü özgür olmak istiyorum' notundaki sözleridir. Bu son notu onun başından ne tür zorluklar geçtiğine, içsel sorgulamalarına, Notre Dame de Sion'daki rahibelerle ve başkalarıyla arasında geçen konuşmalara dair hiçbir ipucu vermez. Bizler ancak onun yeni benimsediği inancını gizlemek istemediği, açıkça gönlünce yaşamak istediği, hâlâ Müslümanmış gibi görünmek istemediği sonucuna varabiliriz. Yıllar içinde Hristiyan olarak özgürce yaşamak adına Türkiye'den ayrılmak zorunda kalan başka Türk kadınlar ve erkekler de olmuştur.

Yirminci yüzyılın başlarında yaşanan göç ve nüfus mübâdelesi, eski Hristiyan kiliselerinin ve yeni Ermeni Protestan kiliselerinin üyelerinden çoğunu kaybetmelerine yol açtı ve Türkiye'nin nüfus profili değişti. 60'lara kadar Amerika Temsilciler Birliği, Hristiyan mesajını paylaşmak için Türkiye'ye misyoner gönderen tek Protestan misyoner örgütüydü. Bu değişim dönemi süresince Kutsal Kitap okumak ve Hristiyan olmanın ne anlama geldiğini görmek isteyen Türkiye vatandaşları hep olmuştur.

70'lerin başında, öğretmen arkadaşlarımdan biri bana evlerine gelen bir öğrenciden bahsetti. Öğrenci, kadın, cüzdanından Mesih'in bir resmini çıkarmış ve resme doğru hürmetkârlık hareketinde bulunmuştu. Arkadaşım onun için 'herhalde Hristiyan'dı' dedi. Yirminci yüzyılın başlarında bazı Ermeni çocuklara Müslüman aileler sahip çıktı ve yıllar sonra yetişkin olana dek onlardan Hristiyan kimliklerini sakladılar. Yirmi birinci yüzyılın ilk yıllarında Türk Müslüman aileler, büyüklerinden bazılarının, örneğin anneannelerinin dedelerinin Hristiyan, özellikle de Ermeni Hristiyanlar olduğunu keşfettiler. Bizler yirmi birinci yüzyıla gelmişken Hristiyanların inançlarına açıkça sahip çıkabileceklerini, inançlarını çevrelerindekilerle paylaşabileceklerini ve Hristiyan olarak kabul göreceklerini düşünürüz. Ancak herkes inancı uğruna taciz edilme riskini göze almak istemez. Bazıları Mesih'e gizlice iman etmiş olarak yaşamayı seçecektir.

70'lerden itibaren,[1062] az sayıdaki Türk (çoğu Alevi kökenli) Hristiyan toplulukları ile Osmanlı Hristiyanlarının[1063] soyundan gelenler yoğun olarak İstanbul, İzmir, Ankara ve Antalya'da birarada yaşamaya başladı. Türk Hristiyan hareketi küçük çapta olmasına rağmen, 1987'de *Müjde: İncil'in Çağdaş Türkçe Çevirisi*'nin[1064] yayımlanmasından sonra bu kiliselerin büyümesi hızlandı.

Yeni Ahit'in açık ve okunaklı bir Türkçe ile yayımlanmasının yanı sıra, dünyanın her yerinden öğretmen, işletme sahibi, gazeteci, sağlık personeli ve başka mesleklerden Hristiyanlar Türkiye'de yaşamaya ve çalışmaya başladılar. Bu insanlar çoğunlukla kendilerine 'çadırcılar' diyorlardı. Aziz Pavlus'u örnek alıyorlardı; Pavlus, Akdeniz Dünyasını dolaşırken müjdeyi vaaz etmiş ve kiliseler kurmuş, aynı zamanda da çadır yapımcısı olarak da çalışmıştı. Bu çağdaş Hristiyanlar da, kendilerini çadır yapımcıları olarak adlandırıyorlardı, Türkiye'de laik bir meslek icrâ ediyorlardı, ancak Türkiye'ye gelme ve burada yaşama motivasyonuna bunun Tanrı'nın kendilerine verdiği görev olduğunu hissettikleri için sahip olmuşlardı. Bu çağdaş Hristiyan erkekler ve kadınlar Türkiye'ye çalışmak, Türk kültürünü anlamak ve Türkçe öğrenmek üzere geldiler. Müjde'yi dostlarıyla ve iş

TÜRKİYE'DE HRİSTİYAN KADINLAR – TARİHÇE

arkadaşlarıyla paylaşmaya çalıştılar ve yeni ortaya çıkan Türkçe konuşan topluluklara ve kiliselere katıldılar.

70'lerin başında Müslüman geçmişe sahip neredeyse on Türkiyeli Hristiyan vardı. Bugün Türkiye'de Müslüman geçmişe sahip yedi ile sekiz bin[1065] arasında Türk vatandaşı Hristiyan var. Bunların yarısı kadarı kadın. Türk vatandaşı Hristiyanlar Kutsal Kitap'ın öğretisi doğrultusunda çok çalışmaya, iyi vatandaş olmaya, başkalarına hizmet etmeye ve günlük yaşamlarında Mesih'i kendi hayatlarında yansıtmaya, yani aile, arkadaş, komşu veya iş arkadaşları olsun, çevrelerindeki herkese karşı Mesih gibi davranmayı öğrenmeye gayret ederler. Gerek laik gerekse dindar ailelere mensup olan Türk vatandaşı Hristiyan kadınlar toplumunun sıradan bir kesitini yansıtırlar: bazıları çalışır, bazıları eğitim görür, bazılarının yaşamı ev eksenlidir.

Yirmi birinci yüzyıl Hristiyanları kendilerinden öncekilerin sırtlarında yükselmişlerdir; birinci yüzyılın ilk yıllarından beri Türkiye'de yaşamış ve çalışmış olan aynı Hristiyan imanlılar akımının devamıdırlar. Hristiyan kilisesi MS 33'te[1066] Pentikost'ta doğmuştur[1067]; bu doğum, Kutsal Ruh'un öğrencilerin üzerine inmesiyle, ardından bu öğrencilerin yaptığı konuşmayı dinleyen üç bin kişinin bu sözleri kabul ettiği an Kutsal Ruh'la vaftiz edilmesiyle gerçekleşmiştir. Öğrencileri dinleyen ve vaftiz edilenlerin bir kısmı şimdiki Türkiye topraklarında yaşayanlardandı. Memleketlerine dönmeden önce diri Mesih'le ilgili yeni edindikleri bu bilgi ve deneyimleri, günümüz Türkiyesi'nin bir parçası olduğu, Roma eyaletlerindeki evlerine ve ailelerine taşımışlardı. Bugün Hristiyanlığa inanan yirmi birinci yüzyıl kadın ve erkekleri, o birinci yüzyıl Hristiyanlarının izinden gitmektedirler.

Günümüz Türk kiliselerinin ve cemaatlerinin çoğuna Türk Hristiyan erkekler önderlik ediyor; kilise önderleri arasından çok azı kadındır, ancak bazı kilise yardım destek cemiyetleri kadınlar tarafından yönetilmektedir. Bu Hristiyan yardım destek cemiyetleri, diğer Hristiyanlara öğretmek ve kilisenin gelişmesi ve büyümesi için ekstra destek sağlamak üzere oluşturulmuştur. Kadınlar, Türkiye'de yaşayan mültecilerle ve sığınmacılarla ilgilenmek üzere Türk Hristiyan girişimlerinde de görev almaktadırlar. Yerel kilise ortamında Hristiyan kadınlar, kadınların İncil çalışmalarında liderlik etmede, diğer kadınlara danışmanlık desteği sağlamada ve kiliseye giden çocuklara aileleriyle birlikte eğitim vermede yer alırlar. Türkiye'deki birkaç kilisede kadınlar önderlik ekibinde de yer alırlar, ancak bazı kiliseler önderlik ekibinin sadece cemaatteki erkekler arasından seçilmesini doğru bulur.

Bu yazar, Hristiyan kiliselerinde ve ilgili kuruluşlarda önderliğin cinsiyete değil, çağrıya ve armağanlara dayanması gerektiğine inanmaktadır. 80'lerde Türkiye'deki bir kiliseye, beş kişilik önderlik ekibinin parçası olan bir kadın başkanlık ediyordu. Her ibâdet tek bir kadın tarafından yönetilmiyordu, ancak kadınlar her zaman ibâdete katılma özgürlüğüne sahipti. Bir pazar günü, bir Türk Hristiyan kadın ibâdet sırasında dua etti. O pazarki ibâdete, kadınların pazar günleri kilise ibâdetlerine katılmasını doğru bulmayan bir grup yabancı da katılmıştı. İbâdetten sonra, ziyarete gelen yabancı kadınlardan biri, o haftaki ibâdeti yönlendiren Türk Hristiyan kadına, 'Bir kadının kilisede yüksek sesle dua etmesinin çok yanlış olduğunu biliyorsunuz' dedi. Kadın şöyle cevap verdi: 'Ah, o zaman Tanrı sesimin hiç çıkmamasını istiyorsa neden yüreğimi bu denli bir neşe ve özgürlükle dolduruyor? Beni tekrar Müslüman gibi mi hissettirmeye çalışıyorsun?' Yabancı kadınlar ona yanıt vermeden başlarını sallayarak döndüler. Kadın kilise toplantısına bir daha hiç katılmadı.[1068]

Aradan kırk sene geçmişken, Türkiyeli Hristiyan kadınların, katılmakta oldukları kiliselerinin yaşamında aktif bir rol almaya, hatta eğer çağrıları ve armağanları buysa, kilise önderliğine teşvik edilmeleri umulmaktadır.

Yirmi birinci yüzyılda Türkiye'de kiliselere katılan Hristiyan kadınlar çok çeşitli sosyoekonomik düzeye ve eğitim geçmişine sahiptirler. Hristiyanlık hakkında arkadaşlarından, ailesinden veya çevrimiçi kaynaklardan bilgi edinip öğrendikten sonra Hristiyan olan kadınlardır. Bu öğrenme sürecinin bir aşamasında, Mesih'e bireysel bir ikrarda bulunmuşlardır ve yaşamları değişmiştir. Bir kadına Hristiyan olmanın kendi hayatını nasıl değiştirdiği sorulduğunda, önceden sık sık yalan söylediğini ancak Hristiyan olunca bunu yapmayı bıraktığını itiraf etmiştir. Yaşadığı dönüşüm nedeniyle daha sabırlı, daha alçakgönüllü ve daha dürüst olmuştur.

Hristiyanların çoğu bir kiliseye bağlıdır. Kilise bir aile gibidir; sevinçlerini birbirleriyle paylaşan, birbirleri için dua eden, hayatın sevinçli anlarında ve zorluklarında birbirlerine destek olan bir grup insandan oluşur. Hristiyanlar, işlerini kaybetme ile Mesih'i takip etme arasında karar vermek durumunda kaldıklarında, aileleri ile arkadaşları tarafından reddedilme gibi zorluklarla karşılaştıklarında, birbirlerinin yanında olurlar.

TÜRKİYE'DE HRİSTİYAN KADINLAR – TARİHÇE

Bazı kadınlar zorluklarla yüzyüze kalmış olmalarına rağmen, Mesih'i takip etme ve Hristiyan olma kararlarından pişmanlık duymazlar.

Ruth Tucker, 'Female Mission Strategists' üzerine kaleme aldığı çığır açan makalesinde, yurtdışında misyoner olarak hizmet eden birçok kadın olmasına rağmen, onları görevlendiren misyon örgütlerinin veya kiliselerin önderliğinde görev alanların çok azının kadın olduğuna yönelik gözlemini aktarır.[1069] Misyon stratejisini belirlemeye dâhil edilen çok az sayıda kadın olduğunu fark etmiştir.[1070] Kadınları bu sürece dâhil etmenin 'etkililiği artıracağına' dikkat çeker. Aynı şey kilise önderliğinde yer alan kadınlar için de söylenebilir. Tucker, görüşünü şu sözlerle bir adım daha ileri taşır:

> Kadınların strateji oluşturma ve karar verme süreçlerine katabilecekleri duyarlılık, ustalık, yaratıcılık ve sezgi ziyân edilmemesi gereken çok değerli kaynaklardır. Gerçekten de, kadın misyoner hareketine son veriliyor olmasının yanı sıra bir de dünyaya müjdecilik hareketinin henüz tamamlanmamış kısmında muazzam bir beyin göçünün de görülüyor olması misyonerlik tarihinin trajik bir hâli olmuştur.

Kadınları kilise önderliğine dâhil etmenin kilisenin yaşamına aynı ölçüde iyileştirici etkisi olacaktır.

Uluslararası çapta önderlik eden Hristiyan önderlerden biri, kadınların kilisede Tanrı'nın kendilerine yönelik liderlik çağrısına uymalarını engellemenin, yalnızca kilisenin üstün yetenekli kadınlardan yararlanmasını engellemekle kalmayıp kiliseyi sınırlamak veya yok etmek isteyen Şeytan'la işbirliği yapmak olduğunu da belirtmiştir.[1071]

1923'te Türkiye Cumhuriyeti'nin kurulmasıyla, Türk kadın ve erkeklerinin can korkusu olmadan Hristiyan olmayı seçmelerine olanak tanıyan inanç özgürlüğü sağlandı. Türkiyeli kadınlar ve erkekler, Türkiye'de büyümekte olan Protestan Kilisesi'nin yanı sıra, ibâdetlerinde Türkçe kullanan Katolik ve Ortodoks kiliselerinin hizmetleri aracılığıyla da Hristiyan olmuşlardır.

Bölüm notları

[1030] Constance E Padwick, *Call to Istanbul* (London, Longmans, Green and Co, 1958), s. 123

[1031] Yazar 1982 ile 1986 yılları arasında orada öğretmenlik yapma ayrıcalığına sahip olmuştur.

[1032] Barbara Reeves-Ellington, 'American Women Missionaries on Trial in Turkey: Religion, Diplomacy, and Public Perceptions in the 1920's' *Diplomatic History*, Volume 43, Issue 2, (April 2019), s. 13.
[1033] A.g.e. s. 14 [1034] A.g.e. s. 6
[1035] Ceza Kanununun Salahiyettar Mercilerin Emirlerine İtaatsizlik başlıklı Madde 526; a.g.e. s. 9
[1036] A.g.e. s. 8
[1037] A.g.e. s. 8-9
[1038] A.g.e. s. 9 & 10
[1039] Amerikan Bord Heyeti (American Board), Istanbul, "Personnel records for Lucille E. Day," American Research Institute in Turkey, Istanbul Center Library; Web erişimi: Digital Library for International Research Archive, Item #12046, http://www.dlir.org/archive/items/show/12046 (Son erişim tarihi: 4 Şubat 2021).
[1040] Barbara Reeves-Ellington, s.k.e. s. 10
[1041] The American Board (Amerikan Bord Heyeti) Istanbul, "Memorial records for Jeannie L. Jillson," American Research Institute in Turkey, Istanbul Center Library; Web erişimi: Digital Library for International Research Archive, Item #17021, http://www.dlir.org/archive/items/show/17021 (Son erişim tarihi: 4 Şubat 2021). Jillson 1867'te doğmuş, 1964'te vefat etmiştir.
[1042] https://archives.saltresearch.org/handle/123456789/45707 (Son erişim tarihi: 29.08.2022)
[1043] A.g.e.
[1044] Barbara Reeves-Ellington, s.k.e. s. 4-5
[1045] https://archives.saltresearch.org/handle/123456789/43805 (Son erişim tarihi: 29.08.2022)
[1046] https://archives.saltresearch.org/handle/123456789/45707 (Son erişim tarihi: 29.08.2022)
[1047] Barbara Reeves-Ellington, s.k.e. s. 10
[1048] A.g.e. s. 1
[1049] A.g.e. s. 7
[1050] Yirmi birinci yüzyıl Türkiyesi'nde bile halen aynı inanış birçoklarında hâkimdir.
[1051] A.g.e. s. 11, 17
[1052] A.g.e. s. 10
[1053] Portresi 50 TL'lik banknotlar üzerindedir.
[1054] Dönemin kıdemli yüzbaşısı
[1055] Rahibe Meryem
[1056] https://www.dusuncemektebi.com/d/143694/fatma-aliye'nin-kizi-rahibe-ismet-umit-meric. 15 Mart 2017 (Son erişim tarihi: 29.08.2022)
[1057] A.g.e.
[1058] İstiklal Caddesi, Beyoğlu.

TÜRKİYE'DE HRİSTİYAN KADINLAR – TARİHÇE

1059 Meriç'in görüşme yılı olarak hatırladığı tarihler olan 1988 veya 1989'da Rahibe Meryem bundan daha yaşlı olmalı.

1060 Prens Adalarının en büyüğü.

1061 Kurumun kayıtlarında Marie onun isimlerinden biri olarak geçer; doğumda kendisine verilmiş isim olarak geçmemektedir.

1062 Bruce G Privatsky, Kitabı Mukaddes Tarihçesi, https://www.osmanlicakelam.net/osm/KM-Tarihcesi (Son erişim tarihi: 29.08.2022)

1063 Bu insanların çoğu, Hristiyan büyükannelere veya büyük büyükannelere sahip Müslüman Türklerdi. Birinci Dünya Savaşı döneminde Türkiye'de yaşayan Ermeni kadınlar katliamdan veya zorla sürgüne gönderilmekten kurtulmak adına Türk erkeklerle evlenmek durumunda kalmışlardı. Kendi aile geçmişlerini keşfeden torunlarının Türkiye'deki kiliselere yönelmeye başladıkları görülmektedir.

1064 1994'te yeniden gözden geçirilmiş ve 2001 yılında kelime bazında bazı değişiklikler yapılarak Kutsal Kitap Yeni Çeviri içerisinde yer almıştır.

1065 Türkçe konuşan Katolikler ile Ortodoks Hristiyanlar buna dâhil değildir.

1066 Veya MS. 30

1067 Elçilerin İşleri 2. bölüm

1068 Türkiye'deki ilk kadın kilise önderlerinden biriyle kişisel yazışmamdan alıntıdır.

1069 Kadın Misyon Stratejistleri diye çevrilebilir. Ruth Tucker, 'Female Mission Strategists: A Historical and Contemporary Perspective', *Missiology: An International Review*, Vol XV, No. 1, (January 1987), s. 87-88.

1070 Tucker tarihte misyonda yer almış kadınları ele almaktadır; 19. yüzyılda Boston'daki Kadınlar Kurulu gibi, Konstantinopolis Evi okulunun masraflarını karşılamış ve Mary Mills Patrick'e ve 1871'de Konstantinopolis Kadın Koleji'nin çalışmalarına sponsorluk etmiş misyon cemiyetleri olduğunu belirtir. Bu misyon cemiyetleri kadınlar tarafından yönetiliyordu ve kadınlar bu cemiyetlerde işe alınıyorlardı.

1071 Loren Cunningham, David J Hamilton, *Why not women? A Biblical Study of Women in Missions Ministry and Leadership*. (USA, YWAM Publishing, 2000), Chap 1 & 2.

8. BÖLÜM – SON SÖZLER

Kilisede Kadınlar

Türkiye'deki Hristiyan kadınların tarihini, İsa'nın göğe alınmasının ardından yapılan Pentikost kutlamaları sırasında Kilise'nin doğduğu günden günümüze –neredeyse 2000 yıl– kadar ele aldık. Kilisenin Yeruşalim'de doğumundan sonraki birkaç hafta içinde, Hristiyan olarak vaftiz edilerek Anadolu'ya dönen ve hayatlarını Mesih'e göre yaşamak isteyen kadınların ve erkeklerin olduğunu bilmek heyecan verici! İncil'de, bu olayı müteakip yirmi yıl içinde, Anadolu'da, yani o dönemki Küçük Asya'da, evlerde buluşan imanlılara, yani kiliselere liderlik eden kadınların olduğu kayıtlıdır.

Bu tarihçede yer verebileceğimiz elbette daha birçok kadın vardı. Yazar, Türkiye'de yaşamakta olan kadın ve erkek okurlarının, bugünün Hristiyanlarının mirasını daha da iyi anlamak amacıyla kendi bölgelerinde yaşamış Hristiyan kadınları araştırmaya devam edeceklerini umuyor.

Kadınların Atanması

Yazar, erkeklerin olduğu kadar kadınların da kiliselere liderlik edebileceğine ve kadınların kilise ihtiyarları, liderler, diyakonlar, rahipler ve episkoposlar olabileceğine inanmaktadır.[1072] 1994'te Anglikan Kilisesi kadınları ilk kez rahip olarak atadı, 2015'te de ilk kadın episkopos atandı. Bu olayların gerçekleşmesine imkân sağlamak üzere uzun soluklu tartışmalardan, görüşmelerden ve mevzuat hazırlıklarından geçildi. Aslında, hâlâ Anglikan Kilisesi içinde kadınların önderlik makamlarına atanmasını kabul etmeyen insanlar var.

Bir kadın rahibin kiliselerine liderlik etmesini veya kiliselerinin bir kadın episkoposun gözetmenliği altında olmasını istemeyen bazı kiliseler mevcut. Anglikan Kilisesi bu duruma bir çözüm sağlamaya girişmiştir. Kiliseden, bütünlük içinde konsey[1073] tarafından alınan kararlara saygı duyması ve kadınların atanması ve hizmeti konusunda kilise dâhilinde farklı kanaate sahip olanlara karşı saygı göstermesi beklenir. Kadınların atanmasını benimsemeyenler için her zaman bir erkek rahipten ve bir erkek episkopostan hizmet alabilmelerini sağlayan mecrâlar mevcuttur ve temini sağlanmıştır. Anglikan Kilisesi dâhilinde, 'benimsememeyi kabul eden' bir kabul söz konusudur. Kilisenin birliği, inanışları ve uygulamaları bizimkinden farklı olsa bile, başkalarının gelişmesine imkân sağlama yetisine sahip olmasına bağlıdır. Kimin atanması gerektiğine dair bir birörneklik olmasa da, başkası böyle olmasını tercih etmiyor olsa bile, hem erkeklerin hem de kadınların atanma alabileceği konusunda birlik vardır. Başrahiplik ve episkoposluk düzeyindeki rahipler, hem erkeklerle hem de kadınlarla toplantılar yapabilirler ve dinlemeyi öğrenebilirler, bakış açısı farklı olanlardan bir şeyler öğrenebilirler.

Anglikan Kilisesi kendisini 'geniş kapsamlı kilise' olarak tanımlar; bu doğrultuda, bireyler ve kiliseler, Evanjelik inanışta veya Anglo-Katolik inanışta olmak üzere, 'kilisenin iki kanadı' olarak adlandırılabilecek inanış farklılıklarına sahip olabilirler. Kilise, farklı bakış açılarından Hristiyanlara birlikte ibâdet etme ve birbirlerinden öğrenme fırsatı sunar. Birörneklik değil birlik, kiliselerimizi çekici kılan bir nitelik olabilir. Farklılık, inancımıza ve Mesih'te kim olduğumuza dair anlayışımızı zenginleştirir.

Kilisenin ilk yüzyıllarında kadınlar diyakon olarak atanmışlardır.[1074] Bu dua herhalde o dönemlerde kullanmış olmalı:

Ey Ebedi Tanrı, Rabbimiz İsa Mesih'in Babası, erkeğin ve kadının Yaratıcısı, Miryam'ı, Debora'yı, Hanna'yı ve Hulda'yı Ruh'la dolduran; Biricik Oğlu'nun bir kadından doğması gerekmesini hâkir görmeyen; ayrıca tanıklık çadırında ve tapınakta, kadınları Senin kutsal kapılarının bekçisi olarak atayan,—şimdi, kadın diyakonluk görevine atanacak olan bu hizmetkârına yukarıdan bak ve ona Kutsal Ruhun'u bağışla ve "onu bedenin ve ruhun tüm pisliklerinden arındır", öyle ki, kendini Senin İzzetin uğruna adadığı işini ve Mesihi'ni ve de izzet ve tapınmanın ebedî sahibi Sen'i ve Kutsal Ruh'u yüceltme işini layıkıyla yerine getirebilsin. Amin.

Türkiye'de çağdaş Protestan Kilisesi 70'lerde kurulmuştur, Havârîler'in öğretişine uygun kilise olmayı amaçlar. Havârîler, kilisenin, 'Yahudi veya Grek' ayrımının olmadığı bir yer olması gerektiğini öğretmişlerdir: 'Artık ne Yahudi ne Grek, ne köle ne özgür, ne erkek ne dişi ayrımı var. Hepiniz Mesih İsa'da birsiniz.'[1075] Havârî Pavlus ırkçılığın, sınıf ayrımının, cinsiyetçiliğin olmadığı, Mesih'te birliğin olduğu bir kiliseden söz etmektedir.

İsa Mesih de hizmetinde kadınlara derinden saygı göstermesiyle ve elçileri arasında erkekler kadar kadınların bulunmasına da razı gelmesiyle örnek oluşturmuştur. İsa Mesih takipçileri kendisiyle birlikte seyahat ederlerken onların hepsine ayrım gözetmeden öğretmiş ve böylelikle onlara nasıl yaşamaları gerektiğini ve nasıl hep birlikte bir kilise olmaları gerektiğini göstermiştir.

Günümüzde hâlâ hedef budur.

Bölüm notları

[1072] Kiliseler önderlerini tanımlamak üzere çeşitli unvanlar kullanırlar.

[1073] Anglikan Kilisesi'nin seçilmiş episkoposlardan, rahiplerden ve din adamı olmayan kişilerden oluşan meclisi.

[1074] Fathers of the Third and Fourth Centuries: Lactantius, Venantius, Asterius, Victorinus, Dionysius, Apostolic Teaching and Constitutions, Homily – Section lll Ordination and Duties of the Clergy https://www.ccel.org/ccel/schaff/anf07.ix.ix.iii.html?highlight=miriam,deborah#highlight (Son erişim tarihi: 29.08.2022)

[1075] Galatyalılar 3:28

TÜRKİYE'DE HRİSTİYAN KADINLAR – TARİHÇE

KAYNAKÇA

Kitaplar

Kutsal Kitap Yeni Çeviri, İstanbul: Kitabı Mukaddes Şirketi ve Yeni Yaşam Yayınları, 2008. Bu kitapta, aksi belirtilmediği sürece, Kutsal Kitap alıntılarında Kutsal Kitap Yeni Çeviri kullanılmıştır.

Kitabı Mukaddes, İstanbul, Kitabı Mukaddes Şirketi, 2003

Anderson, Bonnie s, & Zinsser, Judith p., A History of their Own: Women in Europe from Prehistory to the Present Vol I & II (Penguin Books, London, UK, 1988).

Atter R (1992) *The World of Biblical Literature* SPCK, London

Barrett, Tracy *Anna of Byzantium* (Laurel Leaf Books, USA, 2011)

Bailey Kenneth E., (2011) *Paul Through Mediterranean Eyes: Cultural Studies in 1 Corinthians* IVP Academic, An imprint of InterVarsity Press Downers Grove, Illinois

K E Bailey J*esus through Middle Eastern Eyes* (London: SPCK, 2008)

K. E. Bailey, 'Women in the New Testament: A Middle Eastern Cultural View' *Theology Matters* 6 No 1 (2000) 1-11.

K. E. Bailey, *Poet and Peasant and Through Peasant Eyes*, Eerdmans, Grand Rapids 1980, pp 45ff.

Barton, James Levi. *Daybreak in Turkey*. (Library of Alexandria. Kindle Edition, 1908).

Joseph Besse, Facsimile of part of the 1753 edition of Sessions A Collection of the Sufferings of the people called Quakers. Yorkshire 1652 – 1690 (Bk Trust, York, England 1998)

Bostanjoglou, Aneta (?1950's) *Anatolia, Anatolia!* Light and Salvation Ministry, PO Box 534, Limassol, Cyprus

Mark Bostridge, *Florence Nightingale: The Woman and Her Legend*. (Penguin Books Ltd. Kindle Edition)

Mabel Richmond Brailsford, *Quaker Women 1650-1690* (London, Duckworth & Co., 1915).

Brenner A, Fontaine C (Eds) (1997) *A Feminist Companion to Reading the Bible*, Sheffield Academic Press, Sheffield, UK.

Breuggemann W (1998) *Westminster Bible Companion, Isaiah 1-39 & Isaiah 40-66*. Westminster John Knox Press, Louisville, Kentucky, USA.

Broadbent, E H. (1999) *The Pilgrim Church* Gospel Folio Trust, Michigan,

US

Brock, Rita Nakashima & Parker, Rebecca Ann (2008) *Saving Paradise: How Christianity traded Love of This World for Crucifixion and Empire* Beacon Press, Boston, USA

Brown, Peter (2003) *The Rise of Western Christendom: Triumph and Diversity AD 200-1000* Blackwell, Oxford, UK

Brubaker, Leslie, Cunningham, Mary B. (Eds) *The Cult of the Mother of God in Byzantium: Texts and Images* (Birmingham Byzantine and Ottoman Studies) (Farnham, USA, 2011)

Cameron, Averil (2017) *Byzantine Christianity: A very brief history* SPCK, UK Kindle Edition

Chadwick, Henry (1993) *The Early Church* Penguin Books, London, UK

Clark-Kroeger Richard & Catherine, (1992) *I Suffer Not a Woman*, Baker Book House Company, Grand Rapids, Michigan, USA.

Cunningham, Loren & Hamilton, David J (2000) *Why not Women?* Youth With A Mission Publishing, Seattle, WA, USA

Dilmen, Güngör '*I Anatolia*' (Feryal Basımevi, Ankara, 1991)

Dix, Dom Gregory. The Shape of the Liturgy, New Edition. Bloomsbury Publishing. Kindle Edition

Emmerich, Anne *Life of the Blessed Virgin Mary* pdf downloaded from Christian Classics Ethereal Library www.ccel.org.

Freely, John & Sumner-Boyd, Hilary, İstanbul'u Dolaşırken (Pan Yayıncılık, İstanbul, Dördüncü Baskı, 2019)

Freely, John (1996) *The Aegean Coast of Turkey* Redhouse Press, Istanbul, Turkey

Freely, John (1998) *The Eastern Mediterranean Coast of Turkey* Sev Matbaacılık ve Yayıncılık A.Ş., İstanbul, Turkey

Freely, John (1998) *Turkey around the Marmara* Sev Matbaacılık ve Yayıncılık A.Ş., Istanbul, Turkey

Freely, John & Brendan (2005) *A Guide to Beyoğlu* Archaeology and Art Publications, Istanbul, Turkey

Freeman, Charles (2003) *The Closing of the Western Mind: The rise of Faith and the Fall of Reason* Plimlico, London, UK

Gibson, JCL, (1998) *Language and Imagery in the Old Testament*, SPCK.

Good, E.M, (1981) 2nd Ed, *Irony in the Old Testament*, The Almond Press, Sheffield, UK.

Gottwald, N K, (1985) *The Hebrew Bible: A Socio-Literary Introduction*, Fortress Press, Philadelphia

Green, Michael (1995) *Evangelism in the Early Church* Eagle Publishing, Guilford, UK Also updated version on Questia.com

Hamilton, Lynn M, (2015) Florence Nightingale: A Life Inspired Wyatt North Publishing, LLC. Kindle Edition.

Hill, Barbara (2000). "Actions Speak Louder Than Words: Anna Komnene & Attempted Usurpation". In Gouma-Peterson, Thalia (ed.). *Anna Komnene and Her Times*. New York: Garland Publishing Inc.

Holum, Kenneth G (1982) *Theodosian Empresses: Women and Imperian Dominion in Late Antiquity* University of California Press, California, USA

Jackson, Andrew (2016) *The Christian Saints of Turkey* Arkeoloji ve Sanat Yayınları Tur. San. Tic. Ltd. Şti, İstanbul, Turkey

Johnson, L. T., & Penner, T. C. (1999). *The writings of the New Testament: an interpretation* (Rev. ed., p. 232). Minneapolis, MN: Fortress Press.

Kinukawa, Hisako (1994) *Women and Jesus in Mark A Japanese Feminist Perspective* Orbis Books, Maryknoll, New York, USA.

Komnene, Anna (2009) *The Alexiad* Penguin Books, London, UK

Kroeger, Richard Clark and Catherine Clark *I Suffer Not A Woman* Baker House Book House, Michigan, USA

Latourette, Kenneth Scott (1975) *A History of Christianity: beginnings to 1500 Vol 1* Harper Collins, NY, USA

Lutz, Lorry (1997) *Women as Risk-Takers for God* (Baker Books, Michigan, US)

MacCulloch, Diarmaid. *A History of Christianity: The First Three Thousand Years*. Penguin Books Ltd. Kindle Edition.

McCarthy, Suzanne, Valiant or Virtuous: Gender Bias in Bible Translation. WIPF & STOCK, Eugene, Oregon, USA 2019

McKechnie, Paul (2001) *The First Christian Centuries: Perspectives on the Early Church* Apollos (IVP), UK.

Motyer, A,(1999) *Tyndale Old Testament commentaries: Isaiah*, IVP

Neville, Leonora (2016). *Anna Komnene: the life and work of a medieval historian*. New York: Oxford University Press

Newsom C A & Ringe S H (1992) '*The Women's Bible commentary*' SPCK, London.

Nicol, Donald M (1994) *The Byzantine Lady: Ten Portraits, 1250 – 1500* Cambridge University Press, UK

Nielsen, Kirsten, (1985) *There is hope for a Tree: The tree as Metaphor in Isaiah*, Sheffield Academic Press.

Nolland, J. (1989). *Luke 1:1–9:20* (Vol. 35A, p. 364). Dallas: Word, Incorporated

Norwich, John Julius (1990) *Byzantium: The Early Centuries* Penguin Books, London, UK

Norwich, John Julius (1991) *Byzantium: The Apogee* Penguin Books, London, UK

Norwich, John Julius (2000) *Byzantium: The Decline and Fall* Alfred A Knopf, New York, USA

Norwich, John Julius (1997) *A Short History of Byzantium* (Penguin Books, London, UK)

Noss, Sarah Jane (Ed) (2007) *Mary: The Complete Resource* Oxford University Press, UK

Padwick, Constance E (1958) *Call to Istanbul* Longmans, Green and Co, London, UK

Pagels, Elaine (1988) *Adam, Eve, and the Serpent* Vintage Books, New York, US

Patrick, Mary Mills *Under Five Sultans* (USA, The Century Co, 1929)

Patrick, Mary Mills *A Bosphorus Adventure* (İstanbul, Turkey, Boğaziçi Yayınevi, 2015 (yeniden basım 2015, ilk basım 1934).

Payne, Philip Barton; Man and Woman, One in Christ: *An Exegetical and Theological Study of Paul's Letters* Zondervan. Kindle Edition.

Payne, Sandra (1982) *A Call to Women* Living Way Publishers, McLaren Vale, S. Australia

Stone, Norman. *Turkey: A Short History* (Thames and Hudson Ltd. Kindle Edition)

Storkey, Elaine (2001) *Origins of Difference: The Gender debate Revisited* Baker Academic, Grand Rapids MI, USA

Storkey, Elaine (2000) *Men and Women: Created or Constructed? The Great Gender Debate* Paternoster Press, Carlisle, UK.

Swan, Laura (2001) *The Forgotten Desert Mothers* Paulist Press, New York, USA

Thatcher, Adrian (2016) *Redeeming Gender* OUP, Oxford, UK

Thugater, Kale (2016) *Family, Marriage and Love In Eastern Orthodox Perspective* Anna Komnene's Alexiad: Legacy from the Good Daughter

Tidball, Derek & Tidball, Dianne (2012) *The Message of Women: Creation, grace and gender* Inter-Varsity Press, UK

Torjesen, Karen Jo (1993) *When Women were Priests: Women's Leadership in the Early Church & the Scandal of their Subordination in the Rise of Christianity* HarperCollins Publisher, New York, USA

Tucker, Ruth A.. *Daughters of the Church: Women and ministry from New Testament times to the present.* Zondervan. Kindle Edition.

Vaporis, Nomikos Michael, *Witnesses for Christ: Orthox Christian Neomartyrs of the Ottoman Period (1437-1860)* (St Vladimir's Seminary Press, New York, US, 2000)

Watts J D W, (1985) *Word Biblical Commentary Vol 24 (Isaiah 1-33) & 25 (Isaiah 34-66)* Word Books, Waco, Texas, USA.

Windsor, Laura Lynn. *Women in Medicine: An Encyclopedia* (US ABC-CLIO, 2002)

Wood Derek, (Co-ordinator), (1988) *The Illustrated Bible Dictionary, Vols 1-3*, IVP

Wright, NT & Bird, M F *The New Testament in Its World* (London: SPCK, 2019)

Zwemer, Sammuel M and van Sommer, Annie Eds *Our Moslem Sisters: A cry of Need from Lands of Darkness Interpreted by Those Who Heard It* (Egypt, Library of Alexandria, 1907) Google Books edition.

Zwemer, Sammuel M and van Sommer, Annie Eds *Daylight in the harem: a new era for Moslem women*, (New York: Fleming H. Revell. Kindle Edition, 1911)

M R Fairchild, *Christian Origins in Ephesus and Asia Minor* (İstanbul, Arkeoloji ve Sanat Yayınlari, 2015)

Butler, Alban. *Lives of the Saints* Waxkeep Publishing. Kindle Edition

J Wilkinson, *Egeria's Travels* (Wiltshire, Aris & Phillips, 1999)

A McGowan & P F Bradshaw, *Pilgrimage of Egeria* (Liturgical Press Academic, Minnesota, US, 2018)

Makaleler

W.E.D. Allen, *A History of the Georgian People from the beginning down to the Russian Conquest in the Nineteenth Century*, 1932

Arida, Susan, 'The Theological Voice of Kassiani', *The Wheel* 9/10 (Spring/Summer 2017)

K. E. Bailey, 'The Structure of 1 Corinthians and Paul's Theological Method With Special Reference to 4:17,' *Novum Testamentum*, vol. XXV (1983), pp 170-73

Bauer, F., & Klein, H. (2006). The Church of Hagia Sophia in Bizye (Vize): Results of the Fieldwork Seasons 2003 and 2004. *Dumbarton Oaks Papers*, 60, 249-270. Retrieved August 26, 2020, from http://www.jstor.org/stable/25046217

Clines D JA, Fowl S E, & Porter S E, (1990) *The Bible in three Dimensions: Essays in celebration of 40 years of bible studies in the University of Sheffield:* Journal for the study of the OT Supplement Series 87, Sheffield: JSOT Press. Particularly:

Webb B G, *Zion in Transformation: A literary approach to Isaiah.*

Dempsey C J, *'The Whore of Ezekiel 16: The Impact and Ramifications of Gender-specific Metaphors in Light of Biblical Law and Divine Judgement' in Gender and Law*

Lisa L Gierlach-Walker 'Empress Eudocia: A Mole enters the Theodosian Household' *Stromata: The Graduate Journal of Calvin Theological Seminary* 59.1 (2017)

Carolyn McCue Goffman *Masking the Mission: Cultural Conversion at the American College for Girls* from: http://www.geocities.ws/muntzer2/penka.html (Son erişim tarihi 29.08.2022)

Carolyn Goffman *'From Religious to American Proselytism' in American Missionaries and the Middle East* Ed by Mehmet Ali Doğan & Heather J Sharkey (USA, University of Utah Press, 2011) 84

Angeliki E. Laiou 'The Life of St Mary the Younger' i*n Holy Women of Byzantium: Ten Saints' Lives in English* Translation Ed by: Alice-Mary Talbot (USA, Dumbarton Oaks Research Library and Collection, Washington, D.C., 1996) pp 242-244

Icks, Martijn (2012) The Inadequate Heirs of Theodosius: Ancestry, merit and divine blessing in the representation of Arcadius and Honorius Dusseldorf, Germany. Downloaded from academia.edu (Son erişim tarihi: 31.08.2022)

Margaret MacDonald, *Can Nympha Rule This House?: The Rhetoric of Domesticity in Colossians,' In Rhetoric and Reality in Early Christianities* Ed

Willi Braun. Studies in Christianity and Judaism 16; Waterloo, ONT: Wilfrid Laurier University Press, pp.99-120

Harry Magolias, Niketas Choniates, Manly Women and Womanly Men. Downloaded from wayne.akademia.edu

Meggitt, Justin, "Letter describing the audience with Sultan Mehmed IV" in: *Christian-Muslim Relations 1500 - 1900*, General Editor David Thomas. (brillonline.com, 2015)

F. Miklosich / J. Muller, Acta et diplomata graeca medii aevi sacra et profana, I, Vienna 1860, p. 313.

And A-M Talbot ' Female Patronage in the Palaiologan Era' in *Female Founders in Byzantium and Beyond* ed.by Lioba Theis, Margaret Mullett and Michael Grunbart with Galina Fingarova and Matthew Savage, (Vienna, Bohlah Verlag Wien, 2011/12)

Stratis Papaioannou, 'Anna Komnene's Will' in *Byzantine Religious Culture: Studies in honour of Alice-Mary Talbort* ed. by Denis Sullivan, Elizabeth Fisher, Stratis Papaioannou, (Boston, Brill, 2012)

Pfatteicher, Philip H.. Journey into the Heart of God: Living the Liturgical Year. Oxford University Press. Kindle Edition.

Ellen Quandahl & Susan C. Jarratt, 'To Recall Him. . .Will be a Subject of Lamentation: Anna Comnena as Rhetorical Historiographer' *Rhetorica*, Vol. XXVI, Issue 3, (2008 The International Society for the History of Rhetoric. University of California Press) 301

Reeves-Ellington, Barbara, 'American Women Missionaries on Trial in Turkey: Religion, Diplomacy, and Public Perceptions in the 1920's' *Diplomatic History*, Volume 43, Issue 2, (April 2019) 13.

Runciman, S. (1984) 'Women in Byzantine Aristocratic Society' in The Byzantine Aristocracy IX to XIII Centuries, ed. M. Angold, Oxford: British Archaeological Reports, 10-22 at 16

Andrea Sterk *'Mission from Below: Captive Women and Conversion on the East Roman Frontiers', Church History* 79:1 (American Society of Church History, March 2010), 20

Talbot, Alice-Mary. "Pilgrimage to Healing Shrines: The Evidence of Miracle Accounts." *Dumbarton Oaks Papers* 56 (2002): 153-73. Son erişim tarihi: 23 Ağustos 2020. doi:10.2307/1291860.

Treadgold, Warren T. "The Bride-Shows of the Byzantine Emperors." *Byzantion*, vol. 49, 1979, pp. 395–413. JSTOR, www.jstor.org/stable/44172691. Son erişim tarihi: 19 Ağustos 2020

Ruth Tucker, 'Female Mission Strategists: A Historical and Contemporary Perspective', *Missiology: An International Review* Vol XV, No. 1, (January 1987) 87-88.

Touliatos, Diane *Kassia: Byzantine Hymns of the First Female Composer of the Occident* by The insert with a CD of Kassiani's hymns.

Web Siteleri

Amerikan Bord Heyeti (American Board), Istanbul, "Personnel records for Lucille E. Day", American Research Institute in Turkey, Istanbul Center Library, online in Digital Library for International Research Archive, Item #12046, http://www.dlir.org/archive/items/show/12046 (Son erişim tarihi: 4 Şubat 2021).

Amerikan Bord Heyeti (American Board), Istanbul, "Memorial records for Jeannie L. Jillson", American Research Institute in Turkey, Istanbul Center Library, online in Digital Library for International Research Archive, Item #17021, http://www.dlir.org/archive/items/show/17021 (Son erişim tarihi: 4 Şubat 2021).

Near East Mission in Turkey Annual Station Reports, 1914-1921 to 1925-1926: Report of the Brousa Girls' School for the year 1923-1924 https://archives.saltresearch.org/handle/123456789/45707 (Son erişim tarihi:31.08.2022)

Near East Mission in Turkey Annual Station Reports, 1914-1921 to 1925-1926: Report of the American School of Brousa for the year Sept.1924 to June 1925 https://archives.saltresearch.org/handle/123456789/43805 (Son erişim tarihi: 31.08.2022)

Fathers of the Third and Fourth Centuries: Lactantius, Venantius, Asterius, Victorinus, Dionysius, Apostolic Teaching and Constitutions, Homily –Section lll Ordination and Duties of the Clergy https://www.ccel.org/ccel/schaff/anf07.ix.ix.iii.html?highlight=miriam,deborah #highlight (Son erişim tarihi 31.08.2022)

Chapter XXIII.—Conversion of the Iberians.

Writings by Theodoret, Jerome, Gennadius, & Rufinus: Historical translated by Philip Schaff. Available from: http://www.ccel.org/ccel/schaff/npnf203.html Ch XXIII P.90 (Son erişim tarihi: 31.08.2022)

Schaff, Philip (Ed) *Nicene and post-Nicene Fathers Vol V: Cyril of Jerusalem, Gregory Nazianzen* (Grand Rapids, MI: Christian Classics Ethereal Library)

Strauss, Johann (2010). *"A Constitution for a Multilingual Empire: Translations of the Kanun-ı Esasi and Other Official Texts into Minority Languages"*. In Herzog, Christoph; Malek Sharif (eds.). *The First Ottoman Experiment in Democracy* Wurzburg: Orient-Institut Istanbul. pp. 21–51. (info page on book at Martin Luther University) // CITED: p. 44-45 (PDF p. 4647/338). From: https://en.wikipedia.org/wiki/Millet_(Ottoman_Empire) (Son erişim tarihi: 29.08.2022) https://en.wikipedia.org/wiki/Political_correctness
(Son erişim tarihi: 03.09.2022)
https://en.wikipedia.org/wiki/Chronology_of_Jesus
(Son erişim tarihi: 03.09.2022)
https://gedsh.bethmardutho.org/Ibn-al-Tayyib
(Son erişim tarihi: 03.09.2022)
https://en.wikipedia.org/wiki/Gaziantep
(Son erişim tarihi: 03.09.2022)
https://en.wikipedia.org/wiki/True_Cross
(Son erişim tarihi: 03.09.2022)
https://en.wikipedia.org/wiki/Saint_Nino
(Son erişim tarihi: 03.09.2022)
https://en.wikipedia.org/wiki/Theodora_(6th_century)
(Son erişim tarihi: 03.09.2022)
https://en.wikipedia.org/wiki/Chalcedonian_Definition
(Son erişim tarihi: 03.09.2022)
https://en.wikipedia.org/wiki/Gül_Mosque
(Son erişim tarihi: 03.09.2022)
https://en.wikipedia.org/wiki/Theodosia_of_Constantinople
(Son erişim tarihi: 03.09.2022)
https://en.wikipedia.org/wiki/Second_Council_of_Nicaea
(Son erişim tarihi: 03.09.2022)
https://en.wikipedia.org/wiki/Theosebia
(Son erişim tarihi: 03.09.2022)
https://en.wikipedia.org/wiki/Nazianzus
(Son erişim tarihi: 03.09.2022)
https://en.wikipedia.org/wiki/Mary_the_Younger

(Son erişim tarihi: 03.09.2022)
https://orthodoxwiki.org/Theosebia_the_Deaconess
(Son erişim tarihi: 03.09.2022)
https://www.johnsanidopoulos.com/2011/01/saint-theosevia-deaconess-of-nyssa.html (Son erişim tarihi: 03.09.2022)
https://www.johnsanidopoulos.com/2010/10/saint-ahmed-calligrapher-and-antidoron.html (Son erişim tarihi: 03.09.2022)
https://oca.org/saints/lives/2008/05/29/101564-virginmartyr-theodosia-the-nun-of-constantinople (Son erişim tarihi: 03.09.2022)
http://armenianbiblechurch.org/food%20corner/anatolia/anatolia_index.htm (Son erişim tarihi: 03.09.2022)
Anatolia, Anatolia! And probably written up by Thomas Cosmades.
http://www.cosmades.org/articles/aphram%20hoja/aprahamhojaindex.htm (Son erişim tarihi: 03.09.2022)
https://www.dusuncemektebi.com/d/143694/fatma-aliye'nin-kizi-rahibe-ismet-umit-meric 15 March 2017 (Son erişim tarihi: 03.09.2022)
http://full-of-grace-and-truth.blogspot.com/2020/04/paraklesis-to-st-argyre-new-martyr.html (Son erişim tarihi: 03.09.2022) Bruce G Privatsky, A History of Bible Translation from:
http://historyofturkishbible.wordpress.com/
(Son erişim tarihi: 03.09.2022)
http://ragmamoul.net/hy/news-in-english/2015/06/23/in-memoriam-of-araxie-araxi-jebejian-djebedjian-1880-aintab-1916-der-zor/ (Son erişim tarihi: 03.09.2022) http://www.batsav.com/pages/oracular-speech-gvrini-kadagoba. html (Son erişim tarihi: 03.09.2022)
https://www.cambridge.org/core/journals/church-history/article/representing-mission-from-below-historians-as-interpreters-and-agents-of-christianization/975205D08A0BABC445B72129657CA097
(Son erişim tarihi: 03.09.2022)
http://www.goarch.org/chapel/saints_view?contentid=2463&type=saints (Son erişim tarihi: 03.09.2022)
https://www.georgianweb.com/st-nino-and-the-conversion-of-georgia/ (Son erişim tarihi: 03.09.2022)
https://www.ewtn.com/catholicism/library/st-macrina-the-el-

der-5632 (Son erişim tarihi: 03.09.2022)

http://tertullian.org/fathers/gregory_macrina_0_intro.htm (Son erişim tarihi: 03.09.2022)

http://www.tertullian.org/fathers/palladius_dialogus_02_text.htm#C17 (Son erişim tarihi: 03.09.2022)

http://ww1.antiochian.org/node/19290 (Son erişim tarihi: 03.09.2022)

Benedictines, Delaney, Encyclopedia on https://web.archive.org/web/20070206180426/http://www.saintpatrickdc.org/ss/0805.htm (Son erişim tarihi: 03.09.2022)

Encyclopdeia Britannica: https://www.britannica.com/topic/listof-Roman-emperors-2043294 (Son erişim tarihi: 03.09.2022)

https://catholicexchange.com/st-olympias (Son erişim tarihi: 03.09.2022)

Cult of Saints, http://csla.history.ox.ac.uk/record.php?recid=E03332 (Son erişim tarihi: 03.09.2022)

http://blogs.bl.uk/digitisedmanuscripts/2016/03/kassia.html (Son erişim tarihi: 03.09.2022)

https://saintandrewgoc.org/search?q=Kassiani (Son erişim tarihi: 03.09.2022) http://www.stirene.org/life-of-st-irene---beta943omicronsigmaftauetasigmaf-alphagamma943alphasigmaf.html (Son erişim tarihi: 03.09.2022)

https://www.youtube.com/watch?v=se5P5Ew0Efs&list=PLyxv2W9wsMcopQxtuQmrcP04174BY5adN (Son erişim tarihi: 03.09.2022)

EKLER

KİLİSE TAKVİMİNDE YER ALAN KADINLARDAN BİRKAÇI

TARİH	İSİM	Doğumu	Ölümü	DÖNEM
10 Oca	Teosebia, Nazianzuslu Gregorios'un Kız Kardeşi		385	Bizans
14 Oca	İhtiyar Makrina	270	340	İznik Öncesi
14/27 Oca	Nino	280	332	İznik Öncesi
11 Şub	Teodora	527	548	Bizans
13 Şub	Priskilla			Yeni Ahit (İncil)
25 Şub	Mary Wills Patrick	1850	1940	Osmanlı
25 Mar	Meryem'e Doğuşun Bildirilmesi			Yeni Ahit (İncil)
05 Nis	Arjeri	1723		Osmanlı
23 Nis	Araksi Cebeciyan			Osmanlı
03 May	Rus Kapatmanın Kocası		1682	Osmanlı
9 May	Emmelia, Basileos'un Karısı		375	Bizans

21 May	Helena, Konstantinos'un Annesi	246	330	Bizans
29 May	Teodosia			
01 Tem	Aneta Bostancıoğlu	1893	1981	Osmanlı
19 Tem	Küçük Makrina	330	379	Bizans
25 Tem	Olimpias		409	Bizans
22 Tem	Mecdelli Meryem			Yeni Ahit (İncil)
28 Tem	Başrahibe Azize İrini		912	Bizans
05 Ağu	Nonna, Gregorios'un annesi		374	Bizans

13 Ağu	Florence Nightingale		1910	Osmanlı
13 Ağu	İmparatoriçe İrene		12.yy	Bizans
15 Ağu	İsa'nın Annesi Meryem'in GöğeYükselmesi			Yeni Ahit (İncil)
26 Ağu	Natalia		4.yy	İznik Öncesi
03 Eyl	Vasilissa		309	İznik Öncesi
07 Eyl	Kassiani	810	865	Bizans

TÜRKİYE'DE HRİSTİYAN KADINLAR – TARİHÇE

08 Eyl	Bâkire Meryem'in Doğuşu			Yeni Ahit (İncil)
10 Eyl	Menodora, Metrodora, Nimfadora		305-311	İznik Öncesi
10 Eyl	Pulkeria	399	453	Bizans
	Flaccilla		385/386	Bizans
16 Eyl	Evfemia		303	İznik Öncesi
24 Eyl	Tekla	30		Yeni Ahit (İncil)
10 Eki	Evlampia		4.yy	İznik Öncesi
20 Eki	Evdoksia	401	460	Bizans
01 Kas	Helen Bekiaris			Osmanlı
04 Ara	Barbara		235	İznik Öncesi
	ANMA GÜNÜ BELİRSİZ OLANLAR			
	Lois			Yeni Ahit (İncil)
	Evniki			Yeni Ahit (İncil)
	Laodikyalı Nimfa			Yeni Ahit (İncil)
	Filadelfyalı Ammia			İznik Öncesi
	Egeria	381	384	Roma vatandaşı
	Anna Komnini	1083	1153	Bizans
	Moğolların Meryemi	1200	1300	Bizans

| | Mary Fisher | 1698 | | Osmanlı |

Yeni Ahit'te (İncil'de) Kadınlarla İlgili Kısımlar

MATTA	MARKOS	LUKA	YUHANNA
		1:26-56 Doğumun Bildirilmesi, Meryem'in Elizabet'i Ziyâreti, Magnifikat	
		2:4-7 Meryem'in İsa'yı Doğurması	
1:18-25 Meryem'in Gebe Kalışı			
		2:22-40 Arınma Kuralları	
8:14,15 İsa Petrus'un Kayınvalidesini İyileştiriyor			
		7:11-17 İsa Dul Kadının Oğlunu Diriltiyor	

TÜRKİYE'DE HRİSTİYAN KADINLAR – TARİHÇE

		7:36-50 İsa Günahkâr Bir Kadın Tarafından Yağla Ölüme Hazırlanıyor (Meshediliyor)	
9:18-19, 23-26 İsa Ölü Bir Kızı Diriltiyor	5:21-43	8:40-55	

MATTA	MARKOS	LUKA	YUHANNA
9:20-22 İsa Hasta Kadını İyileştiriyor	5:25-34	8:43-48	
12:46-50 İsa'nın Annesi ve Kardeşleri	3:21, 31-35	8:19-21	
		8:38-42 İsa, Meryem ile Marta'nın Evinde	
		11:27-28 İsa'yı Doğurmakla Değil, İsa'ya İtaat Etmekle Kutsanmış Sayılmak	
		13:10-17 İsa Havrada Bir Kadını İyileştiriyor	

15:21-28 Kenanlı Kadının İmanı	7:24-3		
		15:8-10 Kayıp Para Benzetmesi	
		18:1-8 Israrcı Dulun Duası Benzetmesi	
19:3-12 Boşanma	10:2-12		

MATTA	MARKOS	LUKA	YUHANNA
	21:41-44 Dulun Bağışı	21:1-4	
25:1-13 On Bâkire Benzetmesi			
	14:3-9 İsa'nın Ölmeden Önce Beytanya'da Yağla Hazırlanması (Meshedilmesi)		12:1-8 7. ayet: '... gömüleceğim gün...'
27:55-56 Çarmıhın Dibindeki Kadınlar	15:40-41	24:49	

27:61 İsa'nın Gömülüşünde Bulunan Kadınlar	15:42-47	24:55-56	
28:1-10 Mezarda Bulunan ve İsa'yı Dirilmiş Haliyle Gören Kadınlar	16:1-8	24:1-12	
	16:10 Mecdelli Meryem Havârîlere Rab'bin Dirildiğini Bildiriyor	24:10	

Yuhanna Müjdesindeki, Mektubundaki ve Vahiy'deki Kadınlar

Bölüm	Başlık	Notlar
1-12	Celile, Kana'daki Düğün	İsa'nın annesinin mûcizenin gerçekleşmesindeki etkisi (3-5. ayetler)
4-42	Samiriyeli Kadın	İsa'nın Mesih olduğunun anlaşılması, kabulü (29, 42. ayetler)
53-8:11	Zinada Yakalanan Kadın	İsa insanların yargılayıcılığına meydan okur ve kadını bağışlar
1:1-44	Meryem & Marta – Lazar'ın Diriltilmesi	İsa'nın Marta'yla diyaloğu (2-27, 39-40. ayetler) Meryem'le diyaloğu (28-32. ayetler)
2:1-8	Beytanya'da Meshediliş - Meryem	7. ayeti krş. Mar.14:8, 'gömüleceğim gün'

12:15	Yeruşalim'e Giriş	Siyon Kızı; Zekeriya 9:9
19:25	İsa'nın Çarmıha Gerilişi	Annesi Meryem, teyzesi, Klopas'ın karısı Meryem ve Mecdelli Meryem
19:26		Kadın, işte oğlun… İşte, annen…
20:1-2	İsa'nın Dirilişi	Mecdelli Meryem mezara gider ve geri dönüp havârîlere mezarın boş olduğunu bildirir
20:11-18	Mecdelli Meryem Dirilmiş İsa'yı Görüyor	
2 Yuhanna 1, 3, 13	Seçilmiş Hanımefendi	2. Yuhanna'da 'seçilmiş hanımefendi'den söz edilir
Vahiy 12	Kadın ile Ejderha	Yuhanna, İsa'nın Doğuşu'nu tasvir ediyor

Yeni Ahit'te (İncil'de) İsa'nın Annesi Meryem'le İlgili Kısımlar

MERYEM'İN YAŞAMI	MATTA	MARKOS	LUKA	YUHANNA
Soy Ağacı			01:26	
Doğumun Bildirilmesi			1:26-38	
Elizabet'le Buluşma			1:39-56	
İsa'nın Doğuşu	1:18-2:23		2:1-40	Vahiy 12
İsa'nın Tapınağa Adanması			1:22-38	

TÜRKİYE'DE HRİSTİYAN KADINLAR – TARİHÇE

Meryem'in Sıkıntısı			01:48	
Kana'daki Düğün				2:1-12
Meryem İsa'yı Kurtarmaya Çalışıyor	12:46-49	3:31-35	8:19-21	
	13:54-58	06:03		
Bir Kadın Meryem'i Kutsuyor			11:27-28	
Çarmıhın Dibinde Meryem	27:55-56	15:40-41	23:49	19:25-27
Gömülme Sırasında Meryem	27:61	15:47	23:55	
Diriliş	28:01:00	16:01	24:1-12, 36-49	
Göğe Alınış			24:50-53	
Pentikost			Elçilerin İşleri 1:14	

İznik İnanç Bildirgesi

Her şeye gücü yeten,
yeri ve göğü, görünen ve görünmeyen her şeyi yaratan tek bir Baba Tanrı'ya inanıyoruz.

Tanrı'nın tek Oğlu, sonsuzlukta
Baba'dan doğan, Tanrı'dan Tanrı,
Işık'tan Işık, gerçek Tanrı'dan gerçek
Tanrı, yaratılmış değil, doğrulmuş,

Baba'yla aynı öze sahip olan Tek Rab İsa Mesih'e inanıyoruz; Her şey O'nun aracılığıyla yaratılmıştır.
O bizler ve bizim kurtuluşumuz için göklerden indi,
Kutsal Ruh ve bâkire Meryem aracılığıyla beden aldı ve insan oldu.
Pontiyus Pilatus'un emriyle bizim için çarmıha gerildi, öldü ve gömüldü.
Kutsal Yazılarda belirtildiği gibi üçüncü gün dirildi, göğe yükseldi ve Baba'nın sağında oturdu. Yaşayanları ve ölüleri yargılamak için yücelik içinde tekrar gelecektir ve O'nun egemenliği hiç son bulmaz.

Rab olan, yaşam veren,
Baba'dan ve Oğul'dan çıkıp gelen Kutsal Ruh'a inanıyoruz; Baba ve Oğul ile birlikte tapınılıp yüceltilen, peygamberlerin ağzından konuşan O'dur.
Elçiler tarafından kurulan tek kutsal evrensel Kilise'ye inanıyoruz.
Günahların bağışlanması için tek bir vaftizi kabul ediyoruz.
Ölülerin dirilişini ve gelecek çağın yaşamını bekliyoruz. Amin.

Roma İmparatorları

İkinci Yüzyıl
Trajan (MS 98–117)
Hadrianus (MS 117–138)
Antoninus Pius (MS 138–161)
Markus Aurelius (MS 161–180)
Lucius Verus (MS 161–169)
Kommodus (MS 177–192)
Publius Helvius Pertinaks (MS Ocak–Mart 193)
Markus Didius Severus Julianus (MS Mart–Haziran 193) Septimius Severus (MS 193–211)

Üçüncü Yüzyıl
Caracalla (MS 198–217)
Publius Septimius Geta (MS 209–211)
Makrinus (MS 217–218)
Elagabalus (MS 218–222)
Severus Aleksander (MS 222–235)
Maksiminus (MS 235–238)

TÜRKİYE'DE HRİSTİYAN KADINLAR – TARİHÇE

I. Gordian (MS Mart–Nisan 238)
II. Gordian (MS Mart–Nisan 238)
Pupienus Maksimus (MS 22 Nisan–29 Temmuz 238)
Balbinus (MS 22 Nisan–29 Temmuz 238)
III. Gordian (MS 238–244)
Filip (MS 244–249)
Decius (MS 249–251)
Hostilian (MS 251)
Gallus (MS 251–253)
Aemilian (MS 253)
Valerian (MS 253–260)
Gallienus (MS 253–268)
II. Klaudius Gothikus (MS 268–270)
Quintillus (MS 270)
Aurelian (MS 270–275)
Takitus (MS 275–276)
Florian (MS Haziran–Eylül 276)
    Probus (MS 276–282)
    Karus (MS 282–283)
    Numerian (MS 283–284)
    Karinus (MS 283–285)
    Diokletianus (doğu, MS 284–305; imparatorluk doğu ile batı olarak ikiye bölündü)
    Maksimian (batı, MS 286–305)

Dördüncü Yüzyıl

I. Konstantius (batı), MS 305–306
Galerius (doğu), MS 305–311
Severus (batı), MS 306–307
Maksentius (batı), MS 306–312
I. Konstantinos MS 306–337; imparatorluk yeniden birleşti
Galerius Valerius Maksiminus MS 310–313
Licinius MS 308–324
II. Konstantinos MS 337–340
II. Konstantius MS 337–361
I. Konstans MS 337–350
Gallus Sezar MS 351–354

Julianus MS 361-363
Jovian MS 363-364
I. Valentinian (batı), MS 364-375
Valens (doğu), MS 364-378
Gratian (batı), MS 367-383; I. Valentinian ile eş hükümdar
II. Valentinian MS 375-392; çocukken imparator oldu
I. Theodosius (doğu), MS 379-392 ; (doğu and batı), MS 392-395
Arkadius (doğu), MS 383-395, eş hükümdar; MS 395-402, tek başına hükümdar
Magnus Maksimus (batı), MS 383-388
Honorius (batı), MS 393-395, eş hükümdar; MS 395-423, tek başına hükümdar

Beşinci Yüzyıl
II. Teodosius (doğu), MS 408-450
III. Konstantius (batı), MS 421, eş hükümdar
III. Valentinian (batı), MS 425-455
Markian (doğu), MS 450-457
Petronius Maksimus (batı), MS 17 Mart 17-31 Mayıs 455
Avitus (batı), MS 455-456
Majorian (batı), MS 457-461
Libius Severus (batı), MS 461-465
Anthemius (batı), MS 467-472
Olybrius (batı), MS Nisan-Kasım 472
Glycerius (batı), MS 473-474
Julius Nepos (batı), MS 474-475
Romulus Augustulus (batı), MS 475-476
I. Leo (doğu), MS 457-474
II. Leo (doğu), MS 474
Zeno (doğu), MS 474-491 I. Anastasius, MS 491-518

Altıncı Yüzyıl
I. Justinius, 518-527
Büyük Justinianus, 527-565
II. Justinius, 565-578
II. Tiberius, 578-582 Mauris, 582-602

TÜRKİYE'DE HRİSTİYAN KADINLAR – TARİHÇE

Yedinci Yüzyıl
Phocas, 602–610
Heraklius, 610–641
II. Konstantinos, 641
Herakleonas, 641
III. Konstantinos, 641–668
IV. Konstantinos, 668–685
II. Justinianus, 685–695
Leontius, 695–698
III. Tiberius, 698–705

Sekizinci Yüzyıl
II. Justinianus (ikinci kez hükümdar), 705–711
Fillipikus Bardanes, 711–713
II. Anastasius, 713–715
III. Teodosius, 715–717
III. Leo, 717–741
V. Konstantinos, 741–775
IV. Leo, 775–780
VI. Konstantinos, 780–797 İrini, 797–802

Dokuzuncu Yüzyıl
I. Nikeforus, 802–811
Staurakios, 811
I. Mihail, 811–813
V. Leo, 813–820
II. Mihail, 820–829
Teofilus, 829–842
III. Mihail, 842–867
I. Basileios, 867–886 VI. Leo, 886–912

Onuncu Yüzyıl
Aleksandros, 912–913
VII. Konstantinos Porfurogenitus (Mor Oda'da Doğan), 913–959
I. Romanus Lecapenus (eş hükümdar), 919–944
II. Romanus, 959–963

II. Nikeforus Fokas, 963–969
I. Yoanni Tzimisces, 969–976 II. Basileios, 976–1024

On Birinci Yüzyıl
VIII. Konstantinos, 1025–1028
III.   Romanus Argyrus, 1028–1034
IV.   Mihail, 1034–1041 V. Mihail, 1041–1042
Teodora ile Zoe, 1042
IX. Konstantinos, 1042–1055
Teodora (ikinci kez hükümdar), 1055–1056
VI. Mihail, 1056–1057
I. İshak Komnenos, 1057–1059
    IV. Romanus Diogenes, 1067–1071
    VII. Mihail Dukas, 1071–1078
    III. Nikeforus Botaneiates, 1078–1081
    I. Aleksios Komnenos, 1081–1118

On İkinci Yüzyıl
II. Yoanni Komnenos, 1118–1143
I.   Manuel Komnenos, 1143–1180
II. Aleksios Komnenos, 1180–1183
I.   Andronikos Komnenos, 1183–1185
II. İshak Angelus, 1185–1195
III. Aleksius Angelus, 1195–1203

On Üçüncü Yüzyıl
II. İshak Angelus (ikinci kez hükümdar), 1203–1204
IV. Aleksius Angelus (eş hükümdar), 1203–1204
V. Aleksios Dukas, 1204

Latin Hâkimiyeti
I. Baudouin, 1204–1205
Henri, 1205–1216
Pierre de Courtenoi, 1216–1219
Robert, 1219–1228
II. Baudouin, 1228–1261

İznik Merkezli Bizans İmparatorları
I. Teodore Laskaris, 1204–1222
IV. Yoanni Vatatzes, 1222–1254
II. Teodore Laskaris, 1254–1258
IV. Yoanni Laskaris (eş hükümdar), 1258–1261
VIII. Mihail Palaiologos (eş hükümdar), 1258–1261

Bizans'ın Yenilenmesi
VIII. Mihail Palaiologos, 1261–1282
II. Andronikos Palaiologos, 1282–1328; IX. Mihail Palaiologos (eş hükümdar), 1295–1320

On Dördüncü Yüzyıl
III. Andronikos Palaiologos, 1328–1341
V. Yoanni Palaiologos, 1341–1376; VI. Yoanni Kantakuzenus (eş hükümdar), 1341–1354
IV. Andronikus Palaiologos, 1376–1379
V. Yoanni Palaiologos (ikinci kez hükümdar), 1379–1391 VII. Yoanni Palaiologos, 1390

On Beşinci Yüzyıl
II. Manuel Palaiologos, 1391–1425
VIII. Yoanni Palaiologos, 1425–1448
XI. Konstantinos Dragases, 1449–1453

Brittanica Ansiklopedisi'nin Roma imparatorları listesine göre yazılmıştır:
https://www.britannica.com/topic/list-of-Roman-emperors-2043294

ROSAMUND WILKINSON

Konstantinopolis'te Hükümdarlık Etmiş Sultanlar

II. Mehmet, 1444-1446, 1451-1481
II. Bayezit, 1481-1512
I. Selim, 1512-1520
I. Süleyman, 1520-1566
II. Selim, 1566-1574
III. Murat, 1574-1595
III. Mehmet, 1595-1603
I. Ahmet, 1603-1617
I. Mustafa, 1617-1618
II. Osman, 1618-1622
I. Mustafa (ikinci kez), 1622-1623
IV. Murat, 1623-1640
İbrahim, 1640-1648
IV. Mehmet, 1648-1687
II. Süleyman, 1687-1691
II. Ahmet, 1691-1695
II. Mustafa, 1695-1703
III. Ahmet, 1703-1730
I. Mahmut, 1730-1754
III. Osman, 1754-1757
III. Mustafa, 1757-1774
I. Abdülhamit, 1774-1789
III. Selim, 1789-1807
IV. Mustafa, 1807-1808 II. Mahmut, 1808-1839
I. Abdülmecit, 1839-1861
Abdülaziz, 1861-1876
V. Murat, 1876
II. Abdülhamit, 1876-1909
V. Mehmet, 1909-1918
VI. Mehmet, 1918-1922
II. Abdülmecit (sadece halife), 1922-1924 Liste şuradan alıntılanmıştır:

Hilary Sumner-Boyd ve John Freely, İstanbul'u Dolaşırken: İstanbul Gezgininin Rehberi (Pan Yayınları, İstanbul, 2019), s. 476-477

www.ingramcontent.com/pod-product-compliance
Lightning Source LLC
Chambersburg PA
CBHW070753230426
43665CB00017B/2339